高等院校金融类专业系列教材

投资项目评估

Investment Project Appraisal

第二版

周春喜 编著

ZHEJIANG UNIVERSITY PRESS
浙江大学出版社

图书在版编目(CIP)数据

投资项目评估 / 周春喜编著. —杭州：浙江大学出版社，2008.12(2015.12 重印)
(高等院校金融类专业系列教材)
ISBN 978-7-308-06509-2

Ⅰ.投… Ⅱ.周… Ⅲ.投资－项目管理－高等学校－教材 Ⅳ.F830.59

中国版本图书馆 CIP 数据核字（2008）第 212851 号

投资项目评估

周春喜　编著

丛书策划　朱　玲　樊晓燕
责任编辑　朱　玲
封面设计　卢　涛
出版发行　浙江大学出版社
　　　　　(杭州市天目山路 148 号　邮政编码 310007)
　　　　　(网址：http://www.zjupress.com)
排　　版　杭州中大图文设计有限公司
印　　刷　临安市曙光印务有限公司
开　　本　710mm×1000mm　1/16
印　　张　30.75
字　　数　573 千
版 印 次　2010 年 10 月第 2 版　2015 年 12 月第 4 次印刷
书　　号　ISBN 978-7-308-06509-2
定　　价　48.00 元

浙江大学出版社发行部联系方式：0571－88925591；http://zjdxcbs.tmall.com

前 言

随着社会主义市场经济体制的逐步完善，投融资体制和项目管理体制改革的逐步深化，投资项目的决策机制和决策水平显得日趋重要，它不仅关系到投资者的投资收益，还关系到贷款机构的资产质量以及整个国民经济的健康发展。项目评估是项目投资前期工作的重要内容，对于加强固定资产投资宏观调控、提高投资决策的科学化水平、引导和促进各类资源合理配置、优化投资结构、减少和规避投资风险、充分发挥投资效益具有重要作用。

国家发改委和建设部于 2006 年 7 月 3 日批准发布了《建设项目经济评价方法与参数》(第三版)(发改投资〔2006〕1325 号)(以下简称《方法与参数》)，包括《关于建设项目经济评价工作的若干规定》、《建设项目经济评价方法》和《建设项目经济评价参数》三个文件。《方法与参数》要求健全建设项目经济评估工作制度。政府投资项目的经济评价工作应由符合资质要求的咨询中介机构承担，并由政府有关决策部门委托符合资质要求的咨询中介机构进行评估。承担政府投资项目可行性研究和经济评价的单位不得参加同一项目的评估。政府投资项目的决策，应将经科学评估的经济评价结论作为项目或方案取舍的重要依据。

在市场经济条件下，项目评估是政府计划部门工作人员、企业投融资决策人员和银行信贷人员应当了解与掌握的一门实用性及操作性很强的学科。为更好地阐述项目评估理论和方法，作者结合多年教学与科研工作实际，以及从事项目评估的实践，根据《方法与参数》，在参阅了大量书籍文献的基础上编写了此书。

一、本书结构

第 1 章，概论。本章阐述了项目评估的发展历程，投资的内涵、类别，项目的含义、特性及分类，项目生命周期划分及其特点。重点研究了可行性研究、项目评估的含义及相互关系，项目评估的原则和内容。

第 2 章，企业资信评估。本章主要阐述企业资信评估的含义、评估内容、评估程序和评估方法。重点研究企业资信评估的指标以及企业资信等级的划分和判定。

第 3 章，市场研究和项目规模确定。本章主要阐述市场调查的内容和方法，市场预测的内容、程序和方法。重点研究影响项目生产规模的要素，项目起始规模、合理规模和经济规模的确定方法。

第 4 章，项目建设、生产条件与技术评估。本章主要阐述项目建设所需的条件，厂址选择评估的原则、要求和方法，项目生产条件评估，环境影响评估以及工艺技术方案、设备选型方案、工程设计方案的评估。

第 5 章，项目投资估算。本章主要阐述项目总投资构成，建设投资、建设期利息、流动资金、投资总额的估算，独立方案、互斥方案的比较与选择，有约束条件下项目的排队与选择，不确定性因素下的方案比选。

第 6 章，项目资金来源与融资方案评估。本章主要阐述既有法人融资、新设法人融资，项目资本金、项目债务资金的来源，项目资金结构、项目融资的基本特点。重点研究 PPP 模式、BOT 模式、ABS 模式等项目融资模式。

第 7 章，项目财务评估。本章主要阐述财务评估的含义、目标、原则和方法，财务评估的步骤、主要影响因素和采用的价格。重点研究财务效益和费用的估算，财务效益评估报表的编制，财务效益评估指标的含义、计算及评价。

第 8 章，项目国民经济评估。本章主要阐述国民经济评估的含义、作用、对象、目标、原则和程序，国民经济评估与财务评估的关系，效益和费用的识别、项目外部效果和转移支付的情形，影子价格的内涵以及社会折现率、影子汇率等国民经济评估参数。重点研究外贸货物、特殊投入物影子价格的计算，经济费用效益识别和计算，国民经济评估报表的编制，国民经济评估的指标的分析。

第 9 章，社会效益评估。本章主要阐述社会效益评估概念、意义和原则，社会效益评估的内容、方法与步骤，社会效益与影响的评估指标体系。重点研究社会效益与影响定量指标的计算，社会效益与影响定性指标的分析。

第 10 章，项目的不确定性与风险分析。本章主要阐述不确定性分析与风险分析的关系，项目的不确定性及风险的来源，风险分析的内容与常用的方法。重点研究盈亏平衡分析、敏感性分析的概念及方法，单因素敏感性分析、多因素敏感性分析，概率分析中的期望值法、决策树法，银行贷款效益与风险防范。

第 11 章，项目后评估。本章主要阐述项目后评估的含义、特点、作用和评估原则，项目后评估与项目前评估的关系，项目后评估的程序和评估方法，项目后评估的内容。

第 12 章，项目评估报告。本章主要阐述投资项目、贷款项目评估报告的内容，项目评估报告的格式和撰写要求，可行性研究报告编制大纲，项目评估报告编制大纲，项目后评估报告编制大纲。

第13、14章分别是可行性研究报告案例和贷款项目评估报告案例。通过案例的演示，帮助读者更好地理解相关知识。

二、本书特点

较目前已有的项目评估著作，本书具有以下特点：

1.全面系统地阐述了项目评估的基本理论、基本方法与基本原则。坚持理论联系实际，既有基本理论的详细论述，又有实践操作方法的介绍。

2.在全面阐述项目评估基本内容的基础上，重点突出投资项目财务效益、经济效益、社会效益的评价和不确定性以及风险分析。

3.通过具体的项目可行性研究报告、贷款项目评估报告案例，演示投资项目评估的基本原理和基本方法以及操作的全过程，有利于进一步理解和掌握项目评估的内容和方法，学以致用，提高实际操作能力。

4.根据教学实践，为了能更好地领会、熟悉每一章的重点内容，在每一章提出了学习目标和复习思考题，以便教师和学生选用。

三、使用建议

1.本书既可作为高等院校的金融学、经济学、统计学、财务管理、项目管理等本科或研究生专业的教材或教学参考书，也可作为各级政府部门、金融机构、投资公司、咨询机构、企事业单位的工作人员和项目投资决策者的参考书。

2.由于社会经济的不断进步和发展，项目评估理论和方法也在不断地完善，在学习过程中，对某些章节的内容若需进一步了解和研究，可参考相关的书籍文献。

3.项目评估是实践性较强的学科，建议教学中关注学生对评估方法和评估技术的理解，并注意引导学生树立正确的评估理念，积极地倡导学生树立良好的职业素养。

衷心感谢浙江大学出版社将本书列入金融学类专业系列教材，这为本书出版提供了良好机遇。同时，感谢浙江大学出版社朱玲编辑为本书的出版付出的艰辛劳动。

本书由浙江工商大学金融学院周春喜教授编著。在本书编写过程中，参考并引用了大量的相关文献和资料，吸收了国内外有关文献的有益观点，在此一并深表感谢！

尽管本书几易其稿，并经反复推敲，但由于作者水平有限，书中难免会有疏漏或不足之处，恳请广大读者提出宝贵的意见和建议，以便修订完善。

周春喜

2008年10月

于浙江工商大学

目 录

第1章 概论

学习目标

1. 了解项目评估的发展历程；
2. 理解投资的内涵、类别；
3. 掌握项目的含义、特性及分类；
4. 理解项目生命周期划分及特点；
5. 掌握项目可行性研究概念、作用；
6. 掌握项目评估概念、原则及内容；
7. 掌握项目评估与可行性研究的关系。

1.1 项目评估的发展历程

项目评估作为一门专门的学科，最早起源于西方发达国家，第二次世界大战后，在世界范围内得到了广泛的应用和推广，收到了显著的效果。后来，经过不断地充实和完善，逐步形成了一整套系统的科学研究方法。

1.1.1 西方国家项目评估的产生和发展

随着社会生产力的不断发展，投资已成为一项十分重要的经济活动，投资决策的正确与否，不仅对投资者至关重要，而且对提供贷款的银行也举足轻重。客观上需要建立一套科学的理论和方法体系对投资项目进行分析、论证，项目评估应运而生。

早在1844年，法国工程师杜比在继承前人研究成果的基础上，首创了成本—效益系统分析方法。杜比提出了公共工程的社会效益概念，认为公共项目的社会效益的下限应当等于该项目的净产量与其相应的市场价格的乘积，将总效益的大小作为公共项目评估的标准。

20 世纪 30 年代，世界范围内的经济大萧条使得西方发达国家的经济形势发生了重大变化。随着自由放任经济体系的崩溃，一些西方发达国家的政府开始实行新经济政策，兴建公共设施，兴办公共工程项目，于是出现了公共项目评估，产生了现代意义的项目评估。1936 年，美国政府为了有效地控制洪水，大兴水利工程，并颁布了《全国洪水控制法》。该法正式规定了运用成本效益分析方法评价洪水控制和水域资源开发项目，提出这样一个原则：一个项目，不论受益者是谁，只有当其产生的收益大于其投入的成本时才认为是可行的。此后，又颁布了一系列的法规，对项目评估的原则和程序作出了规定。后来，英国、加拿大等国政府也对项目评估的原则和程序作出了具体的规定。在这一阶段，项目评估主要采用财务分析方法，即通过对项目的收益与投入的成本比较来判断项目的优劣。

20 世纪 50 年代，一些西方发展经济学家致力于项目评估理论的研究，研究成果受到各国政府和经济学家的普遍好评，具有实用价值的项目经济评价理论随之诞生。美国于 1950 年发布了《内河流域项目经济分析的实用方法》，规定了测算费用效益比率的原则性程序。1958 年，荷兰计量经济学家丁伯根首次提出了在经济分析中使用影子价格的主张。1968 年，英国牛津大学经济学教授里特尔和数学教授米尔里斯合作编写了《发展中国家工业项目分析手册》，第一次系统地阐述了项目评估的基本理论和基本方法；1972 年，联合国工业发展组织出版了《项目评价准则》；1975 年，世界银行的经济专家林恩·斯夸尔和赫尔曼·G.范德塔克出版了《项目经济分析》，把项目评估理论推进了一步；1980 年，联合国工业发展组织与阿拉伯工业发展中心联合编写了《工业项目评价手册》，提出了一套适合发展中国家的项目评估理论。世界银行、联合国工业发展组织在项目评估中同时采用了财务分析和经济分析两种方法。在这一阶段，项目评估从侧重于财务分析发展到同时从微观和宏观角度评价项目的经济效益，费用—效益分析作为一种项目评估的方法被普遍接受。

20 世纪 80 年代之后，项目评估受到越来越多国家政府的重视，已成为投资者和贷款银行是否提供项目资金的重要依据。为了提高各会员国项目评估水平，世界银行组织出版了一系列著作，以帮助发展中国家制定适合本国国情的项目评估方法。在这一阶段，项目评估的方法中采用了社会分析方法，即把增长目标和公平目标（两者可统称为国民福利目标）结合在一起作为选择项目的标准。

1.1.2 我国项目评估的产生和发展

我国项目评估始于20世纪50年代,当时主要是学习苏联的经验,对一些大型建设项目进行论证、评估,所采用的方法主要是静态分析方法,该方法一直沿用到70年代末期。

20世纪80年代,随着改革开放不断深入,在总结建国后经济建设经验教训的基础上,政府相关部门对项目评估的研究和推广给予了高度重视。1980年,我国在世界银行的合法席位得到了恢复。1981年,成立了以转贷世界银行贷款为主要业务的中国投资银行。1983年,中国投资银行编制了《工业贷款项目评估手册》(试行本),之后经多次修订完善推广使用。1983年,原国家计委下达了《关于建设项目进行可行性研究的试行管理办法》,重申"建设项目的决策和实施必须严格遵守国家规定的基本建设程序"、"可行性研究是建设前期工作的重要内容,是基本建设程序中的组成部分"。80年代中后期,原国家计委、国家经委、中国建设银行、中国国际工程咨询公司以及国务院有关部门先后公布了不同类型的项目评估方法。具有标志性的是,1987年原国家计委和建设部出版了《建设项目经济评价方法与参数》(第一版),为建设项目评估工作提供了必要的方法和依据,也为项目的科学决策指明了方向。

90年代以后,我国项目评估理论和方法日趋成熟。1993年,原国家计委和建设部修订出版了《建设项目经济评价方法与参数》(第二版)。进入21世纪,政府决策部门、投资者、金融机构深刻体会到项目评估对投资决策的重要性,进一步完善了项目评估理论和方法。2001年,中国国际工程咨询公司推出了一整套项目评估原理和方法。2006年,国家发改委和建设部进一步修订出版了《建设项目经济评价方法与参数》(第三版),标志着我国项目评估理论和方法越来越成熟,项目评估已成为项目投资决策科学化、民主化和规范化的重要手段。

1.2 投资与项目

1.2.1 投 资

1. 投资的含义

对于投资,几乎所有人都会有所了解,因为它存在于人们的日常生活中。但是人们对它的认识往往是模糊的。究竟何为投资?我们知道,定期储蓄存款、购买股票和债券、兴办公司是投资,那么时下流行的购买彩票行为是不是投资?

从经济学角度,投资是牺牲或放弃一定水平的即期消费以获取未来更多预期价值的一种经济活动。因此,投资活动的范围非常广泛,例如:王先生现有10000元可以自由支配的现金,周末带家人郊游并去酒店享用一顿美食,全家人过一个愉快的周末;王先生也可以将10000元现金存入银行,换取一张3年期的存单;还可以买入股票或基金,等待价格上涨或分红;还可以从古玩市场买入字画,等待增值;还可以参股朋友所开的公司,分得利润;等等。第一种情况是花掉金钱,获得消费与全家人的享受。后面几种情况是推迟现在的消费,以获得更多的未来预期价值,这就是投资。

简单地讲,消费与投资是一个相对的概念。消费是现在享受,放弃未来的收益;投资是放弃现在的享受,以获得未来更大的收益。本金在未来能增值或获得收益的所有活动都可称为投资。

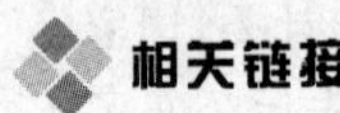

购买彩票究竟是不是投资行为?

购买彩票要支付本金,的确是要推迟目前的消费,关键在于这种活动能否在未来增值或获得收益。人们购买彩票的时候看到的往往是某个中奖者的高额回报,却忽略了购买者整体的回报率。其实,分析一下彩票的运行机制就很容易得到答案。例如:假设有一种体育彩票,总的销售额为1000万元,其中有550万元要用于体育事业,450万元作为奖金返还给彩民,那么总体的回报率等于(450－1000)×100%/1000＝－55%。对于彩民个人而言,可能获得较高的回报率,但是这种概率有多大?所以,彩民个人购买彩票可能想碰碰运气,获取高额奖金,但从总体上看,购买彩票的行为是一种公益行为,可视为捐赠,而不是投资。

虽然,投资是指牺牲或放弃一定水平的即期消费以获取未来更多预期价值的经济活动,但是,从不同的角度看,投资的内涵还是存在一定差异的。

萨缪尔森和诺德豪斯的《经济学》中对投资的解释:“投资是指一年内一国的建筑物、设备和库存等资本货物的增加部分。投资意味着牺牲当前的消费以增加未来消费。”“经济学家将‘投资’(实际投资)定义为耐用资本品的生产。而在一般用法上,‘投资’通常是指购买通用汽车公司的股票或去开个存款户头这类东西。为了不致混淆，经济学家将后者称为金融投资。”“只有当有形的资本品生产发生时，经济学家才认为形成投资”。由此可知，这里所讲的投资仅指项目投资，不包括金融投资。

《简明不列颠百科全书》中指出：“投资是指在一定的时期内期望在未来能产生收益而将收益变换成资产的过程。”“如从个体的观点来看，投资可分为生产资料投资和纯金融投资。就个体而言，两者均对投资者提供货币报酬；但就整体而论，纯金融投资仅表现为所有权的转移，并不构成生产能力的增加；生产资料投资能增加一国经济生产的能力，它是反映经济增长的因素。”这里所讲的生产资料投资为经济意义上的投资，即直接投资；纯金融投资为金融意义上的投资，即间接投资。在项目评估中的投资是指直接投资，简称项目投资。

在我国，投资通常被定义为：经济主体为了获取预期的效益，投入一定的资金或资源等生产要素，以形成资产，获得期望收益的一种经济活动。

该定义包括以下几个方面的内容：

(1)投资是由投资主体进行的一种有意识的经济活动

在现实的经济生活中，投资主体是多方面的，它既可以是法人，也可以是自然人，如直接从事投资活动的各级政府部门、机关团体、事业单位、企业或个人等。投资就是这些人或人格化的社会组织进行的一种有意识的经济活动。

(2)投资的目的是为了获取一定的预期效益

投资主体投入一定的生产要素，旨在保证资金回流并实现增值。投资活动是为了获得预期的效益。以尽量少的投入换取尽可能多的产出，是任何社会形态下人类经济活动的一条基本规律。所以，超额的预期效益是投资活动的出发点和归宿。当然，这里的预期效益不仅仅是一般意义上的收入或增值，它还包括那些不能用货币来衡量的效用，即它应是经济效益(财务效益与国民经济效益)、社会效益和环境效益的综合体现。

(3)投入的是生产要素

投入的生产要素是多种多样的，既有货币资金，也有机器设备、原材料、厂房、土地等实物资产，还包括专利权、非专利技术、商标权、特许经营权等无形资产。如果投资主体以实物资产或无形资产进行投资，需要进行资产评估，通过评估将其转化为一定量的货币。因此，投入的生产要素最终可以概括为一定量的货币资金投入。

(4)投资的周期较长

投资是一个项目从投入、产出到回收的行为过程。投入的过程即是资产的形成过程，表现为巨额的一次性支出，但在一段时间内不能为社会提供任何有用的产品。只有项目投产后，年复一年地不断进行生产并实现产品销售，才能分次收回投资。因此，无论是社会总投资还是个别投资只有通过投入、实施、使用、回收的资金运动全过程，才能考察投资预期目标是否已经实现。

(5)投资的风险较大

由于社会经济活动存在不确定性和不可预见性，任何一项投资的未来收益都是不确定的，因而存在着风险。投资面临的风险主要包括：政治风险，即由于政治格局的变化而导致的风险；市场风险，即由于市场变化而导致的产品滞销风险；汇率风险，即由于汇率波动而导致的风险；技术风险，即由于新技术的研究开发过程中存在不确定性以及高新技术的更新换代而导致的风险；财务风险，即由于利率变化和债务人不能按期偿还债务而导致的风险。此外，还包括通货膨胀风险、自然风险、经营风险、法律风险等，每一种风险因素都会对投资活动产生一定程度的冲击。投资活动涉及面广，影响因素众多，周期长，因而风险较大。

2.投资的类别

(1)按投入行为的直接程度，投资可分为直接投资和间接投资

直接投资是指投资者将货币资金、实物资产以及无形资产直接投入投资项目，形成实物资产，或者购买现有企业的投资。通过直接投资，投资者可以拥有全部或部分被投资企业的所有权。直接投资的主要形式有：①投资者开办独资企业，并独自经营；②投资者与其他企业合资或合作，取得直接经营企业的权利，参与企业管理；③投资者投入资本，不参与经营，必要时可派人员任顾问或指导；④投资者在股票市场上购买现有企业一定数量的股票，通过股权获得全部或部分经营权，从而达到收购该企业的目的。

间接投资是指投资者以货币资金用于购买公司债券、金融债券或公司股票等各种有价证券，以期获取一定收益的投资。由于其投资形式主要是购买各种各样的有价证券，因此，间接投资一般也称为证券投资。

直接投资与间接投资同属于投资者对预期能带来收益的资产的购买行为，但两者有着实质性的区别，主要体现在投资者是否参与投资项目的经营管理。直接投资的投资者拥有全部或部分企业资产及经营的所有权，可以直接参与投资项目的经营管理；间接投资的实质是资金所有者与使用者、资产所有权与经营权的分离与解体，即投资者对被投资企业没有经营管理权。

(2)按投资期限的长短，投资可分为长期投资和短期投资

长期投资是指投资者投资回收期限在 1 年以上的项目，以及购入的在 1 年内不能变现或不准备变现的有价证券的行为。该投资的目的主要是为了积累资金、经营获利、将来扩大经营规模或者取得对被投资企业的控制权等。这类投资属于非流动资产类。

短期投资是指投资者以暂时闲余的资金购买能随时变现的有价证券，以及期限不超过1年的其他性质的投资。这类投资属于流动资产类。

(3)按性质不同，投资可分为固定资产投资、无形资产投资和流动资产投资

用于固定资产的再生产，即建设和形成固定资产的投资，就称为固定资产投资。固定资产是指在再生产过程中，能在较长时期里(长于1年或一个生产周期)反复使用，并在使用过程中保持原有物质形态，其价值逐渐地、部分地转移到产品中去的劳动资料和其他物质资料，如房屋、建筑物、机器设备、运输设备等。

用于购建无形资产的投资，称为无形资产投资。无形资产是指能长期地为使用者发挥作用但不具备实物形态的资产，如土地使用权、专利权、非专利技术、商标和商誉等。

占用在流动资产上的投资，称为流动资产投资。流动资产是指在生产过程中不断地改变其物质形态的资产，如现金、银行存款、应收账款、原材料、在产品、产成品等。

(4)按用途不同，投资可分为生产性投资和非生产性投资

生产性投资是指投入到生产、建设等物质生产领域中的投资。其直接成果是货币资金转化为生产性资产，而生产、建设活动必须同时具备生产性固定资产和流动资产。因此，生产性投资又可进一步细分为固定资产投资和流动资产投资。

非生产性投资是指投入到非物质生产领域中的投资。其成果是转化为非生产性资产，主要用于满足人们的物质文化生活需要，如投入到文化、教育、卫生、体育、国家政权及政府设施等领域的投资。

1.2.2 项 目

1. 项目的含义

关于项目的定义，目前理论界的认识并不完全统一。有人认为：项目是一个组织为了实现自己既定的目标，在一定的时间、人员和资源约束条件下，所开展的一种具有一定独特性的一次性工作。也有人认为：项目是在一定时间里完成，在预算规定范围内需达到预定质量水平的一项一次性任务。世界银行对项目的解释：所谓项目，一般是指同一性质的投资(如设有发电厂和输电线路的水坝)，或同一部门内一系列有关或相同的投资，或不同部门内的一系列投资(如城市项目中的住房、交通、水电等)。

基于对各种解释的认识，项目是指在一定时期内，为了实现预定的目标，耗

费资金和其他资源,所开展的一次性活动。

2.项目的特性

(1)目标性

项目既然作为一个任务,那么它就有明确的目标。项目的目标就是项目的管理主体在完成项目的任务时所要实现的目的。一般的,项目的最终目标是效益目标,而通常提到的项目的工期、成本、质量目标应是服从于效益目标的二级目标。

(2)一次性

项目是某一主体在一定时期里的组织形式,只在一段有限的时间内存在。任何项目都是有始有终的,都有自己的开始与结束的日期和项目时间长短的限制。项目随着建设任务的开始而确立,随着建设任务的完成而终结。所以,项目是一次性的。

(3)约束性

项目是一项任务,任何任务都有其限定条件。项目的限定条件主要包括项目投入的财力、物力、人力、时间和质量等。项目的生产能力应符合设计要求,产品的规格、质量应满足消费者需求,项目的工程质量应达到国家规定的标准。项目的约束性为项目任务的实施和完成提供了一个最低的参考依据。

(4)系统性

一般地,项目的各种要素之间都存在着某种联系,只有将它们有机地结合起来才能确保项目目标的有效实现,这在客观上就形成了一个系统。同时,项目只有一个最终目标——效益目标,项目的其他要素及其他目标都应服务于效益目标。

正因为项目具有上述特性,使得人们在项目决策和项目实施过程中必须对项目进行深入分析和研究,项目评估成为项目管理中必不可少的环节。

3.项目的分类

项目可以从不同角度进行分类。

(1)按项目的目标分为经营性项目和非经营性项目

经营性项目通过投资以实现所有者权益的市场价值最大化为目标,以投资牟利为行为趋向。绝大多数生产或流通领域的投资项目都属于这类项目,如工业、建筑业、商业、房地产业、服务业、咨询业以及金融保险业等。这类项目通过市场筹集资金、建设项目、经营项目,由投资者自主决策,自担风险。因此,受市场影响比较大,应具有市场竞争能力。

非经营性项目不以追求营利为目标。具体又可分为两类:一类是项目本身就没有经营活动、没有收益,如城市道路、路灯、公共绿化、航道疏浚、水利灌溉渠道、植树造林等项目,这类项目的投资一般由政府安排,营运资金也由政府支出;另一类是项目的产出直接为公众提供基本生活服务,本身有生产经营活动,有营业收入,但产品价格不由市场机制形成,如电力、自来水、燃气、公共交通等项目。在后一类项目中,有些能回收全部投资成本,项目有财务生存能力;有些不能回收全部投资成本,需要政府补贴才能维持运营。对于这类建设项目,国家有相应的配套政策。

(2)按项目的产品(或服务)属性分为公共项目和非公共项目

公共项目是指为满足社会公众需要,生产或提供公共物品(包括服务)的项目,如上述第一类非经营性项目。公共物品的特征是具有非排他性或排他无效率,有很大一类物品无法或不应收费。人们一般认为,由政府生产或提供公共物品可以增进社会福利,是政府的一项职能。

非公共项目是指除公共项目以外的其他项目。相对于"政府部门提供公共物品"的是"私人部门提供的商品",其重要特征是:供应商能够向那些想消费这种商品的消费者收费并因此得到利润。

(3)按项目的投资管理形式分为政府投资项目和企业投资项目

政府投资项目是指使用政府性资金的建设项目以及有关的投资活动。政府性资金包括:①财政预算投资资金(含国债资金);②利用国际金融组织和外国政府贷款的主权外债资金;③纳入预算管理的专项建设资金;④法律、法规规定的其他政府性资金。政府按照资金来源、项目性质和宏观调控需要,分别采用直接投资、资本金注入、投资补助、转贷、贴息等方式进行投资。

不使用政府性资金的投资项目统称企业投资项目。

(4)按项目与企业原有资产的关系分为新建项目和改扩建项目

新建项目是指从无到有,从零开始的项目。如新建一座桥梁,新建一个水电站,新修一条高速公路,新建一家工厂等。如果原有的规模很小,经过投资建设后新增加的固定资产价值超过原有固定资产价值3倍以上的,也可以算作新建项目。

扩建项目是指在现有规模的基础上,为扩大生产能力或工程效益而增加建设的项目,如某企业为扩大原有产品的生产能力,扩大主要生产车间,增加生产线等。改建项目是指投资者为了提高产品质量、增加产品的花色品种、促进产品升级换代、降低成本和消耗等,采用新技术、新工艺、新材料等对现有设备、工艺条件进行更新或技术改造的项目。

改扩建项目与新建项目的区别在于:改扩建项目是在原有企业基础上进行建设的,在不同程度上利用了原有企业的资源,以增量带动存量,以较小的新增投入取得较大的新增效益。建设期内项目建设与原有企业的生产同步进行。

(5)按项目的融资主体分为新设法人项目和既有法人项目

新设法人项目由新组建的项目法人为项目进行融资。其特点是:项目资金由新设法人筹集的资本金和债务资金构成;由新设项目法人承担融资责任和风险;根据项目投产后的财务效益情况考察偿债能力。

既有法人项目要依托现有法人为项目进行融资。其特点是:拟建项目不组建新的项目法人,由既有法人统一组织融资活动并承担融资责任和风险;拟建项目一般是在既有法人资产和信用的基础上进行的,并形成增量资产;从既有法人的财务整体状况考察融资后的偿债能力。

除上述几种分类外,项目还可以从其他角度进行分类,没有一种分类方法可以涵盖各种属性的项目,实际工作中可以根据需要从不同的角度另行分类。

1.3 项目生命周期与项目建设程序

项目作为一种创造独特产品与服务的一次性活动是有始有终的,项目从开始到结束的整个过程便构成了一个项目的生命周期。项目生命周期是指一个项目从提出项目提案开始,经立项和项目决策,然后到项目计划与设计,再到项目开发与实施,最后项目完工交付使用的完整周期。

1.3.1 项目生命周期的划分

项目生命周期描述的是项目从开始到结束所经历的各个阶段,一般可将项目划分为"需求识别、方案制定、项目实施、结束交付"四个阶段。

在实际工作中,可根据不同领域进行具体的划分。例如,软件开发项目可划分为需求分析、系统设计、系统开发、系统测试、运行维护几个阶段;建筑业项目划分为立项决策、计划和设计、建设、移交和运行等阶段。

应当注意的是,从不同角度看项目生命周期得出的结果是不一样的。从厂商角度看,项目是从接到合同开始,到完成规定工作结束;但如果从客户角度看,项目是从确认有需求开始,到使用项目的成果,实现项目目标结束。由此可见,项目生命周期的跨度后者要比前者大,因为项目的根本目标是满足客户的需求,所以,按后者划分比较有利,对项目管理成功也大有帮助。

1.软件开发项目生命周期

下面以软件开发项目为例,分析项目从开始到结束所经历的各个阶段。

(1)需求识别

当需求被客户确定时,项目就产生了。这个阶段的主要任务是确认需求,分析投资收益比,研究项目的可行性,分析厂商所应具备的条件。实务上这个阶段以客户提出明确的《需求建议书》或《招标书》为结束标志。这个阶段尽管可以由客户单独完成,但如果厂商介入,则非常有利。一方面可了解客户真正需要什么;另一方面早期与客户沟通交流可以建立良好的客户关系,为后续的投标和合同奠定基础。

(2)方案制订

主要由各厂商向客户提交标书、介绍解决方案。这个阶段是赢得项目的关键,厂商既要展示实力又要合理报价。如果竞标成功则签订合同,厂商开始承担项目成败的责任。这个阶段容易出的问题是:因看不见最终产品,销售人员可以"随便说",甚至过度承诺,由此会导致被动的局面,甚至于给厂商造成损失。这就需要一方面在合同中明确界定项目的目标和工作范围,另一方面在厂商层面建立合同审核机制。

(3)项目实施

从厂商角度来看,这才是项目的开始。这个阶段项目经理和项目组将代表厂商完全承担合同规定的任务。一般需要细化目标,制订工作计划,协调人力和其他资源,定期监控进展,分析项目偏差,采取必要措施以实现目标。因为项目存在不确定性,项目监控显得非常重要,特别是有众多项目同时运行的厂商,必须建立监控体系,跟踪项目的运行状态。

(4)结束交付

主要包括移交工作成果,帮助客户实现项目目标;系统交接给维护人员;结清各种款项。完成这些工作后一般进行项目后评估。评估时可以邀请客户参加,让客户表达意见,并争取下一个商业机会。最后,举行庆祝仪式,让项目成员释放心理压力、享受成果。

在上述项目生命周期中存在两次责任转移:第一次在签订合同时,标志着项目成败的责任已经由客户转移给承约方;第二次是交付产品时,标志着承约方完成任务,开始由客户承担实现商务目标的责任。第一次责任转移时清晰界定工作范围非常重要,开始说得越清楚则完工后越容易交回去。如果开始没说清楚也会"皆大欢喜",因为承约方觉得"反正没说清楚,到时咱不做";而客户觉得"到时让他们做,当然不会另外加钱了"。而一旦发生这样的情况,往往是客户占上风,一方面客户可以拒绝付款,另一方面一个不满意的客户会使厂商丧失大量商业机会。

2. 工程建设项目生命周期

根据莫里斯(Morris)的分析,一般工程建设项目的生命周期如图1-1所示。

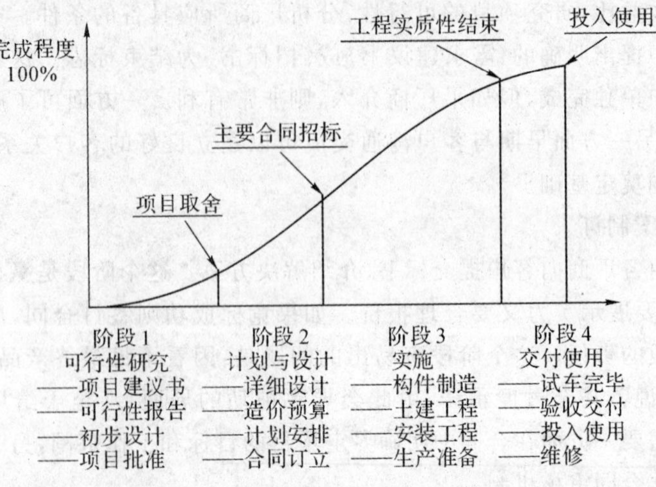

图1-1　工程建设项目生命周期示意图

阶段1,可行性研究:项目建议书、可行性报告、初步设计、项目批准。在该阶段末需要得出对项目取舍的决定。

阶段2,计划与设计:详细设计、造价预算、计划安排、合同订立。在该阶段末要将主要的合同分包出去。

阶段3,实施:构件制造、土建工程、安装工程、生产准备。在该阶段末完成全部建筑安装和生产准备工作。

阶段4,交付使用:试车完毕、验收交付、投入使用、维修。在该阶段末全面运行该项目。

1.3.2　项目生命周期的特点

一般而言,项目生命周期具有以下特点。

1. 项目生命周期确定了项目的开始和结束

例如,当投资者看到了一次机遇,通常会做一个可行性研究,以便决定是否应该就此设立一个项目。对项目生命周期的设定需明确这次可行性研究是否应该作为项目的第一个阶段,还是作为一个独立的项目。项目生命周期的设定也决定了在项目结束时是否应该包括一些过渡措施。通过项目生命周期的设定将项目和执行组织的连续性操作链接起来。

2. 生命周期的各个阶段对技术、人力、投入成本的需求相差迥异

项目生命周期的每个阶段所需做的技术性工作,所涉及的设计人员和实际操作人员,投入的资金资源并不相同。在项目开始时,对投入成本和人员的需求比较少,在向后发展过程中,对技术、人力、投入成本的需求逐渐增加,当项目要结束时又会显著减少。

3. 生命周期的不同阶段面临的风险不同

在项目开始时,面临的风险和不确定性最高,成功的概率最低。随着项目不断进行,逐步地向前发展,成功的可能性也越来越高。在项目起始阶段,项目涉及人员的能力对项目产品的最终特征和最终成本的影响力是最大的,随着项目的推进,这种影响力逐渐削弱了。这主要是由于随着项目的逐步发展,投入的成本在不断增加,而出现的问题也不断得以纠正。

4. 生命周期各阶段的工作具有连贯性

项目的整个生命周期由项目的各个阶段构成,每个项目阶段都以一个或一个以上的工作成果的完成为标志。在下阶段工作开始前,通常需要验收现阶段的工作成果。但是,有时候后继阶段也会在它的前一阶段工作成果通过验收之前就开始了。当然只有在由此引起的风险在可接受的范围之内时才可以这样做。这种阶段的重叠,在实践中常常称为"快速跟进"。

1.3.3 项目生命周期中的重要概念

项目生命周期中有三个与时间相关的重要概念:检查点(check point)、里程碑(mile stone)和基线(base line),描述了在什么时候对项目进行什么样控制。

1. 检查点

检查点指在规定的时间间隔内对项目进行检查,比较实际与计划之间的差异,并根据差异进行调整。可将检查点看做是一个固定"采样"时点,而时间间隔根据项目周期长短不同而不同,频度过小会失去意义,频度过大会增加管理成本。常见的间隔是每周一次,项目经理需要召开例会并上交周报。

2. 里程碑

里程碑是完成阶段性工作的标志,不同类型的项目里程碑不同。里程碑在项目管理中具有重要意义。用一个例子来说明:

情况一:让一个程序员一周内编写一个模块,前3天他可能都挺悠闲,可后2天就得拼命加班编程序了,而到周末时又发现系统有错误和遗漏,必须修改和返工,于是周末他又得加班了。

情况二:实际上还有另一种选择,即周一与程序员一起列出所有需求,并请

业务人员评审，这时就可能发现遗漏并即时修改；周二要求程序员完成模块设计并由你确认，如果没有大问题，周三、周四就可让程序员编程，同时自己准备测试案例，周五完成测试。一般经过需求、设计确认，如果程序员合格则不会有太大问题，周末可以休息了。

第二种方式增加了“需求”和“设计”两个里程碑，这看似增加了额外工作，但其实有很大意义：首先，对一些复杂的项目，需要逐步逼近目标，里程碑产出的中间“交付物”是每一步逼近的结果，也是控制的对象。如果没有里程碑，中间想知道“他们做得怎么样了”是很困难的。其次，可以降低项目风险。通过早期评审可以提前发现需求和设计中的问题，降低后期修改和返工的可能性。另外，还可根据每个阶段产出结果分期确认收入，避免血本无归。第三，一般人在工作时都有“前松后紧”的习惯，而里程碑强制规定在某段时间做什么，从而合理分配工作，细化管理“粒度”。

3.基线

基线是指一个(或一组)配置项在项目生命周期的不同时间点上通过正式评审而进入正式受控的一种状态。基线其实是一些重要的里程碑，但相关交付物要通过正式评审并作为后续工作的基准和出发点。基线一旦建立，变化需要受控制。

综上所述，项目生命周期可以分为“需求识别、方案制订、项目实施、结束交付”四个阶段。项目存在两次责任转移，所以开始前要明确界定工作范围。项目应该在检查点进行检查，比较实际和计划的差异并进行调整；通过设定里程碑渐近目标、增强控制、降低风险；而基线是重要的里程碑，交付物应通过评审并开始受控。

1.3.4 项目建设程序

项目建设程序是指项目建设过程中各阶段、各步骤、各工作之间必须遵循的先后次序及其内在联系。它一般包括三个方面的内容：一是建设活动客观上包括的工作类型；二是建设过程中性质不同的各阶段划分；三是各阶段、各项工作之间的内在联系及先后顺序。

1.项目建设活动的特点

项目建设程序是对项目建设过程的一种科学界定，是一种科学的认识和反映，而不是主观人为的构想与设计，具有客观性。项目建设程序的这种客观性主要是由建设工程及其建设活动的技术经济特点所决定的。

(1)项目建设活动周期长且投资额大

项目建设活动的这一特点决定了项目建设在较长的一段时期内只投入人力、物力、财力,而不能向社会提供有用产品。因此,在项目建设之前,必须进行深入、全面的研究,对项目建设的方方面面进行系统的分析论证,才能决定对项目的投资建设。

(2)项目建设工程具有固定性

项目建设工程的固定性特点决定了项目在哪里进行投资建设,就在哪里形成生产能力或提供工程效益。因此,对拟建的投资项目,就有一个选址问题。这就要求在项目的建设之前,必须对项目的候选地址进行认真的勘察,以查明当地的资源储量、工程地质、水文地质、原材料、燃料、动力供应及交通运输条件等,并在拟选地址做好项目的合理布局和有关配套项目的协作。

(3)项目建设具有多样性

项目建设多样性的特点决定了每个工程项目都有它自身的用途和要求,需要按照建设者的特定要求和用途进行专门的设计。因此,对拟建项目就有一个采用何种工艺设计、何种建筑结构设计最为适用、最经济合理的要求。

(4)项目建设具有连续性和不可间断性

项目建设的连续性和不可间断性的特点决定了只有将项目建设全过程中的各阶段、各环节和各项工作之间周密协调地组织起来,在时间上连续,在空间上不脱节,并在项目全部完工后积极组织验收交付生产使用,才能真正形成生产能力,发挥投资经济效益。因此,在项目建设过程中,必须遵循项目本身客观上存在的这种严格的程序性。

2.项目建设程序的划分

根据项目生命周期,项目建设活动客观上可以划分为不同性质的几个阶段。即前期决策阶段、规划设计阶段、施工阶段和终结阶段。

(1)前期决策阶段

该阶段主要解决的问题是确定建设项目投资是否合理以及建设项目的选择问题。在肯定性结论的前提条件下,后续的项目建设活动才能得以进行。它是项目建设程序中最重要的环节,从根本上决定着项目的投资方向和投资效益,因此必须切实做好。

(2)规划设计阶段

项目的规划设计是投资决策的具体化,是对项目具体功能的规定和建设活动方案的安排。这一阶段,主要是按照投资者的要求,将其投资内容具体化,并选择最佳的设计方案。

(3)施工阶段

施工是根据设计的要求进行具体建设的活动。它要解决的主要问题是如何以最优的施工组织管理方法,多快好省地完成施工任务。当然,必须严格按照设计方案的要求进行,是一种执行性质的工作,是项目建设的主要阶段。

(4)终结阶段

终结阶段是投资效益的实现和投资回收阶段,它是对已完成任务的检查、接收、交付使用以及建设效果的评价,是一种以综合管理为主的工作。

3.我国项目建设程序

根据我国现行规定,一般项目建设程序主要包括以下内容:

(1)根据国民经济和社会发展的长远规划,结合行业和地区发展规划的要求,提出项目建议书

它主要是对投资项目在建设前提出轮廓设想,从宏观上衡量项目建设的必要性,分析其是否符合社会发展要求、市场需求和国家长远规划,初步分析建设的可能性。其主要内容包括:项目提出的必要性和依据;产品方案、建设规模和建设地点的初步设想;资源情况、建设条件;投资估算和资金筹措的设想及贷款偿还能力的测算;项目建设进度的设想;经济效益和社会效益的初步测算。

(2)编制可行性研究报告

可行性研究是项目建设前期的一项重要工作,它是对拟建项目在工程技术、经济、社会等方面的可行性和合理性进行全面系统的分析论证后,从中选择最佳投资实施方案的一种活动。它主要为项目提供科学和可靠的依据,从而减少项目决策的盲目性。可行性研究的主要作用是保证项目的生产与建设建立在可靠的资源和生产条件及合理的经济效益之上。

(3)选择建设地点

项目建设地点的选择主要考虑如下三个问题:一是项目所需的资源及原材料是否落实、可靠;二是项目的工程地质和水文地质等建厂的自然条件是否具备;三是项目的交通运输、燃料、动力等外部条件是否具备、是否合理。

(4)编制设计文件

设计是可行性研究的继续和深化,是项目在进行投资时的具体实施方案,是组织施工的主要依据,这是一项复杂的、综合性的技术经济工作。一般包括初步设计和施工图设计两种,对重大项目和特殊项目可在两者之间加入技术设计。

初步设计是研究拟建项目在技术上的可靠性和经济上的合理性,对设计的项目作出基本技术规定,并通过编制总概算确定项目总的建设费用和主要技术经济指标。

技术设计是根据项目的初步设计进行编制的，只是其内容较初步设计更为详细。其任务是对初步设计中的重大问题开展更深入的研究，具体确定项目初步设计中的技术问题，并修正总概算。

施工图设计是在初步设计或技术设计的基础上，将设计的工程加以形象化、具体化。施工图设计应包括：施工总平面图、房屋建筑总平面图和剖面图、安装施工详图等。同时，根据施工图设计编制施工图预算，作为确定项目的建筑安装工程投资、工程招投标标底的依据，作为施工单位组织施工、控制人工材料消耗、考核工程成本和施工经济效益的依据。

(5)制订年度计划

项目的建设期一般都比较长，这就要求编制年度计划。年度计划的作用在于具体规定每年应该建设的工程项目及其施工进度、应该完成的投资、应该交付使用资产的价值和新增的生产能力。它是规定计划年度应完成建设任务的文件。制订年度计划的目的在于保证能按期、顺利地完成建设任务及保证投资资金的合理使用。

(6)设备、材料订货和施工准备

设备材料的订货要以批准的设计文件所附的规定和项目的建设进度及生产工艺的要求为准。施工准备主要是进行项目的征地、拆迁及建设用地的平整工作。具体还包括“三通一平”，即通水、通电、通道路和平整场地；“七通一平”，即通上水、通排水、通电、通道路、通信、通热、通气和平整场地。

(7)组织施工

项目的施工活动是一个特殊而又复杂的建设过程。在施工过程中，施工单位要严格按照设计图纸进行施工，既要做到合理、均衡地施工，又要注意各施工工序的顺序。项目的施工是投资实施阶段的主要内容。

(8)生产准备

在项目的竣工验收、交付使用之前，必须按照设计和计划的要求，做好生产准备。包括：生产、管理人员的定员和培训工作；设备的安装、调试、验收工作；生产所需资源的落实；管理机构和管理制度的建立等。

(9)竣工验收、交付使用

竣工验收、交付使用是项目建设过程的最后环节，也是全面考核项目的建设成果，检验设计、施工质量的重要环节，是项目进入生产、经营过程的必经阶段。通过竣工验收，一是可以检验设计和工程质量，保证项目能按设计要求的技术经济指标正常生产和使用；二是对验收合格的工程，可及时办理移交生产使用；三是可以考核评定施工单位的施工水平。

(10)项目后评价

项目后评价是对项目建成投产后或交付使用后的经济效益、社会效益、环境影响所进行的综合评价。一般在项目生产运营一段时间后(通常为2年)进行。通过项目的后评价,既能考察项目在投产后的生产经营状况是否达到投资决策时确定的目标,又可以对项目建设全过程的经济效益、社会效益和环境影响进行综合评价,并反映出项目在经营过程中存在的问题。因此,项目的后评价是项目建设程序中不可缺少的组成部分和重要环节。

总之,项目建设程序是在长期项目建设过程中逐渐积累总结出来的经验,是项目建设规律的客观反映。投资项目在确定之前,必须进行可行性研究;项目确定以后,工程勘察、选址、设计、设备材料选定、施工准备等都必须依次一步一步地进行。当然,其中有些工作是可以合理地交叉。但是,以下规律无论如何不能违背:没有进行可行性研究,不能确定投资项目;没有经过勘察,不能设计;没有设计,不能施工。因此,在项目投资建设过程中,必须按照项目建设程序进行,自觉遵守和执行项目建设程序。

项目的建设程序可用图1-2表示。

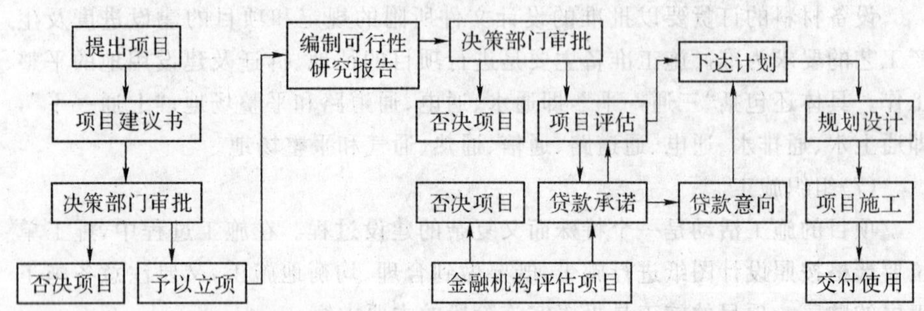

图1-2 项目建设程序示意图

1.4 项目可行性研究

1.4.1 项目可行性研究的基本概念

可行性研究是指在项目投资决策之前,调查、研究与拟建项目有关的自然、社会、经济、技术等资料,分析、比较可能的项目建设方案,预测、评价项目建成后的社会经济效益,在此基础上,综合论证项目建设的必要性,建设条件的可行性,技术的先进性,财务盈利能力以及经济合理性,从而为投资决策提供科学依据的工作。可行性研究是项目投资前期工作的重要内容,是项目建设程序的重要环节,是项目投资决策必不可少的一个工作程序。

一个完整的可行性研究至少应包括三个方面的内容:一是分析项目建设的必要性,主要是通过市场调查和市场预测来完成;二是论证项目建设的可行性,主要是通过生产建设条件、技术分析和生产工艺论证来完成;三是考察项目建设的合理性,主要是通过项目的效益分析来完成。其中,项目建设的合理性是可行性研究中最核心的问题。

1.4.2 项目可行性研究的作用

1.作为项目投资决策的依据

项目建设及运行过程中受到自然、社会、技术、经济等诸多不确定因素的影响,项目的可行性研究有助于认识和分析这些因素对项目建设的影响,并依据分析论证的结果提出可靠的或合理的建议,从而为项目的决策提供强有力的依据。

2.作为申请项目贷款的依据

银行是否向项目提供贷款,其依据是这个项目未来的现金流量如何,是否能按期足额归还贷款。只有在对项目进行全面细致的财务分析评估之后,银行才能确定是否给予贷款。项目可行性研究报告对项目的现金流量、财务效益、偿债能力进行了详尽分析,贷款银行需对项目可行性研究报告进行全面细致的审查和分析论证,在此基础上编制项目评估报告,作为项目贷款决策的依据。例如,世界银行等国际金融组织都视项目的可行性研究报告为项目申请贷款的先决条件。

3.作为设计和工程建设的依据

在可行性研究报告中,对项目的建设方案、产品方案、建设规模、厂址选择、工艺流程、主要设备和总图布置等作了较为详细的分析论证说明,确定了最优方案。因此,在项目的可行性研究得到批准后,可以作为项目设计和工程建设的依据。

4.作为签订有关合同、协议的依据

项目的可行性研究报告是项目投资者与其他单位进行谈判、签订承包合同、设备订货合同、原材料供应合同、销售合同的重要依据。

5.作为项目后评价的依据

要对建设项目进行投资建设活动全过程的事后评价,必须将项目的可行性研究报告作为参照物,作为项目后评价的对照标准,尤其是项目可行性研究中有关费用—效益分析的指标,无疑是项目后评价的重要依据。

此外,可行性研究还可以作为项目组织管理、机构设置、劳动定员的依据,作为环保部门审查项目环境影响的依据,作为向项目所在地政府和规划部门申请施工许可证的依据。

1.4.3 项目可行性研究阶段的划分

根据联合国工业发展组织编写的《工业可行性研究手册》的规定,投资前期的可行性研究可分为投资机会研究、初步可行性研究、详细可行性研究三个阶段。

1.投资机会研究

投资机会研究的主要任务是捕捉投资机会,为拟建项目的投资方向提出轮廓性的建议。它又可分为一般机会研究和项目机会研究。

一般机会研究是以某个地区、某个行业或部门、某种资源为基础的投资机会研究。项目机会研究是在一般机会研究基础上以项目为对象进行的机会研究,通过项目机会研究将项目设想落实为项目投资建议,以引起投资者的注意和兴趣,并引导其作出投资意向。

这一阶段的工作内容相对比较粗略,一般根据类似工程项目的投资额及生产成本来估算本项目的投资额与生产成本,初步分析投资效果。如果投资者对该项目感兴趣,则转入初步可行性研究,否则,就停止研究工作。

2.初步可行性研究

对一般项目,仅靠投资机会研究尚不能决定项目的取舍,还需要进行初步可行性研究,以进一步判断项目的生命力。

初步可行性研究是介于投资机会研究和详细可行性研究之间的阶段,是在投资机会研究的基础上进一步弄清拟建项目的规模、厂址、工艺设备、资源条件、组织机构和建设进度等问题,以判断是否有必要和有可能进入下一步可行性研究。

初步可行性研究的内容与详细可行性研究的内容基本相同,只是深度和广度略低。这一阶段的主要工作有:①分析投资机会研究的结论;②对关键性问题进行专题的辅助性研究;③论证项目的初步可行性,判定有无必要继续进行研究;④编制初步可行性研究报告。

初步可行性研究对项目投资的估算,一般可采用生产能力指数法、因素法、比例法等估算方法。

3.详细可行性研究

详细可行性研究是对项目进行详细深入的技术经济论证的阶段,是项目决策的关键环节。以工业项目为例,其研究内容主要包括以下几个方面:①实施纲要。简单描述可行性研究的结论和建议。②项目背景和基本设想。主要考察项目的设想是如何适应国家经济状况和工业发展状况。③市场分析和项目的生产能力。对项目的市场供求状况进行预测，判断项目产品的市场潜力，确定项目的建设规模。④原材料投人。分析各种投入物的来源和供应情况，作为财务分析的基础。⑤项目厂址。对建厂地区、厂址选择进行论证，评价项目对环境的影响。⑥项目设计和工艺。分析项目的总体设计、建筑物的布置、建筑材料和人工的需要量以及建筑物和工程设施的投资估算，分析选择生产工艺最优的方案。⑦组织管理费用。涉及管理和控制项目整体运行所需组织和管理的相关费用支出。⑧人力资源。根据生产能力和工艺流程制定人力资源计划，估算工资以及相关培训成本。⑨项目实施计划。说明项目建设的期限和建设进度。⑩财务分析和经济评价。在上述投资估算和有关财务基础数据的基础上编制一系列表格，计算相应的评估指标，进行项目的财务效益和国民经济效益评价，并对项目进行不确定性分析。

由于基础资料、研究深度及可靠程度要求不同，可行性研究各阶段的工作性质、工作内容、投资成本估算精度、工作时间与费用各不相同。它们之间的关系见表1-1。

表1-1 项目可行性研究的阶段划分及内容深度比较

研究阶段	投资机会研究	初步可行性研究	详细可行性研究
研究性质	项目设想	项目初选	项目拟定
研究内容	鉴别投资方向，寻找投资机会，提出项目投资建议	对项目作初步评价，进行专题辅助研究，广泛分析、筛选方案，确定项目的初步可行性	对项目进行深入细致的技术经济论证，重点分析财务效益和经济效益，作多方案比较，提出结论性建议，确定项目投资的可行性
研究要求	编制项目建议书	编制初步可行性研究报告	编制可行性研究报告
研究作用	为初步选择投资项目提供依据	确定是否有必要进行下一步的详细可行性研究，进一步说明建设项目的生命力	作为项目投资决策的重要依据
估算精度	±30%	±20%	±10%
研究费用占总投资的百分比(%)	0.2～1.0	0.25～1.25	大项目 0.8～1.0 中小项目 1.0～3.0
需要时间(月)	1～3	4～6	8～12或更长

1.4.4 项目可行性研究报告的编制

1.项目可行性研究报告的编制依据

在编制项目可行性研究报告时,应取得如下依据:

(1)国民经济发展的长远规划,部门、地区发展规划,产业政策和投资政策。

(2)批准的项目建议书。项目建议书是项目投资决策前的总体设想,主要论证项目建设的必要性,同时初步分析项目建设的可行性,它是进行各项投资准备工作的主要依据,只有经有关部门同意,并列入建设前期工作计划后,才可以进行可行性研究的各项工作。

(3)国家批准的资源报告、国土开发整治规划、区域规划、工业园区规划、经济开发区规划。

(4)有关的自然、地理、气象、水文、地质、经济、社会、环保、交通运输等基础资料。这些资料是项目厂址选择、工程设计、技术经济分析不可缺少的。

(5)有关行业的工程技术规范、标准、定额以及国家正式颁发的技术法规和技术标准。它们都是进行项目技术分析的基本依据。

(6)国家颁发的评价方法与参数,如社会折现率、行业基准收益率、影子汇率等。这些评价参数是进行项目经济评价的基础和评判标准。

2.项目建议书的主要内容

项目建议书作为项目建设程序中的一个环节,项目投资者根据国民经济和社会发展的长期规划、产业政策、地区规划、技术经济政策,结合资源情况、建设布局等条件和要求,经过调查、预测和分析,向国家有关部门、行业主管部门或本地区有关部门提出的对某个投资项目需要进行可行性研究的建议性文件,是对投资建设项目的轮廓性设想。

项目建议书作为国家选择项目和进行可行性研究的依据。其主要任务是在对项目投资建设的必要性进行论述的同时,也初步分析项目建设的可行性。

项目建议书的主要内容包括:

(1)项目的必要性和依据

说明项目提出的背景、拟建地点,提出与项目有关的长远规划或行业、地区规划资料,说明项目建设的必要性;对改扩建项目要说明现有企业概况;对技术引进项目和进口设备项目要说明国内外技术的差距及进口的理由。

(2)产品方案、拟建规模和建设地点的初步设想

产品的市场预测,包括国内外同类产品的生产能力、销售情况分析和预测、

产品销售价格的初步分析等;项目产品生产规模的确定及其对拟建规模经济合理性的评价;产品方案的设想;建设地点的论证,主要分析拟建设地点的自然条件和社会条件,建设地点是否符合地区合理布局的要求。

(3)资源情况、建设条件、协作关系的初步分析

拟利用的资源供应的可能性和可靠性;主要协作条件,项目拟建地点的水电及其他公用设施的供应情况;主要生产技术与工艺的初步分析;主要专用设备来源情况说明。

(4)投资估算和资金筹措的设想

根据掌握的相关数据资料进行投资估算,投资估算中应包括建设期利息、固定资产投资方向调节税等税费,并需考虑一定时期的物价水平的影响;流动资金投资可参照同类企业的有关比率进行估算;资金筹措设想中应说明资金的来源,贷款意向洽谈及贷款意向书,对贷款条件及利率、偿还方式进行说明,并测算偿还能力。

(5)项目进度的初步安排

项目前期工作的安排;项目建设所需要的时间。

(6)财务效益和国民经济效益的初步评价

计算项目全部投资内部收益率、净现值、借款偿还期等主要指标及其他必要指标,进行盈利能力、清偿能力及对国民经济的贡献程度等的初步分析;项目的社会效益和社会影响的初步分析。

3.项目可行性研究报告的主要内容

根据我国现行规定,一般工业项目的可行性研究报告应包括以下内容:

(1)总论

项目提出的背景(包括项目名称、项目建设主体、项目主管部门、研究工作的依据、项目发展及可行性研究工作情况等)、投资环境、项目的必要性、项目投资对国民经济发展的作用和重要意义;项目前期调查的主要依据、工作范围和要求;项目的历史发展概况;项目建议书及有关审批文件;综述可行性研究的主要结论、存在的问题与建议;列表说明项目的主要技术经济指标。

(2)产品市场需求预测和拟建规模

国内、国外市场需求的调查与预测;国内现有生产能力的估计;销售预测、价格分析、产品竞争能力分析、进入国际市场的前景;拟建项目的规模、产品方案的技术经济分析。

(3)资源、原材料、燃料动力及公用设施情况

经过国家正式批准的资源储量、品位、成分以及开采、利用条件的评述;原料、辅助材料、燃料的种类、数量、来源和供应的可能性;所需动力(水、电、气)、

公用设施的数量、供应方式和供应条件，外部协作条件以及所签协议、合同或意向的情况。

(4)建厂条件及厂址方案

建厂的地理位置、气象、水文、地质、地形条件和社会经济现状；项目的地区选择，项目所在地的交通、运输现状；厂址比较选择方案、项目的厂址占地范围；项目总体布置方案、建设条件、地价、拆迁及其他工程费用情况。

(5)工程技术方案

项目产品的生产方法、主要技术工艺和设备选型方案的比较；项目布置的初步选择和土建工程量估算；公用辅助设施和项目交通运输方式的比较选择。

(6)环境影响评价与劳动安全

项目建设地区的环境现状，预测分析项目实施后可能造成的环境影响，提出环境保护(包括绿化)、三废(废水、废气、废渣)治理和劳动保护的对策和措施；估算环境保护所需要的投资费用等。

根据《中华人民共和国环境影响评价法》，建设项目的环境影响报告书应当包括下列内容：①建设项目概况；②建设项目周围环境现状；③建设项目对环境可能造成影响的分析、预测和评估；④建设项目环境保护措施及其技术、经济论证；⑤建设项目对环境影响的经济损益分析；⑥对建设项目实施环境监测的建议；⑦环境影响评价的结论。

(7)生产组织、劳动定员和人员培训

项目的管理体制、机构组织形式的设置；工程技术人员、管理人员的数量、素质要求；劳动定员的配备方案；人员培训计划和费用估算等。

(8)项目实施计划和进度

根据预定的建设工期和勘察、设计、设备选购、工程施工、安装、试生产所需时间与进度要求，确定整个工程项目的实施方案和总进度及项目实施费用，用网络图描述最佳实施方案的选择。

(9)投资估算与资金筹措

项目的主体工程和协作配套工程所需投资的估算；资金来源、筹措方式及贷款的偿付方式。

(10)经济效益与社会效益评价

主要通过对项目的销售收入、成本费用、税金的估算，对项目的财务效益、国民经济效益、社会效益、环境影响进行分析与评价，并进行项目的不确定性分析。

(11)评价结论与建议

通过对建设方案的综合分析评价，从技术、经济、社会以及项目财务等方面论述建设项目的可行性，选择可行方案，提供投资决策参考，指出项目存在的问题、改进建议及结论性意见。

这里需指出的是，上述可行性研究的内容主要是针对新建工业项目而言的，鉴于建设项目的性质、任务、规模及工程复杂程度不同，不同建设项目的可行性研究的内容会有所侧重，深度和广度也不尽一致。因此，在进行项目可行性研究的实际工作中应视项目的具体情况确定可行性研究的内容。

1.5 项目评估

1.5.1 项目评估的概念

项目评估是由投资决策部门、贷款银行组织或委托有资格的工程咨询机构、有关专家，按照国家有关法规条例，在项目可行性研究基础上对拟建项目的可靠性、真实性、客观性和投资是否可行、是否合理所做的全面审核和再评价。

按照我国现行政策和建设程序的规定，在项目投资的前期阶段，项目评估工作的主要内容是对项目可行性研究报告进行评估。因此，项目评估在分析判断可行性研究报告中所提方案的优劣，从中遴选出最佳方案，为投资项目最终决策提供科学的依据等方面有着重要的意义。项目评估的主要工作包括：①全面审核可行性研究报告中反映的各项情况是否属实；②分析项目可行性研究报告中各项指标的计算是否正确，包括各类参数、基础数据、定额费用的选择等；③从企业、国家和社会等方面综合分析判断项目的经济效益和社会效果；④分析和判断项目可行性研究的可靠性、真实性和客观性，对项目取舍作出最终结论；⑤撰写项目评估报告。

1.5.2 项目评估的主体和对象

1. 项目评估的主体

(1)项目业主或发起人

项目业主或发起人进行项目评估的主要目的是为了保证项目能够实现组织的战略目标。他们往往从自身利益出发对项目的技术、运行、财务和风险等方面进行评估，最关心项目盈利能力和项目风险。通常项目业主或发起人的评估是比较全面的，所以他们的评估成为其他评估的基础或者是数据基本来源之一。

(2)项目实施者或承包商

项目实施者或承包商进行项目评估的根本目的是确认项目实施的可行性以及能否通过项目实施获得最大的经济利益。他们从保护自身利益的角度出发对项目实施进行必要的评估，主要目标是在给定的资源和环境条件下完成项目的可行性以及相应的风险和成本效益。

(3)贷款银行

贷款银行主要从自身利益的角度对项目的经济、技术、运行和风险等所做的全面性评估，以项目的资金贷放和回收为中心，以现金流量分析和风险评价为主要内容开展工作，关心的是项目的偿债能力，并将评估结果作为是否提供项目贷款的依据。

(4)政府或主管部门

政府或主管部门主要从国民经济和社会角度对项目国民经济可行性、社会效果、环境影响等方面进行全面的论证和评估。其特点是涉及政治、经济、文化、环境、技术、社会等诸多方面，并且需要考虑项目业主和全社会的总体利益与长远利益，全面考虑项目对于整个社会的稳定和健康发展与繁荣的利与弊。

2.项目评估的对象

项目评估的对象就是项目和项目备选方案，所有的项目评估都是对项目本身的可行性和项目备选方案的优劣作分析和比较。

项目立项评估的对象就是项目本身；项目可行性研究的评估对象除项目本身外，还有项目的各个备选方案；项目跟踪评估的对象是项目按照某个既定方案和计划开展实施以后的一定时点上的项目整体情况；项目后评估的对象是项目实施的实际情况。

1.5.3 项目评估的原则

1.科学性原则

在项目评估中，不可避免地会进行定性、定量分析，这就要求运用以系统论、运筹学、数学、统计学、计算机科学等为基础的科学手段和现代决策方法，才能满足项目的决策要求。如定性分析的专家调查法，定量分析包括回归分析、线性和非线性方法、期望值法、概率论和数理统计、决策树法等各种数学方法。另外，因各类项目的性质不同，评估的侧重点也会有所不同，这就要求评估方法和评估指标选择应作适当调整，力求科学合理。

2.客观性原则

评估时应从项目实际所处的自然环境、社会条件、区域投资环境、地区经济发展水平、文化传统、民族习惯等方面实事求是地分析评估项目。对项目技术成熟程度、市场发展变化情况、运行支持条件、环境影响等进行深入地调查，了解和客观中肯地分析研究，不屈服于任何压力。

3.公正性原则

在项目评估过程中，尊重客观事实，不带主观随意性，不受外部干扰，不屈服于外界压力。站在公正的立场上，避免倾向性意见。要求评估人员：一方面要深入调查研究，掌握可靠的、准确的第一手资料，采用科学的方法计算、分析和论证；另一方面要克服偏爱，敢于挑剔和纠正可行性研究报告结论中存在的缺陷和问题。

4.方案最优原则

方案的最优就是要求在项目评估中坚持多方案选择，力求方案最优。一个投资项目，由于规模、品种、生产工艺、设备、原料供应和运输方式的不同，客观上存在着多个可供实施的方案，评估的目的就是要在可行性研究的基础上，经过多方案的论证比较，选择最好的实施方案。

5.系统性原则

项目建设是一个系统工程，牵涉到方方面面，这就要求在项目评估中考虑任何一个问题都要有系统观念。从项目的内部环境看，项目无论大小都存在着诸如产品市场需求、建设条件、生产条件、生产工艺等问题；从项目的外部环境看，存在与项目的协作配套、行业规划、城市改造、环境影响、生态平衡、能源综合利用等问题；还有与项目效益密切联系的市场、价格、税收、信贷、利率、汇率等问题。所以在进行项目评估时，必须全面、系统地加以考虑。

6.动态评估原则

由于建设项目的投资额较大，项目生命周期和运行周期的时间跨度比较长，这就要求项目评估时全面考虑货币的时间价值，即资金的机会成本及利息。在项目评估中需要对项目生命周期甚至运营周期各个时点的现金流量进行贴现，然后计算有关动态评估指标。

1.5.4 项目评估的依据

现阶段，项目评估工作主要依据包括：

(1)项目建议书、可行性研究报告的批复。

(2)可行性研究报告、规划方案、初步设计说明书。

(3)报送单位的申请报告及主管部门的初审意见。

(4)项目公司章程、合同及批复文件。

(5)有关资源、原材料、燃料、水、电、气、交通、通信、资金、征地、拆迁等批件或协议。

(6)资本金落实文件及当年资本金安排的承诺函。

(7)贷款落实或审批文件。

(8)有关部门颁布的项目评估办法。

(9)国家发改委和建设部发布的《建设项目经济评价方法与参数》(第三版)。

(10)其他有关资料。

1.5.5 项目评估的主要内容

项目评估是投资决策的必要条件,一般在可行性研究报告编制之后,项目审批之前进行,以便于投资决策。项目评估承担的主体包括政府管理部门、投资者、贷款机构等,不同主体有不同的要求,因此各主体的评估内容也就不尽相同。一般而言,一份完整的项目评估报告应包括以下内容:第一,对建设必要性和市场预测的评估,这是项目能否存在的前提;第二,对项目建设条件、生产条件和工艺技术方案的评估,这是项目能否进行的资源和技术保证;第三,对项目的财务效益和国民经济效益的评估,这是项目取舍的依据;第四,对影响投资效益的经济政策和经济管理体制的评价,这是为项目争取最好的经济效益。

项目评估的主要内容如下:

1. 项目建设必要性的评估

(1)项目是否符合国家的产业政策和行业规划。

(2)通过市场调查和市场预测,对产品,尤其是新产品的需求情况和市场竞争力进行分析。

(3)项目建设对国民经济(地方经济)发展的作用及其社会意义。

(4)进行最优建设规模的论证。

2. 建设条件和生产条件的评估

(1)工程地质、水文地质是否符合建设项目的要求。

(2)项目所需的资源是否清楚。

(3)项目所需的原材料、燃料、动力等是否有可靠的来源。

(4)交通运输条件是否有保证。

(5)协作配套实施项目是否落实。

(6)项目的环境保护是否有必要的治理方案和措施。

(7)对项目引进的成套设备,是否经过多方案的比较分析,是否选择了最优方案。

(8)项目的地址选择是否科学、合理。

3. 工艺技术评估

(1)建设项目采用的工艺、技术、设备在经济合理条件下是否先进、适用,是否体现国家的技术发展水平,是否注意节约能源和原材料以获取最大效益。

(2)项目引进的技术和设备是否符合我国国情,是否经过多方案比较,是否注意了配套,引进技术后有无消化吸收能力。

(3)建设项目所采用的新工艺、新技术、新设备是否安全可靠,是否经过试验鉴定,检验原材料和测试产品质量的各种手段是否完备。

(4)产品方案和资源利用是否合理。

(5)技术方案的综合评价。

4. 投资和财务基本数据评估

(1)固定资产投资的估算。

(2)无形资产投资的估算。

(3)流动资金投资的估算。

(4)项目的生产规模确定及产品方案。

(5)各项技术经济指标。

(6)产品成本和项目总成本的估算。

(7)项目年收入及税金的估算。

(8)项目的利润及现金流量预测。

(9)项目资金贷款利率及贷款条件评估。

5. 财务效益评估

财务效益评估主要是分析与评估项目财务上的盈利能力和偿还能力,评价项目在财务上的可行性。

6. 国民经济评价

国民经济评价主要是分析与评估项目对国民经济的净贡献,评价项目在经济上的合理性。

7. 不确定性分析

不确定性分析主要是分析在不确定性因素影响下项目产出的稳定性及项目可能出现的风险及其影响程度。

(1)盈亏平衡分析。

(2)敏感性分析。

(3)概率分析。

(4)风险分析。

8. 项目的总评估

(1)建设项目是否必要,建多大规模较为适宜。

(2)建设条件和生产条件是否具备。

(3)经济上是否合理。

(4)技术上是否先进、适用、安全、可靠。

(5)相关项目是否同步建设。

(6)投资来源及资金筹措方案的建议。

(7)关于方案选择和项目决策的建议。

1.5.6 项目评估的工作程序

项目评估是一项时间性强,涉及面广,内容复杂的工作。因此,在开展项目评估工作时,一定要合理地组织和有计划地进行。一般的项目评估工作程序可分为制订计划、收集资料、评价分析和编写评估报告四个阶段。

1. 明确评估对象,制订评估计划

明确评估对象,即确定具体的评估项目,并根据其特点、性质,确定在评估中需着重解决的问题。制订计划是项目评估部门在收到可行性研究报告后,就需组织评估小组,明确人员分工,确定项目负责人,并根据项目的性质、特点、评估内容以及时间要求,制订出切实可行的工作计划。

2. 进行现场调查,收集相关资料

现场调查和收集资料是项目评估的重要阶段。主要是对在可行性研究报告中没有收集到的基础数据资料和一些重要的数据资料进行重新收集。同时注意,现场调查和资料收集是一项庞大、复杂、细致的工作,在调查和收集过程中,一定要注意数据资料的可靠性、准确性。

3. 评价分析

评价分析是对拟建项目的评估向广度、深度发展。一般从以下几个方面进行:

(1)评价项目的必要性。从宏观层面评价项目是否符合国家的产业政策,评价项目是否属于重复建设、盲目建设等。

(2)评价拟建项目的规模和生产条件。

(3)评价项目设计方案和建设条件。主要对工艺技术、设备选择、地址选择、施工条件以及资金来源的评价,弄清项目建设条件是否落实,技术上是否先进、可行。

(4)评价财务效益、国民经济效益和社会效益。主要是对各项效益指标进行逐项审核和计算。

4.编写评估报告

编写评估报告是对拟建项目在完成上述各方面评估的基础上,根据调查研究和评估分析的结果提出决策建议的综合性文件。

1.6 项目评估与可行性研究的关系

项目评估与可行性研究是项目前期决策工作中的两项重要内容,两者既有共性,又各有特点。

1.6.1 项目评估与可行性研究的共同点

1.两者均属项目投资的前期工作

项目的可行性研究是继项目建议书批准后,对投资项目在技术、工程、外部协作配套条件和财务、经济上的合理性及可行性所进行的全面、系统的分析和论证的工作。项目评估是在项目决策之前对项目可行性研究报告及其所选方案所作的系统的评价,并提出决策性建议的工作。它们都是项目前期的重要工作,都将影响项目的决策,是关乎项目生命力、竞争能力以及投资经济效益水平的重要步骤。

2.两者的出发点是一致的

项目评估与可行性研究都以市场需求为出发点,遵循市场经济发展规律。按照国家有关的方针政策,将资源条件同产业政策与行业规划结合起来考虑。

3.两者的目的和要求是相通的

项目评估与可行性研究都是通过投资前的技术经济分析,提高项目投资决策水平,促使项目提高投资经济效果。因此,两者均作深入、细致的调查研究,进行科学的预测与分析、实事求是地对项目的经济效益和生产工艺技术进行评价,力求资料来源可靠,数据准确,结论客观而公正。

4.两者考察的内容与方法是相通的

项目评估与可行性研究都根据国家统一颁布的评价方法和技术标准、经济参数及有关的定额资料对项目各方面的因素和条件进行测算、验证、衡量和比较,形成抉择性建议。另外,两者都需从我国国情和客观实际出发,对产品进行市场调研，判断项目是否有存在的必要；评价项目的工艺技术方案，审核项目的生产建设条件是否具备，技术上是否可行；进行财务评价和经济效益分析，判断项目在经济上是否合理。

1.6.2 项目评估与可行性研究的区别

1.两者承担的主体不同

可行性研究通常是由项目的投资者或项目的主管部门主持，投资者既可以自行进行项目可行性研究工作，也可以将其委托给专业的设计单位或工程咨询公司进行，受托单位仅对项目投资者负责。项目评估一般由项目投资的决策机构（如国家主管投资计划的部门），或项目贷款单位（如银行）主持和负责，它们既可自行组织评估，也可以将其委托给专门的工程咨询公司进行。

2.两者的评估视角和侧重点不同

可行性研究一般从投资者（微观）角度去考察项目的盈利能力、决定项目的取舍，因此它侧重于项目的微观效益；而项目评估需从国民经济和社会（宏观）角度去考察项目的经济效益，侧重于项目的宏观效益。需注意的是，贷款银行对项目进行的项目评估，侧重于从借款企业微观角度去评价项目的财务效益及偿还能力，这是因为贷款的风险约束机制和银行的自主经营，使银行注重贷款的安全性及其本息的偿还问题。

3.两者的目的和任务不同

可行性研究除了对项目的必要性、可行性、合理性进行分析论证以外，还须为建设项目规划多种方案，并从工程、技术、经济方面对这些方案进行比较和选择，从中选出最佳方案作为投资决策方案。因此，它是一项较为复杂的技术经济工作。项目评估则借助于项目可行性研究的成果，对可行性研究报告的全部内容，包括所选择的投资实施方案，进行系统的审查、核实，并作出评价和提出合理建议。

4.两者编制时间和作用不同

可行性研究与项目评估是投资项目建设程序中两个不同的程序，可行性研究在前，项目评估在后，所以它们的作用也不相同。可行性研究是项目投资决策活动中十分重要的步骤，为项目投资决策提供必要的基础，但它不能为项目投资决策提供最终依据。项目评估是项目投资决策的必备条件，它是在可行性研究的基础上并利用可行性研究的成果来进行的，更客观地对项目及其实施方案进行评审，并独立地提出决策性建议，为项目投资决策提供最终依据。

可行性研究和项目评估，是项目投资决策过程中的两个基本步骤。它们一先一后、相辅相成、缺一不可。两者在项目投资决策过程中的关系是:可行性研究为项目评估提供工作基础,项目评估对可行性研究作进一步的分析和论证,是可行性研究的延续、深化和再研究。

相关链接

江苏"铁本事件"始末[①]

江苏铁本钢铁有限公司违规建设钢铁项目问题被国务院查处后,在全国引起强烈震动。从轰轰烈烈上马到被勒令叫停,"铁本事件"引发了很多人的疑问:一个设计生产能力840万吨、概算总投资105.9亿元人民币的大型钢铁联合项目,到底是如何连闯"红灯",违规上马的?

记者前后3次前往江苏调查,发现企业违法违规操作、地方政府及相关部门失职违规种下了今天的苦果,其背后则是偏离科学发展观的深层次原因。

1.铁本:"小马"拉上"大车"

2004年5月2日,记者在江苏省常州市看守所采访了铁本公司法人代表戴国芳、原副总经理张锡清。41岁的戴国芳出生于当地一个农民家庭,从13岁起开始干瓦工,后来靠拣废钢废铁有了积蓄,1996年在常州市东安镇成立了铁本公司。按照戴国芳的说法,铁本公司筹建这样一个大型钢铁联合项目,是因为东安镇的老厂一直存在环保问题,群众上访不断;厂内设备落后,厂区与江边较远,运输成本高;技术装备落后,产品档次低,于是决定移址扩建到长江边。

铁本项目的出笼就像一个"吹泡泡"的过程。2002年,短短几个月的规划中,铁本项目从最初200万吨的宽厚板项目,逐步扩大到400万吨、600万吨,最后成为年产840万吨的大型钢铁联合项目,规划占地也从2000亩[②]一路攀升到9379亩。

铁本公司究竟有多大的资金实力?据调查,为上铁本项目,从2002年5月开始至2003年底,铁本公司涉嫌虚假注册7家合资(独资)公司。按规定,这7家合资企业外方应缴纳注册资本金1.7972亿美元,但其中只有鹰联公司注册资本金1200万美元基本到位,另有1

---

① 资料来源:新华社"新华视点".京报网——北京日报,2004-05-10。

② 1公顷=15亩,公顷为国际标准单位,读者可自行换算,下同。

家公司部分到位，其余 5 家合资公司至今未见验资报告，没有任何资金到位。

铁本公司最初是到常州港寻求移址扩建，但那里没有足够的土地可供使用。2002 年 5 月，戴国芳与张锡清来到常州市新北区魏村镇政府谈项目，镇里觉得项目有吸引力，承诺解决土地问题，双方一拍即合。随后，他们又来到与魏村镇有一条小江之隔的扬中市西来桥镇。铁本公司看中了这里 14 米深的长江深水岸线，后与镇里谈妥建码头和石料厂。

但是，西来桥镇的项目没有获得上级计划部门的批准。按照铁本公司的理解，自备码头不会有产值和税收，为了提高吸引力，他们又提出把在常州市魏村镇的焦化、硅钢项目转移至扬中市西来桥镇。这样，在扬中市的项目规划用地由 500 亩增至 3000 多亩。

2. 审批：地方政府及相关部门“越位”

钢铁项目属国家宏观调控的重点产业项目，有一套比较规范的审批机制。可以说，能否获得立项审批是铁本项目上马的关键。

自 2002 年 5 月以来，铁本公司为实施项目，法人代表戴国芳成立 7 家合资(独资)公司，把项目化整为零，拆分为 22 个项目向有关部门报批。然而，就是这样一个设计生产能力与投资严重不匹配的项目，在审批过程中却是“一路绿灯”。

为了避开上级部门的审批，铁本公司和地方政府可谓绞尽脑汁。在审批过程中，常州国家高新技术产业开发区(简称高新区)管委会将整个项目“一分为四”。同时，为了办理土地等手续，又将整个项目分成 14 个基建项目。

高新区经济发展局局长王海萍对记者坦陈：“审批时我们也感觉不正常，如果这些项目合在一起报批，就肯定超过审批权限了。”

常州高新区管委会主任办公会议专题研究铁本项目的推进问题，要求有关部门抓紧完成立项批复。一位知情干部说：“当时区里多次召开项目推进会，要求加快办理审批手续，如果不把项目拆分开，就要报到上级，没有一年半载批不下来。”据记者调查，高新区管委会仅在 2003 年 9 月 17 日一天内，就批准了铁本立项拆分的 12 个基建项目。与此同时，扬中市成立了由市委主要领导任组长、各职能部门负责人参加的铁本项目领导小组，并陆续召开了铁本项目推进会。

按照投资规模和审批权限，铁本项目本该报国务院有关部门审批。但是，当地政府及有关部门违规越权对这些总投资高达 105.9 亿元的项目进行了审批。

——高新区管委会于2002年9月,批准铁本公司与鹰联公司将总投资近9000万美元的项目拆分为3个2980万美元的炼铁、炼钢、轧钢项目;为了向省国土部门申报项目用地,2003年8月至10月,高新区经济发展局批准将铁本公司所属4个合资公司的建设工程拆分为12个项目。

——江苏省发展计划委员会从2003年4月至11月,先后违规、越权或不按程序批准铁本公司建设150万吨宽厚板项目、硅钢系统工程等项目,总投资达58亿元。

——扬中市发展计划与经济贸易局和外经贸局于2003年8月,违规越权联合批准铁本公司和鹰联公司合资设立镇江铁本焦化有限公司,在扬中建设焦化项目。

3. 土地:职能部门失职违规

许多干部群众对铁本项目的违法占地感到不可思议:铁本公司开工建设达9个月之久,占用土地6541亩。按规定,占用如此多的土地特别是基本农田必须报国务院批准。应该守土有责的地方政府和国土部门,监管职责到哪里去了?

按照法律规定,建设用地需要占用农田的,必须先办理农用地转用报批手续,经过省级以上国土部门批准,向具体项目实施供地后,才能由国土部门代表政府与村级组织签订征地补偿安置协议,然后企业才能进场施工。而从铁本项目的占地过程来看,整个手续基本是"倒了个"。

2003年5月,在没有办理用地申报手续的情况下,常州市国土局新北分局就发出为铁本项目拆迁腾地的通告,并称"2003年6月30日前将所有动迁房屋交付拆迁完毕,逾期不拆者依法处理"。新北区魏村镇政府更提前了一步,当年4月,魏村镇政府发布了关于铁本项目拆迁安置的有关规定,并越权与村民小组签订土地征用协议。扬中市西来桥镇在征地批复未下来之前,也提前实施征地拆迁工作。

2003年8月,扬中市国土局对西来桥镇政府擅自占地230亩用于铁本项目安置房建设罚款76万元,但是对铁本项目其他大量非法占地未作出处罚。常州市国土资源局更是迟至今年2月17日才发出对铁本项目非法占地的停工通知。

更为严重的是,相关国土管理部门还对铁本项目非法占地补办相关手续。记者在常州市国土资源局关于铁本项目用地申报、审批情况明细表上看到，涉及铁本项目在常州的5988亩用地中，常州市新北区分三批共14个批次申报至常州市国土资源局；常州市国土资源局随后分三批上报给江苏省国土资源厅。2003年12月20日，省国土资源厅在一天内违规批准了铁本公司由整块土地拆分成的这14个土地项目，致使铁本项目部分非法占地合法化。

铁本公司在土地申报手续尚未批准的情况下，仅凭与镇政府签订的投资协议，就自行进场施工，违法占地，造成大量耕地被毁，直接导致魏村镇、西来桥镇2000多户、6000多农民被迫拆迁，流离失所。

国务院发展研究中心的有关专家认为，先上车后买票，先干起来然后再审批，是时下一些地方发展地方经济的冠冕堂皇的理由。正是这些违法违规行为，使国家最严格的耕地保护制度落不到实处。

4. 贷款：6家金融机构"集体沦陷"

铁本公司通过提供虚假财务报表骗取银行信用和贷款，挪用银行流动资金贷款20多亿元用于固定资产投资，造成巨大风险。人们不禁要问：6家金融机构为何会"集体沦陷"，以致为铁本项目付出"血本"？

常州市许多干部、群众表示，以前从没听说过铁本公司和戴国芳，只是在国务院公布查处情况后才知道这个企业。然而，多家银行却对其"情有独钟"。国务院检查组的调查显示，截至2004年2月末，中国银行常州分行等金融机构对铁本公司及其关联企业合计授信金额折合人民币43.39亿元，其中25.6亿元的银行贷款已实际投入到项目中去。

常州市银监局局长陈中云坦言："6家银行涉及铁本项目的贷款有160多笔，其中中国银行常州分行最多，有五六十笔。铁本公司的规模不大，银行却给其巨额授信，让人费解。"

据知情人士分析，铁本项目涉及的中行、建行、农行等几家银行分支机构为了竞争，客户信息都是内部控制，不互相沟通。中行从2003年5月开始对铁本有第一笔投入。到2003年下半年，建行开始介入铁本项目业务，逐步贷款三四亿元，但直到国务院检查组来调查，才知道铁本企业向各家银行贷款的总额度。铁本公司的10家关联企业还违反规定，相互担保，然而提供贷款的6家银行均没有发现，造成银行对企业多头授信，仅中国银行常州分行对江苏铁本的授信敞口金额就达16.38亿元。

常州金融部门一位人士分析，6家银行同时深陷漩涡，一个重要原因是金融机构不重视贷前审查和贷后监控,以为地方政府支持的项目就可靠,教训深刻。表面上看,是铁本公司采取多种手段转移银行贷款,但不管铁本公司怎么化整为零,怎么提供虚假财务报表,贷出数以亿元计的流动资金挪用到铁本新项目中,银行不可能心中没数。调查发现,中国银行常州分行为了规避固定资产投资审贷规定,采用贷放流动资金形式,放任铁本公司挪用改作投资。

按照有关规定,新建项目必须符合国家产业政策、用地、环保等要求,取得立项和审批合法手续后,银行才能给予授信支持。“铁本事件”暴露出这些银行风险意识太弱,对铁本公司的信用评级严重失误,在执行政策上出现重大偏差。铁本项目尚未取得合法批文,6 家金融机构就开始争相发放贷款,其中农业银行严重违反国家现金管理规定,最高日现金支付达千万元。

5. 环保:职能部门集体“缺位”

污染问题是铁本项目上马中群众反映的焦点之一。特别是焦化、硅钢高污染项目要在扬中上马的消息一传出,立即引起很多市民的强烈反对。扬中是全国首批生态示范城市,有着“水上花园”的美誉,上马这样的高污染项目给当地环境带来的隐患可想而知。

根据有关规定,总投资 2 亿元及以上的钢铁工程由国家环保总局负责审批其环境影响评价文件。铁本公司的焦化项目总投资 2980 万美元,年产焦炭达 60 万吨,超过上海宝钢焦化厂的年生产能力,应该上报国家环保总局对其环境影响评估进行审批。

而事实上,焦化项目未获批准,铁本公司即擅自开工,如今项目工地已铺埋了数米深的石灰,桩基打了一二十米,导致耕地全部被毁,无法复垦。

按照规定,建设项目环保结论未出来前,一草一木都不能动。据记者调查,铁本公司报送环保部门预审登记总共 8 个新建项目,均未通过环保部门的环境影响评价审批,而其中的 6 个项目早已违法开工。

地方政府及有关部门无视环评法的问题也很突出。江苏省发展计划委员会、常州高新区经济发展局、扬中市发展计划与经济贸易局等部门在环保部门未审批环境影响评价书的情况下,擅自批准铁本公司有关项目可研报告,违反了《中华人民共和国环境影响评价法》的有关规定。

常州市和扬中市环保部门反映,按照投资规模,他们无权审批,只是"过一下手",然后送上级环保部门。而据记者调查,地方环保部门均参与了这些项目的环保预审,并予以通过。江苏省环保厅厅长史振华说,铁本公司的违法开工,尽管主要是企业无视环评法,但环保部门也存在巡查不够、监督不力、执法不严的问题。即使无权审批,对企业的违法开工行为,也应及时制止并向上级汇报。

铁本公司违规建设钢铁项目造成了严重后果,教训深刻,代价沉重。"铁本事件"昭示人们:不能打着发展的旗号,违法行政、违规操作,甚至有令不行、有禁不止。要纠正一切偏离科学发展观的行为,真正把思想方法转到科学发展观的要求上来,切实维护国家宏观调控的统一性、权威性和有效性。

复习思考题

1. 简述项目评估的发展历程。
2. 如何理解投资的内涵?
3. 项目的含义及特征是什么?
4. 项目生命周期的特点是什么?
5. 简述我国一般项目建设程序。
6. 简述项目可行性研究的概念及作用。
7. 如何划分项目可行性研究阶段?
8. 项目评估的主体有哪些?
9. 项目评估应遵循哪些原则?
10. 简述项目评估的主要内容。
11. 简述项目评估与可行性研究的区别与联系。

第2章

企业资信评估

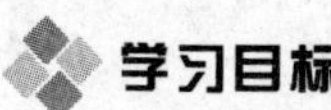

1. 理解企业资信评估的含义；
2. 掌握企业资信评估的内容；
3. 理解企业资信评估的程序和方法；
4. 理解企业资信评估的指标；
5. 理解企业资信等级的划分和判定。

2.1 企业资信评估的含义

企业资信评估是指对企业的资质和信用度进行检验和计量，判定企业所负各种债务能否如约还本付息的能力和可信任程度，是对债务偿还风险的综合评价。资质指企业的经济技术实力、经营管理能力和经营状况等企业基本条件；信用度是指企业在经济活动中履行承诺、讲求信誉的程度。企业资信评估包括对债务偿还能力和债务偿还意愿两个方面的评估。债务偿还能力是指企业在生产经营过程中产生现金流的能力、资产变现产生现金流的能力；债务偿还意愿是指债务人偿还债务的主观想法，是否愿意及时偿还债务，以及过去的偿债记录等。

由于项目投资资金量大，除了投资主体按规定应出缴一定比例的资本金以外，大部分需向银行或非银行金融机构借贷。因此，贷款银行对借款企业进行资信评估十分重要，这也是保证金融资产安全的必要措施。

银行对企业的资信评估，是对借款企业的法定代表人和领导班子整体素质、经营机制和经济地位、经济技术实力和生产经营效益、资产负债状况、偿债能力、企业的信用程度和发展前景等方面进行检验、审查、论证分析和全面评估，据以判断企业的借款资格和信用优劣，从而说明企业资信等级。目的在于优化银行信贷资产结构，提高贷款资产质量，防范和减少贷款风险，保障信贷资金的盈利性、安全性和流动性。

2.2 企业资信评估的内容

2.2.1 企业经济地位

1. 企业的历史沿革

主要调查企业所在地，成立时间(某年某月)，注册资本，股本结构及主要股东情况，所有制性质，隶属关系，经营范围，经营时间，组织机构，主要分公司与控股子公司情况等。

2. 企业的发展过程

主要调查企业现有生产规模，技术装备水平，主要产品种类，主要产品寿命期，生产能力利用率，主要产品产销率，流动资金自给率；重大项目建设及技术改造情况等。

3. 企业的行业地位

主要调查企业所处行业，在行业中的地位：包括资质等级、市场份额、行业排名、竞争优势等，企业所处区域经济现状，区域信用环境，地方政策，地方政府在当地经济生活中的地位和作用。

4. 企业的发展前景

主要调查企业的市场定位，产品市场前景，科研开发能力，管理层对未来发展的规划以及拟采取的对策、措施等。

2.2.2 企业人员素质评估

在向企业发放贷款时，无论是贷前、贷中还是贷后，都应对企业的人员素质和经营管理水平进行全面系统的考察与分析，以确保信贷资金安全。

1. 领导者素质

主要着眼于管理层人员的文化程度、年龄结构、开拓精神、团结协作状况等，重点考察管理层的行业管理经验及熟悉程度。特别对企业法定代表人、总经理及财务负责人应分析其资历、经历和能力，并简要介绍其简历和成就。管理层经营作风对企业经营、发展的稳健性具有实质性影响，过于冒险的经营作风会使企业和银行均面临较大的风险。

2.员工素质

主要考察员工的年龄结构、文化程度、专业水平及稳定性等。如果员工专业水平普遍低下，即使有先进的生产线，也会影响企业的技术更新和产品创新，甚至会使生产线无法生产出合格的产品。

2.2.3 企业经营管理评估

1.企业的经营机制

主要是了解企业法人性质、产权构成、主营业务和经营管理制度的建立及健全程度等。对于新组建的项目法人，应重点审核是否符合现代企业制度及《公司法》的要求，产权构成及各股东的基本情况。

2.企业的生产管理

主要考察企业现有主要产品的质量、生产能力、销售及全部流动资金周转情况，分析近三年来各年企业新产品开发计划完成率、产品销售增长率、一级品率、产品销售率、成品库存适销率及全部流动资金周转加速率等指标。

3.内部控制与管理

主要评估内部组织架构、产品销售网络、质量管理与成本控制措施、年度计划及战略性远景规划、决策程序、人事管理制度是否科学等，这些在很大程度上都会影响企业的正常运作和经营成果。

4.关联企业的经营管理

关联企业指企业的母子公司、主要供应商、购货商等，因其与企业在股权、资金、产品等方面有密切的关联性，企业的经营水平、财务状况的变化将间接影响其还款能力，所以应依据关联程度的高低进行相应的分析。

2.2.4 企业资信状况评估

1.企业与银行的关系

主要调查企业的存款账户开立情况、销售收入支出结算情况。

2.还款记录

主要调查企业的借款总量、逾期借款、拖欠利息、信用证或票据承兑垫款、债务重组、贷款展期等情况。

3. 还款意愿

主要调查企业是否有钱不还、赖账不还、逃废债务、偷税漏税、提供虚假报表、隐瞒事实真相、套取银行资金等行为。

4. 信用程度

主要调查企业近两年合同履约情况,可根据销售合同履约率判断信用程度。

2.2.5 企业经营效益评估

1. 企业经济实力

主要是了解和分析借款企业的总资产、净资产、固定资产净值及资产结构等情况,主要评估指标包括:总资产、净资产、固定资产(与无形资产)净值率、长期资产与长期负债比率、存货周转率和应收账款周转率等。

2. 企业盈利能力

主要调查现有产品的质量和生产能力,分析近三年来各年主要产品的产量、销售收入、销售税金和利润总额变动情况;分析计算生产能力利用率、销售收入利润率、利润增长率、资金利税率、资本金利润率、资产报酬率、资本保值增值率、社会贡献率和社会积累率等指标,考核企业的经营水平、经营效果和获利能力,并预测其变化趋势。

3. 企业偿债能力

主要是分析评价企业近三年来各年末的资产、负债、所有者权益总额指标及其增长情况;分析计算资产负债率、负债有形资产比率、利息保障倍数、流动比率、速动比率、现金比率等指标,并预测其变化趋势。

4. 企业现金流量

利润是偿还贷款的主要来源,但不能直接偿还贷款,偿还贷款最可靠的是现金,因此银行最关心的还是企业的现金流量。现金流量即指销售产品、提供劳务、购买原材料等而取得或付出资金形成的现金流入量、流出量或净流量。企业的现金流量分经营性现金流量、投资性现金流量和筹资性现金流量。通过计算企业的现金流量,明确企业当期收到多少现金,支付了多少现金,现金余额或欠缺数量,得到一些定量分析数据信息。

2.2.6 企业发展前景评估

主要考察企业近期、远期的发展规划、目标与措施,产品的地位与市场竞争能力,企业的应变能力及发展趋势。从市场预测、发展规划及措施和管理手段三个方面，通过对企业销售收入增长率、利润增长率、资本保值增值率、权益增长率和固定资产净值率等定量指标和其他定性指标来反映和考核企业未来的发展能力和前景。

2.3 企业资信评估的程序和方法

2.3.1 企业资信评估的程序

1. 申请或委托企业资信评估

企业可向银行各级评估委员会提出评估申请或委托专业的资信评估公司对企业进行资信评估。同时，需提供营业执照、公司章程、股本和董事会名册、主要负责人简介、产品质量评定资料，近三年企业的资产负债表、利润表、现金流量表，财政、税收、物价大检查结果，审计报告，企业内部管理的有关文件和其他相关资料。

2. 收集和核查资料

贷款银行或评估公司对企业提供的各类资料进行认真、严格、细致的调查和核实，并且根据资信评估的要求补充收集企业的相关历史资料。评估时应注意资料的真实性、准确性和完整性。

3. 计算相关指标

在数据资料收集核实后，应按照一定的规范和方法进行整理，并对企业提供的财务报表和相关资料进行分析，从中寻找所需的数据，进行指标计算。

4. 确定资信等级

根据相关指标的计算结果进行综合分析和权衡，按照“评估计分表”中各项指标的企业实际计算值与标准参照值相比较，得出相适应的分值；然后，根据企业的实际得分总值再对照“企业资信等级表”规定的计分标准确定企业的相应资信等级，作为初步评估意见上报评估委员会。

5. 编写评估报告，审定颁发证书

评估委员会根据上报的材料进一步复核计算，确认各种资料真实可靠、计算无误后，拟定评估报告。资信评估报告要针对“计分表”上未反映出来的情况作全面、完整的阐述。评估委员会根据评估报告和“计分表”进行评审，填写评审得分，作出确定企业资信等级的最终结论。

2.3.2 企业资信评估的方法

1. 定量分析与定性分析相结合

对企业的资产结构、经营管理水平、经济效益以及企业信用等方面的评估，一般可通过计算偿债能力、盈利能力、营运能力等财务指标进行定量分析。对企业的经济地位、人员素质、产品质量等整体综合企业素质，筹资投向、履约能力和企业发展前景等方面内容难以量化的，只能作定性描述，做到定性因素定量化处理。通过定量指标与定性分析交叉结合，最终作出较为科学、全面、系统的评价。

2. 静态分析与动态分析相结合

通过静态分析明确企业的基本情况、经济实力、经营管理水平、经济效益和信用状况。由于资信评估是贷款决策前对企业进行的评估，考察的是企业未来的经营业绩和偿债能力，企业所处的社会经济环境在不断地发展变化，必将影响企业的生产经营。因此，需采用动态分析方法分析影响企业发展前景的相关因素。例如，分析企业发展战略及规划、行业的发展趋势、市场预测等方面，评估企业应变能力、市场竞争能力、履约能力和项目效益等，从而确定企业的资信等级。

3. 综合分析评价法

在对企业经济地位、企业素质、企业信用、经营管理、经济效益与企业发展前景等方面进行定性分析和定量指标的计算后，还应将这几个方面的静态分析与动态分析指标、历史因素指标和未来预测指标进行综合评价，可采用专家评分法、加权平均法、模糊数学法和线性规划法等现代数学方法，计算实际总分值，再与标准参照值进行对比，套用相应的信用等级评估计分表，评定出该企业的信用等级。

2.4 企业资信评估指标

根据部分银行的企业资信评估或客户评估指标，设置的企业资信评估指标见表 2-1，主要指标的评价结论见表 2-2。

表 2-1 企业资信评估指标

指标分类	序号	指标名称	单位	计算式
营运能力	1	生产能力利用率	%	年产量×100%/设计能力
	2	销售增长率	%	(本期销售收入－上期销售收入)×100%/上期销售收入
	3	一级品率	%	一级品年产值×100%/全部产品年产值
	4	总资产周转率	%	销售收入×100%/平均资产余额
	5	固定资产周转率	%	销售收入×100%/平均固定资产余额
	6	应收账款周转率	%	销售收入×100%/平均应收账款余额
	7	存货周转率	%	销售成本×100%/平均存货余额
	8	流动资金占经营成本比例	%	流动资金×100%/经营成本
	9	流动资金占销售收入比例	%	流动资金×100%/销售收入
盈利能力	1	销售利润率	%	销售利润×100%/销售收入
	2	营业利润率	%	营业利润×100%/销售收入
	3	成本费用利润率	%	利润总额×100%/(销售成本＋营业费用＋管理费用＋财务费用)
	4	权益报酬率	%	净利润×100%/平均所有者权益
	5	资产报酬率	%	净利润×100%/平均资产总额
	6	总投资净收益率	%	(净利润＋利息)×100%/总投资
偿债能力	1	流动比率	%	流动资产×100%/流动负债
	2	速动比率	%	速动资产×100%/流动负债
	3	现金比率	%	现金类资产×100%/流动负债
	4	资产负债率	%	负债总额×100%/资产总额
	5	负债与所有者权益比率	%	负债总额×100%/所有者权益
	6	负债与有形资产比率	%	负债总额×100%/有形资产净值
	7	利息保障倍数	%	(税前利润总额＋利息费用)/利息费用
	8	借款偿还期	年	长期借款余额/年可还款资金
	9	偿债备付率	%	(净利润＋折旧摊销＋利息)×100%/合同约定还本付息额
	10	利息备付率	%	(利润总额＋利息)×100%/利息费用
信用状况	1	贷款合同履约率	%	实际还本付息额×100%/合同约定还本付息额
	2	货款支付率	%	(期初应付货款＋本期外购货款－期末应付货款)×100%/(期初应付货款＋本期外购货款)
	3	贷款按期偿还率	%	报告期止按期实际偿还贷款额×100%/报告期止应偿还贷款总额

续表

指标分类	序号	指标名称	单位	计算式
投资能力	1	企业现有货币资金	万元	货币资金－周转现金
	2	企业可变现资产	万元	流动资产、长期投资、闲置的固定资产
	3	企业可利用资产	万元	闲置的固定资产、土地
	4	企业未来经营收益	万元	经营活动净现金流量－计划还本付息－利润分配
	5	企业最大投资能力	万元	1＋2＋3＋4
	6	最大贷款(授信)额度	万元	授信年份权益资金×(1－资本金最低比例)/资本金最低比例－现有负债
	7	企业最大投资能力	万元	5＋6
	8	企业出资保障系数	%	企业出资能力×100%/要求出资额

表 2-2　主要评价指标及评价结论

指　标	判断条件	评价结论
经营效率	＞90%	产销两旺，为最佳状态
	80%～90%	经营状况良好
	70%～80%	经营状况一般
	50%～70%	经营状况较差
	＜50%	经营状况很差
总投资净收益率比银行贷款利率	2倍以上	借款人的经济效益很好
	1.5～2倍	借款人的经济效益较好
	1～1.5倍	借款人的经济效益还行
	0～1倍	借款人的经济效益较差
	＜0	借款人经济效益很差，肯定处于亏损状态
经营活动净现金流量	≥0	借款人有持续生存能力
	＜0	借款人没有持续生存能力
现金比率	＜20%	借款人资金周转比较困难
	20%～30%	借款人资金周转基本没有问题
	＞30%	借款人有货币资金用于项目投资
资产负债率	＞100%	表明由于严重亏损，已处于资不抵债状况
	高于合理区间	企业负债水平偏高
	在合理区间	企业负债处于银行满意水平，流动资金贷款可行

续表

指　标	判断条件	评价结论
偿债备付率	＞180％	借款人偿还现有债务的能力很强
	130％～180％	借款人偿还现有债务的能力比较强
	100％～130％	借款人有能力偿还现有债务
	0～100％	借款人偿还现有债务能力不足
	＜0	已丧失偿还现有债务的能力
贷款合同履约率	100％	履约情况良好
	＜100％大于或等于偿债备付率	偿还能力不足，主观已尽到最大能力
	＜100％ 小于偿债备付率	偿还能力不足，但没有尽到最大努力，信誉欠佳

2.5　企业资信等级划分与评定

2.5.1　企业资信等级的划分

按照国际惯例，结合我国实际，企业资信等级一般应采取三类九级制，见表2-3，但在实际工作中，资信评估机构往往只对评估得分达到60分以上的客户定级。因此，实际上是采用四级评定的办法，各级的评定标准见表2-4。

表2-3　企业资信等级表

级位等级与次序		计分标准		级别说明
		下限	上限	
一等	AAA	90	100	信用极好
	AA	80	89	信用优良
	A	70	79	信用较好
二等	BBB	60	69	信用一般
	BB	50	59	信用欠佳
	B	40	49	信用较差
三等	CCC	30	39	信用很差
	CC	20	29	信用太差
	C	0	19	没有信用

表 2-4　常用企业信用级别及评定标准说明

级位次序	计分标准		级别含义	说明(评定标准)
	下限	上限		
AAA	90	100	信用极好	企业资金实力雄厚,资产质量优良,各项指标先进,经营管理状况良好,经济效益明显,清偿支付能力强。
AA	80	89	信用优良	企业资金实力较强,资产质量较好,各项经济指标先进,经营管理状况良好,经济效益稳定,有较强的清偿与支付能力。
A	70	79	信用较好	企业资金、资产质量一般,有一定实力,经济效益不够稳定,清偿与支付能力有限,但不至于发生危机。
BBB	60	69	信用一般	企业资产、财务、信用状况较差,各项经济指标处于中等水平,经营管理不佳,经济实力不强,清偿与支付能力差,有一定的风险性。

由于不同系统对企业的资信要求不同,因而对四级资信等级的具体标准的解释也有所不同,为此,可参见表 2-3 中部分评估机构对企业信用级别设置的说明。

2.5.2　企业资信等级的评定

企业资信等级是衡量企业资信程度高低的尺度,在企业资信评估中,经过一系列的定量指标与定性指标的计算分析后,按照工业企业资信评级计分标准,再参照企业资信等级表中规定的等级评分标准确定企业相应的资信等级。企业资信等级不仅反映了企业的信用状况,而且也为项目投资者和主管部门提供了投资决策的依据。同时,评定结果如果由资信评估机构通过新闻媒体公布后,将直接影响企业的信誉与市场形象,也必将影响企业的市场销售活动与生产经营。因此,大多数企业在其信用较好时才愿意公布资信评估结果。

复习思考题

1. 何谓企业资信评估？银行为什么对贷款项目进行资信评估？
2. 企业资信评估包括哪些主要内容？
3. 企业资信评估的方法有哪些？
4. 企业资信评估的指标有哪些？如何计算？
5. 如何划分企业资信等级？

第3章

市场研究和项目规模确定

学习目标

1. 理解市场调查的内容和方法；
2. 理解市场预测的内容和程序；
3. 掌握市场预测的方法；
4. 理解项目生产规模的影响因素；
5. 掌握项目起始规模、合理规模和经济规模的确定方法。

3.1 市场调查

市场调查是指利用科学的方法，收集、记录和整理反映市场状况的历史、现状及发展变化情况，取得市场分析第一手资料的工作。市场调查是项目评估的一个重要的环节，是认识市场、获取市场信息的一种重要手段，也是进行市场预测的前提和基础，尤其在项目的可行性研究中，市场调查的作用显得尤为重要。通过市场调查，了解现有企业的生产能力，研究掌握竞争对手在产品需求和生产方面的动向，了解产品在国内外市场的竞争能力，以及进入国际市场的前景等。

3.1.1 市场调查的程序

市场调查是一项有目的、有计划、有组织的活动。一般包括以下几个步骤。

1. 准备阶段

主要是确定调查的任务和目的，明确在调查中需解决的问题；确定收集资料的范围和方式，明确通过调查需得到什么资料；确定调查对象和范围，明确采用的调查方式;设计调查方案和调查表;组建调查小组,制定调查计划。

2.调查阶段

按照调查计划的要求,系统地收集资料和数据,听取被调查者意见。在实际调查过程中,应始终保持客观的态度,取得大量的第一手资料,圆满完成现场调查任务。

3.整理阶段

主要是对市场调查所获取的资料进行鉴别、归集、分类和整理,并进行统计分析。

4.总结阶段

撰写调查报告是市场调查工作的最后阶段。在编写调查报告之前,应对调查所取得的资料进行全面、系统的分析研究,总结调查工作经验和获取调查成果,写出高质量、高水平的市场分析报告。

3.1.2　市场调查的内容

1.市场环境调查

市场环境调查是对宏观经济、政策、法规、文化、自然等各方面的调查。具体可从以下几个方面进行:

(1)宏观经济环境调查。如人口数量及增长率、国民生产总值及增长率、人均可支配收入、消费增长率、物价指数以及有关项目产品的人均生产和消费水平。

(2)政策、法规、财税制度的调查。

(3)消费者和消费行为调查。包括拟建项目产品的主要消费对象、消费层次、消费者的需求和消费心理状况、消费目的、消费方式等有关消费行为特征。

2.市场专题调查

市场专题调查是指为达到一定目标而在特定范围内选定专题进行调查的一种调查方式。具体可从以下几个方面进行:

(1)产品需求调查。由于市场需求量受多种因素影响,如购买力变化等。在调查时,一定要注意研究各种市场动态,并考虑相应的对策,使调查可靠、准确、可行。主要包括对国内外市场的需求量及潜在需求量、消费者的消费心理、购买行为与习惯、产品的普及率与拥有率、产品的供求关系等进行的调查。

(2)购买力和可供量调查。商品购买力调查主要是调查消费者的收支结构、消费状况以及收入变化所引起的需求变化;商品可供量调查主要是对一定时期内生产、库存、进口数量等产品来源的调查。该调查为了解市场供求趋势以及产品的销售情况提供了科学的依据,有利于制定正确的产品经营策略,避免出现"滞销"与"脱销"的反常现象。

(3)价格调查。产品的定价一般依据市场需求、竞争能力和制造成本等方面。价格调查主要包括对产品现在的价格、影响价格的因素、价格变化趋势、产品的寿命期不同阶段的定价原则等进行的调查。

(4)市场竞争调查。主要包括同类产品(或互补产品)及替代产品的供求状况及变化趋势,主要厂商产品的市场占有率及其产品的性能、成本构成及营销策略,主要厂商的新产品开发、售前与售后服务等方面的调查。

(5)产品生命周期调查。任何产品从试制、投入市场到被市场淘汰,都经历产生、发展到消亡的过程,调查项目产品的生命周期,积极采取相应的策略,才能使项目立于不败之地。

3.1.3 市场调查方法

市场调查的方法很多,一般可根据调查对象、调查内容和调查目的,分别或同时采用几种市场调查方法。常用的市场调查方法主要包括:普查、重点调查、典型调查和抽样调查等。

1.普查

(1)普查的概念

普查是指一个国家或一个地区为详细地了解某项重要的国情、国力而专门组织的一次性、大规模的全面调查,其主要用来收集某些不能够或不适宜用定期的全面调查报表收集的信息资料,以搞清重要的国情、国力。如我国于2001年组织实施的第五次全国人口普查。

(2)普查的特点

普查的主要特点有两个:①普查比任何其他调查方式、方法所取得的资料更全面、更系统;②普查主要调查在特定时点上的社会经济现象总体的数量,有时,也可以是反映一定时期的现象。

(3)普查的作用

普查的主要作用为:①为制订长期计划、发展目标、重大决策提供全面、详细的信息和资料;②为搞好定期调查和开展抽样调查奠定基础。

(4)普查的优缺点

普查的优点在于收集的信息资料比较全面、系统、准确可靠;其不足是涉及面广、工作量大、时间较长,而且需要大量的人力和物力,组织工作较为繁重。

目前,我国所进行的普查主要有:人口普查、农业普查、工业普查、第三产业普查、基本单位普查等。

2.重点调查

(1)重点调查的概念

重点调查是一种非全面调查,它是在调查对象中,选择一部分重点单位作为样本进行调查。重点调查主要适用于那些反映主要情况或基本趋势的调查。如某省企业调查队在对全省近百户亏损企业进行的专项调查基础上,选择其中10户由亏转盈的企业所进行的“10户由亏转盈企业的调查”等。

(2)重点单位的选取

重点单位通常是指在调查总体中具有举足轻重的、能够代表总体的情况、特征和主要发展变化趋势的那些样本单位。这些单位可能数目不多,但具有代表性,能够反映调查对象总体的基本情况。选取重点单位,应遵循两个原则,一是要根据调查任务的要求和调查对象的基本情况确定选取的重点单位及数量。一般来讲,要求重点单位尽可能少,而其标志值在总体中所占的比重尽可能大,以保证有足够的代表性。二是要注意选取那些管理比较健全、业务力量较强、统计工作基础较好的单位作为重点单位。

(3)重点调查的特点

重点调查的主要特点是:投入少、调查速度快、所反映的主要情况或基本趋势比较准确。

(4)重点调查的作用

根据重点调查的特点,重点调查的主要作用在于反映调查总体的主要情况或基本趋势。因此,重点调查通常用于不定期的一次性调查,但有时也用于经常性的连续调查。

3.典型调查

(1)典型调查的概念

典型调查也是一种非全面调查,它是从众多的调查研究对象中,有意识地选择若干个具有代表性的典型单位进行深入、周密、系统的调查研究。进行典型调查的目的不在于取得社会经济现象的总体数值,而在于了解与有关数字相关的具体情况。

(2)典型调查的优缺点

典型调查的优点在于调查范围小、调查单位少、灵活机动、具体深入、节省人力、财力和物力等;其不足是在实际操作中选择真正有代表性的典型单位比较困难,而且还容易受人为因素的干扰,从而可能会导致调查的结论有一定的倾向性,且典型调查的结果一般情况下不宜用于推算总体数值。

(3)典型调查的类型

一般来说,典型调查有两种类型:

第一种是一般的典型调查，即对个别典型单位的调查研究。在这种调查中，只需在总体中选出少数几个典型单位，通过对这几个典型单位的调查研究，用以说明事物的一般情况或事物发展的一般规律。如某省企业调查队组织实施的"华厦集团启示录——本溪华厦集团成功改造国企超常发展的调查"，就是省企业调查队直接派人到华厦集团就国有企业超常发展这一问题而进行的典型调查。

第二种是划类选点典型调查，即将调查总体划分为若干个类，再从每类中选择若干个典型进行调查，以说明各类的情况。

(4)典型调查的作用

典型调查的主要作用：①在特定的条件下用于对数据的质量检查；②了解与数字相关的具体情况。

4.抽样调查

(1)抽样调查的概念

抽样调查是一种非全面调查，它是从全部调查研究对象中，抽选一部分单位进行调查，并据以对全部调查研究对象作出估计和推断的一种调查方法。显然，抽样调查虽然是非全面调查，但它的目的却在于取得反映总体情况的信息资料，因而，也可起到全面调查的作用。

根据抽选样本的方法，抽样调查可以分为概率抽样和非概率抽样两类。概率抽样是按照概率论和数理统计的原理从调查研究的总体中，根据随机原则来抽选样本，并从数量上对总体的某些特征作出估计推断，对推断可能出现的误差可以从概率意义上加以控制。在我国，习惯上将概率抽样称为抽样调查。

(2)抽样调查的特点

抽样调查有以下三个特点：①按随机原则抽选样本；②总体中每一个单位都有一定的概率被抽中；③可以用一定的概率来保证将误差控制在规定的范围之内。

(3)抽样调查的常用名词

在抽样调查中，常用的名词主要有：

①总体

总体是指所要研究对象的全体。它是根据一定研究目的而规定的所要调查对象的全体所组成的集合，组成总体的各研究对象称之为总体单位。

②样本

样本是总体的一部分，它是由从总体中按一定程序抽选出来的那部分总体单位所组成的集合。

③抽样框

抽样框是指用以代表总体，并从中抽选样本的一个框架，其具体表现形式主要有包括总体全部单位的名册、地图等。抽样框在抽样调查中处于基础地位，是抽样调查必不可少的部分，其对于推断总体具有相当大的影响。对于抽样调查来说，样本的代表性如何，抽样调查最终推算的估计值真实性如何，首先取决于抽样框的质量。

④抽样比

抽样比是指在抽选样本时，所抽取的样本单位数与总体单位数之比。

⑤置信度

置信度也称为可靠度，或置信水平、置信系数，即在抽样对总体参数作出估计时，由于样本的随机性，其结论总是不确定的。因此，采用一种概率的陈述方法，也就是数理统计中的区间估计法，即估计值与总体参数在一定允许的误差范围以内，其相应的概率有多大，这个相应的概率称作置信度。

⑥抽样误差

在抽样调查中，通常以样本作出估计值对总体的某个特征进行估计，当两者不一致时，就会产生误差。因为由样本作出的估计值是随着抽选的样本不同而变化，即使观察完全正确，它和总体指标之间也往往存在差异，这种差异纯粹是抽样引起的，故称之为抽样误差。

⑦偏差

所谓偏差，也称为偏误，通常是指在抽样调查中除抽样误差以外，由于各种原因而引起的一些偏差。

⑧均方差

在抽样调查估计总体的某个指标时，需要采用一定的抽样方式和选择合适的估计量，当抽样方式与估计量确定后，所有可能样本的估计值与总体指标之间离差平方的均值即为均方差。

(4)几种具体的抽样方式

①简单随机抽样

简单随机抽样也称为单纯随机抽样，是指从总体 N 个单位中任意抽取 n 个单位作为样本，使每个可能的样本被抽中的概率相等的一种抽样方式。简单随机抽样一般可采用掷硬币、掷骰子、抽签、查随机数表等办法抽取样本。在统计调查中，由于总体单位较多，前三种方法较少采用，主要运用后一种方法。

按照样本抽选时每个单位是否允许被重复抽中，简单随机抽样可分为重复抽样和不重复抽样两种。在抽样调查中，特别是社会经济的抽样调查中，简单随机抽样一般是指不重复抽样。

简单随机抽样是其他抽样方法的基础，因为它在理论上最容易处理，而且当总体单位数 N 不太大时，实施起来并不困难。但在实际中，若 N 相当大时，简单随机抽样就不是很容易办到的。首先它要求有一个包含全部 N 个单位的抽样框；其次用这种抽样得到的样本单位较为分散，调查不容易实施。因此，在实际中直接采用简单随机抽样的并不多。

②分层抽样

分层抽样又称为分类抽样，或类型抽样，它首先是将总体的 N 个单位分成互不交叉、互不重复的 k 个部分，称之为层；然后在每个层内分别抽选 $n_1,n_2,\cdots,n_m$ 个样本，构成一个容量为 $k\times m$ 个样本的一种抽样方式。

分层的作用体现在三个方面：一是为了工作的方便和研究目的的需要；二是为了提高抽样的精度；三是为了在一定精度的要求下，减少样本的单位数以节约调查费用。因此，分层抽样是应用上最为普遍的抽样技术之一。

按照各层之间的抽样比是否相同，分层抽样可分为等比例分层抽样与非等比例分层抽样两种。

实际上，分层抽样是科学分组与抽样原理的有机结合，前者是划分出性质比较接近的层，以减少标志值之间的变异程度；后者是按照抽样原理抽选样本。因此，分层抽样一般比简单随机抽样和等距抽样更为精确，能够通过对较少的样本进行调查，得到比较准确的推断结果，特别是当总体数量较多、内部结构复杂时，分层抽样常能取得令人满意的效果。

③整群抽样

整群抽样是首先将总体中各单位归并成若干个互不交叉、互不重复的集合，称之为群；然后以群为抽样单位抽取样本的一种抽样方式。整群抽样特别适用于缺乏总体单位的抽样框。应用整群抽样时，要求各群有较好的代表性，即群内各单位的差异要大，群间差异要小。

整群抽样的优点是实施方便、节省经费；缺点是往往由于不同群之间的差异较大，由此而引起的抽样误差往往大于简单随机抽样。

④等距抽样

等距抽样也称为系统抽样，或机械抽样，它是首先将总体中各单位按一定顺序排列，根据样本容量要求确定抽选间隔，然后随机确定起点，每隔一定的间隔抽取一个单位的一种抽样方式。

根据总体单位排列方法，等距抽样的单位排列可分为三类：按有关标志排队、按无关标志排队以及介于按有关标志排队和按无关标志排队之间的按自然状态排列。

按照具体实施等距抽样的做法，等距抽样可分为：直线等距抽样、对称等距抽样和循环等距抽样三种。

等距抽样的最主要优点是简便易行，且当对总体结构有一定了解时，充分利用已有信息对总体单位进行排队后再抽样，则可提高抽样效率。

⑤多阶段抽样

多阶段抽样，也称为多级抽样，是指在抽取样本时，分为两个及两个以上的阶段从总体中抽取样本的一种抽样方式。其具体操作过程是：第一阶段，将总体分为若干个一级抽样单位，从中抽选若干个一级抽样单位入样；第二阶段，将入样的每个一级单位分成若干个二级抽样单位，从入样的每个一级单位中各抽选若干个二级抽样单位入样，依此类推，直到获得最终样本。

多阶段抽样区别于分层抽样，也区别于整群抽样，其优点在于适用于抽样调查的面特别广，没有一个包括所有总体单位的抽样框，或总体范围太大，无法直接抽取样本等情况，可以相对节省调查费用。其主要缺点是抽样时较为麻烦，而且从样本对总体的估计比较复杂。

⑥双重抽样

双重抽样，又称二重抽样、复式抽样，是指在抽样时分两次抽取样本的一种抽样方式，其具体为：首先抽取一个初步样本，并收取一些简单项目以获得有关总体的信息；然后，在此基础上再进行深入抽样。在实际运用中，双重抽样可以推广为多重抽样。

双重抽样的主要作用是提高抽样效率、节约调查经费。

⑦按规模大小成比例的概率抽样

按规模大小成比例的概率抽样，简称为PPS抽样，它是一种使用辅助信息，从而使每个单位均有按其规模大小成比例的被抽中概率的一种抽样方式。其抽选样本的方法有汉森－赫维茨方法、拉希里方法等。

PPS抽样的主要优点是：使用了辅助信息，减少抽样误差；主要缺点是：对辅助信息要求较高，方差的估计较复杂等。

上述各种抽样方式均为随机抽样方式。此外还有非随机抽样方式，即按照调查人员主观设立的某个标准抽选样本的抽样方式，如偶遇抽样、立意抽样、配额抽样等。

3.2 市场预测

市场预测是指以市场调查所获取的信息资料为基础，运用科学的方法、对未来一定时期内市场发展的状况和发展趋势作出的正确估计和判断，目的在于掌握市场供求变化的规律，为经营决策提供可靠的依据。

市场预测是可行性研究中不可缺少的组成部分，通过市场预测把握经济发展或者未来市场变化的趋势，估计项目面临的不确定性。市场预测的结果是判断项目建设是否必要的重要依据，可以避免项目的重复建设和盲目建设，保证实现社会供需平衡，提高项目的投资效益，促进国民经济协调发展。

3.2.1 市场预测的内容

1.需求预测

需求预测是项目可行性研究中市场预测的主要内容。这里的需求是指在一定价格水平下，在一定时间和空间范围内，消费者愿意并能够购买的某种(类)商品的数量，即对该商品有购买力的市场需要。需求预测一般分为近期市场需求预测和远期市场需求预测。当然，要做好需求预测，一方面，应在分析国内市场对预测产品的需求情况及变化趋势的同时，还要对国外市场对预测产品的需求情况及其发展趋势进行分析和预测，即要同时预测进口和出口的可能。另一方面，要将生产资料和消费资料分别进行预测，因为这两类资料的需求量变化的影响因素是不相同的：生产资料的需求除取决于生产建设规模外，还取决于相关产业的发展速度；而消费资料的需求则取决于收入水平的高低。

2.供应预测

供应预测是项目可行性研究的重要内容。这里的供应是指在一定的价格水平下，产品生产者或供应者愿意并能够提供出售商品的数量。在进行供应预测时，既要注意国内市场的供给情况，还要注意国外市场的供应情况；既要预测分析现有产品的供应能力，还要预测分析现有生产企业潜在的增长趋势。在综合分析该产品在国际市场的销售状况、国内的短缺程度以及国家的外贸政策等多种因素后，才能得出比较正确、合理的预测结果。

资源预测是供应预测的组成部分，资源的稀缺性是进行市场预测的重要原因之一，对工业项目来说，在确定生产规模时首先要考虑原材料、燃料动力等是否能满足生产需要。

3.2.2 市场预测的程序

市场预测应该遵循一定的程序和步骤以使预测工作有序化、统筹安排。市场预测的基本程序如下：

1.确定预测目标

明确预测目的，是开展市场预测工作的第一步，因为预测目的不同，预测的内容、所需要的资料和所运用的方法都会有所不同。明确预测目标，就是根据经济活动的特点，拟定预测的项目，制定预测工作计划，编制预算，调配力量，组织实施，以保证市场预测工作有计划、有节奏地进行。

2.收集、分析和处理资料

资料是市场预测的依据，应根据市场预测目标的具体要求，收集市场预测所需的各种资料。有了充分的资料，才能为市场预测提供分析、判断的可靠依据。同时，将收集的资料分析、加工和整理，判别资料的真实性和可靠性，剔除一些随机事件造成的资料不实，避免资料本身原因对预测结果所带来的误差。

3.选择预测方法

根据预测的目标以及各种预测方法的适用条件，选择合适的预测方法。有时可以运用多种预测方法来预测同一目标。预测方法的选用是否恰当，将直接影响到预测的精确性和可靠性。运用预测方法的核心是建立描述、概括研究对象特征和变化规律的模型，根据模型进行计算或者处理，得出预测结果。

4.预测分析和修正

预测分析判断是对调查收集的资料进行综合分析，并通过判断、推理，使感性认识上升为理性认识，从事物的现象深入到事物的本质，从而预计市场未来的发展变化趋势。在分析评判的基础上，通常还要根据最新信息对原预测结果进行评估和修正。

5.编写预测报告

预测报告应该概括预测研究的主要活动过程，包括预测目标、预测对象及有关因素的分析结论、主要资料和数据，预测方法的选择和模型的建立，以及对预测结论的评估、分析和修正，等等。

3.2.3 市场预测的方法

1. 近期需求预测方法

(1)简单平衡法

预测某商品的国内市场需求可按下式进行计算：

某商品的年需求量＝年消费量＋当年出口量－当年进口量＋当年年末库存量－年初库存量

(2)购买力估算法

购买力估算法常用于预测对消费品的需求。

①预测居民的预期购买力

居民的预期购买力＝居民的预期货币收入－税收支付－存款净增额－其他非商品支出

②分析预测居民对某类商品的购买支出在总商品支出中所占的比例

③分析预测居民对某商品的购买支出在某类商品支出中所占的比例，即预测期对某种商品的需求量

预测期某种商品的需求量＝预期居民商品购买力×用于购买某类商品的支出/购买商品总支出×用于购买某种商品的支出/购买某类商品的支出

(3)相关因素法

① 比例系数法

在整个市场中，某种商品需求量的变化并不是孤立的，常与其他因素相关，即产品与产品之间存在着替代和互补的关系。这样，对某种商品的需求很可能与另外一种商品的需求量呈一种比例关系。如果知道其中一种商品的需求量和它们之间的比例关系，就可预测另外一种商品的需求量，即：

某商品的需求量＝相关商品的需求量×比例系数

②弹性系数法

对某种商品需求量的大小取决于人们的收入水平与该商品的价格水平。也就是说，一定时期的消费水平与一定时期的居民收入水平和价格水平有着密切的联系。

需求的收入弹性。需求的收入弹性是指由收入变化引起的需求变化程度。一定时期消费者的消费水平取决于其收入水平的高低，即收入水平是消费水平的主要决定因素。

需求的收入弹性是用收入弹性系数来表示的。产品需求的收入弹性系数为需求量的相对变化与收入的相对变化之比。一般有点弹性与弧弹性之分，其计算公式为：

点弹性 $$E_i = \frac{Q_t - Q_0}{Q_0} \times \frac{I_o}{I_t - I_0}$$

弧弹性 $$E_i = \frac{Q_t - Q_0}{Q_0 + Q_t} \times \frac{I_0 + I_t}{I_t - I_0}$$

式中，E_i 为某产品需求的收入弹性系数；Q_0、Q_t 为基准年和观察年产品的需求量；I_0、I_t 为基准年和观察年的收入水平。

需要指出的是，以不同年份作为观察年与同一基准年进行比较，往往会得到不同的收入弹性系数，而收入弹性应该是一个相对稳定的常数值。这就要求在求出不同观察年份对于同一基准年的收入弹性后，再求出它们的平均值，然后用此平均值预测对某种商品的需求量。预测公式为：

预测产品年需求量＝基准年产品需求量×(1＋产品需求的收入弹性×预测年较基准年收入的增长率)

例 1　通过市场调查得到，某城市 2001—2008 年居民人均收入与某种商品的需求量的有关资料及以 2001 年为基准年求得的需求收入弹性系数（点弹性），见表 3-1。

表 3-1　需求的收入弹性系数

年　份	人均收入（元）	需求量（万件）	产品需求收入弹性系数
2001	2000	1.2	
2002	2400	1.4	0.833
2003	2900	1.7	0.926
2004	3600	2.0	0.833
2005	4400	2.4	0.833
2006	5400	3.0	0.882
2007	6600	3.8	0.942
2008	8000	4.7	0.972

根据表 3-1 计算的结果，可求得该产品需求的收入弹性的平均值：

$(0.833+0.926+0.833+0.833+0.882+0.942+0.972)\div 7=0.889$

若根据预测，该城市在 2012 年人均收入将达到 15000 元，即比 2001 年将增长 6.5 倍，若其他条件不变，则 2012 年该地对该产品的预测需求量为：

产品的预测需求量 $=1.2\times(1+0.889\times 6.5)=8.1342$（万件）

需求的价格弹性。需求的价格弹性是指需求量对价格变动的敏感程度。一般来说，产品的价格水平与消费者的需求有着密切的关系，即价格上升，需求量就下降；价格下跌，需求量就会上升。需求的价格弹性可用价格弹性系数来表示。产品的价格弹性一般有点弹性和弧弹性两种，其计算公式为：

点弹性　$E_p=\dfrac{Q_t-Q_0}{Q_0}\times\dfrac{P_0}{P_t-P_0}$

弧弹性　$E_p=\dfrac{Q_t-Q_0}{Q_0+Q_t}\times\dfrac{P_0+P_t}{P_t-P_0}$

式中，E_p 为某产品需求的价格弹性系数；Q_0、Q_t 为现行价格和新价格下的需求量；P_0、P_t 为现行价格和新价格。

产品需求的价格弹性确定以后，在其他条件不变的情况下，可以用来预测未来产品价格的变化对产品需求量的影响。

预测产品年需求量＝现价的需求量×（1＋产品需求的价格弹性×预测年价格较现行价格的变化率）

例2 某商品在2001年的单件价格为100元时，销售量为15000件，2002年价格为95元时，销售量为15800件，则该商品需求的价格弹性为：

$$E_p = \frac{15800 - 15000}{15000} \times \frac{100}{95 - 100} = -1.067$$

若该商品在2008年的单件价格为92元，则2008年该商品的预测需求量为：

$$15000 \times (1 + 1.067 \times 8\%) = 16280.40(\text{件})$$

需求交叉弹性。需求交叉弹性是指一种产品的需求量对另一种相关产品价格变化的反应程度，即相关产品价格变化百分之一，这种产品的需求量将变化百分之几。其计算公式如下，

点弹性 $$E_{AB} = \frac{Q_{ta} - Q_{0a}}{Q_{0a}} \times \frac{P_{0b}}{P_{tb} - P_{0b}}$$

弧弹性 $$E_{AB} = \frac{Q_{ta} - Q_{0a}}{Q_{0a} + Q_{ta}} \times \frac{P_{0b} + P_{tb}}{P_{tb} - P_{0b}}$$

式中，E_{AB}为A商品需求量变化对B商品价格弹性系数；Q_{0a}、Q_{ta}为A商品的基准期和预测期的需求量；P_{0b}、P_{tb}为B商品的基准期和预测期的市场价格。

若$E_{AB}>0$，B商品为A商品的替代品，如电动剃须刀与安全刀片；若$E_{AB}<0$，B商品与A商品相互补充，如汽车与汽油；若$E_{AB}=0$，B商品与A商品无交叉弹性，如牛奶与鞋帽。

当确定了A商品、B商品的交叉弹性系数后，就应该把相关产品和代用品的预期价格变化的影响在预测产品需求时考虑进去。

2\. *发展趋势预测方法*

市场发展趋势预测是对某种产品在以后若干时期内需求量的预测。由于项目的寿命期一般都比较长（超过5年甚至更长），所以在对项目进行市场的发展趋势预测时，都要进行长期预测。

(1)时间序列预测法

时间序列预测法是市场发展趋势预测中常用的一种方法。它是将经济统计指标的数值，按时间的先后次序排列，根据时间序列所反映出来的发展过程、方向和趋势，进行推导或延伸，据此预测下一时期或以后若干时间内可能达到的水平。需要指出的是，用时间序列预测法来进行预测是基于一定假设的，即假定某因素的发展变化规律、趋势、速度与该因素以后的发展变化规律、趋势和速度大体相似，同时，也假定市场的发展变化是一种渐进式的而非跳跃式的。

①简单平均法。其计算公式为：

$$y = \frac{\sum x_i}{n} = \bar{x}$$

式中，y 为预测值；x_i 为第 i 期的观察值；$\bar{x}$ 为平均值。

②移动平均数法

简单移动平均法。该方法是采取滚动引进数据而不断地改变平均值(称为简单移动平均值)，并据此进行预测的一种方法。移动平均值的反应速度，是由调整移动平均中所包括的周期数和对每一周期的加权所控制的。

加权移动平均数法。简单移动平均数法计算较为简便，但缺点是预测值总是落后于实际值，有较为明显的偏差。原因是离预测期越近的数据，对预测期的影响越大，反之亦然。因此，加权移动平均法正是考虑了这种影响因素，对预测期内的数据以不同的权数来加以调整。

加权移动平均法与简单移动平均法相比，能准确地反映实际发展趋势。但是，要给各期确定比较合理的权数，却是有一定的难度。尤其是如果最后几期所取的权数越大，风险也就越大，也就越易受偶然因素影响。

③指数平滑法

指数平滑法是利用历史资料进行预测的方法。它能消除利用加权移动平均法计算的缺点。其公式为：

$$F_{t+1} = F_t + \alpha(M_t - F_t)$$

式中，α 为平滑系数(在 0 与 1 之间)；M_t 为上期的实际值；F_t 为上期预测值；F_{t+1} 为本期预测值。

该公式的含义是：在本期预测数基础上加上一部分用平滑系数 α 调整过的本期实际数与本期预测数之间的差，就可求出下期预测数。用指数平滑法计算出的预测数一般介于本期实际数与本期预测数之间。而平滑系数 α 的大小可根据过去的预测数与实际数的比较而定。如果两者之间的差额大，则 α 的值应取大一些；反之，则 α 的值应取小一些。α 的值越大，则表示近期的倾向性变动影响越大；反之，α 的值越小，也就越平滑。

例3　某种产品的本期实际数与预测数分别为100万件和98.60万件，平滑系数 α 为0.9，则下期预测数为：

下期预测数＝98.60＋0.9×(100－98.60)＝99.86(万件)

(2)回归预测法

在经济活动中，许多经济现象都有一定的相互关系，如商品销售量的多少与消费者的购买力、商品价格等有关，根据事物因果关系，找出变化的原因，对未来作出预测的方法一般称为回归分析法。回归预测法是将自变量与因变量之间的相关关系，用回归方程的形式表示，并根据自变量的数值变化去预测因变量数值变化。

简单回归预测法。简单回归预测就是分析一个因变量与一个自变量之间的关系，市场上的变动因素很多，如果一个因变量的变动主要决定于某一个自变量，而且相互之间的数据分布是线性趋势，就可以用简单直线回归方程进行预测。其方程式为：

$$y = a + bx$$

式中，y 为因变量，即预测值；x 为自变量，即引起因变量变化的某种影响因素；a、b 为回归系数，a 为截距，b 为斜率。

运用最小二乘法建立如下方程组：

$$\begin{cases} \sum y_i = na + b\sum x_i \\ \sum x_i y_i = a\sum x_i + b\sum x_i^2 \end{cases}$$

解方程组，得 a、b 的计算式为：

$$a = \frac{\sum y_i - b\sum x_i}{n}$$

$$b = \frac{n\sum x_i y_i - \sum x_i \sum y_i}{n\sum x_i^2 - (\sum x_i)^2}$$

式中，n 为项目数。

多元线性回归预测法。在市场上常常发生一个因变量与两个或两个以上的自变量有依存关系的情况。多元线性回归预测就是分析一个因变量与两个或两个以上自变量之间的关系。多元线性回归预测法与一元线性回归预测法原理基本相同，只是扩展了方程式。其方程式为：

$$y = a + b_1 x_1 + b_2 x_2 + \cdots + b_m x_m$$

式中，y 为因变量，即预测值；$x_i(i = 1,2,\cdots,m)$ 为自变量；a、$b_i(i = 1,2,\cdots,m)$ 为回归系数。

运用多元线性回归预测法进行预测，需要的数据多，计算复杂，除简单回归预测可用手工计算外，一般要借助计算机软件来完成。

(3)产品寿命周期分析

产品寿命周期是指一件产品自开发过程结束，从投入市场开始到被市场淘汰为止的一段时期。产品寿命周期按其销售量趋势一般可分为导入期、成长期、成熟期和衰退期等四个时期，如图 3-1 所示。

导入期。新产品在刚投入市场时，因消费者还不熟悉其性能，需要经过一定时期的广告宣传和推广，销售量才缓慢上升。

成长期。产品已逐渐被广大消费者熟知，销售量迅速上升，该时期产品最有竞争力。

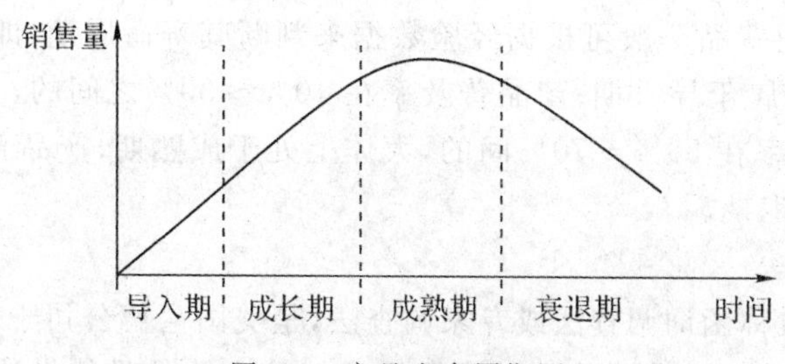

图 3-1　产品寿命周期图

成熟期。产品已逐步满足市场需要，同类型产品纷纷进入市场，产品销售量趋于稳定，并在高水平上呈上下波动状态。其中，销售量稳步上升的时期称为成熟期，销售量稳定的时期称为饱和期。

衰退期。产品趋于老化并逐渐被市场上出现的新产品所代替，销售量急剧下降，趋于被淘汰。

产品寿命周期只是表明了产品销售的一般趋势，并不表明各个阶段的具体时间。同时，由于产品的性质和功能的不同，也使得不同产品之间的寿命周期的期限也不尽相同。因此，应对不同的产品进行具体分析。

产品寿命周期分析，一般采用下列方法：

①销售增长率法

判断产品处于其生命周期的哪个阶段，可以采用销售增长率法。

销售增长率＝销售额增加量×100％/时间增加量

当销售增长率大于10％时，产品处于成长期，说明可以投资建设生产该产品的项目；当销售增长率介于0～10％时，产品已进入成熟期，项目决策应当慎重；当销售增长率小于0时，产品即将或已经进入衰退期，不宜投资新建该产品项目。

②销售趋势分析法

销售趋势分析法主要是根据历年销售额的数据，观察其发展趋势，从而判断该产品所处生命周期哪个阶段，以便为确定项目的生产规模提供参考依据。

③产品普及率分析

在一般情况下，产品的普及率越高，其社会需求量就越低，因而考察产品的普及率可以作为产品所属生命阶段的辅助方法。常用的产品普及率有：人口普及率和家庭普及率。

人口普及率＝社会拥有量×100％/人口总数

家庭普及率＝社会拥有量×100％/家庭总数

社会拥有量＝历年生产累计量＋历年进口累计量－历年出口累计量－历年企事业单位拥有量－历年报废累计

许多耐用消费品一般可根据经验数据来判断其寿命周期，即：产品普及率在10%以下的，属于导入期；产品普及率在10%～30%之间的，大体上处于成长期，产品普及率在50%～70%间的，大体上处于成熟期；产品普及率在70%以上的，处于衰退期。

(4)德尔菲法

德尔菲法也称函询调查法或专家调查法，是美国兰德公司于20世纪60年代制定的，后来被广泛采用的一种预测方法。该方法的具体做法是：先由各专家背靠背地提出自己对某个预测目标的预测意见，然后由预测组织者把这些预测结果集中起来，并返回给各位专家，请他们在参考他人预测的基础上再次作出预测。如此反复几次，最后得到相对集中的预测结果。

德尔菲法的基本程序是：

①明确预测任务

以专家问答表的形式将需要预测的问题列在表格上，便于专家填写。调查表中的问题用词应确切、明白、简化、集中、有针对性，以便专家准确的回答。

②选择专家

专家的选择是专家调查法的关键，应选择学有专长、富有实践经验，知识面广的专家作为调查对象。

③收集专家意见

将调查表寄给专家，并提供有关资料，专家根据自己的知识和经验，提出预测意见，并说明其依据，将专家意见归纳整理，分别说明不同预测值的依据和理由，再寄给各位专家，要求专家修改原先意见，提出新的判断结果，经过3～4次修改，意见便可趋于一致。

④提出预测报告

对专家的意见进行分析和处理，提出市场预测报告。有的预测只要求得到定性的结论，有的预测则要求得到定量的结论。对后者需用统计方法对专家意见进行量化处理。

3.3 项目规模的确定与评估

项目规模即生产规模，是指劳动力、生产资料等生产要素在一个经济实体中的集中程度。其衡量指标主要有生产能力、产量、产值、占地面积、职工人数和资产价值等。在可行性研究中，对工业项目来说，生产规模一般是指项目的生产能力，即在正常情况下，拟建项目可能达到的最大年产量或年产值。如年生产电视机10万台、年加工原油500万吨等。而对非工业项目来说，项目规模则是指其提供的效益。如水利灌溉项目以受益面积来衡量，港口项目以年吞吐量计算。

3.3.1　项目生产规模的影响因素

1. 国家经济计划和产业政策

项目的生产规模，尤其是一些基础性项目和公益性项目的生产规模，应首先满足国家、地区和行业的经济发展规划的需要，因为这些项目生产、建设规模的大小，往往关系到地方产业和经济的发展。同时，国家的投资政策、产业政策、地区(生产力布局)政策等都会对项目的生产规模产生一定的影响。

2. 项目产品的市场需求

产品只有通过市场交换，其价值才能实现，项目才能生产并显示经济效益。因此，项目的产品有无市场需求，是决定项目能否存在的前提。市场需求的大小决定了项目生产的规模，有多大市场，才能决定安排多大的生产规模，做到以销定产。如果项目产品预测的供应缺口大，项目的生产规模就可大一些。反之，则应缩小规模，避免投资浪费。

3. 资金、资源的供应状况及其他生产建设条件

确定项目规模应本着实事求是、量力而行的原则。确定项目的规模必须考虑到建设资金和资源的供应情况，如果资金短缺，能源、原材料供应有限，项目的规模就不能过大。同时，土地使用权的取得，也是项目进行建设和生产的基本条件。此外，交通运输、环境影响、人员编制等因素也制约着项目的生产规模。因此，确定项目的生产规模需考虑以上多种因素是否具备。

4. 项目拟采用的生产工艺、设备和设施状况

在产业政策和其他相关规定的制约下，项目生产工艺和设备越来越标准化、大型化。在确定项目生产规模时，必须考虑上述特点，如果某种适用的标准化工艺和设备所确定的生产规模没有处于规模经济区间，就应该按照其他组合方式来确定拟建项目的生产规模，使其达到规模经济。

5. 项目所处行业的技术经济特点

不同的部门和行业对项目生产规模有不同的要求。一般来说，重工业部门项目的生产规模要求大一些；采掘工业的生产规模，主要取决于矿区的地质条件和矿物的储量；冶金工业的规模，主要由高炉以及其他联动设备能力决定的；以农产品为原料的加工工业的规模，主要取决于原料生产、供应能力和产品需

求能力;化学工业则要求对原材料进行综合利用和“三废”治理相结合,在技术工艺条件具备、资源供应集中的条件下,项目的生产规模越大,经济效果越好;轻工业是生产最终产品的,其市场性较强。总之,应根据具体情况,实行大中小规模并举。因此,应根据项目所处行业的技术经济特点,合理确定规模,利用规模经济获取规模收益。

3.3.2 确定项目生产规模的方法

在若干个可行的生产规模中,按投资效益标准选择尽可能满意的生产规模。

项目生产规模具体可分为:起始规模,即指项目盈亏平衡时的临界规模;合理规模,即指项目按预期投资收益水平获取收益时的规模;经济规模,即指项目获取最佳经济效益时的规模。

1. 项目起始规模的确定

项目起始规模的确定主要采用盈亏平衡分析法,即计算盈亏平衡时的产销量。一般认为,在耗用水平保持不变的情况下,随着生产产品数量的增加,单位产品成本会逐渐降低。这是因为产品总成本包括变动成本和固定成本两类,其中,变动成本是指成本发生额随着产品数量的变动而呈同方向变动的成本,如材料费、燃料费、工人工资等;固定成本是指在一定时期和一定范围内,成本额基本保持不变的成本,如固定资产折旧费、管理费用等。

若假设:①项目产品的生产量等于销售量,即产销率为100%;②在所分析的销售量范围内,固定成本保持不变;③产品品种结构单一。

在项目盈亏平衡时,销售收入等于产品总成本,即:

$$pQ = F + vQ$$

则盈亏平衡时的产销量为:

$$Q_E = \frac{F}{p - v}$$

式中,p 为产品的销售单价;Q 为产销量;F 为固定成本;v 为单位变动成本。

Q_E 即为项目盈亏平衡时的产销量,当项目的生产能力小于它时,项目就会发生亏损。因此,Q_E 是安排项目生产的起始规模。

盈亏平衡分析也可用图解法,如图3-2所示。

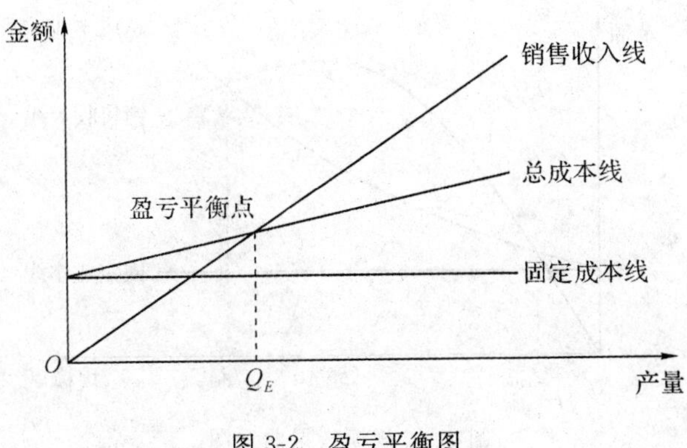

图 3-2 盈亏平衡图

2. 项目合理规模的确定

项目的合理规模主要取决于项目投资者进行该项投资时的预期收益。一般来说,在其他条件允许的情况下,投资者对收益的期望越高,项目的合理规模就会越大。

假设投资者对项目的预期收益为 R,则项目的合理规模为:

$$Q = \frac{F + R}{p - v}$$

3. 项目经济规模的确定

(1)规模经济理论

规模经济是指在一定的规模下或一定的规模区间内,项目生产最有效率,能够取得比较好的效益。规模经济对应的概念是规模不经济,规模不经济是指一定经济实体的规模过大或过小引起的不经济。规模不经济意味着资源配置不合理,有限资源不能得到有效利用。

按照实现领域的不同,可将规模经济区分为生产上的规模经济和经营上的规模经济。生产上的规模经济是指由于实现专业化生产或流水作业,扩大了生产批量,或者使用大型高效设备,扩大了生产规模,从而使单位产品成本随着生产批量扩大或生产规模扩大而降低;经营上的规模经济是指由于扩大经营规模,节省了经营费用,生产要素物尽其用,从而使产品和技术开发能力提高,抵御经营风险的能力增强。

规模经济所要研究的是项目的生产规模对成本和利润的影响,这必然和产品的销售收入、总成本费用、利润等有关,规模效果曲线如图 3-3 所示。

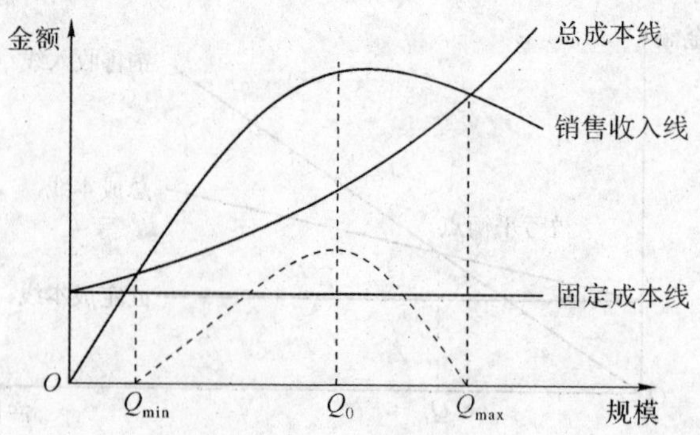

图 3-3　规模效果曲线图

从图 3-3 可以看出，当生产规模达到 Q_{min} 时，项目不盈不亏，生产规模超过 Q_{min}，项目开始取得净收益；当生产规模达到 Q_{max} 时，项目又出现不盈不亏状态，超过该生产规模，项目又开始亏损。在 Q_{min} 至 Q_{max} 之间，项目的规模收益一直是递增的，即收益的增加幅度大于生产规模增加的幅度；超过了 Q_{max}，项目的规模收益递减，即收益的增加幅度小于生产规模增加的幅度，甚至生产规模扩大使边际收益为负，据此可以认为，Q_{min} 至 Q_{max} 的区间是规模经济区间。

假设项目总收入 S 和总成本 C 的函数式通过调查回归得出：

$$S = aQ + bQ^2$$

$$C = c + dQ + eQ^2$$

式中，a,b,c,d,e 为通过调查统计资料确定；Q 为年生产量，即生产规模。

则总收益 R 为：

$$R = S - C = aQ + bQ^2 - (c + dQ + eQ^2) = (b-e)Q^2 + (a-d)Q - c$$

当 $R = 0$，解得最小规模 Q_{min} 和最大规模 Q_{max}

$$Q_{min} = \frac{(d-a) - \sqrt{(a-d)^2 + 4(b-e) \times c}}{2(b-e)}$$

$$Q_{max} = \frac{(d-a) + \sqrt{(a-d)^2 + 4(b-e) \times c}}{2(b-e)}$$

对总收益 R 函数求导，并令 $\frac{dR}{dQ} = 0$，解得

最佳经济规模 $Q_0 = \dfrac{a-d}{2(e-b)}$

通常，在条件允许的情况下，项目规模应尽量接近最佳经济规模，以充分发挥规模经济效益。

例4　通过市场调查和预测得知，某项目产品年销售收入 $S = 300Q - 0.03Q^2$，总成本 $C = 180000 + 100Q - 0.01Q^2$，试进行项目经济规模分析。

解：①盈亏平衡规模

$R = S - C = 0$

$300Q - 0.03Q^2 - 180000 - 100Q + 0.01Q^2 = 0$

整理得 $-0.02Q^2 + 200Q - 180000 = 0$

解得 $Q_{min} = 1000$（台），$Q_{max} = 9000$（台）

②最佳规模

$\frac{dR}{dQ} = 0$

$200 - 0.04Q_0 = 0$

解得 $Q_0 = \frac{200}{0.04} = 5000$（台）

③最大收益

$R_{max} = -0.02Q_0^2 + 200Q_0 - 180000$

$= -0.02 \times 5000^2 + 200 \times 5000 - 180000$

$= 320000$（元）

(2)最小费用法

在现实生活中，由于各种因素的制约，项目总是难以达到其规模经济。因此，项目经济规模的确定并不是确定其经济效益最高时的生产规模，而是在几种可行的投资方案中选择最好的一种方案，并以此方案的生产规模作为项目的经济规模。

在项目生产方案的比较中，常常把费用最小作为判断标准。项目的年费用计算表达为：

$$A = C + S + E_d = C + S + I \times \frac{i}{1-(1+i)^{-n}}$$

式中，A 为项目的年费用；C 为项目的年生产成本；S 为项目的年销售费用；I 为项目的投资规模；i 为项目的投资收益率；n 为项目的寿命期限。

在各种方案的比较中，若项目的收益水平一定或基本一致，则以总费用最低的方案为最优方案。

例5　根据市场调查和预测，某产品的年需求量为3000台。现拟投资项目生产该产品，有三个可供选择的方案：①建三个年产1000台的企业；②建两个年产1500台的企业；③建一个年产3000台的企业。其他有关经济指标见表3-2，假设项目投资基准收益率为12%，项目经营期为10年，要求确定项目的经济规模。

表 3-2 投资项目三个方案的经济指标

指　标	方案一	方案二	方案三
规模(台/年)	1000×3	1500×2	3000×1
总投资(万元)	1200	1500	1650
单位产品投资(元)	4000	5000	5500
单位产品工厂成本(元)	5000	4800	4500
单位产品运输费用(元)	600	700	800
单位产品成本(元)	5600	5500	5300
出厂价格(元)	6000	6000	6000
年盈利(万元)	120	150	210

根据已知条件,计算各方案的单位产品的年费用:

方案一:$A = 5000 + 600 + 4000 \times \frac{12\%}{1-(1+12\%)^{-10}} = 6307.94$(元)

方案二:$A = 4800 + 700 + 5000 \times \frac{12\%}{1-(1+12\%)^{-10}} = 6384.92$(元)

方案三:$A = 4500 + 800 + 5500 \times \frac{12\%}{1-(1+12\%)^{-10}} = 6273.41$(元)

通过上述计算可以看出,方案三的年费用最低,方案一次之,方案二最高,所以应该选择方案三。

(3)投资收益率法

在进行多方案的比较时,也可以把投资收益率作为评判依据,投资收益率最高的方案为最优方案。投资收益率的计算公式为:

$$投资收益率=\frac{收益额}{投资额}\times 100\%$$

在实际工作中,收益额指的是项目的净利润。

例 6　例 5 中,要求用投资收益率法确定项目的经济规模。

根据已知条件,计算各方案的投资收益率:

方案一:投资收益率=(120÷1200)×100%=10%

方案二:投资收益率=(150÷1500)×100%=10%

方案三:投资收益率=(210÷1650)×100%=12.73%

通过比较发现,方案三的投资收益率最高,投资经济效果最好,故应选择方案三。

复习思考题

1. 简述市场调查的内容和方法。

2. 简述市场预测的内容和程序。

3. 近期需求预测的方法有哪些?

4. 发展趋势预测方法有哪些?

5. 影响项目生产规模的因素有哪些?

6. 你认为项目的起始规模与合理规模应如何确定?

7. 规模经济理论的主要内容是什么? 如何确定项目的经济规模?

8. 假设某项目年产量为 Q 台,预计产品年销售收入 $S=600Q-0.03Q^2$ 元,年固定成本为 40 万元,年可变成本为 $C=200Q+0.02Q^2$ 元,要求该项目临界规模和最佳经济规模,并绘制分析规模效果曲线图。

第4章

项目建设、生产条件与技术评估

学习目标

1. 了解项目建设所需的条件及其具体内容；
2. 理解厂址选择评估的原则、要求和方法；
3. 掌握项目生产条件评估的内容；
4. 理解环境影响评估的含义、内容和程序；
5. 理解技术评估的含义、作用和原则；
6. 了解工艺技术方案、设备选型方案、工程设计方案的评估内容。

4.1 项目建设条件评估

项目建设条件主要包括与项目建设有关的运行环境、自然环境、工程和水文地质条件以及厂址选择等。

4.1.1 宏观运行环境评估

宏观运行环境主要是指项目所在地的经济环境、政策环境、法律环境、社会环境等方面。

1. 经济环境

经济环境是指项目所在地的经济现状和发展变化趋势，它是项目赖以生存的基本条件之一。经济环境评估主要是对项目所在地的经济总供给和总需求的平衡状况、经济发展与增长情况、国民就业和收入情况、储蓄和贷款情况、投资与消费和政府购买情况、进出口情况等各种与项目成败有关的经济环境条件的评估。通过项目经济环境评估对项目运行的经济条件作出基本的判断和评价。

2. 政策环境

政策环境是指各个与项目相互联系、相互作用所形成的项目运行的政策支持体系。主要包括财政政策、货币政策、产业政策、区域经济发展政策等方面。项目政策环境评估就是对项目运行的政策支持体系进行全面分析，通过评估与项目相关的政策对项目运行的影响，明确项目所处政策环境对项目投资的利弊。

3. 法律环境

法律环境是指各种与项目相关的法律制度体系。主要包括企业基本法规制度、企业经营法规制度、经济活动监管制度、劳动和社会保障制度、税收法规制度等方面。法律环境评估就是对与项目运行有关的各种法律、法规和司法行为所进行的全面分析与评估。

4. 社会环境

从某种意义上讲，一定时间、空间的社会文化状态会决定这一特定时空条件下的项目行为。项目社会文化包括文化影响因素、舆论影响因素和社区影响因素等，对项目的成败起着关键作用。社会文化评估就是分析和评价上述三因素对项目的影响，目的在于评估项目是否适合于在某个社会文化环境中运行。

4.1.2　自然环境评估

自然环境是项目建设的基本要求，直接关系到项目的成败。项目自然环境包括地理环境、生态环境、气候环境等自然形成而又受到人为影响的各种环境。

1. 地理环境

在地理、地形、地貌方面，分析项目所处地理位置对项目的投入产出、交通运输、协作条件的影响；评估当地各种地理条件和自然灾害的历史资料；对区域地质、地震、防洪等资料进行分析，评估防震、防洪、基础工程等常规设施是否完善。

2. 生态环境

项目生态环境评估主要是评估项目所在地的原有生态环境和人为污染情况，分析对项目成本和盈利的影响。例如，项目所在地生态环境恶劣，就会迫使项目上马一些应对恶劣生态环境的附加项目；又如，农产品加工项目所需的原材料，可能因为水和土壤被污染而质量低劣，最终影响项目产品的质量等级；再如，有的项目用水量很大，而且对水质要求也较高，如果水源被污染了，则该项目将直接受到影响等。

3. 气候环境

在选择项目地址时，气候条件是一个重要因素，它直接影响项目的投资成本。气候条件包括气温、湿度、日照时间、风向、降水量和飓风风险等，其中每一项还可以进行更详细的分析，如气温分为最高气温、最低气温和日平均气温等。不同类型的项目，有不同的气候条件要求。例如，有的项目只能建在干旱地区，而有的项目只能建在潮湿地区等。因此，在项目选址时，必须对气候条件进行客观的评估。

4.1.3 工程地质、水文地质条件的评估

对拟选定的厂址来说，应当估测厂址的生态条件，主要是工程地质和水文地质条件。因为，建设和生产过程中所需的重型机械和基础工程，运输和技术安装可能需要特殊的土壤条件，应当对拟选厂址的承载能力和地下水位情况进行勘测。在地震带中，应特别注意建筑结构。

1. 工程地质条件评估

主要从以下几个方面进行：

(1)分析项目所在地段的自然物理地质现象、岩土力学性质等对项目建设可能造成的影响。根据地质勘测报告，评估土壤耐压力是否满足拟建建筑物或构筑物的要求，搞清岩石、矿石性质及断层、破碎带、岩溶、风化带、泥化带、流沙层的发育程度和分布规律，严防选在断层、岩溶和流沙层等不利的地层构造上。

(2)分析工程地质条件对项目建筑物的影响程度，并考虑建筑物对地质构造的影响，施工对地质构造的影响，即研究和分析工程地质条件和项目建筑物的相互影响，从而选择相适应的地质条件，以保证投资项目建设和生产的稳定。

(3)项目所有设施要避免布置在具有工业开采价值的矿床上。测定岩石、矿石力学性质和开采时对人体有害的物质成分，探明矿体及其顶底板近矿围岩的坚固性和露天开采边坡的稳定性。

2. 水文地质条件评估

(1)全面分析项目所在地段的地下水文形成、分布和运动规律，评价由此决定的基础工程、桩基工程和施工技术方案是否合理。

(2)根据拟建项目用水的实际情况，对水源的可靠性作出评价，判明水质和水量能否保证项目所需。评估中，尤其要注意那些对水的质量有特殊要求的项目的水质评估。

(3)根据项目所在地区全年不同时期的水位变化、流向、流速和水质条件，分析建设项目是否建在洪水泛滥区或已采矿坑塌陷区范围内及滑坡地区，考察

厂址位置的地下水位是否低于地下建筑物的基准面，如果在基准面之上，则要有可靠的措施及治理方案。

4.1.4 厂址选择的评估

1. 厂址选择的原则

(1)符合区域总体规划

项目选址应服从国家经济布局及城镇建设规划，厂址选择是落实国家和地方产业布局的重要环节，任何部门和单位都不得违背国家总体布局而任意选址。城镇建设规划是根据每个城镇特点制定的，并经国家批准实施的一种建设计划，也不能任意破坏。

(2)合理布局

执行“控制大城市规模、合理发展中等城市、积极发展小城市”的方针，正确处理集中与分散、专业化与综合化的关系，避免产业过度集中。在选择厂址时，不仅要保证生产的需要，还要考虑职工的生活条件，尽可能处理好生产与生活的关系。

(3)节约用地

土地资源的一个重要特点是具有不可再生性。随着经济的发展，建设用地日趋紧张，如何保护农田和耕地，节约每一寸土地，是项目选址时必须考虑的。项目建设应尽量少占或不占良田和耕地，多利用山地、空地、荒地，合理利用有限的土地资源。

(4)保护环境

项目与环境的关系体现在：一方面是项目对环境的要求，如果周边环境不能满足项目的要求，项目建成投产后就有可能难以达到预期的效果；另一方面是环境对项目的要求，即要求拟建项目对所在地不能造成环境污染。项目选址要全面评估项目对周围环境的影响以及由此而需付出的代价，防止污染环境和生态平衡的破坏。

(5)有利于专业化协作

按照专业化协作组织生产，可以大大节约项目用地和建设资金，最大限度地实现原材料、燃料、动力的有效供应以及“三废”的综合治理。同时，也便于运用先进的工艺技术和设备，提高劳动生产率。

2. 厂址选择的具体要求

(1)工程地质、水文地质、气象等自然条件应符合建厂的要求，地形需符合项目的工艺技术、工艺流程的要求。

(2)自然资源、原材料、燃料和动力等生产条件的供应稳定可靠。厂址应靠近原材料产地、燃料供应地、动力供应中心。

(3)交通运输、电力、水源等外部协作条件需落实,并做到经济合理。厂址应位于交通干支线附近,且电力供应充足,同时注意项目用水和污水的排放和处理。

(4)人力资源和技术支持满足项目需要。对于劳动密集型、用工数量大的项目应建在劳动力供应充足的地区;对于"知识密集型"、"技术密集型"项目应考虑技术协作条件,建在科技园区或高教园区附近。

(5)利于环境保护。凡有易燃、易爆及有毒物品生产内容的,应选择远离城市;对于排放烟尘和有害气体的项目应注意风向,布置在城市的下风侧;对于"三废"治理,需有切实可行的方案和治理措施。

3.厂址选址的方法

(1)方案比较法

方案比较法是指通过对项目不同选址方案的投资费用和经营费用的对比,作出选址决定的一种方法。其基本步骤是:首先,在建厂地区内选择几个厂址,列出可比较因素,进行初步分析比较;其次,从中选出两三个较为合适的厂址方案,再进行详细的调查、勘察,并分别计算出各方案的投资费用和经营费用;最后,从中选择投资费用和经营费用均为最低的方案作为厂址方案。

(2)评分优选法

评分优选法是指通过计算影响厂址选择有关因素的评价分值,并据此进行厂址选择。其基本步骤是:首先,列出厂址选择方案的主要判断因素;其次,将各判断因素按其重要程度赋予一定的权重,并根据实际情况分别给出评分值;再次,将各方案因素权重与对应的评分值相乘,求出指标评价分值;最后,从中选出评价分最高的方案作为厂址方案。

(3)最小运输费用法

最小运输费用法是指把生产运输因素作为厂址选择的重要因素,对生产所需原材料和产品销售的运输条件进行分析论证,在分别计算不同选址方案的运输费用的基础上,选择运输距离最短、运输费用最小的方案为厂址方案。此方法适用的条件是:项目的几个选址方案中,其他因素都基本相同,只有运输费用不相同。另外,在计算运输费用时,要全面考虑运输距离、运输方式、运输价格等因素。

4.2 项目生产条件评估

4.2.1 资源条件评估

资源是项目的物质基础，也是制约项目生产规模的重要因素。资源是指项目所需要的，能够为项目生产提供原材料和能量的自然资源，包括矿产资源、土地资源、水资源、生物资源、海洋资源等。就整个社会而言，资源是十分有限的，而且其分布也不均衡。

项目资源条件评估，就是为了使项目能最大限度地利用资源，结合地区的资源特点，通过对资源的分布、储量、品位、开采利用的可能性和经济性等作出的实事求是地分析评价。

资源条件评估的主要内容如下：

1.是否具备矿产资源勘探报告

以矿产资源为开发对象的采掘工业项目，必须具备国家矿产储备委员会批准的关于资源储量、品位、开采价值以及运输条件的资源勘探报告，以确定该项资源是否符合项目的基本要求。由于各种矿产品的物理和化学成分迥异，而且每种类型矿石的处理都要采用不同的方法和设备，因此，在项目评估报告中应提供对矿产品的物理、化学和其他性质的详细分析。

2.项目所需资源的种类和性质

对于开发矿产资源的项目，需分析和评估矿产资源的矿床规模、类型特征、矿体形态及其大小、矿体埋藏条件、矿石质量、矿石含有其他元素成分及选矿需要的详细情况。

3.项目所需资源的数量和质量

对于矿产资源开发项目必须分析矿产的地质储量和工业储量，以确定年开采量和服务年限，分析矿体的埋藏深度和储存方式以确定资源开采方式，分析矿产性质和拟定资源的综合利用程度。

4.资源的可再生性和替代性

对于需要利用资源的项目必须进行资源的供需分析，并对其替代资源和开辟新资源的可能性、可行性和前景进行预测。对可再生资源的开发利用要注意保证资源的再生性，达到资源连续补偿的要求。对稀缺资源和供应紧张的资源要注意寻找替代品，以满足项目生产的连续性要求。注意技术进步对资源利用的影响，达到资源的最佳利用效果。

5. 资源供应的分散性和不稳定性

对于利用自然资源的项目必须分析影响该项目资源分散性和不稳定性等因素，并寻求适当的解决方法和途径，以保证资源供应具有可靠的来源。

4.2.2 资金供应条件评估

项目所需的资金供应是否落实，资金来源是否符合国家有关政策规定，直接关系到项目能否顺利进行。如果项目资金不落实，将会因资金短缺而被迫停工，延误工期并造成经济损失。因此，需要对项目资金供应条件进行认真分析。

资金供应条件评估的主要内容如下：

1. 项目的总投资是否已落实

按照国家有关规定认真仔细地估算项目总投资，不留缺口，并按照合理建设进度和资金来源分配年度投资使用计划。尤其要注意项目借贷资金，以及项目投资是否存在资金缺口，杜绝搞“钓鱼工程”。

2. 项目资金来源是否正当、可靠

根据不同资金来源渠道，评估筹资条件和筹资成本、项目资金来源是否符合国家政策规定、资金数量是否满足项目需要等；对于项目所需资金的各种来源渠道都应进行可靠性分析和论证。

3. 项目资金来源的使用条件

分析项目资金在时间上是否满足项目建设进度的要求，尤其是国际性融资和使用外汇的项目，都必须分析评估资金来源的使用条件和要求，注意分析国际市场价格和汇率的变化，以防范融资风险，保证项目资金合理使用。

4.2.3 原材料供应条件评估

原材料供应条件是指项目建成投产后，在生产经营过程中所需各种原材料、辅助材料及半成品等的供应数量、质量、价格、来源、运输距离及仓储设施等方面的条件，它是工业生产所必备的基本条件。对原材料供应条件评估，要根据拟建项目生产的产品品种、规格、性能、质量要求，本着既稳定又经济合理的原则评估供应来源、运输条件和仓储设施。

原材料供应条件评估的主要内容如下：

1. 原材料供应数量能否满足生产能力的要求

对于工业项目而言，如果所需原材料没有稳定的来源和长期供应的保证，其生产必将受到影响。在评估时，应根据项目的设计生产能力、选用的工艺技术和使用的设备估算所需原材料的数量，并分析预测其供应的稳定性和保证程度。

2.原材料质量是否适应生产工艺的要求

在评估原材料时，要对所需要的主要原材料的品种、规格、物理、化学性质以及其他质量上的要求加以分析。一般来说，投入物的性能特征对特定项目的生产工艺、产品质量和资源利用程度影响极大，因此，需分析评估原材料是否符合特定项目对其质量和性能上的要求。

3.原材料价格、运费对生产成本的影响

原材料价格高低直接影响项目的生产成本，应分析原材料价格的现状，并预测其未来的变化趋势。充分估计原材料供应的弹性和互补性，以保证原材料的合理替换和选择。另外，项目所需主要原材料运输费用对项目生产的连续性和产品成本的高低都有很大的影响。运输费用的高低与运输距离、运输方式密切相关。因此，就地取材、缩短距离、采用合理的运输方式，有助于降低运输费用，减少产品生产成本。

4.原材料的存储设施条件

原材料供应条件应考虑合理的储备量。在评估时，应分析拟建项目存储设施规模是否满足生产连续性的需要，原材料的储备量是否充足，同时还需考虑经济批量和缺货成本。

5.原材料的供应立足国内

原材料的供应首先要立足国内，如果必须从国外进口，应对进口原材料的价格、供应来源的稳定性和安全性进行评估，并需有应急预案和应变措施。

需要注意的是，在实际工作中，只需对关键性的、耗用量较大的原材料进行分析评价，而不必对拟建项目的全部原材料进行评价。评估原材料的供应条件的目的是选择适合项目要求、来源稳定可靠、价格经济合理的原材料，作为项目的主要投入物，保证项目生产的连续性和稳定性。

**相关链接**

“三鹿牌婴幼儿配方奶粉”事件

2008年9月，甘肃等地报告多例婴幼儿泌尿系统结石病例(截至2008年9月17日，婴幼儿死亡3例，住院观察治疗6300余例)，调查发现患儿多有食用三鹿牌婴幼儿配方奶粉的历史，经相关部门调查，高度怀疑石家庄三鹿集团股份有限公司生产的三鹿牌婴幼儿配方奶粉受到三聚氰胺污染。三聚氰胺是一种化工原料，可导致人体泌尿系统产生结石。

9月14日,两名犯罪嫌疑人耿某兄弟因涉嫌生产、销售有毒、有害食品罪被批捕。经警方侦查,2004年5月,耿某投资建立了一家挤奶场,并与他人合伙建了一个奶牛养殖小区,从养殖小区收购牛奶,向三鹿集团供货,并签署了相关协议。耿某经营的这个挤奶场采取家族式的管理方式,妻子、女儿均参与其中,另外在本村雇用了两名临时工。他的弟弟主要负责驾驶自家的三吨槽罐车向三鹿集团送货。该养殖小区共养殖奶牛307头。2007年底,耿某向三鹿集团销售的牛奶屡次因检验不合格被拒收,整车的牛奶不得不倒掉,造成较大的经济损失。耿某得知向牛奶中掺加三聚氰胺化工原料,可增加蛋白质检测指标,以蒙混过关。经过多方打听,耿某前往行唐县,在一家经营化工原料的门店里购买了一编织袋共20公斤三聚氰胺,按比例勾兑后,从槽罐车的顶部掺入销往三鹿集团的牛奶中。此后,这家化工原料门店的店主还曾经两次上门,向耿某推销过三聚氰胺。耿某兄弟每天生产、销售这种掺加三聚氰胺的牛奶约3吨。耿某接受警方讯问时供认,他本人清楚"三鹿集团要的是纯的鲜牛奶,不能掺任何东西,而且这些牛奶就是要加工给人吃的,化工原料不是人吃的东西"。当被警方问及是否知道这种行为的后果时,耿某说:"没问过,也没想过,只知道对人体无益。"他掺加三聚氰胺的动机就是能通过三鹿集团的检验,顺利地把牛奶卖出去。耿某同时承认,他本人和家人从不食用这种掺加了三聚氰胺的牛奶。

4.2.4 燃料及动力供应条件评估

燃料、动力是项目建设和生产过程中的基本要素和重要的物质保证。燃料通常指煤炭、石油和天然气等;动力主要指电力、蒸汽和水等。

燃料及动力供应条件评估的主要内容如下:

1.项目所需燃料能否得到满足

首先,依据项目产品生产过程、成本、质量、区域环境对所用燃料的要求,选择燃料种类;其次,对燃料供应政策、供应数量、供应方式、运输及存储设施等进行全面的评估。

2.电力供应能否满足项目所需

电力是工业生产的主要动力,对耗电量大而又要求连续生产的工业项目,不仅需分析估算项目最大用电量、高峰负荷、备用量、供电来源，而且还要按生产工艺要求计算日耗电量、年耗电量以及电力对产品成本的影响。同时，尽可能保证电力供应稳定。

3.水资源的供应能否得到满足

工业用水范围极为广泛，而且用水量也较大。在项目评估时，要根据项目对水源、水质的要求，计算项目的用水量，再结合当地的水价，分析消耗水的费用对产品成本的影响。同时，考察工业用水的循环设施和生产中污水净化设施是否具备，供水泵站及管网等设施是否完善。

4.其他动力供应是否满足项目所需

在评估时，还需对产品生产中所需的其他动力（如蒸汽、天然气等）的总需要量进行测算，并分析其对产品成本的影响。

4.2.5 交通运输和通信条件评估

1.交通运输条件评估

交通运输条件直接关系到项目建设、生产和销售的各个环节，也直接影响生产过程的连续性和经济合理性。

交通运输条件评估的主要内容：

(1)项目所需的运输服务和设备条件

评估项目供应链的全过程所需运输方式和运输设备条件，包括厂外运输条件和厂内运输条件。根据地理环境、物资类型、运输量大小及运输距离等因素合理选择运输方式及运输设备，对铁路、公路和水运做多方案比较和经济分析，以保证项目供需畅通。

(2)项目物流系统的服务能力

评估项目的运输成本、运输方式的经济合理性，运输中装、运、卸、储等各个环节的衔接性及运输能力；分析厂区布局、道路设计、载体类型、工艺要求等因素，评估厂内运输安排是否合理适当，货物进出是否通畅，生产流通是否合理。

(3)项目相关运输条件的配套性

项目若采用铁路运输方式应分析与估算专用铁路配套情况，包括专用铁路、编组设施、仓储设施等相关投资建设问题，以保证项目运行有相应的配套条件。

2.通信条件评估

通信是指电信和网络系统，它是现代生产系统顺利运转的重要条件。现代社会已经步入信息社会，企业要在激烈的市场竞争中处于不败之地，就必须掌握大量的经济信息,同时,也要经常与客户、供应商保持密切联系,这就需要先进的网络和通信设施为其服务。

通信条件评估的主要内容:

(1)项目所需的通信服务和设备条件

评估项目信息资源管理中所需通信方式和通信设备条件,包括组织内部和外部通信所需的服务和设备的分析,以保证项目通信的畅通。在评估时,应考察网络、通信设施能否满足项目的需要。

(2)项目所需通信服务能力

评估项目所需的电信、信息、图文传输等各方面通信服务的供应能力,以及通信服务组织的管理能力等,以确保能够提供在项目运行中所需的通信服务。

(3)项目相关通信条件的配套性

项目若采用光纤通信和互联网络服务,应分析与评估项目所需光纤和互联网络的配套情况,以及相关的这类专用条件的投资建设问题,以保证项目运行能够有相应的通信配套条件。

4.2.6 外部协作配套条件和同步建设评估

1.外部协作配套条件

外部协作配套条件是指与项目的建设和生产具有密切联系、互相制约的协作厂,如为项目生产提供半成品、零部件和包装物的上游企业和项目为其提供产品的下游企业等。

2.同步建设

同步建设是指项目建设、生产需要交通运输等方面的配套建设,特别是大型项目,应考虑配套项目的同步建设和所需要的相关投资。如水电站建设中,库区的工厂和居民的迁移以及铁路、公路等线路的改建等。另外,铁路专用线的铺设,道路、桥梁和水运码头的建设等,这些外部条件都是项目建设和生产必不可少的,需要与项目同步建设,才能保证项目投产后正常运行。

外部协作配套条件和同步建设评估的主要内容:

(1)全面分析协作厂的供应能力、运输条件和技术力量,评估协作厂的保证程度。

(2)分析协作厂提供货物的质量、价格、运费,评估对项目产品质量和成本的影响。

(3)分析评估项目的上游企业、下游企业内部配套条件,以及在建设进度、生产技术和生产能力等方面与拟建项目的同步建设问题。

4.2.7　人力资源供应条件评估

项目所需人力资源条件的评估是指对于项目运行需要的各种人力资源供应情况与条件的全面评估。既包括项目运行所需的管理与技术人才供应情况的评估，也包括项目所需劳动力(包括生产工人和辅助生产工人等)的评估。

人力资源供应条件评估的主要内容如下：

1.项目的人力资源供给情况

项目所需的各种人力资源的供应情况都应进行评估，需根据项目的生产能力与生产工艺以及组织机构设置等需求，分析是否能够满足项目所需的各类人力资源。

2.人力资源的供应水平和培训条件

项目所需人力资源一般需要根据具体项目作专门的培训和培养，因此，还需要进一步对人力资源的需求和供给情况进行全面分析，并结合人力资源的具体情况制定相应的培训计划。

3.各类高级管理和技术人员的供给情况

全面评估项目所需高级管理人员、工程技术人员等高层次人才的供应情况，分析是否需要异地人才，或聘请外国专家和雇用外国技术工人；评估各类高级管理和技术人员的供给情况。

4.2.8　劳动安全、卫生与消防评估

劳动安全、卫生与消防是以保障职工在建设、生产活动过程中的安全与健康，保护财产和生命安全为目的的工作，在法律、技术、设备、组织制度和教育等方面所采取的相应措施。

劳动安全、卫生与消防评估的主要内容如下：

1.项目在建设、生产作业过程中的主要危险及有害因素

评估在项目建设、生产或作业过程中可能对劳动者身体健康和生命安全造成危险、危害的物品、场所，以及危险、危害的范围和程度。具体包括：①有毒、有害物品的危害，即从自然环境、工艺条件、工艺技术、平面布置、主要设备等方面，以及在生产过程中带有危害性的原材料、中间产品、产品、副产品、溶剂、催化剂等物质方面评估其危险性、危害性；②危险性作业的危害，即评估高空、高温、高压作业，井下作业、水下作业，辐射、振动、噪声等作业场所危险性以及可能对人身造成的危害。

2. 劳动安全和职业卫生

根据建设项目主要危险因素和危害因素，按照科学性、针对性和可靠性原则，采用定性分析和定量计算相结合的方法，遵循评估程序，对项目的劳动安全和职业卫生进行分项和综合评估，然后根据具体评估方法的要求确定评估单元。

3. 劳动安全、卫生的措施

具体包括建筑及场地布置、工艺及设备、劳动安全卫生工程、劳动安全生产管理、职业卫生，以及其他综合性的方案。主要是：①在选择工艺技术方案时，尽可能地选用安全生产和无危害的生产工艺和设备；②对危险部位和危险作业需提出安全防护措施方案和安全检测设施；③对危险场所，应按照劳动安全规范条例提出合理的生产工艺方案，设置安全间距，如对石油、天然气开采和冶金、煤炭等矿井开采项目，应提出防火防爆、矿井涌水、塌方冒顶等技术和安全措施方案；④对于容易产生职业病的场所，需提出防护和卫生保健措施；⑤在生产过程中设置自动报警、紧急事故处理等安全设施；⑥对高温、噪声、震动等工作环境，采用保护性防护措施，如隔垫、降温、消音、防震等，定期对设备性能进行测试；⑦在生产过程中尽量采用自动化作业，减少体力劳动，保护职工健康。

4. 消防设施设置

主要是评估项目生产运营过程中可能存在的火灾隐患和重点消防部位，根据消防安全规范确定消防等级，并结合当地消防设施现状，提出项目消防监控报警系统和消防设施设置方案。包括：①火灾危险性分析。即对拟建项目生产过程中所使用的原材料、中间产品、产成品的火灾危险性，储存物品的火灾危险性，生产过程中易燃、易爆产生的部位及火灾危险性，工业建筑和运输过程中的火灾危险性等进行评估。②调查厂址周围消防设施状况。即调查厂址周边公安消防机构的规模，消防站的功能、装备，消防站与厂址的距离等，以便确定项目对消防站的依赖程度。③消防措施和设施。即根据项目在生产过程中存在的火灾隐患的部位、火灾危险性类别及可能波及的范围，确定应采用的消防等级，结合项目厂址周边的消防设施现状，提出消防监控报警系统、消防设施配置和消防设计方案。

5. 设置劳动安全卫生机构

为确保项目的劳动安全与职业卫生，应设置专门的职能部门并由专人负责。包括：①职能部门的设置及人员配备。即根据拟建项目的性质、规模确定安全职能部门机构规模、人员数量及设施配置。②保健制度。即项目需建立健全保健救护制度和保健救护人员的职责，制度和职责应按国家有关规定和项目的具体情况予以明确，确保在紧急状态的合理救护。③日常监测检查制度。即规定日常需要监测的项目和测试与检验人员的操作规程，对生产人员定期体检和疗养制度，对个人防护用具（防毒面具、氧气呼吸器等）定期检查维护制度等。

4.3 环境影响评估

4.3.1 项目环境影响

环境既是经济发展的物质基础，又是经济发展的制约条件。人类活动（包括经济活动和社会活动）会对环境产生影响并导致环境变化，如投资项目的实施会对环境产生污染、破坏和不同程度的影响。因此，在进行经济建设过程中，如果处理不好项目和环境的关系就必然会导致环境污染。当前，环境污染是我国经济建设中面临的一个十分严峻的问题，它已经严重地影响到人民的生活。环境污染是指由于人类的社会经济活动对大自然造成破坏、恶化人类生活环境的现象，包括自然环境污染和社会环境污染。危害自然环境的主要因素有废水、废气、废渣、粉尘、垃圾、放射性物质及噪声等，对环境危害最大的是废水、废气和废渣，简称“三废”污染。

现代工业生产，特别是钢铁工业、有色金属冶炼、石油化学工业在项目建设和生产过程中排放的废气、废渣和废液是环境污染的主要来源。核工业排放的放射性物质、废气、废水等对人类生命的危害更大。工业项目的建设和生产对自然环境和生态平衡的破坏，主要来自三个方面：①来自项目投入的物料，如有毒或易爆的投入物料；②来自项目的生产过程，如生产过程中产生的污水、废渣和有毒气体，直接对空气、土壤和水质等产生污染，或增加噪声强度；③来自项目的产出物，如化肥和农药这类产出物，对环境和生态产生有害或不良影响。

4.3.2 环境影响评估的含义

我国的《环境保护法》明确规定：“一切企业、事业单位都必须充分注意防止对环境的污染和破坏。在进行新建、改建和扩建工程时，必须提出对环境影响评价报告书，经环保部门和其他有关部门审查批准后才能进行设计；其中防止污染和其他公害的设施，必须与主体工程同时设计、同时施工、同时投产；各项有害物质的排放必须遵守国家规定的标准。”根据这一规定，所有会造成环境污染的工程项目，都必须有相应的环保措施。因此，环境影响评估是项目决策过程中的一个重要环节。

环境影响评估是在项目决策阶段，在充分调查研究的基础上，识别、预测和评价项目可能对环境带来的影响，按照社会发展与环境保护相协调的原则，对环境的影响作出全面、科学的定量预测，最终利用各种项目环境分析的结果指导项目的决策与实施工作。项目环境影响评估是对关系到国计民生的重大项目所进行的涉及企业和国家两个方面利益和成本等问题的全面论证、评价和审查，对项目投资作出科学的决策。

4.3.3 环境影响评估的内容

1.环境影响评估的基本内容

(1)建设地区的环境现状

对拟建项目所在地的环境条件进行全面详细的调查，确定所在地的自然环境、生态环境、社会环境和其他特殊环境（如名胜古迹、旅游风景区）的环境现状，进一步对建设项目引起的所有重要的环境影响因素进行评估。

(2)主要污染源和主要污染物

对项目的一般特征、污染特征以及可能导致生态破坏的因素进行全面分析，明确污染源分布及其排放量。分析工业项目排放的废水、废气和废渣中含有的污染物。

(3)项目建设可能引起的生态变化

项目建设导致建设地区地质、地貌、大气、地表水、地下水、土壤、植物、动物等环境因素的变化，分析哪些项目环境影响是可以恢复的，哪些项目环境影响是不可以恢复的。

(4)环境影响因素分析

对项目建设过程中破坏环境、生产过程中污染环境，导致环境质量恶化的主要因素进行分析。环境影响因素见表4-1。

表 4-1　环境影响因素一览表[①]

环境	影响因素	拟建工程考虑的典型事项
自然环境	水	①无组织排放的污染源是什么？②河水流量的减少是否受拟建工程分流的影响？③BOD、COD和悬浮物经过水处理会降低到国家水环境质量标准吗？情况如何？④废物处置对地下水的影响如何？
	土地	①将会发生什么样的土地风化？原因是什么？②建设项目是否符合当地的土地利用条例和地区标准？③建设项目的液体和固定废物的处理方法是什么？这些做法在环境上安全吗？
	空气	①建设项目周围的空气质量如何？将受拟建项目怎样的影响？②由于兴建项目造成人口迁移引起的动力需求增加，会增加 SO_2 排放量吗？③固体废弃物处置场地会产生难闻的气味吗？
	噪声	①工程的施工爆破是否引起噪声强度的增大？②拟建项目所增加的卡车和铁路交通会增加周围地区的噪声频率吗？③项目所增加的噪声级能淹没环境的自然声音吗？④轰鸣声将破坏周围地区的日常生活秩序吗？
生态环境	物种与种群	①由于拟建工程兴建造成的天然饲料场地的迁移对该地区的动物生存有不利影响吗？②拟建项目的排放物会损害水生生物吗？③拟建项目对该地区的动植物有重大影响吗？
	种群和生态	①拟建项目是否会引起珍稀和濒危物种生活环境的破坏？②项目引起的物种迁移是否会消灭当地生态系统的重要的生物群落？③由于废物处置场地的渗漏，是否会损害土壤层？
	生态系统	①拟建项目废水带入的营养物质是否会引起湖泊富营养化？②拟建项目是否会减少原有农业用地和其他土地的产量？③植被的清除是否会破坏整个生态系统的能量流动？
美学	土地	①项目所带来的都市化是否会引起地区地貌的变化？②为输变电工程而进行的场地清理和树木砍伐是否会影响乡村的景观？
	空气	①由于拟建项目烟囱排放而降低大气能见度的烟雾是什么？②工程的化学工艺过程会释放出有气味排放物吗？③工程噪声会淹没鸟的叫声吗？
	水	①筑坝引起的河流改造会减少天然景色吗？②项目的排放物是否会污染河流并改变河水颜色？
	生物	①清除植被建设高速公路是否会破坏动物的天然栖息地？②项目所需的土地开发会引起植物种类的变异吗？
	人造景物	①拟建项目的设计造型与现有景观协调吗？②项目引起的进一步开发与现有环境协调吗？

① 周慧珍. 投资项目评估(第三版). 大连:东北财经大学出版社,2005。

续表

环境	影响因素	拟建工程考虑的典型事项
社会环境	个人环境利益	①拟建项目会破坏历史背景，破坏其连续性吗？②娱乐设施有被事故（如油罐漏油）破坏的危险吗？
	个人福利	①频繁的轰鸣声（如超音速运输机）对人的心理效应是什么？②受到项目排放物的短期与长期影响将引起什么健康问题？
	社会相互影响	①拟建项目会引起大规模的人口迁移吗？②该项目所创建的经济和社会的发展前景如何？③人们现有的生活方式会有什么变化？
	集体福利	①拟建项目以什么方式影响集体？②居民区的整体环境受项目影响后是改善了、降级了还是没有变化？

（5）环境保护措施方案

在评估环境影响因素及影响程度的基础上，按照国家有关环境保护法律、法规的要求，研究提出治理方案。根据项目的污染源和排放污染物的性质，采取不同的治理措施。分析评估环保措施的实施效果，即各项有害物质的排放是否符合国家规定的标准要求，"三废"治理后能否达到有关标准要求。

（6）环境影响评估的结论

包括环境影响分析、存在的问题及建议等。

在项目决策阶段，应按照具体项目的不同特点和不同建设条件，遵照上述内容要求，作必要的调查研究和分析论证，向环境保护管理部门提供研究结果和主要数据，以备考核。

环境影响评估的任务是在厂址方案和技术方案的确定过程中，调查项目环境条件，分析环境影响因素，提出治理和保护环境措施，优选环保方案，编制和报批环境影响报告书。只有经批准后，方可审批项目可行性研究报告。

2.环境影响报告书的主要内容

（1）总论

（2）建设项目概况

说明项目的规模、建设性质；废水、废气、废渣、粉尘、放射性废物等的种类，排放点，有害成分和浓度，排放量和排放方式；噪声、声源位置、声压等级、震动数值；废弃物的回收利用，以及污染物处理方案、设施和治理工艺等。

（3）建设项目周围地区的环境状况调查

包括自然环境、生态环境、社会环境和特殊环境的调查。

（4）建设项目对周围地区环境的近期和远期影响分析与预测

分析项目建设和生产过程中对环境的破坏和污染，及其对环境质量恶化的主要因素。

(5)环境影响经济损益分析

进行环境保护投资估算，对可量化的环境影响计算列入现金流量表内。

(6)环境监测制度建议

包括监测布点、机构设置、设备选择、监测手段和监测目标。

(7)结论

环境影响评估结论。

(8)存在的问题与建议

4.3.4 环境影响评估的程序

环境影响评估的程序如下：

1.形式评估

主要审查可行性研究报告的附件中是否包含环境影响评价报告和各级环保部门的审查意见。

2.全面评估项目对环境的影响，并提出治理对策

在分析产生污染的种类、可能污染的范围及程度的基础上，对治理对策进行评估。尤其要注意对生产过程污染的控制方案是否科学可靠。

3.评估投入环保工程的资金有无保证，是否落实

贯彻环保工程与主体工程同时设计、同时施工、同时投产使用的方针，以达到控制环境污染、恶化的目的。

4.评估环境治理后能否达到有关标准要求

项目在规划治理措施时，必须保证各种污染物的排放低于国家环保部门规定允许的最大排放量。在评估时，以国家颁发的有关标准作为依据，检测项目的治理是否达到这些标准要求的限度。对于国家尚未颁发标准的行业，则应根据项目的具体情况，分析其对环境造成的污染程度，并结合国家关于环境质量的标准，如大气环境质量标准、城市噪声标准等，判断该项目的污染治理措施是否符合环境保护的要求。

4.4 技术评估

4.4.1 技术评估概述

1.技术评估的含义

技术是指在生产过程中由系统的科学知识、成熟的实践经验以及操作技能

和工艺综合而成的专门学问和手段。技术按表现形式可分为两大类:一类是体现在机器、设备、基础设施等生产条件和工作条件上的物质技术,称为硬技术;另一类是体现在工艺、方法、程序、信息、经验、技巧和管理能力上的非物质技术,称为软技术。

项目的建设和运行都需要一定的技术条件作支持,项目所采用的技术是否先进、适用、可靠和经济,对于项目能否达到预期的目标起着至关重要的作用。因此,在项目实施之前,应进行技术评估。

所谓项目技术评估是对项目拟采用的工艺技术方案、工程设计方案和设备选型方案进行全面评估,以考察项目技术的可行性及其对项目经济效益和社会效益的影响及影响程度的一项综合性的研究工作。

2.技术评估的作用

项目技术评估是项目可行性研究和项目评估的重要内容,它对项目的投资、投产后的生产成本、经济效益、社会效益以及项目的生存和竞争能力等起着决定性作用。对项目的经济效益评估必须建立在技术可行的基础上。如果一个投资项目的工艺技术不具有先进性、设备不配套、工程设计不合理,其财务效益、经济效益也不可能高。因为在技术上的任何环节的不可行或缺陷所留下的隐患,都会造成工程项目投资的不经济,因此,对项目技术进行技术经济分析论证,是整个项目可行性研究和评估的重要组成部分,也是项目可行性研究和项目评估的基础。一般情况下,对项目的可行性分析,应首先分析项目技术上的可行性,然后分析财务和经济上的可行性。项目技术上的可行性是财务和经济可行的必要前提和基础。

3.技术评估的原则

(1)先进性

技术的先进性是指项目工艺技术、设计方案、产品方案、装备以及实施技术具有国际国内的先进性或领先水平。项目的先进性是通过各种技术指标体现出来的,如劳动生产率,单位产品的原材料消耗、能源消耗、产品质量指标、占地面积和运输能力等指标。对项目而言,技术先进性就是要求拟建项目尽量多地采用新技术、新工艺、新设备,以提高项目的技术装备水平。项目技术是否先进,主要从项目工艺技术水平和项目技术装备与条件两方面进行评估。

(2)适用性

技术的适用性是指项目采用的工艺技术与装备以及项目的实施技术必须适应项目特定的要求。在项目技术评估中,必须坚持在适用性的基础上追求项目技术的先进性,从而达到两者的有机结合。适用性强调的是实事求是、因地制宜、量力而行和注重实效。一般来说,技术的适用性应符合以下几个基本条件:

①有利于合理利用国内有限的资源；②有利于提高能源和原材料的利用率；③有利于维护生态平衡和环境保护；④有利于充分发挥现有技术水平和技术力量；⑤有利于改善产品结构提高产品质量；⑥符合国家、地区、部门的科技发展政策。

(3)经济性

技术的经济性是指项目所采用的技术应能在一定的消耗水平下获取最好的经济效益，具体体现为最大收益原则和最小成本原则。最大收益原则指对于一个特定的经济系统而言，必须在一定的资源和环境条件的制约下谋求自身的发展，此时体现为经济系统应该选择在一定资源条件下能够带来最大收益的技术。最小成本原则指为了达到某一特定的目的，经济系统往往需要对各种技术方案进行比较选择，此时体现为经济系统应该选择总成本最小的技术。需注意的是，技术的经济性往往与合理性联系在一起，如设备数量、生产规模、工艺流程的合理性，项目配套和协作条件的合理性等是技术经济性的条件。

(4)安全性

技术的安全性是指在项目技术的运用中不会出现对整个项目或项目实施与运行主体造成危害的问题，包括是否会对操作人员造成人身伤害，是否会破坏自然环境和生态平衡等一系列问题。项目技术的不安全大致有两个原因：一是项目技术方案本身存在缺陷；二是项目技术使用不当。其中，项目工艺技术和施工技术的不合理或不过关是项目建设和运营的最大隐患。因此，对于项目技术的评估必须考虑项目技术的安全性。

(5)可靠性

技术的可靠性是指在项目技术的运用中不会出现项目技术失效或过多的故障，即项目工艺技术、技术装备与项目工程技术等一系列相关技术是成熟和可靠的，其“硬件”和“软件”的功能被证明是有效的。这就要求，项目如采用的是国内的科研成果和技术，必须是经过有关试验和技术鉴定的；如是引进的工艺、设备、技术，则必须符合国情，并是成熟的。该原则要求从财产保护、劳动保护和环境保护等角度出发，全面评估项目技术的可靠性。

4.4.2　工艺技术方案评估

工艺是指工人利用生产工具，对原材料、半成品进行加工或处理，使之成为产品的方法。项目工艺技术是指项目运行过程中生产产品或提供服务拟采用的工艺流程和技术方法。

工艺技术方案评估是在综合考虑社会经济、生态环境、生产条件等诸多因素的基础上，对各种工艺技术方案进行评价，选出最合适的工艺技术方案。它是技术评估内容的核心，因为项目采用的工艺技术，决定着项目需要的生产设备，关系到项目投资额的大小、建设期的长短、生产产品的数量和质量以及项目的经济效益。

工艺技术方案评估一般应包括以下几个方面的内容：

1.工艺技术的先进性

项目选用的工艺技术首先应该具有先进性，以免项目产品和整个项目在较短时间内被市场和技术进步所淘汰。工艺技术的选用还应该考虑到未来的技术进步和升级，能够通过技术改造实现升级换代和技术进步。评估其是否比国内现有的工艺技术先进，是否趋于国际先进水平等。

2.工艺技术的可靠性

可靠性是选择工艺的前提，项目所选用的工艺技术必须是成熟、可靠的，并且在实践中能发挥预期效益。新技术、新工艺进入生产领域前，必须经过实验室研究和中间试验阶段，只有在试验阶段解决了各种应用技术问题，并经过权威机构专家鉴定后，才能进入生产阶段。

3.工艺流程的合理性

工艺流程是指工人使用生产工具改变劳动对象的形状和性能，使其具有特定使用价值的过程。合理的工艺流程应符合下列要求：①原材料从投入到形成成品的过程流畅、便捷、具有连续性，以提高劳动生产率、设备利用率；②使其产品能满足技术方案的要求；③适应生产类型的要求，且自动化程度高；④能达到经济合理性的要求。对工艺流程合理性评估可通过对不同工艺的流程图和技术经济指标的对比来进行。

4.工艺技术的经济性

生产成本是项目总成本费用的主要组成部分，它一般包括原材料消耗、能源消耗、设备运转维护费用、工人工资、设备及厂房的折旧等。在评估工艺技术的经济性时，应将备选的工艺方案的各种费用分别汇总比较，工艺成本最低或单位产品成本最低的方案即为经济的工艺方案。

5.对产品质量的保证程度

产品质量是企业的生命线，它直接关系到项目投产后所生产的产品在市场上的竞争力和销售状况。而产品质量主要取决于采用的生产工艺技术，因此，项目所采用的生产工艺必须保证产品的质量。在评估过程中，一要看生产工艺对项目使用价值的影响；二要检验产品的技术参数是否符合要求。

6.对原材料的适应性

项目选用的工艺技术应适应既定原材料性能的要求，生产出符合要求的产品。一般来说，原材料的选择性要难于工艺技术条件，因此，应尽量选择适应性强的生产工艺方案，以获取较高的经济效益。同时，在工艺技术评估时，还应该考虑工艺技术与项目运行组织的其他生产和销售条件的适应性，包括与现有基础设施、人员技术和管理水平等是否适应。

7. 生产工艺流程的均衡性

生产工艺流程的均衡性就是要注意前后工序的均衡协调，保证项目工艺流程的合理，具体指工艺技术与生产工艺设备、辅助设备和服务设备相协调。生产工艺设备是指用于改变劳动对象的形状和性能使其成为半成品或成品的那部分设备；辅助设备是指直接保证工艺设备完成工艺目标要求的各种设备；服务设备是指间接为生产服务的管理、安全、生产、生活设备。没有先进的工艺技术，先进的设备难以发挥其效用和功能；没有先进的设备，先进的工艺技术也无法实现。

4.4.3 设备选型方案评估

设备选型和工艺技术的选择是相互依存的。在某些项目中，生产工艺是成套设备的一部分，因而不必单独取得工艺。但在更多情况下，工艺技术是单独取得的，在进行设备选型时应该以工艺技术为根据。因此，在技术评估时，应当根据项目的生产能力和生产工艺，明确对项目设备的要求。

项目的设备包括生产设备、辅助设备和服务设备三大类。其中，生产设备是指直接使用于改变劳动对象的形状和性能，使其成为半成品或成品的设备，如各种机床、反应釜、反应塔、纺织机等；辅助设备是指辅助性的设备，它并不直接参与产品的生产过程，但可以保证生产设备完成工艺技术目标的要求，如各种动力设备、仪器仪表、运输设备、专用工具及检测设备等；服务设备是指各种办公设备及卫生与福利设施等。设备选择应当明确在使用某项生产技术而达到特定生产能力时所需要的机器和设备的最佳组合，按照生产阶段、复杂程度和自动化程度，权衡各种因素和优势，进行合理安排。

设备选型方案评估一般应包括以下几个方面的内容：

1. 与生产能力的吻合程度

设备与生产能力的最佳吻合程度是各工序、工段设备额定生产能力恰好等于拟建项目的设计生产能力。在现实生活中，这种吻合程度是很难达到的。一般情况下，设备的配置是以主导或主要设备的额定生产能力为标准确定的。另外，各工序的设备配套不仅要考虑项目的设计生产能力，而且还要考虑市场的适应性及生产品种、生产能力的变化。所以，设备与生产能力很难完全吻合，只能尽量地做到提高其利用率，使生产能力的浪费减少到最低程度。

设备的配置应根据生产能力和生产工艺来确定。

设备配置比例的确定方法：

(1)以项目设计生产能力为标准，核定单台(套)设备的生产能力

单台(套)年生产能力 = 设备有效工作时间×设备单位时间产量定额×设备利用率

(2)确定工序设备应配置的台数

设备应配置台(套)数 = 项目设计生产能力 / 单台(套)设备年生产能力

2.设备的来源

项目设备的来源主要分为国产和从国外进口两种情况。通常情况下，凡是国内能够设计和制造的设备一般不从国外进口，但是当国内生产的技术装备技术不可靠或质量无保证，或者是价格不具有优势时，需要考虑进口的设备。在对项目设备来源进行决策时，应该综合考虑设备的功能、质量、价格、人员技术能力和管理水平等方面的问题，通过认真的分析和权衡利弊作出决策。

3.设备的配套性

无论是从国外引进还是国产的设备都需考虑其配套性问题，包括项目自身设备的配套性、与其他相关设备的配套性以及与项目建设和运营条件的配套性等。对于整条生产线中各种设备需要由几家制造商提供的情况，应按国际惯例采取总承包配套的方式，以确保项目设备的配套性。如果项目的关键设备从国外进口，其余由国内配套提供，通常由项目相关各方共同协商，由某一方负责整条生产线的安装作业，以保证项目设备投产后能正常运行。

项目设备需要安装以后才能运行，所以对于大型项目设备而言，还有一个是否与项目建设条件配套，能否顺利安装和调试的问题。在选择项目设备时，要充分考虑它与建筑物的配套性。由于任何项目的经营条件都是有限的，设备还应与项目经营条件相配套并协调一致。通常项目设备的先进程度越高，对安装和运行条件的要求也越高。因此，在进行项目设备评估时，应全面评估项目设备与项目建设和运行条件是否配套，并对项目设备的备品、备件等供应条件进行必要的评估。

4.设备的经济性

设备的经济性是指在设备能满足生产工艺对设备功能要求的前提下，使设备所需的活劳动和物化劳动的消耗最少，此时设备的使用效率最高。设备的经济性可采用运营成本比较法和费用效率分析法计算确定。

其中，费用效率分析法的计算公式如下：

$$费用效率 = \frac{系统效率}{寿命周期费用} \times 100\%$$

式中,系统效率是指设备的营运效益,可用销售收入、利润和生产效率等价值指标或功能指标衡量;寿命周期费用包括设备购置安装费、生产营运费。一般应选择费用效率高的设备,以保证设备的经济性。

5.设备相关的支持软件

项目设备相关支持软件主要是指使用设备过程中所需的各种人员支持、技术支持和环境支持等条件。任何设备的选用都必须考虑有关专有技术或专利许可证以及其他技术资料方面的公开情况,以保证设备能够正确地安装、调试、操作和维修。同时,在项目运营主体无法实现设备的维护和修理时,还要考虑从组织外部是否能够获得相应的技术支持。另外,设备的运行技术资料是否齐全,以及相关人员是否具备设备所需的技术水平。

除了上述因素外,在评估时还需考虑设备对产品质量的保证程度、使用寿命、标准化、安全性等方面。

4.4.4 工程设计方案评估

工程设计方案评估是在已选定的项目建设规模、工艺技术和设备方案的基础上,分析论证项目的总平面设计、空间平面设计和结构方案设计,以及主要建筑物和构筑物的建造方案。

1.工程设计方案的内容

(1)地基工程

包括对项目建设场地的平整、地基的处理等。

(2)一般土建工程

包括厂房、仓库、生活服务设施的建筑物工程;矿井、铁路、水塔等构筑物工程;各种设备基础工程;水利工程及其他特殊工程。

(3)管道工程

包括蒸汽、煤气、燃气等的管道工程。

(4)卫生工程

包括给排水工程、采暖工程和通风工程等。

(5)电气及照明工程

包括线路架设工程、照明线路的安装等。

2.工程设计方案的评估内容

(1)对项目总平面布置方案的论证

对项目总平面布置方案的论证主要是分析总平面图的合理性。即:①满足生产工艺的要求,保证工艺流程顺畅;②符合土地管理和城市规划的要求;③布局紧凑，适应场内外运输的要求；④注意节约用地、节约投资、经济合理。

(2)土建工程设计方案论证

对土建工程设计方案的评估，主要是要按照经济合理的原则，选用合适的建筑结构方案和建筑标准。

(3)施工组织的评估

施工组织是指工程从施工准备开始，经过工程施工、设备安装到试生产的整个施工过程的规划与组织安排。其基本内容包括：施工方案、施工进度计划、材料供应计划、施工总平面图等。对施工组织评估的目的主要是确保工程建设建立在切实可行的基础上，保证项目按期、保质、保量地完成。具体从以下几个方面进行评估：

①施工方案的评估

主要是对单项工程、公用设施、配套工程的施工方法和工程量的评估。在施工方案评估中，应重点对影响施工进度和工程质量的关键工程的施工方法进行评估，对工程量的评估应以相应的额定标准为依据。

②施工顺序的评估

一般来说，投资项目可划分为多个单项工程，而每个单项工程又可划分为若干个分部分项工程。如何合理安排它们之间的施工顺序、施工时间，构成了施工进度计划的主要内容。

③施工进度的评估

项目的实施进度常用横道图和网络图表示，对施工进度的评估主要是分析各工序之间的时间安排和衔接是否合理、均衡。

④材料供应计划评估

材料供应计划主要根据施工进度计划的要求确定，即根据施工进度计划的要求，确定建筑材料、构配件、施工机械、生产工艺设备以及各工种劳动力供应调配计划。

(4)工程设计方案协调性的评估

项目工程设计方案的优劣，在很大程度上会影响项目设备的运行和工艺技术方案的实施。在评估工程设计方案时应注意：

①工程设计方案和工艺技术方案的协调性

一般情况下，项目的工程建筑是为实现工艺技术方案服务的。因此，工程设计方案和工艺技术方案应协调一致，生产经营场所的设计建设应满足项目工艺技术方案能够顺利地执行。

②工程设计方案和设备方案的协调性

由于项目的设备需要安装在厂房内或其他生产场所，因此，工程设计方案也需要同项目设备方案协调一致，使得设备能充分发挥其效能。

(5)工程设计方案的经济性和安全性评估

由于一个项目的运行周期相对较长，所以有必要对项目的工程设计方案的实用性、经济性和安全性进行评估。项目工程设计方案要满足运营物流经济、操作便利、维修方便等要求，并且工程技术方案还必须能够保证项目生产运行的安全，包括工作人员人身安全和机器装备的运行安全等。

复习思考题

1. 你认为项目建设条件评估时应着重考虑哪些方面？
2. 项目厂址选择应坚持哪些原则？
3. 厂址选择常用哪几种方法？
4. 项目生产条件评估包括哪些内容？
5. 资源条件评估的主要内容是什么？
6. 资金供应条件评估的主要内容是什么？
7. 原材料供应条件评估的主要内容是什么？
8. 劳动安全、卫生与消防评估的主要内容是什么？
9. 简述环境影响评估的含义及内容。
10. 项目环境影响因素有哪些？
11. 什么是技术评估？它有什么作用？
12. 技术评估应遵循哪些原则？
13. 技术评估的主要内容是什么？

第5章

项目投资估算

学习目标

1. 理解项目总投资构成的内容；
2. 掌握建设投资、建设期利息、流动资金、投资总额的估算；
3. 掌握独立方案、互斥方案的比较与选择；
4. 掌握有约束条件下项目的排队与选择；
5. 理解不确定性因素下的方案比选。

5.1 项目总投资构成

项目总投资是指项目从建设前期准备工作开始到项目建成投入运行直至项目结束所发生的全部投资费用，即项目在整个计算期内投入的全部资金，包括建设投资、建设期利息和流动资金等。项目计算期是指投资项目从投资建设开始到最终清理结束整个过程的全部时间，即该项目的有效持续期间，通常以年为单位。计算期包括建设期和营运期两个阶段。建设期是指项目资金正式投入开始到项目建成投产为止所需的时间，可按合理工期或预计的建设进度确定；营运期分为投产期和达产期两个阶段。投产期是指项目投入生产，但生产能力尚未完全达到设计能力的过渡阶段；达产期是指生产营运达到预期设计水平后的阶段。营运期一般应以项目主要设备的经济寿命期确定。项目计算期应根据多种因素综合确定，包括行业特点、主要装置（或设备）的经济寿命等。

5.1.1 建设投资构成

建设投资是指在项目筹建期间与建设期所花费的全部费用。建设投资的构成可按概算法分类或按形成资产法分类。按概算法分类,建设投资由工程费用、工程建设其他费用和预备费三部分构成。其中工程费用又由建筑工程费、设备购置费(含工器具及生产家具购置费)和安装工程费构成;工程建设其他费用内容较多,且随行业和项目的不同而有所区别;预备费包括基本预备费和涨价预备费。按形成资产法分类,建设投资由固定资产投资、无形资产投资、其他资产投资和预备费等四部分组成。

1.固定资产投资构成

固定资产投资是指项目投产时将直接形成固定资产的建设投资,包括工程费用和工程建设其他费用中按规定将形成固定资产的费用。固定资产投资的构成如下:

(1)建筑工程费

建筑工程费是指为建造永久性和临时性(为施工服务的)建筑物、构筑物所需要的费用。如各类房屋建筑工程和列入房屋建筑工程预算的供水、供暖、供电、卫生、通风、煤气等设备费用及其装设、油饰工程的费用;列入建筑工程预算的各种管道、电力、电信和电缆导线敷设工程的费用;设备基础、支柱、工作台、烟囱、水塔、水池、灰塔等建筑工程以及各种窑炉的砌筑工程和金属结构工程的费用;为施工而进行的场地平整,工程和水文地质勘察,原有建筑物和障碍物的拆除以及施工临时用水、电、气、路和完工后的场地清理、环境绿化、美化等工作的费用;矿井开凿、井巷延伸、露天矿剥离,石油、天然气钻井,修建铁路、公路、桥梁、水库、堤坝、灌渠及防洪等工程的费用。

(2)设备及工器具购置费

设备及工器具购置费是指用于购买设备、工器具和仪器的费用,具体可分为设备购置费和工器具购置费。设备购置费指各种生产设备、传导设备、动力设备、运输设备等设备的原价及运杂费用、安装费用;工器具购置费指为保证初期生产必须购置的未达到固定资产标准的设备、仪器、工具、模具、器具以及生产用家具的购置费用。

(3)安装工程费

安装工程费包括各种机械加工、动力、起重、运输、传动等需要安装的设备、装置的安装费用;生产用各种介质管道的敷设、防腐、保温及送变电设备安装、电线、电缆架设等工程费用;设备安装后的调试、生产线或流程系统联动无负荷试运转等费用。

(4)工程建设其他费用

工程建设其他费用指按规定应在固定资产投资中支付,并列入建设项目总概算,除建筑工程费、设备工器具购置费和安装工程费以外必须支付的费用。

主要包括建设单位管理费、可行性研究费、研究试验费、勘察设计费、环境影响评价费、场地准备及临时设施费、引进技术和引进设备其他费、工程保险费、联合试运转费、特殊设备安全监督检验费和市政公用设施建设及绿化费等。

2.无形资产投资构成

按照我国现行《企业会计制度》,无形资产是指企业为生产商品或者提供劳务、出租给他人或为管理目的而持有的、没有实物形态的非货币性长期资产。无形资产是一种特殊的资产,与其他资产相比,具有如下特点:不具备实物形态;可以在较长时期内为其拥有者提供经济效益;与特定企业或企业的有形资产具有不可分离性;有偿取得;所提供的未来经济效益具有不确定性。

无形资产投资是指将直接形成无形资产的建设投资,主要包括专利权、非专利技术、商标权、著作权、土地使用权和商誉等。

(1)专利权

专利权是指国家专利主管机关依法授予发明创造专利申请人,对其发明创造在法定期限内所享有的专有权利,包括发明专利权、实用新型专利权和外观设计专利权。专利权是一种财产权,具有排他性,未经专利权人许可,任何人或单位不得使用其专利,否则,将受到法律的制裁。项目建设投资中作为构成无形资产的专利权既包括外购专利权,也包括投资者自己发明创造的专利权。

(2)非专利技术

非专利技术亦称专有技术、技术秘密或技术诀窍,它是指不为外界所知、在生产经营活动中已采用了的、不享有法律保护的各种技术和经验。非专利技术一般包括工业专有技术、商业贸易专有技术、管理专有技术等。非专利技术可以用蓝图、配方、技术记录、操作方法说明等具体资料表现出来,也可通过卖方派出技术人员进行指导,或接受买方人员进行技术实习等手段表现。非专利技术具有经济性、机密性和动态性等特点。

非专利技术与专利权均属于技术的范畴,但两者具有明显的区别:首先,就法律保护而言,专利权受《专利法》的保护,而非专利技术则没有专门的法律予以保护,只有签订非专利技术许可证,其权利内容才能表现出来;其次,就机密性而言,专利权是在公开后,法律才保护发明人的专利,而非专利技术则是保密的,靠其拥有者自己保密,在向他人转让非专利技术的使用权时,则靠合同来进行保密;再次,就期限而言,各国的法律大都规定专利权有一定的法律期限,期满后,专利权随即终止,失去法律保护,而非专利技术则没有法律规定的期限,拥有者可以长期享有,当然,一旦泄露,就会失去其原有价值。

(3)商标权

商标是用来辨认特定的商品和劳务的标记。商标权是指专门在某类指定的商品或产品上使用特定的名称或图案的权利。商标经过注册,就获得了法律的保护。商标权包括独占使用权(即商标权享有人在商标注册的范围内独家使用其商标的权利)和禁止权(即商标权享有人排除和禁止他人对商标独占使用权进行侵犯的权利)两方面权利。

作为无形资产的商标,通常代表信誉较高的名牌产品。这种能够给享有者带来获利能力的商标,常常是通过多年的广告宣传和客户的依赖而建立起来的。根据商标法的规定,商标可以转让,但受让人应当保证使用商标的产品质量。

(4)著作权

著作权又称版权,是指创作者对其所创作的文学、科学和艺术依法享有的某些特殊权利。著作权包括精神权利和经济权利。精神权利也叫人身权利,是指作品署名、发表作品、确认作者身份、保护作品的完整性、修改已经发表作品等的权利,包括发表权、署名权、修改权和保护作品完整权;经济权利也叫财产权利,是指以出版、表演、广播、展览、录制唱片、摄制影片等方式使用作品以及因授权他人使用作品而获得经济利益的权利。受版权法保护的作品应具备三个条件,即独创性、可复制性和合法性。

版权有一定的期限规定,包括受法律保护的时间界限和许可使用的期限。

(5)土地使用权

土地使用权是指国家准许某企业在一定期间内对国有土地享有开发、利用、经营的权利。根据我国土地管理法的规定,我国土地实行公有制,任何单位和个人不得侵占、买卖或者以其他形式非法转让。国有土地可以依法确定给全民所有制单位或者集体所有制单位使用,国有土地和集体所有的土地的使用权可以依法转让。

按照我国现行的土地管理制度,项目可通过划拨或出让的方式获得土地使用权。对于土地使用权,按照有关规定,在尚未开发或建造项目之前,应作为无形资产核算。房地产开发企业开发商品房时,将其账面价值转入开发成本。为了与以后的折旧和摊销计算相协调,通常在建设投资估算表中将土地使用权直接列入固定资产其他费用中。

通过划拨方式获得无限期的土地使用权,需支付土地征用及迁移补偿费,具体包括:①土地补偿费,征用耕地(包括菜地)的补偿标准为该耕地年产值的3～6倍;②青苗补偿费和被征用土地上的房屋、水井、树木等附着物的补偿费;③安置补助费,征用耕地、菜地的安置补助费为该地每亩年产值的2～3倍;④耕地占用税、土地使用税、土地登记费及征地管理费;⑤征地动迁费,包括征用土地上的房屋及附属构筑物、城市公共设施等拆除、迁建补偿费、搬迁运输费，企业单位因搬迁造成的减产、停工损失补贴，拆迁管理费等；⑥水利水电工程水库淹没处理补偿费。

通过出让方式取得有限期的土地使用权，需向国家支付土地使用权出让金。国家规定的土地使用权出让最高年限：居住用地 70 年；工业用地 50 年；教育、科技、文化、卫生、体育用地 50 年；商业、旅游、娱乐用地 40 年；综合用地 50 年。土地的出让一般采用协议、招标、公开拍卖等方式。

(6)商誉

商誉通常是指企业由于所处的地理位置优越，或由于信誉好而获得客户信任，或由于组织得当、生产经营效率高，或出于技术先进、掌握了生产诀窍等原因而形成的无形价值；这种无形价值具体表现在该企业的获利能力超过一般企业的获利水平。

商誉与整体企业密切相关，因而它不能单独存在，也不能与企业可辨认的各种资产分开出售。由于有助于形成商誉的个别因素不能单独计价，因而商誉的价值只有把企业作为一个整体看待时才能按总额加以确定。

3.其他资产投资构成

其他资产投资是指建设投资中除形成固定资产和无形资产以外的部分，如生产准备及开办费等。开办费是指项目在筹建期发生的，不能计入固定资产、无形资产的非流动资产，主要包括生产职工培训费，在注册登记和筹建期间起草文件、谈判、考察等发生的各项支出，销售网的建立和广告费用，筹建期间人员工资、办公费、差旅费、印刷费、律师费、注册登记费，以及不计入固定资产和无形资产购建成本的汇兑损益和利息等支出。

在筹建期间发生的下列各项费用不应计入开办费：应当由投资者自行负担的各项费用支出；为取得各项固定资产、无形资产所发生的各项费用支出；筹建期间应当计入资产价值的汇兑损益和利息支出等。

4.预备费构成

预备费是指在投资估算时用以处理实际与计划不相符而追加的费用，包括基本预备费和涨价预备费两部分。

(1)基本预备费

基本预备费是指在初步设计和概算中难以预料的费用。具体包括：①在进行初步设计、技术设计、施工图设计和施工过程中，在批准的建设投资范围内可能增加的投资费用；②由于一般自然灾害所造成的损失和预防自然灾害而采取必要措施所支付的费用；③有关部门组织验收时，验收委员会(或小组)为鉴定工程质量而必须开挖和修复隐蔽工程而支付的费用等。

(2)涨价预备费

涨价预备费指从估算年到项目建成期间,预留的因物价上涨而引起的投资费用增加数额。主要考虑因建设工期较长,在建设期内可能发生材料、设备、人工等价格上涨而需要增加的费用。对投资项目进行评估时,一般根据当时当地的材料、设备、工资的价格和标准作为估算的依据,在项目的实施过程中,这些费用也可能会发生变化,即投入物的价格有可能上涨,为此设置该项费用。

5. 固定资产投资方向调节税

固定资产投资方向调节税是指纳税人在我国境内进行固定资产投资而依法纳税的一种税负。固定资产投资方向调节税构成相关固定资产原值的一部分。征收该税的目的是国家利用经济杠杆进行宏观调控,贯彻产业政策,控制投资规模,引导投资方向,实现产业调整。因此,国家根据有关政策适时调整固定资产投资方向调节税,如从 1999 年 7 月 1 日开始对该税实行减半征收;其后,又决定自 2000 年 1 月 1 日起暂停征收固定资产投资方向调节税。

5.1.2 建设期利息

建设期利息,是指项目在建设期内因使用外部资金而支付的利息,该利息需要根据实际用途分别将其计入固定资产原值或者无形资产原值。

建设投资借款的资金来源渠道不同,其建设期利息的计算方法也不同。国内借款利息的计算比较简单,国外借款利息中还要包括承诺费、管理费等。为简化计算,承诺费等一般不单独计算,可采用适当提高利息率的方法处理。

5.1.3 流动资金构成

项目运营需要流动资金,在项目评估中需要估算并预先筹措的是从流动资产中扣除流动负债,即项目短期信用融资(应付账款)后的流动资金。因此,流动资金是指项目建成后在生产过程中处于生产和流通领域、供周转使用的资金,它是流动资产与流动负债的差额。为保证项目正常生产经营的需要,必须有一定量的流动资金维持其周转。在周转过程中流动资金不断地改变其自身的实物形态,其价值也随着实物形态的变化而转移到新产品中,并随着销售的实现而回收。

在项目评估中,流动资金的估算应考虑应付账款对需要预先筹措的流动资金的抵减作用。对有预收账款的某些项目,还可同时考虑预收账款对流动资金的抵减作用。

5.2 投资估算

建设投资是项目投资的重要组成部分，是项目财务分析的基础数据。可根据项目前期研究的不同阶段，对投资估算精度的要求以及相关规定，选用相应的估算方法。

5.2.1 建设投资估算

1. 固定资产投资估算

常用的固定资产投资估算方法主要有以下两种：

方法一：扩大指标估算法

扩大指标估算法是套用原有同类项目的固定资产投资额来进行拟建项目固定资产投资额估算的一种方法。该方法最大的优点是计算简单，不足之处主要有两个方面：一是估算值准确性较差，一般仅适用于项目规划性估算、项目建议书估算和其他临时性的估算；二是需要积累大量有关的基础数据，并要经过科学系统的分析与整理。

扩大指标估算法主要包括以下两种具体方法：

第一，单位生产能力投资估算法。

单位生产能力投资估算法是指根据同类项目单位生产能力所耗费的固定资产投资额（如铺设每公里铁路的固定资产投资、形成每吨煤生产能力的煤矿固定资产投资、形成每千瓦发电能力的电站固定资产投资等）来估算拟建项目固定资产投资额的一种估算方法。其计算公式如下：

$$I_2 = I_1 \times \frac{Q_2}{Q_1} \times f$$

式中，I_2 为拟建项目所需固定资产投资额；I_1 为同类项目固定资产投资额；Q_2 为拟建项目生产规模；Q_1 为同类项目生产规模；f 为物价指数。

运用该方法时，应当注意拟建项目与同类项目的可比性，其他条件也应大体相似，否则误差会很大。该方法将同类项目的固定资产投资额与其生产能力的关系简单地视为线性关系，与实际情况差距较大。就一般项目而言，在一定范围内，投资的增加幅度要小于生产能力增加的幅度。因此，运用该方法估算固定资产投资得出的结果误差较大。

第二，生产规模指数估算法。

生产规模指数估算法是指根据同类项目固定资产投资额和生产规模指数来估算拟建项目固定资产投资额的一种估算方法。其计算公式如下：

$$I_2 = I_1 \times \left(\frac{Q_2}{Q_1}\right)^x \times f$$

式中，x 为生产规模指数，根据不同类型企业的统计资料加以确定。国外的统计资料表明，x 的平均值大约在 0.6 左右，故又称此法为 0.6 指数法。该方法仅适用于同类型的项目，且规模扩大的幅度不宜大于 50 倍。生产规模指数应视项目的具体情况加以确定：当依赖加大设备规格来扩大生产规模时，取 $x=0.6\sim0.7$；当依赖增加相同设备数量来扩大生产规模时，取 $x=0.8\sim1.0$；对于高温高压工业项目，一般取 $x=0.3\sim0.5$。

例 1　某拟建生产线设计年生产能力 600 万吨，据调查得知，当地已有年生产能力 400 万吨同类生产线，其实际投资额为 60 亿元，物价指数为 1.05，则拟建生产线的投资额为：

$$I_2 = I_1 \times \left(\frac{Q_2}{Q_1}\right)^x \times f = 60 \times \left(\frac{600}{400}\right)^{0.6} \times 1.05 = 80.35(\text{亿元})$$

运用该方法进行投资估算时，同样应当注意拟建项目与同类项目的可比性，其他条件也应大体相似，否则误差会很大。该方法将同类项目的固定资产投资额与其生产能力的关系视为非线性关系，比较符合实际情况，因而投资估算值比前述方法要准确一些。

方法二：详细估算法

详细估算法是指先分别估算出构成固定资产投资的各个组成部分，然后再加以汇总得出固定资产投资总额的一种估算方法。

扩大指标估算法计算简单，便于操作，但得出的估算值误差较大，在项目评估阶段一般不宜采用，而应采用详细估算法进行固定资产投资估算。

(1)建筑工程费估算

建筑工程费估算一般采用如下方法：

①单位建筑工程投资估算法

该方法是以单位建筑工程量所需投资乘以建筑工程总量计算。其计算公式为：

$$\text{建筑工程费} = \text{单位建筑工程量所需投资} \times \text{建筑工程总量}$$

具体而言，不同的工程项目其建筑工程量的表述不同。如：一般工业与民用建筑以单位建筑面积表示；工业窑炉砌筑以单位容积表示；水库以水坝单位长度表示；铁路路基以单位长度表示等。

②单位实物工程量投资估算法

该方法是以单位实物工程量所需投资乘以实物工程总量计算。其计算公式为：

建筑工程费 = 单位实物工程量所需投资 × 实物工程总量

具体而言，不同的工程项目其实物工程量的表述不同。如：土石方工程以每立方米表示；矿井巷道衬砌工程以每米表示；路面铺设工程以每平方米表示等。

③概算指标投资估算法

该方法是根据项目的初步设计及有关资料，以单项工程为基础，按编制概预算规则，分别测算各单项工程的费用，然后将各单项工程的费用汇总，即得建筑工程费。采用这种估算法，应掌握较为详细的工程资料、建筑材料价格和工程费用率等指标，需要投入的时间和工作量较大，应根据具体条件和要求选用。

(2)设备及工器具购置费估算

拟建项目所需的设备既可能来源于国内生产厂家，也可能从国外引进。从不同渠道购置的设备，其购置费用的计算方法是不同的。

①国产设备购置费

国产设备购置费用的计算较为简单，就标准设备而言，其购置费的计算公式为：

设备购置费 = 设备出厂价 ×(1 + 运杂费率)

设备出厂价通过向厂家多方询价加以确定；运杂费包括运输费、装卸费和保险费等，根据设备供应厂家到项目所在地的距离、供货方式、运输方式等加以确定。

对于非标准设备，其购置费的计算公式为：

设备购置费 = 设计费 + 生产成本 + 税金 + 利润 + 运杂费

式中，设计费、生产成本由建设单位与供货厂家根据预计支出额加以确定；运杂费的确定方式同上；税金与利润根据下列公式计算：

利润 =(设计费 + 生产成本)× 成本利润率

税金 =(设计费 + 生产成本 + 计划利润)× 税率 /(1 − 税率)

式中，成本利润率取同行业平均水平；税率按国家税收制度确定。

②进口设备购置费

从国外进口的设备，其购置费的计算公式为：

设备购置费 = 到岸价格 + 关税 + 消费税 + 增值税 + 外贸、银行手续费 + 国内运杂费

在估算进口设备购置费时，首先应估算设备的到岸价格，在此基础上估算

其他各项费用。

在国际贸易中，根据交货方式的不同，设备的交货价格主要有两种形式：一是离岸价格(FOB)，即以设备装上运输工具为条件的价格。采用离岸价格时，出口商负责在装运港将设备装上进口商所指定的运输工具上的一切费用和风险，由启运港到目的港的运输费和运输保险费则由进口商负责。二是到岸价格(CIF)，即以出口商将设备装上运输工具，并支付启运港到目的港的运费、保险费为条件的价格。除上述两种主要形式外，国际贸易中设备的交货价格还可以采取一些其他的形式，如装运地交货价格、装运港交货价格、工厂交货价格、飞机上交货价格、内陆交货价格、产地交货价格、到岸加汇费价格、到岸加利息价格、到岸加佣金价格等。

从上述设备交货价格可以得出：

到岸价格＝离岸价格＋海运费＋海运途中保险费

海运费＝离岸价格×海运费率

海运途中保险费＝离岸价格×海运保险费率

式中，离岸价格通过向外商询价加以确定；海运费率视设备的价值、运输距离而定，可向外经贸部门调查获得；海运途中保险费率视设备价值、类别、易损程度而定，可向外贸、商检、海关和保险公司等部门查询得到。

进口设备关税的计算公式为：

关税＝到岸价格×关税税率

进口设备关税税率有两种：普通税率和最低税率。对于产自与我国未订有关税互惠条约或协定国家的进口设备，按照普通税率征税；对于产自与我国订有关税互惠条约或协定国家的进口设备，按照最低税率征税。关税税率可向海关等部门查询得到。

进口设备应纳消费税的计算公式为：

消费税＝(关税完税价格＋关税)×消费税税率/(1－消费税税率)

进口设备应纳增值税的计算公式为：

增值税＝(关税完税价格＋关税＋消费税)×增值税税率

式中，增值税税率可查阅国家颁布的有关进口增值税的法律或规定。

银行手续费的计算公式为：

银行手续费＝合同货价×银行手续费率

式中，合同货价既可能是离岸价格，也可能是到岸价格，根据项目建设单位与外商的意向而定；银行手续费率可向有关银行查询得到。

外贸手续费的计算公式为：

外贸手续费＝到岸价格×外贸手续费率

式中，外贸手续费率可向外经贸部门查询得到。

国内运杂费包括国内运输费、装卸费和保险费等，根据设备重量、体积、运输方式及运费标准加以估算。

在上述估算中，应根据预计使用的币种分别加以计算，外币一般以美元计算，并按当时的汇率将美元换算为人民币。

③工器具购置费

工器具购置费是指新建项目或扩建项目初步规定所必须购置的没有达到固定资产标准的设备、仪器、工卡模具、器具、生产家具和备品备件等的购置费用。一般以设备购置费为计算基数，按照部门或行业规定的工具、器具及生产家具购置费率计算。计算公式为：

工器具购置费＝设备购置费×工器具购置费率

(3)安装工程费估算

安装工程费一般根据设备购置费与相应的安装费率或设备重量与相应的每吨设备安装费加以估算，其计算公式分别为：

安装工程费用＝设备购置费×安装费率

安装工程费用＝设备吨位×每吨设备安装费

安装工程费用＝安装实物工程量×安装费用指标

式中，设备购置费、设备吨位可以从生产厂家或贸易公司取得，安装费率、每吨设备安装费则可根据国家有关规定或经验数据加以确定。

(4)工程建设其他费估算

工程建设其他费包括的项目较多，其中有规定的收费或取费标准的，可按有关规定和取费标准进行估算，如供电贴费是按照日用电量和每单位用电增容费来考虑，供水贴费也是按照日用水量和每单位用水量增容费来计算；没有规定收费和取费标准的可以按实际可能发生的费用进行估算。

2. 无形资产投资估算

无形资产所包括的内容较多，取得的形式多种多样，因而其计价较为复杂。我国现行财务会计制度规定，无形资产按照取得时的实际成本计价。具体计价方法为：

(1)投资者作为资本金或合作条件投入的，按照评估确认或者合同、协议约定的金额计价；

(2)从企业外部购入的，按照实际支付的金额计价；

(3)自行开发的，按照实际开发费用计价；

(4)接受捐赠的，按照所附单据或者参照同类无形资产币价计价；

(5)商誉只有在企业合并、接受投资和从外部购入时，方可作价入账，否则不能作为无形资产入账。

决定无形资产价格的主要因素有：买方使用无形资产可以获得的收益的大小，时间的长短；无形资产的研发费用；出让无形资产所损失的利润；类似的替代无形资产的价格；无形资产的寿命期，如专利的有效期等。

在项目评估阶段，投资者尚缺乏详细的资料，难以对无形资产作出准确的估算，需聘请有关方面的专家，在综合各种因素的基础上作出大致的估算。首先对无形资产进行鉴别，看其是否符合相对应的无形资产的条件；然后再用一定的方法进行估价，目前除土地使用权以外，其他无形资产的估价方法比较认可的有两种，即收益现值法和现行市价法。

3. 开办费估算

开办费一般根据所评估项目筹建期间的支出、项目特点以及同类项目的经验数据加以估算。

4. 预备费估算

(1)基本预备费

基本预备费以建筑工程费、设备及工器具购置费、安装工程费及工程建设其他费用之和为计算基数，按行业主管部门规定的基本预备费率(8%～15%)计算。计算公式为：

基本预备费=(建筑工程费+设备工器具购置费+安装工程费+工程建设其他费)×基本预备费率

(2)涨价预备费

涨价预备费以建筑工程费、设备及工器具购置费、安装工程费之和为计算基数。计算公式为：

$$PC = \sum_{t=1}^{n} I_t[(1+f)^t - 1]$$

式中，PC 为涨价预备费；I_t 为第 t 年的建筑工程费、设备及工器具购置费、安装工程费之和；f 为建设期价格上涨指数；n 为建设期。

例2　某项目的静态投资为1000万元，按项目实施进度计划，建设期为三年，第一年投资20%，第二年投资55%，第三年投资25%，建设期内平均价格变动率预测为6%，则该项目建设期的涨价预备费为：

$$PC = 1000\times 20\% \times [(1+6\%)-1] + 1000\times 55\%\times[(1+6\%)^2-1] + 1000\times 25\%\times[(1+6\%)^3-1] = 127.73(\text{万元})$$

5. 固定资产投资方向调节税

固定资产投资方向调节税的计算公式为：

固定资产投资方向调节税=征收固定资产投资方向调节税的基数×适用税率

固定资产投资方向调节税计税依据为固定资产投资项目实际完成的投资额。其中,新建项目按实际完成的投资总额计税,更新改造项目按其建筑工程实际完成的投资额计税。根据《中华人民共和国固定资产投资方向调节税暂行条例》规定设置四类五档税率,税率分别为0,5%,10%,15%,30%。

将上述固定资产投资、无形资产投资、开办费、预备费和固定资产投资方向调节税汇总,即可得到拟建项目投资总额,编制建设投资估算表,见表5-1、表5-2,并将各项数据填列其中。

表5-1　建设投资估算表(概算法)　(单位:万元,万美元)

序　号	工程或费用名称	建筑工程费	设备购置费	安装工程费	其他费用	合计	其中:外币	比例(%)
1	工程费用							
1.1	主体工程							
1.1.1	×××							
	……							
1.2	辅助工程							
1.2.1	×××							
	……							
1.3	公用工程							
1.3.1	×××							
	……							
1.4	服务性工程							
1.4.1	×××							
	……							
1.5	厂外工程							
1.5.1	×××							

续表

序　号	工程或费用名称	建筑工程费	设备购置费	安装工程费	其他费用	合计	其中：外币	比例(%)
	……							
1.6	×××							
2	工程建设其他费用							
2.1	×××							
	……							
3	预备费							
3.1	基本预备费							
3.2	涨价预备费							
4	建设投资合计							
	比　例(%)							100

注：1."比例"分别指各主要科目的费用(包括横向和纵向)占建设投资的比例。

2.本表适用于新设法人项目与既有法人项目的新增建设投资的估算。

3."工程或费用名称"可依不同行业的要求调整。

表5-2　建设投资估算表(形成资产法)　(单位:万元,万美元)

序　号	工程或费用名称	建筑工程费	设备购置费	安装工程费	其他费用	合计	其中：外币	比例(%)
1	固定资产费用							
1.1	工程费用							
1.1.1	×××							
1.1.2	×××							
1.1.3	×××							
	……							
1.2	固定资产其他费用							
	×××							
	……							
2	无形资产费用							
2.1	×××							

续表

序　号	工程或费用名称	建筑工程费	设备购置费	安装工程费	其他费用	合计	其中：外币	比例(%)
	……							
3	其他资产费用							
3.1	×××							
	……							
4	预备费							
4.1	基本预备费							
4.2	涨价预备费							
5	建设投资合计							
	比　例(%)							100

注：1.“比例”分别指各主要科目的费用(包括横向和纵向)占建设投资的比例。

2.本表适用于新设法人项目与既有法人项目的新增建设投资的估算。

3.“工程或费用名称”可依不同行业的要求调整。

5.2.2　建设期利息估算

1.名义利率和有效利率

一般情况下，利率都是指年利率，即利率的时间单位是年，计息周期也以年为单位，即一年计息一次。但在实际工作中，计息周期有时可能是半年、一个季度、一个月或者是一天等，这样，一年内计算利息的次数就不止一次了，在复利条件下每计息一次，都要产生一部分新的利息，因而实际利率也就不同于年利率了。

(1)名义利率

名义利率是指每一个计息周期的利率与每年的计息周期数的乘积，一般以年利率表示，目前中国人民银行公布的存贷款利率表中的利率均为名义利率。若按单利计算，名义利率与实际利率是一致的，但是，按复利计算，实际利率比名义利率略大些。

(2)有效利率

有效利率指由于计息周期的不同，资金在计息过程中所发生的实际利率。

设 i 代表名义利率，r 代表有效利率，m 代表年计息次数，则有：

$$F = P + I = P \times \left(1 + \frac{i}{m}\right)^m$$

$$r = \left(1 + \frac{i}{m}\right)^m - 1$$

当 $m = 1$ 时，有效利率等于名义利率；

当 $m > 1$ 时，有效利率大于名义利率。

例3 假定年利率为12%，若每季度计息一次，则有效利率为：

$$r = \left(1 + \frac{12\%}{4}\right)^4 - 1 = 12.55\%$$

例4 假定一笔为期10年，年利率为10%，并每半年复利一次的贷款20万元，若中途契约没有中止，则到期应还本息和为：

$$F = 200000 \times \left(1 + \frac{10\%}{2}\right)^{2\times 10} = 200000 \times 2.6533 = 530660.00\text{（元）}$$

2. 建设期利息

建设期利息是指项目借款在建设期内发生并记入固定资产的利息，包括借款利息及手续费、承诺费等。估算建设期利息，需要根据项目进度计划提出建设投资分年计划，列出各年投资额，并明确其中的外汇和人民币。

估算建设期利息时，应注意名义利率和有效利率的换算。

当建设期用自有资金按期支付利息时，可不必进行换算，直接采用名义利率计算建设期利息。计算建设期利息时，为了简化计算，通常假定借款均在每年的年中支用，借款当年按半年计息，其余各年份按全年计息。

采用自有资金付息时，按单利计算：

各年应计利息＝(年初借款本金累计＋本年借款额/2)×名义利率

采用复利方式计息时：

各年应计利息＝(年初借款本息累计＋本年借款额/2)×有效利率

例5 某投资项目总投资估算为5000万元，其中30%为自有资金，其余为固定资产投资借款，借款年利率为6%，每年计息两次，项目建设期限三年，按建设进度分别投入50%、30%、20%。试计算建设期利息。

解：

固定资产投资借款额为5000×(1－30%)＝3500(万元)

第一年借款额＝3500×50%＝1750(万元)

第二年借款额＝3500×30%＝1050(万元)

第三年借款额＝3500×20%＝700(万元)

实际利率：$r = \left(1 + \frac{i}{m}\right)^m - 1 = \left(1 + \frac{6\%}{2}\right)^2 - 1 = 6.09\%$

第一年利息＝(1750/2)×6.09% ＝ 53.29(万元)

第二年利息＝(1750＋53.29＋1050/2)×6.09% ＝ 141.79(万元)

第三年利息＝(1750＋53.29＋1050＋141.79＋700/2)×6.09%

＝ 203.72(万元)

则建设期利息＝53.29＋141.79＋203.72 ＝398.80(万元)

对有多种借款资金来源，每笔借款的年利率各不相同的项目，既可分别计算每笔借款的利息，也可先计算出每笔借款加权平均的年利率，并以加权平均利率计算全部借款的利息。

其他融资费用是指某些债务资金发生的手续费、承诺费、管理费、信贷保险费等融资费用，原则上应按该债务资金的债权人的要求单独计算，并计入建设期利息。项目建议书阶段，可简化作粗略估算，计入建设投资；可行性研究阶段，不涉及国外贷款的项目，也可简化作粗略估计后计入建设投资。

在项目评价中，对于分期建成投产的项目，应注意按各期投产时间分别停止借款费用的资本化，即投产后继续发生的借款费用不作为建设期利息计入固定资产原值，而是作为运营期利息计入总成本费用。

根据上述估算，编制建设期利息估算表，见表5-3。

表5-3 建设期利息估算表 (单位：万元)

序号	项目	合计	建设期					
			1	2	3	4	…	n
1	借款							
1.1	建设期利息							
1.1.1	期初借款余额							
1.1.2	当期借款							
1.1.3	当期应计利息							
1.1.4	期末借款余额							
1.2	其他融资费用							
1.3	小计(1.1＋1.2)							
2	债券							
2.1	建设期利息							
2.1.1	期初债务余额							
2.1.2	当期债务金额							

续表

序　号	项　目	合　计	建设期					
			1	2	3	4	…	n
2.1.3	当期应计利息							
2.1.4	期末债务余额							
2.2	其他融资费用							
2.3	小计(2.1+2.2)							
3	合计(1.3+2.3)							
3.1	建设期利息合计(1.1+2.1)							
3.2	其他融资费用合计(1.2+2.2)							

注：1.本表适用于新设法人项目与既有法人项目的新增建设期利息的估算。

2.原则上应分别估算外汇和人民币债务。

3.如有多种借款或债券，必要时应分别列出。

4.本表与《借款还本付息计划表》可两表合一。

5.2.3　流动资金估算

不同类型的项目，其流动资金的需要量差异较大，一般可根据项目的类型与同类项目的经验数据加以估算。流动资金估算可采用扩大指标估算法或分项详细估算法。

1.扩大指标估算法

流动资金的扩大指标估算法是指在拟建项目某项指标的基础上，参照同类项目相关资金比率计算出流动资金需用量的方法。具体又分为销售收入资金率法、总成本(或经营成本)资金率法、固定资产资金率法和单位产量资金率法等具体方法。

(1)销售收入资金率法

销售收入资金率是指项目流动资金需要量与其一定时期内(通常为一年)的销售收入的比率。其计算公式为：

流动资金需要量=项目年销售收入×销售收入资金率

式中，项目年销售收入取项目正常生产年份的数值；销售收入资金率根据同类项目的经验数据加以确定。

一般加工工业项目多采用该方法估算流动资金。

(2)总成本(或经营成本)资金率法

总成本(或经营成本)资金率是指项目流动资金需要量与其一定时期(通常为一年)内总成本(或经营成本)的比率。其计算公式为:

流动资金需要量=项目年总成本(或经营成本)×总成本(或经营成本)资金率

式中,项目年总成本(或经营成本)取正常生产年份的数值;总成本(或经营成本)资金率根据同类项目的经验数据加以确定。

一般采掘工业项目多采用该方法估算流动资金。

(3)固定资产资金率法

固定资产资金率是指项目流动资金需要量与固定资产的比率。其计算公式为:

流动资金需要量=固定资产×固定资产资金率

式中,固定资产根据前述方法得到;固定资产资金率根据同类项目的经验数据加以确定。

某些特定的项目(如火力发电厂、港口项目等)可采用该方法估算流动资金。

(4)单位产量资金率法

单位产量资金率是指项目单位产量所需的流动资金金额。其计算公式为:

流动资金需要量=达产期年产量×单位产量资金率

式中,单位产量资金率根据同类项目经验数据加以确定。

某些特定的项目(如煤矿项目)可采用该方法估算流动资金。

2.分项详细估算法

分项详细估算法是对流动资产和流动负债的主要构成要素,即现金、存货、应收账款、预付账款以及应付账款和预收账款等几项内容分项进行估算,据此计算获得项目流动资金需要量的一种方法。一般可通过编制《流动资金估算表》对各项流动资金进行估算。计算公式为:

流动资金=流动资产-流动负债

流动资金本年增加额=本年流动资金-上年流动资金

流动资金估算的具体步骤是首先确定各分项最低周转天数,计算出周转次数,然后进行分项估算。

(1)周转次数的计算

周转次数=360天/最低周转天数

各类流动资产和流动负债的最低周转天数参照同类企业的平均周转天数并结合项目特点确定,或按部门(行业)规定。在确定最低周转天数时应考虑储存天数、在途天数和适当的保险系数。各类流动资产的周转天数构成不同。如:

外购原材料、燃料最低周转天数＝在途天数＋平均供应间隔天数×供应间隔系数＋验收天数＋整理储备天数＋保险天数

在产品最低周转天数＝产品生产加工周期＋半成品储备天数

产成品最低周转天数＝在库天数＋在途或结算天数

(2)流动资产估算

流动资产＝现金＋应收账款＋预付账款＋存货

①现金需要量估算。项目流动资金中的现金是指为维持正常生产运营必须预留的货币资金，计算公式为：

现金＝(年工资福利费＋年其他费用)/现金周转次数

年其他费用＝制造费用＋营业费用＋管理费用＋财务费用－(工资福利费用＋折旧费＋摊销费＋修理费＋利息支出＋维简费)

②应收账款估算。应收账款是指项目对外销售商品、提供劳务尚未收回的资金，计算公式为：

应收账款＝年经营成本/应收账款周转次数

年经营成本＝外购原材料＋外购燃料动力＋工资福利费＋修理费＋其他费用

③预付账款估算。预付账款是指项目为购买各类材料、半成品或服务所预先支付的款项，计算公式为：

预付账款＝外购商品或服务年费用金额/预付账款周转次数

④存货的估算。存货是指项目在日常生产经营过程中持有以备出售，或者仍然处在生产过程，或者在生产或提供劳务过程中将消耗的材料或物料等，包括各类材料、商品、在产品、半成品和产成品等。为简化计算，项目评估中仅考虑外购原材料、燃料、其他材料、在产品和产成品，并分项进行计算。计算公式为：

存货＝外购原材料、燃料＋其他材料＋在产品＋产成品

外购原材料、燃料＝年外购原材料、燃料费用/分项周转次数[①]

其他材料＝年其他材料费用/其他材料周转次数

在产品＝(年外购原材料、燃料动力费＋年工资及福利费＋年修理费＋年其他制造费)/在产品周转次数

产成品＝(年经营成本－年其他营业费用)/产成品周转次数

(3)流动负债估算

流动负债是指将在一年(含一年)或者超过一年的一个营业周期内偿还的

---

① 注意对外购原材料、燃料应按种类分项确定最低周转天数进行估算。

债务，包括短期借款、应付票据、应付账款、预收账款、应付工资、应付福利费、应付股利、应交税金、其他暂收应付款项、预提费用和一年内到期的长期借款等。在项目评价中，流动负债的估算可以只考虑应付账款和预收账款两项。计算公式为：

流动负债＝应付账款＋预收账款

应付账款＝外购原材料、燃料动力及其他材料年费用/应付账款周转次数

预收账款＝预收的年营业收入/预收账款周转次数

3.流动资金估算需要注意的问题

(1)在项目评估中，最低周转天数取值对流动资金估算的准确程度有较大影响。在确定最低周转天数时应根据项目的特点，投入和产出性质、供应来源以及各分项的属性，并考虑保险系数分项确定。

(2)当投入物和产出物采用不含税价格时，估算中应注意将销项税额和进项税额分别包括在相应的年费用金额中。

(3)流动资金一般应在项目投产前开始筹措。为了简化计算，流动资金可在投产第一年开始安排，并随生产运营计划的不同而有所不同，因此流动资金的估算应根据不同的生产运营计划分年进行。

(4)用详细估算法计算流动资金，需以经营成本及其中的某些科目为基数，因此，流动资金估算应在经营成本估算之后进行。

根据上述估算，编制流动资金估算表，见表5-4。

表5-4　流动资金估算表　　(单位：万元)

序　号	项　目	最低周转天数	周转次数	计算期					
				1	2	3	4	…	n
1	流动资产								
1.1	应收账款								
1.2	存　货								
1.2.1	原材料								
1.2.2	×××								
	……								
1.2.3	燃　料								
	×××								
	……								

续表

序　号	项　目	最低周转天数	周转次数	计算期					
				1	2	3	4	…	n
1.2.4	在产品								
1.2.5	产成品								
1.3	现　金								
1.4	预付账款								
2	流动负债								
2.1	应付账款								
2.2	预收账款								
3	流动资金(1－2)								
4	流动资金当期增加额								

注：1.本表适用于新设法人项目与既有法人项目的"有项目"、"无项目"和增量流动资金的估算。

2.表中科目可视行业变动。

3.如发生外币流动资金，应另行估算后予以说明，其数额应包含在本表数额内。

4.不发生预付账款和预收账款的项目可不列此两项。

5.2.4　投资总额估算

1.项目投资总额的构成

项目总投资是指项目建设和投入运营所需要的全部投资(其估算范围与现行的投入总资金一致)，为建设投资、建设期利息和全部流动资金之和。它区别于目前国家考核建设规模的总投资，即建设投资和 30% 的流动资金(又称铺底流动资金)。

2.项目投资额的归集

按照现行财务会计制度的规定：

固定资产是指同时具有下列特征的有形资产：①为生产商品、提供劳务、出租或经营管理而持有的；②使用寿命超过一个会计年度。

无形资产是指企业拥有或者控制的没有实物形态的可辨认非货币性资产。

其他资产，原称递延资产，是指除流动资产、长期投资、固定资产、无形资产以外的其他资产，如长期待摊费用。按照有关规定，除购置和建造固定资产以外，所有筹建期间发生的费用，先在长期待摊费用中归集，待企业开始生产经营起计入当期的损益。

在项目评估中，项目总投资形成的资产可做如下归集：

(1)形成固定资产。构成固定资产原值的费用包括：①工程费用，即建筑工程费、设备购置费和安装工程费；②工程建设其他费用；③预备费，包含基本预备费和涨价预备费；④建设期利息。

(2)形成无形资产。构成无形资产原值的费用主要包括技术转让费或技术使用费(含专利权和非专利技术)、商标权和商誉等。

(3)形成其他资产。构成其他资产原值的费用主要包括生产准备费、开办费、出国人员费、来华人员费、图纸资料翻译复制费、样品样机购置费和农业开荒费等。

例 6　某公司拟投资建设一个化工厂，该工程项目的基础数据如下：

(1)项目实施计划

该项目建设期为 3 年，实施进度为：第一年完成项目全部投资的 20%，第二年完成项目全部投资的 55%，第三年完成项目全部投资的 25%，第四年建成投产，投产当年项目的生产负荷达到设计能力的 70%，第五年项目的生产负荷达到设计能力的 90%，第六年及以后各年项目的生产负荷达到设计能力的 100%。项目生产期总计 15 年。

(2)建设投资估算

该项目工程费与工程建设其他费用的估算额为 52180 万元，预备费为 5000 万元。固定资产投资方向调节税税率为 5%。

(3)建设资金来源

项目的资金来源为自有资金和银行借款。借款总额为 40000 万元，其中外汇借款为 2300 万美元，外汇牌价为 1:6.7，外汇借款年利率为 8%，按年计息；人民币借款的年利率为 12.48%，按季度计息。

(4)生产经营费用估算

该项目达到设计生产能力以后的定员为 1100 人，工资和福利费按照每人每年 7200 元估算。每年的其他费用为 860 万元(其中：其他制造费用为 660 万元)。年外购原材料、燃料及动力费估算为 19200 万元。年经营成本为 21000 万元，年修理费占年经营成本 10%。各项流动资金的最低周转天数分别为：应收账款 30 天，现金 40 天，应付账款 30 天，存货 40 天。

要求：

(1)估算建设期利息；

(2)运用分项详细估算法估算项目的流动资金、铺底流动资金；

(3)估算固定资产投资额、固定资产投资总额、项目的总投资。

解：(1)建设期借款利息计算：

首先，计算人民币借款实际利率

$$r=\left(1+\frac{i}{m}\right)^{m}-1=\left(1+\frac{12.48\%}{4}\right)^{4}-1=13.08\%$$

其次，计算每年投资的本金数额

人民币部分：借款总额为：40000－2300×6.7＝24590(万元)

第 1 年为：24590×20％＝4918(万元)

第 2 年为：24590×55％＝13524.50(万元)

第 3 年为：24590×25％＝6147.50(万元)

外币部分：2300 万美元

第 1 年为：2300×20％＝460(万美元)

第 2 年为：2300×55％＝1265(万美元)

第 3 年为：2300×25％＝575(万美元)

再次，计算每年应计利息

每年应计利息＝(年初借款本息累计额＋本年借款额/2)×年实际利率

人民币借款建设期利息计算：

第 1 年借款利息＝(0＋4918/2)×13.08％＝321.64(万元)

第 2 年借款利息＝(4918＋321.64＋13524.50/2)×13.08％
＝1569.85(万元)

第 3 年借款利息＝(4918＋321.64＋13524.50＋1569.85＋6147.50/2)
×13.08％＝3061.73(万元)

人民币借款建设期利息合计＝321.64＋1569.85＋3061.73＝4953.22(万元)

外币借款建设期利息计算：

第 1 年借款利息＝(0＋460/2)×8％＝18.40(万美元)

第 2 年借款利息＝(460＋18.40＋1265/2)×8％＝88.87(万美元)

第 3 年借款利息＝(460＋18.40＋1265＋88.87＋575/2)×8％
＝169.58(万美元)

外币借款建设期利息合计＝18.40＋88.87＋169.58＝276.85(万美元)

最后，建设期利息总额

建设期利息总额＝4953.22＋276.85×6.7＝6808.12(万元)

(2)运用分项详细估算法估算流动资金

应收账款＝年经营成本/年周转次数＝21000/(360/30)＝1750(万元)

现金＝(年工资及福利费＋年其他费）/年周转次数

＝(1100×0.72＋860)/(360/40)＝183.56(万元)

存货＝外购原材料、燃料＋在产品＋产成品

外购原材料、燃料＝年外购原材料、燃料费/年周转次数

＝19200/(360/40)＝2133.33(万元)

在产品＝(年工资及福利费＋年其他制造费＋年外购原材料、燃料费＋年修理费）/年周转次数

＝(1100×0.72＋660＋19200＋21000×10％)/(360/40)

＝2528(万元)

产成品＝年经营成本/年周转次数＝21000/(360/40)＝2333.33(万元)

存货＝2133.33＋2528＋2333.33＝6994.66(万元)

流动资产＝现金＋应收及预付款＋存货

＝183.56＋1750＋6994.66＝8928.22(万元)

应付账款＝(外购原材料、燃料及动力费用＋商品备件费用）/年周转次数

＝19200/(360/30)＝1600(万元)

流动负债＝应付账款＋预收账款＝1600(万元)

流动资金＝流动资产－流动负债＝8928.22－1600＝7328.22(万元)

铺底流动资金＝流动资金×30％＝7328.22×30％＝2198.47(万元)

(3) 估算拟建项目投资额

固定资产投资额＝工程费用＋工程建设其他费＋预备费

＝52180＋5000＝57180(万元)

固定资产投资总额＝固定资产投资额＋固定资产投资方向调节税＋建设期利息

＝(52180＋5000)×(1＋5％)＋276.85×6.7＋4953.22

＝66847.12(万元)

项目的总投资估算额＝固定资产投资总额＋流动资金

＝〔(52180 ＋ 5000) × (1 ＋ 5％) ＋ 276.85 × 6.7 ＋4953.22〕＋7328.22

＝66847.12＋7328.22＝74175.34(万元)

5.3　投资方案经济比选

5.3.1　投资方案经济比选概述

在项目评估中，各项主要经济和技术决策，如项目规模、产品方案、工艺流程方案、设备选择等，都应根据实际情况提出若干个方案，并对这些方案进行比较分析，从中选择最佳方案。

1. 投资方案类型

在项目比选过程中，按投资方案相互之间的经济关系，可分为互斥方案、独立方案和相关方案。

(1)互斥方案

互斥方案是指在多个备选方案之间存在着互不相容、互相排斥的关系，在进行比选时，只能从多个备选方案中选择一个，其余方案均必须放弃，不能同时存在。例如，某项目拟投资增设一条生产线，有进口和国产两个方案，从中只能选择一个较优的方案。

(2)独立方案

独立方案是指多个备选方案的现金流量是独立的，不具相关性，其中任一方案的采用与否与自身的可行性有关，而与其他方案是否采用没有关系。例如，某项目一车间需建一条自动生产线；二车间需建柔性制造系统；三车间需改建半自动生产线。上述任何一个方案的采用与否，只取决于自身的经济合理性，不存在相互比选的问题。各方案只需各自进行绝对效果评价，判断是否可行即可。

(3)相关方案

相关方案是指在多个备选方案之间，一个方案的接受与否，依赖于另一个或多个方案的同时接受。例如，投资一个项目的同时，必须修建一条通往主干道的公路，此时，该公路的投资方案与项目投资方案相关或配套。

方案的相关关系有正相关和负相关。当一个项目(方案)的执行虽然不排斥其他项目(方案)，但可以使其效益减少，这时项目(方案)之间具有负相关关系，项目(方案)之间的比选可以转化为互斥关系。当一个项目(方案)的执行使其他项目(方案)的效益增加，这时项目(方案)之间具有正相关关系，项目(方案)之间的比选可以采用独立方案比选方法。

项目评估中应对互斥方案和可转化互斥型方案的方案进行比选。

投资项目按有无约束条件可分为有约束项目(方案)和无约束项目(方案)。无约束方案是指没有资金、劳动力、材料、设备及其他资源拥有量限制的项目(方案);有约束方案是指有上述资源限制的项目(方案)。

2.投资方案比选类型

(1)局部比选和整体比选

按比选范围分,项目方案比选可分为局部比选和整体比选。整体比选是按各备选方案所含的因素(相同因素和不同因素)进行定量和定性的全面对比;局部比选仅就所备选方案的不同因素或部分重要因素进行局部对比。

局部比选通常相对容易,操作简单,而且容易提高比选结果差异的显著性,如果备选方案在许多方面都有差异,采用局部比选的方法工作量大,而且每个局部比选结果之间出现交叉优势,其比选结果多样性,难以提供决策,这时应采用整体比选方法。

(2)综合比选与专项比选

按方案经济比选目的分,可分为综合比选与专项比选。方案比选贯穿于可行性研究全过程,一般项目方案比选是选择两个或三个备选方案进行整体的综合比选,从中选出最优方案作为推荐方案。在实际过程中,往往伴随着项目的具体情况,有必要进行局部的专项方案比选,如产品规模的确定、技术路线的选择、厂址比较等。

(3)定性比选与定量比选。按内容分,项目方案经济比选可分为定性比选与定量比选。定性分析较适合于方案比选的初级阶段,在一些比选因素较为直观且不复杂的情况下,定性分析简单易操作。如在厂址方案比选中,环保政策是否允许对项目方案可能一票否决。

在较为复杂系统方案比选工作中,一般先经过定性分析,如果直观很难判断各个方案的优劣,再通过定量分析,论证其经济效益的高低,据以判别方案的优劣。在实践中,有时需要定性比选与定量比选相结合来判别方案的优劣。

3.投资方案比选的要求和应注意问题

(1)被选方案提供的信息资料应可靠、全面

(2)被选方案的整体功能达到目标要求

在同时进行财务分析和国民经济评价时,方案经济比选主要应按国民经济评价结论来选择方案。

(3)被选方案的经济效益达到可以被接受的水平

被选方案的经济指标的数值比较差异不大时,不能依此判定方案的优劣,只有经济指标的取值存在足够的差异,且估算的误差不足以使评价结论出现逆

转时，方能认定比较方案有显著的差异，并一次判断方案的优劣。

(4)被选方案包含的范围和时间应一致，效益和费用计算口径一致

方案比较选择应注意各个方案之间的可比性，如分析的基础资料、计算方法等是否可比。

(5)被选方案的计算期不同时，应采用净年值法和费用年值法

如果采用差额内部收益率法，可将各方案的计算期的最小公倍数作为比较方案的计算期，或者以各方案中最短的计算期作为比较方案的计算期。也可考虑采用研究期法。投资方案比选中经济评价指标的应用范围见表5-5。

表5-5　方案比选中经济评价指标的应用范围表

指标 用途	净现值	内部收益率
方案比选(互斥方案选优)	无资金限制时，可选择 NPV 较大者	一般不直接用，可计算差额投资内部收益率($\triangle IRR$)，当 $\triangle IRR \geqslant i_c$ (i_s)时，以投资较大方案为优
项目排队(独立项目按优劣排序的最优组合)	不单独使用	一般不采用(可用于排除项目)

(6)项目方案比选的折现率选择

折现率是建设项目经济评价中的重要参数，可以从两个角度考虑设定折现率：一是从具体项目投资决策的角度，设定折现率应反映投资者对资金时间价值的估计，作为投资项目决策的判断依据；二是从投资者投资计划整体优化的角度，设定折现率应有助于选择投资方向，作出使全部投资净收益最大化的投资决策。本章所涉及的是前者，在可行性研究阶段，作为具体投资项目(或方案)的决策判断依据。方案比选中，通常采用与财务分析或经济费用效益分析统一的折现率基准。

投资方案比选中通常使用设定的折现率。但在多方案的成本比较中，由于成本费用的节约，使得项目收益增加和风险减少，采用设定的折现率对不同年份的成本费用折算，可能会因使用的折现率过高而影响费用现值，因此，多方案比选时，应采用统一的折现率。

5.3.2　独立方案的比较与选择

在无约束的条件下，一群独立项目的决策是比较容易的，这时要解决的问题是项目评估指标能否达到某一标准。由于对于经济上彼此独立的常规项目

(即各年净现金流量只有一次由负值转为正值的变化,且流入总额总是大于流出总额的项目),只要计算有关静态指标,判断项目是否可行就可以了。但是在若干可供选择的独立项目中,如果有约束条件(如资金限制)则只能从中选择一部分项目实施,这就出现了资金的合理分配问题,一般要通过项目组合来优选项目,各个项目组合间是互斥的。因此,有约束条件的独立项目选择又转化为互斥的项目组合的选择问题。这里首先介绍,在无约束的条件下,独立方案选择的常用指标和方法。

1. 净现值法(NPV)

在项目评价或方案比较中的净现值,是指按照要求达到的收益率将项目(方案)计算期(或寿命期)内各年的净现金流量折算到建设期初的现值之和。根据净现值的大小可进行独立方案取舍。其计算公式为:

$$NPV = \sum_{t=1}^{n}(CI - CO)_t \times (1+i)^{-t}$$

式中,NPV 为项目或方案的净现值;CI 为现金流入量;CO 为现金流出量;$(CI - CO)_t$ 为第 t 年的净现金流量;i 为设定的折现率;n 为项目计算期。

在进行财务评价时,i 通常取按行业确定的财务基准收益率 i_c,计算得出财务净现值 $FNPV$;在进行国民经济评价时,通常取社会折现率 i_s,计算得出经济净现值 $ENPV$。为简化叙述,以后将财务基准收益率和社会折现率统称为基准收益率。当 $NPV \geqslant 0$,说明项目的收益率大于或等于基准收益率,项目从经济的角度判断是可行的;当 $NPV < 0$,说明项目从经济的角度判断是不可行的。

例 7 有两个独立项目 A 和 B,各项目在计算期内的净现金流量见表 5-6,设行业基准收益率 i_c 为 10%,试比较选择这两个项目在经济上是否可行?

表 5-6 计算期内的净现金流量 (单位:万元)

项 目	计算期(年)								
	0	1	2	3	4	5	6	7	8
A	−200	50	50	50	50	50	50	50	50
B	−300	60	60	60	60	60	60	60	60

利用净现值的计算公式计算:

$$NPV_A = 50 \times \frac{1-(1+10\%)^{-8}}{10\%} - 200 = 66.75\ (\text{万元})$$

$$NPV_B = 60 \times \frac{1-(1+10\%)^{-8}}{10\%} - 300 = 20.09\ (\text{万元})$$

由上述计算可看出，项目A的净现值为66.75万元，项目从经济上判断是可行的；项目B的净现值为20.09万元，从经济上判断也是可行的。

2. 净年值法（AW）

净年值法是通过分别计算各备选方案净现金流量的等额年值，并进行比较的方法。其计算式为：

$$AW=\left[\sum_{t=1}^{n}(CI-CO)_t\times(1+i)^{-t}\right]\times\frac{i}{1-(1+i)^{-n}}$$

若 $AW\geqslant 0$，方案在经济上是可行的；反之，则方案在经济上不可行。

例8　以例7中表5-6的现金流量为例，设 $i=12\%$，计算其净年值

$$AW_{\mathrm{A}}=50-200\times\frac{12\%}{1-(1+12\%)^{-8}}=9.74\text{（万元）}$$

$$AW_{\mathrm{B}}=60-300\times\frac{12\%}{1-(1+12\%)^{-8}}=-0.39\text{（万元）}$$

$AW_{\mathrm{A}}=9.74$ 万元，大于0，说明该方案除了能达到12%的收益率外，还能每年获得9.74万元的超额收益，在经济上是可行的；$AW_{\mathrm{B}}=-0.39$ 万元，小于0，说明该方案不能达到12%的收益率，在经济上是不可行的。

5.3.3　互斥方案的比较与选择

下面按照计算期是否相同来分别研究互斥方案的比较方法。

1. 计算期相同的方案比较

(1)效益比选方法

效益比选方法包括净现值法、净年值法和差额投资内部收益率法。

①净现值法

一般情况下，$NPV\geqslant 0$ 时，该方案是可以接受的，在进行互斥方案的比较，计算期又相同时，可根据净现值的大小来选择方案，即 NPV 大的方案是较优的方案。

② 净年值法

一般情况下，$AW\geqslant 0$ 时，该方案是可以接受的，在进行互斥方案的比较，计算期又相同时，可根据净年值的大小来选择方案，即 AW 大的方案是较优的方案。

③差额投资内部收益率法

在互斥方案比较中，不能直接采用内部收益率法，而需采用差额投资内部收益率法。差额投资内部收益率是指两个方案各年净现金流量的差额的现值之和等于零时的折现率。其计算公式为：

$$\sum_{t=1}^{n}\left[(CI-CO)_2-(CI-CO)_1\right]_t\times(1+\Delta IRR)^{-t}=0$$

式中，$(CI-CO)_2$ 为投资大的方案的财务净现金流量；$(CI-CO)_1$ 为投资小的方案的财务净现金流量；ΔIRR 为差额投资内部收益率。

差额投资内部收益率可用试差法或用专用函数求得。用其比较方案时，当差额投资内部收益率大于或等于设定的基准收益率 i 时，投资大的方案为优；反之，投资小的方案为优。在进行多方案比较时，应先按投资大小由小到大排序，再依次两两比较，从中选出最优方案。

例 9　某投资项目有两个方案，其现金流量如表 5-7 所示。

表 5-7　现金流量

方案	现金流量	0 年	1 年	2 年	3 年	4 年	5 年	6 年
A	现金流入		3000	3000	3000	3000	3000	3000
	现金流出	100000						
B	现金流入		2300	2300	2300	2300	2300	2300
	现金流出	70000						
A－B	差额现金流量	－30000	700	700	700	700	700	700

解：计算差额投资内部收益率

$$700\times\frac{1-(1+\Delta IRR)^{-6}}{\Delta IRR}-30000=0$$

运用插值法求得，$\Delta IRR=37.74\%$

若基准收益率大于 37.74％时，则投资小的方案 B 为较优方案；若基准收益率小于 37.74％时，则投资大的方案 A 为较优方案。

(2)费用效果分析方法

费用效果分析指耗费采用货币计量，效果采用非货币计量的分析方法。根据社会和经济发展的客观需要直接进行费用效果分析的项目，一般情况下，在充分论证项目必要性的前提下，重点是制定实现项目目标的途径和方案，并根据以尽可能少的费用获得尽可能大的效果原则，通过多方案比选，进行方案优先次序排队，以供决策。费用效果分析只能比较不同方案的优劣，不能像费用效益分析那样保证所选方案的效果大于费用，因此，它更加强调充分挖掘方案的重要性。

费用效果分析既可以应用于财务现金流量，也可以用于经济费用效益流量。对于财务现金流量，主要用于项目各个环节的方案比选，项目总体方案的初步筛选；对于经济费用效益流量，除了可以用于上述方案比选、筛选以外，对于项目主体效益难于货币化的,则取代费用效益分析,并作为经济分析的最终结论。

费用的测算强调采用寿命周期费用,它是项目从建设投资开始到项目终结整个过程内所发生的全部费用,包括投资、经营成本、期末资产回收净残值等。寿命周期费用一般按现值或按年值计算。

①费用现值法

费用现值法是计算各方案的费用现值并进行对比。其计算公式为:

$$PW = \sum_{t=1}^{n}(I + C - S_v + W)_t \times (1 + i_c)^{-t}$$

式中,I 为该方案全部投资;C 为年经营成本;S_v 为计算期末回收固定资产的净残值;W 为计算期末回收流动资金。

多个方案比较时,以费用现值较低的方案为可取的方案。

例 10　某建设项目有两个方案,其生产能力、产品质量相同,有关数据见表 5-8,如基准收益率为 12%,试用费用现值法比较这两个方案。

表 5-8　方案数据

现金流量	方案 A	方案 B
初始投资(万元)	500	600
寿命期(年)	10	10
残值率	10%	10%
年经营成本(万元)	150	120

解:计算费用现值

$$PW_A = 500 + 150 \times \frac{1-(1+12\%)^{-10}}{12\%} - 500 \times 10\% \times (1+12\%)^{-10}$$

$$= 1331.43\text{(万元)}$$

$$PW_B = 600 + 120 \times \frac{1-(1+12\%)^{-10}}{12\%} - 600 \times 10\% \times (1+12\%)^{-10}$$

$$= 1258.71\text{(万元)}$$

由于 $PW_A > PW_B$,所以应选择方案 B。

②费用年值法

费用年值法是按基准收益率将各方案经济寿命期内的费用折算成一个等额年值,通过比较方案的年费用的大小来选择方案。年费用较低的方案为较优方案。各方案通用的年费用的表达式为

$$AC = \left[\sum_{t=1}^{n}(I + C - S_v + W)_t \times (1 + i_c)^{-t}\right] \times \frac{i}{1-(1+i)^{-n}}$$

例 11 以例 10 中表 5-8 的数据为例，基准收益率仍为 12%，分别计算年费用：

$$AC_A = 500 \times \frac{12\%}{1-(1+12\%)^{-10}} + 150 - 500 \times 10\% \times \frac{12\%}{(1+12\%)^{10}-1}$$

$$= 235.64\ (万元)$$

$$AC_B = 600 \times \frac{12\%}{1-(1+12\%)^{-10}} + 120 - 600 \times 10\% \times \frac{12\%}{(1+12\%)^{10}-1}$$

$$= 222.77\ (万元)$$

由于 $AC_A > AC_B$，所以应选择方案 B。

2. 计算期不同的方案比较

计算期不同的互斥方案的比选，需要对各备选方案的计算期和计算公式进行适当的处理，使各方案在相同的条件下进行比较。满足时间可比条件而进行处理的方法很多，常用的有年值法、最小公倍数法和研究期法等。

(1)年值法

计算期不同的方案比较宜采用年值法(AW)和年费用法(AC)，可直接比较各方案这两个指标大小来选择方案。

若采用净现值法、费用现值法或差额投资内部收益率法，则需对各比较方案的计算期作相应调整，才能进行比较。常用的调整方法有最小公倍数法和研究期法。

(2)最小公倍数法

最小公倍数法又称方案重复法，是以各备选方案计算期的最小公倍数作为各方案的共同计算期，假设各个方案均在这样一个共同的计算期内重复进行，对各方案计算期内各年的净现金流量进行重复计算，直至与共同的计算期相等。以净现值较大的方案或费用现值最小的方案为优。

例 12 某项目进行设备更新，有两种设备均能满足使用要求，具体数据见表 5-9，设基准收益率为 10%，试进行设备方案的选择。

表 5-9 设备具体数据 (单位:万元)

设 备	投 资	年净收益	寿命(年)
a	1000	400	4
b	2000	530	6

解：由于两个方案的寿命期不同，需先求出它们寿命期的最小公倍数(12)，画出现金流量图，如图 5-1 所示，然后再进行计算。

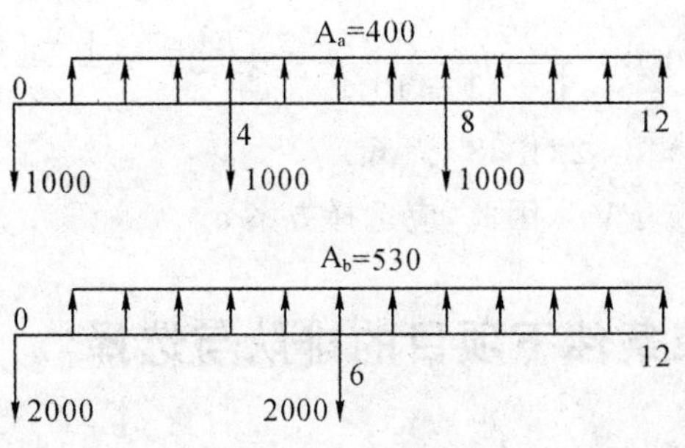

图 5-1 现金流量图

$$NPV_a = 400 \times \frac{1-(1+10\%)^{-12}}{10\%} - 1000 - 1000 \times (1+10\%)^{-4} - 1000 \times (1+10\%)^{-8} = 575.96(\text{万元})$$

$$NPV_b = 530 \times \frac{1-(1+10\%)^{-12}}{10\%} - 2000 - 2000 \times (1+10\%)^{-6} = 482.31(\text{万元})$$

由于 $NPV_a > NPV_b$，因此，应选择方案 a。

(3)研究期法

研究期法就是通过研究分析，直接选取一个适当的计算期作为各个方案共同的计算期，计算各个方案在该计算期内的净现值或费用现值，以净现值较大或费用现值较小的方案为优。在实际应用中，为方便起见，往往直接选取各方案中最短的计算期作为各方案的共同计算期，此时研究期法也可以称为最小计算期法。

例 13 以例 12 中表 5-9 的数据，按最短的寿命期法来比较选择方案。

解：a、b 方案的现金流量图见图 5-2。

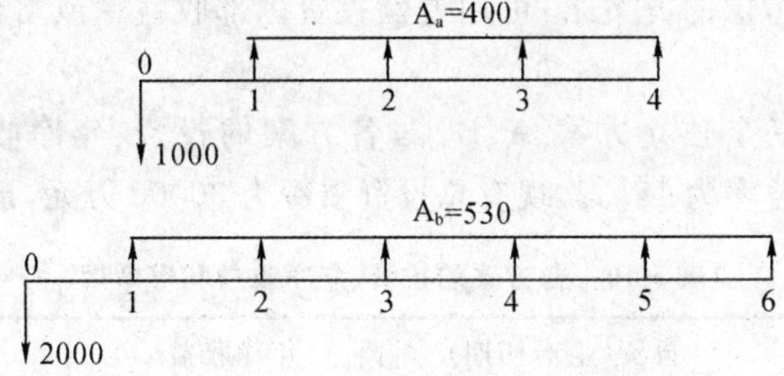

图 5-2 a、b 方案的现金流量图

各方案的最短的寿命期为 4 年，则

$$NPV_a = 400 \times \frac{1-(1+10\%)^{-4}}{10\%} - 1000 = 267.95(\text{万元})$$

$$NPV_b = \left[-2000 \times \frac{10\%}{1-(1+10\%)^{-6}} + 530\right] \times \frac{1-(1+10\%)^{-4}}{10\%} - 1000 = 224.38\text{(万元)}$$

由于 $NPV_a > NPV_b$，因此，应选择方案 a。

5.3.4 有约束条件下项目的排队与选择

项目比较和选择过程中，最常见的是投资的约束，不可能采用所有经济合理的项目或方案，这就需要进行资金的合理分配。

在存在约束的条件下，尽管项目之间是互不相关的独立项目，即采用其中某一项目并不影响其他项目的选择，但在约束条件下(如资金限制)，便会成为相关的项目。

所以，在有约束条件下，不管项目间是独立的还是互斥的，都可用同一种选择方法，即把所有能够满足约束条件的投资项目的互斥组合列出来，在此基础上，可以采用前面介绍过的互斥项目的选择方法进行选择。具体步骤是：

第一，首先判断每一个方案在经济上是否可行，舍弃那些不可行的方案。

第二，列出在约束条件下所有可能的互斥方案组合，方案组合内部的方案是相互独立的，方案组合之间是互斥的，选择其中某一方案组合就排斥了选择其他方案组合的可能性。

第三，把各方案组合按约束的因素(在总投资有限时方案组的初始投资额)的大小，从小到大排序。

第四，舍弃那些不能满足约束条件的方案组合。

第五，留待考虑的方案组，可用差额投资内部收益率或增额投资净现值法选择最优方案组。

例 14 有三个独立方案 A、B、C，各方案的投资、年净收益和寿命期见表 5-10，基准收益率为 15%。现有总投资限额为 30000 万元，请比较选择方案。

表 5-10 各方案的投资、年净收益和寿命期 (单位：万元)

方案	投资(生产初期)	年净收益	寿命期(年)
A	12000	4300	5
B	10000	4200	5
C	17000	5800	10

解：(1)首先判断每一个方案是否可行

要判断每一个方案是否可行可用前面介绍过的净现值、净年值、内部收益率等指标。在此运用内部收益率指标，分别求出各方案的IRR与基准收益率比较。

$$-12000+4300\times\frac{1-(1+IRR)^{-5}}{IRR}=0$$

运用插值法求得 $IRR_A=23.22\%$，大于基准收益率15%。

同理，可求得 $IRR_B=31.19\%$；$IRR_C=31.99\%$，均大于基准收益率15%，因此，这三个方案都可行。

(2)在资金约束条件下，列出所有可能的方案组合，见表5-11。

表5-11　方案组合　　(单位:万元)

组　号	方案组合	投资	年净收益
1	A	12000	4300(1～5年)
2	B	10000	4200(1～5年)
3	C	17000	5800(1～10年)
4	AB	22000	8500(1～5年)
5	AC	29000	10100(1～5年)
			5800(6～10年)
6	BC	27000	10000(1～5年)
			5800(6～10年)
7	ABC	39000	14300(1～5年)
			5800(6～10年)

(3)除去不满足约束条件的投资组合，即舍去ABC组合，并按投资额从小到大排列出要考虑的投资方案组合，见表5-12。

表5-12　投资方案组合　　(单位:万元)

组　号	方案组合	投资	年净收益
1	B	10000	4200(1～5年)
2	A	12000	4300(1～5年)
3	C	17000	5800(1～10年)
4	AB	22000	8500(1～5年)

续表

组　号	方案组合	投资	年净收益
6	BC	27000	10000(1～5年)
			5800(6～10年)
5	AC	29000	10100(1～5年)
			5800(6～10年)

(4)用差额投资收益率法和增量投资的净现值来选择方案，得出的结果见表5-13。

表5-13　方案组合

组号	方案组合	增量	增量 *IRR*（%）		增量 *NPV*（万元）	
			数值	决策	数值	决策
2	B					
1	A	1－2	负值	放弃1	－1164.78	放弃1
3	C	3－2	32.57	放弃2	8029.81	放弃2
4	AB	4－3	负值	放弃4	－5615.54	放弃4
6	BC	6－3	32.45	放弃3	4414.27	放弃3
5	AC	5－6	负值	放弃5	－1664.78	放弃5

从表5-13可看出，用差额投资内部收益率或增额投资净现值来选择方案，其结果是一致的，最好的投资选择都是选择BC，即应当上项目B和项目C。

下面用直接求各方案组合的净现值的方法来选择方案，计算结果见表5-14。

表5-14　各方案组合的净现值　　(单位:万元)

组号	方案的组合	*NPV*（15%）	按 *NPV* 值从大到小排列	决策
1	A	2414.27	6	
2	B	4079.05	5	
3	C	12108.86	3	
4	AB	6493.32	4	
5	AC	14523.12	2	
6	BC	16187.91	1	选中

由表5-14可看出，净现值最大的组合BC组合，即BC组合为最优方案组合。用净现值法选择方案和用差额投资内部收益率法或增额投资净现值法选择方案的结果是一致的，因此在有约束条件下进行互斥组合方案的选择时，可以用方案组合净现值最大作为选择原则，这样可简化计算。

5.3.5 不确定性因素下的方案比选

在多方案比较中，应分析不确定因素和风险因素对方案比选的影响，判断其对比较结果的影响程度，进行必要的不确定分析和风险分析，以保证比选结果的有效性。不确定因素下的方案比选可采取以下方法：

1. 折现率调整法

通过调高折现率使备选方案净现值变为零，折现率变动幅度小的方案的风险小。

2. 标准差法

即对被选方案进行概率分析，计算出评价指标的期望值和标准差，在期望值大致相同的前提下，比较其标准差，标准差较高者，风险相对较大。若评价指标的期望值差异较大，则应比较标准差系数，标准差系数越小，风险越小。

例15 设有初始投资相同的两个方案，其预计的净现值如表5-15所示，试分析比较这两个方案。

表5-15 方案A、B的可能的净现值

A		B	
NPV（万元）	概率	*NPV*（万元）	概率
−1000	0.1	−1000	0.1
0	0.2	500	0.2
1000	0.4	2000	0.4
2000	0.2	3500	0.2
3000	0.1	5000	0.1

解：(1)计算净现值的期望值

$$E_A(NPV) = -1000 \times 0.1 + 1000 \times 0.4 + 2000 \times 0.2 + 3000 \times 0.1 = 1000\ (万元)$$

$$E_B(NPV) = -1000 \times 0.1 + 500 \times 0.2 + 2000 \times 0.4 + 3500 \times 0.2 + 5000 \times 0.1 = 2000\ (万元)$$

(2)计算标准差

$\sigma_A = 1095$(万元)

$\sigma_B = 1643$(万元)

(3)计算变异系数

虽然标准差是反映随机变量离散程度的一个量,但是一个绝对量,只能用来比较收益期望值相同的各投资项目之间的风险程度,不能用来比较收益期望值不同的各投资项目之间的风险程度,因此应计算变异系数(V):

$V_A = 1095/1000 = 1.095$

$V_B = 1643/2000 = 0.882$

通过计算,方案 B 变异系数较小,因此风险较小。

根据上述计算画出图 5-3。

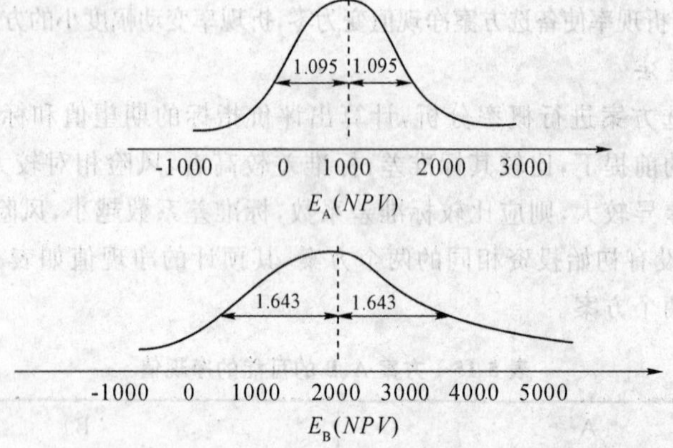

图 5-3 方案 A、方案 B 的净现值的期望值

图 5-3 说明,在 μ_A 加减 1 个 σ 的范围内,可能会出现负的 NPV,在 μ_B 加减 1 个 σ 的范围内,还不会出现负的 NPV,从图 5-3 中也可看出项目 A 的风险大于项目 B,即方案 B 较优。

3. 累计概率法

累计概率法是根据各种情况发生的可能性(即概率),计算项目净现值的期望值及净现值大于或等于零时的累计概率。即计算备选方案净现值大于或等于零的累计概率,估计方案承受风险的程度,方案的净现值大于或等于零的累计概率值越接近于 1,说明方案的风险越小;反之,方案的风险大。

一般步骤是:

(1)列出各种要考虑的不确定性因素或风险因素;

(2)设想各不确定性因素可能发生的情况,即其数值发生变化的几种情况;

(3)分别求出各种情况下出现的可能性即概率,每种不确定性因素可能发生的情况的概率之和必须等于 1;

(4)分别求出各可能发生事件的净现值、加权净现值,然后求出净现值的期望值;

(5)求出净现值大于或等于零的累计概率。

例 16　某一生产城市小型汽车的投资项目,估计其预计寿命变动的概率是:3 年的概率为 0.3,5 年的概率为 0.4,7 年的概率为 0.3。该项目的预计投资为 10000 万元,回收固定资产余值为 2000 万元,预计年收入为 5000 万元,年支出为 2200 万元,若最低收益率为 10%,试判断该独立方案是否可行?

解:

(1)计算各方案的净现值

预计寿命为 3 年净现值

$$NPV1 = -10000 + (5000 - 2200) \times \frac{1-(1+10\%)^{-3}}{10\%} + 2000 \times (1+10\%)^{-3} = -1534.18(\text{万元})$$

预计寿命为 5 年的净现值

$$NPV2 = -10000 + (5000 - 2200) \times \frac{1-(1+10\%)^{-5}}{10\%} + 2000 \times (1+10\%)^{-5} = 1856.04(\text{万元})$$

预计寿命为 7 年的净现值

$$NPV3 = -10000 + (5000 - 2200) \times \frac{1-(1+10\%)^{-7}}{10\%} + 2000 \times (1+10\%)^{-7} = 4657.89(\text{万元})$$

(2)计算净现值的期望值

$$E(\text{NPV}) = -1534.18 \times 0.3 + 1856.04 \times 0.4 + 4657.89 \times 0.3 = 1679.54(\text{万元})$$

(3)计算净现值的方差

根据方差的计算公式有

$$\sigma^2 = (-1534.18 - 1679.54)^2 \times 0.3 + (1856.04 - 1679.54)^2 \times 0.4 + (4657.89 - 1679.54)^2 \times 0.3 = 5772030.39$$

$$\sigma = \sqrt{5772030.39} = 2402.51$$

该项目的预计寿命的期望值为

$$E(N) = 3 \times 0.3 + 5 \times 0.4 + 7 \times 0.3 = 5(\text{年})$$

净现值的期望值比预计寿命为5年时的净现值要低一些。

根据概率论的有关原理知

$$P\left(NPV > \frac{1679.54 - 0}{2402.51}\sigma\right) = P(NPV > 0.6991\sigma) = 24.5\%$$

$$P\{E(NPV > 0)\} = 1 - 0.245 = 75.5\%$$

该项目净现值的期望值小于零的概率为24.5%，说明该方案有一定的风险，投资应慎重。

复习思考题

1. 简述项目总投资构成的内容。
2. 建设投资的估算方法有哪些？如何估算？
3. 什么是基本预备费？如何估算？
4. 什么是涨价预备费？如何估算？
5. 如何计算建设期利息？
6. 如何进行流动资金估算？
7. 简述项目投资总额的归集。
8. 如何进行独立方案的决策？
9. 如何进行互斥方案的比较与选择？
10. 举例说明净现值法的应用。
11. 举例说明年值法的应用。
12. 如何进行有约束条件下项目的排队与选择？
13. 如何进行不确定性因素下的方案比选？
14. 生产某种产品有两种方案，方案A初始投资为50万元，预期年净收益15万元；方案B初始投资为150万元，预期年净收益35万元。该产品的市场寿命具有较大的不确定性，如果给定基准折现率为15%，不考虑期末资产残值，试就项目寿命期分析两方案取舍的临界点。
15. 某投资项目需购置一台专用设备，经调查有两家供应厂具体资料如表1所示：

表1　A厂和B厂资料

项目＼厂家	A厂	B厂
购买价格	210万元	250万元
残值	5%	5%
年经营费用	35万元	20万元
使用年限	10年	10年
基准收益率	12%	12%

试问向哪家购买为好？

16. 某项目拟选购某设备，现有可供选择的甲乙两方案，具体数据见表2。若基准收益率为12%，试用年值法决策，应选择哪种方案为好。

表2　甲、乙方案

	期初投资	年收益	年费用	残值	使用年限
甲方案	340万元	230万元	110万元	40万元	10年
乙方案	650万元	290万元	130万元	60万元	10年

17. 现有A、B两个投资方案，A方案初始投资1000万元，年经营成本为850万元，寿命期为5年；B方案初始投资1500万元，年经营成本为800万元，寿命期为8年。假定基准收益率为12%，为简便起见，忽略各方案的残值和回收的流动资金，试优选方案。

18. 现有四个投资方案A，B，C，D，初始投资和年收益分别为533万元和100万元、960万元和200万元、1524万元和300万元、1727万元和400万元，假设基准收益率为12%，期限为8年，试用差额投资内部收益率优选方案。

第6章 项目资金来源与融资方案评估

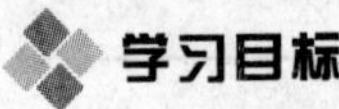

1. 理解既有法人融资、新设法人融资的基本特点；
2. 理解项目资本金、项目债务资金的来源；
3. 理解既有法人内部融资、准股本资金；
4. 理解项目资金结构、项目融资的基本特点；
5. 理解PPP模式、BOT模式、ABS模式的含义、特点和组织结构。

6.1 项目融资主体

6.1.1 融资主体的确定

项目融资是指投资项目通过各种途径筹集和融通到项目所需资金的一种经济活动。它直接影响项目的选择和投资决策，也是项目能够顺利实施、达到预期目标的关键。在项目评估时，应在项目投资估算的基础上对建设项目的资金来源渠道、投融资模式、融资方式、融资结构、融资成本、融资风险等方面的合理性和可靠性进行分析、论证和评估，对拟采取的融资方案进行比选和优化，从中选择资金获取方便、资金来源可靠、融资结构合理、融资模式优化、融资成本最低和融资风险最小的最佳融资方案，并作为资金筹措和财务评估的依据。

项目融资主体是指进行融资活动、并承担融资责任和风险的项目法人单位。按照是否依托于项目组建新的经济实体划分，项目的融资主体分为既有法人和新设法人两类。在确定项目融资主体时应考虑项目投资的规模和行业特点，项目与既有法人资产、经营活动的联系，既有法人财务状况，项目自身的盈利能力等因素。明确项目的融资主体，有助于顺利筹措资金和降低债务偿还风险。

1. 在下列情况下，一般以既有法人为融资主体

(1)既有法人具有为项目进行融资和承担全部融资责任的经济实力。

(2)项目与既有法人的资产以及经营活动联系密切。

(3)项目的盈利能力较差，但项目对整个企业的持续发展具有重要作用，需要利用既有法人的整体资信获得债务资金。

2. 在下列情况下，一般以新设法人为融资主体

(1)拟建项目的投资规模较大，既有法人不具有为项目进行融资和承担全部融资责任的经济实力。

(2)既有法人财务状况较差，难以获得债务资金，而且项目与既有法人的经营活动联系不密切。

(3)项目自身具有较强的盈利能力，依靠项目自身未来的现金流量可以按期偿还债务。

6.1.2　融资方式

1. 既有法人融资

既有法人融资是以既有法人作为融资主体的融资方式。采用既有法人融资方式的建设项目，既可以是改扩建项目，也可以是非独立法人的新建项目。

既有法人融资的基本特点：①由既有法人发起项目、组织融资活动并承担融资责任和风险；②建设项目所需的资金，来源于既有法人内部融资、新增资本金和新增债务资金；③新增债务资金依靠既有法人整体(包括拟建项目)的盈利能力来偿还，并以既有法人整体的资产和信用承担债务担保。

以既有法人融资方式筹集的债务资金虽然用于项目投资，但债务人是既有法人。债权人可对既有法人的全部资产(包括拟建项目的资产)进行债务追索，因而债权人的债务风险较低。在这种融资方式下，不论项目未来的盈利能力如何，只要既有法人能够保证按期还本付息，银行就愿意提供信贷资金。因此，采用这种融资方式，必须充分考虑既有法人整体的盈利能力和信用状况，分析可用于偿还债务的既有法人整体(包括拟建项目)的未来的净现金流量。

2. 新设法人融资

新设法人融资是以新组建的具有独立法人资格的项目公司为融资主体的融资方式。采用新设法人融资方式的建设项目，项目法人大多是企业法人。社会公益性项目和某些基础设施项目也可能组建新的事业法人来实施。采用新设法人融资方式的建设项目，一般是新建项目，但也可以是将既有法人的一部分资产剥离出去后重新组建新的项目法人的改扩建项目。

新设法人融资的基本特点：①由项目发起人（企业或政府）发起组建新的具有独立法人资格的项目公司，由新组建的项目公司承担融资责任和风险；②建设项目所需资金的来源，可包括项目公司股东投入的资本金和项目公司承担的债务资金；③依靠项目自身的盈利能力来偿还债务；④一般以项目投资形成的资产、未来收益或权益作为融资担保的基础。

采用新设法人融资方式，项目发起人与新组建的项目公司分属不同的实体，项目的债务风险由新组建的项目公司承担。项目能否还贷，取决于项目自身的盈利能力，因此必须认真分析项目自身的现金流量和盈利能力。

项目公司股东对项目公司借款提供多大程度的担保，也是融资方案研究的内容之一。实力雄厚的股东，为项目公司借款提供完全的担保，可以使项目公司取得低成本资金，降低项目的融资风险；但担保额度过高会使其资信下降，同时股东担保也可能需要支付担保费，从而增加项目公司的费用支出。在项目本身的财务效益好、投资风险可以有效控制的条件下，可以减少项目公司股东的担保额度。

6.2 项目资金来源

6.2.1 项目资本金

1.资本金的特点

项目资本金是指在建设项目总投资中，由投资者认缴的出资额，对建设项目来说是非债务性资金，项目法人不承担这部分资金的任何利息和债务；投资者可按其出资的比例依法享有所有者权益，也可转让其出资，但一般不得以任何方式抽回。

资本金是确定项目产权关系的依据，也是项目获得债务资金的信用基础。资本金没有固定的按期还本付息压力。股利是否支付和支付多少，视项目投产运营后的实际经营效果而定，因此，项目法人的财务负担较小。

2.资本金的出资方式

投资者可以用货币出资，也可以用实物、工业产权、非专利技术、土地使用权、资源开采权等作价出资。作价出资的实物、工业产权、非专利技术、土地使用权和资源开采权，必须经过有资格的资产评估机构评估作价。其中，货币出资不得低于总注册资本的30％。

为了使建设项目保持合理的资产结构，应根据投资各方及建设项目的具体情况选择项目资本金的出资方式，以保证项目能顺利建设并在建成后能正常运营。

3.资本金的来源

(1)股东直接投资

股东直接投资包括政府授权投资机构入股资金、国内外企业入股资金、社会团体和个人入股的资金以及基金投资公司入股的资金，分别构成国家资本金、法人资本金、个人资本金和外商资本金。

既有法人融资项目，股东直接投资表现为扩充既有企业的资本金，包括原有股东增资扩股和吸收新股东投资。新设法人融资项目，股东直接投资表现为项目投资者为项目提供资本金。合资经营公司的资本金由企业的股东按股权比例认缴，合作经营公司的资本金由合作投资方按预先约定的金额投入。

(2)股票融资

无论是既有法人融资项目还是新设法人融资项目，凡符合规定条件的，均可以通过发行股票在资本市场募集股本资金。股票融资可以采取公募与私募两种形式。公募又称公开发行，是在证券市场上向不特定的社会公众公开发行股票。为了保障广大投资者的利益，国家对公开发行股票有严格的要求，发行股票的企业要有较高的信用，符合证券监管部门规定的各项发行条件，并获得证券监管部门批准后方可发行。私募又称不公开发行或内部发行，是指将股票直接出售给少数特定的投资者。

股票融资具有下列特点：①股票融资所筹资金是项目的股本资金，可作为其他方式筹资的基础，增强了融资主体的举债能力；②股票融资所筹资金没有到期偿还的问题，投资者一旦购买股票便不得退股；③普通股股票的股利支付，可视融资主体的经营好坏和生产需要而定，因而融资风险较小；④股票融资的资金成本较高，因为股利需从税后利润中支付，不具有抵税作用，而且发行费用也较高；⑤上市公开发行股票，必须公开披露信息，接受投资者和社会公众的监督。

(3)政府投资

政府投资资金，包括各级政府的财政预算内资金、国家批准的各种专项建设基金、统借国外贷款、土地批租收入、地方政府按规定收取的各种费用及其他预算外资金等。政府投资主要用于关系国家安全和市场不能有效配置资源的经济和社会领域，包括公益性和公共基础设施建设，保护和改善生态环境，促进欠发达地区的经济和社会发展，推进科技进步和高新技术产业化等。中央政府投资除本级政权等建设外，主要安排跨地区、跨流域以及对经济和社会发展全局有重大影响的项目(例如三峡工程、青藏铁路等项目)。

对政府投资资金,国家根据资金来源、项目性质和调控需要,分别采取直接投资、资本金注入、投资补助、转贷和贷款贴息等方式,并按项目安排使用。

在项目评估中,对投入的政府资金,应根据资金投入的不同情况进行不同的处理:①全部以政府直接投资的项目,一般为非经营性项目,不需要进行融资方案分析;②以资本金注入方式投入的政府投资资金,应视为权益资金;③以投资补贴、贷款贴息等方式投入的政府投资资金,对具体项目来说,既不属于权益资金,也不属于债务资金,应视为一般现金流入;④以转贷方式投入的政府投资资金,应视为债务资金。

6.2.2 项目债务资金

1.债务资金的特点

债务资金是项目投资中以负债方式从金融机构、证券市场等资本市场取得的资金。债务资金具有以下特点:

(1)资金在使用上具有时间性限制,到期必须偿还。

(2)无论项目的融资主体以后经营状况如何,均需按期还本付息,从而形成企业的财务负担。

(3)资金成本一般比权益资金低,且不会分散投资者对项目公司的控制权。

2.债务资金的来源

(1)商业银行贷款

商业银行贷款是我国建设项目获得短期、中长期贷款的重要渠道。国内商业银行贷款手续简单、成本较低,适用于有偿债能力的建设项目。

(2)政策性银行贷款

我国政策性银行指国家开发银行、中国进出口银行和中国农业发展银行。政策性银行贷款一般期限较长,利率较低,为配合国家产业政策的实施,向有关政策性项目提供贷款。

(3)外国政府贷款

外国政府贷款是一国政府向另一国政府提供的具有一定的援助或部分赠予性质的低息优惠贷款。目前我国可利用的外国政府贷款主要有:日本国际协力银行贷款、日本能源贷款、美国国际开发署贷款、加拿大国际开发署贷款,以及德国、法国等国的政府贷款。

外国政府贷款有以下特点:①在经济上带有援助性质,期限长,利率低,有的甚至无息。一般年利率为2%~4%,还款平均期限为20~30年,最长可达

50 年；②贷款一般以混合贷款方式提供，即在贷款总额中，政府贷款一般占三分之一，其余三分之二为出口信贷；③贷款一般都限定用途，如用于支付从贷款国进口设备，或用于某类项目建设。

(4)国际金融组织贷款

国际金融组织贷款是国际金融组织按照章程向其成员国提供的各种贷款。目前与我国关系最为密切的国际金融组织是国际货币基金组织、世界银行和亚洲开发银行。国际金融组织一般都有自己的贷款政策，只有这些组织认为应当支持的项目才能得到贷款。

①国际货币基金组织贷款。国际货币基金组织的贷款只限于成员国财政和金融当局，不与任何企业发生业务，贷款用途限于弥补国际收支逆差或用于经常项目的国际支付，期限为1～5年。

②世界银行贷款。世界银行主要是向发展中的会员国提供长期生产性贷款，以促进这些国家经济发展和生产率提高。世界银行贷款具有以下特点：贷款期限较长，一般为20年左右，最长可达30年，宽限期为5年；贷款利率实行浮动利率，随金融市场利率的变化定期调整，但一般低于市场利率，对未使用的贷款按年征收0.75%的承诺费；世界银行通常对其资助的项目只提供货物和服务所需要的外汇部分，约占项目总额的30%～40%，个别项目可达50%；贷款程序严密，审批时间较长，借款国从提出项目到最终同世界银行签订贷款协议获得资金，一般需要一年半到两年时间。

③亚洲开发银行贷款。亚洲开发银行贷款分为硬贷款、软贷款和赠款。硬贷款是由亚行普通资金提供的贷款，贷款的期限为10～30年，含2～7年的宽限期，贷款的利率为浮动利率，每年调整一次；软贷款又称优惠利率贷款，是由亚行开发基金提供的贷款，贷款的期限为40年，含10年的宽限期，不收利息，仅收1%的手续费，此种贷款只提供还款能力有限的发展中国家；赠款资金由技术援助特别基金提供。

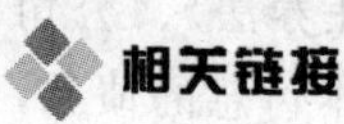

世界银行贷款修建浙赣线

世界银行执行董事会于2004年6月24日批准向中国第二国家铁路项目提供2亿美元贷款，这个项目将通过修建浙赣线改善东部沿海省份与中西部省份之间的交通联系。

从浙江杭州到湖南株洲的浙赣铁路是目前连接东部长江三角洲地区、中部工业基地、西部的重庆、成都到西南部的昆明唯一的一条东西向的铁路干线。该项目包括三方面的内容：

(1)改造浙赣铁路，把最高时速从120公里提高到200公里，改进信号灯和通讯系统，实现电气化；

(2)实行轨道养护技术现代化，提高中国铁路网使用较多的部分路段的轨道养护质量；

(3)为铁道部提供咨询服务以强化其规划、管理和技术能力。

该项目预计到2008年完成，届时浙赣铁路线的运行时间将缩短3～4个小时，铁路线的运输能力将提高13%，货车吨位将从3300吨提高到4000吨。交通运输服务的改善预期将吸引新的制造企业，促进地区经济增长。此外，电气化改造也会大幅度减少环境污染。

(5)出口信贷

出口信贷是设备出口国政府为促进本国设备出口，鼓励本国银行向本国出口商或外国进口商(或进口方银行)提供的贷款。贷给本国出口商的称卖方信贷，贷给外国进口商(或进口方银行)的称买方信贷。贷款的使用条件是购买贷款国的设备。出口信贷利率通常要低于国际上商业银行的贷款利率，但需要支付一定的附加费用，如管理费、承诺费、信贷保险费等。

(6)银团贷款

银团贷款是指多家银行组成一个集团，由一家或几家银行牵头，采用同一贷款协议，按照共同约定的贷款计划，向借款人提供贷款的贷款方式。

银团贷款除具有一般银行贷款的特点和要求外，由于参加银行较多，需要多方协商，贷款过程周期长。使用银团贷款，除支付利息之外，按照国际惯例，通常还要支付承诺费、管理费、代理费等。银团贷款主要适用于资金需求量大、偿债能力较强的建设项目。

(7)债券融资

债券是企业以自身的财务状况和信用条件为基础，依照《证券法》、《公司法》等法律法规规定的条件和程序发行的，约定在一定期限内还本付息的债券，如三峡债券、铁路债券、市政债券等。债券代表着发债组织和债券投资者之间的一种债权债务关系。债券投资者是企业的债权人，不是所有者，无权参与或干涉企业经营管理，但有权按期收回本息。

债券融资的特点是：筹资对象广、市场大，但发债条件严格、手续复杂；其利率虽低于银行贷款利率但发行费用较高，需要支付承销费、发行手续费、兑付手续费及担保费等费用。适用于资金需求大，偿债能力较强的建设项目。

目前，我国企业债券的发行总量需纳入国家信贷计划，申请发行企业债券必须经过严格的审核，只有实力强、资信好的企业才有可能被批准发行企业债券，还必须有实力较强的第三方提供担保。

(8)国际债券

国际债券是一国政府、金融机构、工商企业或国际组织为筹措和融通资金，在国际金融市场上发行的、以外国货币为面值的债券。国际债券的重要特征是债券发行者和债券投资者属于不同的国家，筹集的资金来源于国际金融市场。

按照发行债券所用货币与发行地点的不同，国际债券主要有外国债券和欧洲债券两种。外国债券指发行者在国外债券市场上以发行市场所在国的货币为计量单位的债券。例如，中国国际信托投资公司在日本发行的日元债券就是外国债券。欧洲债券是指发行者在国外债券市场上以第三国货币为面值发行的债券。例如，法国一家机构在英国债券市场上发行的以美元为面值的债券即是欧洲债券，欧洲债券的发行人、发行地以及面值货币分别属于三个不同的国家。

发行国际债券的优点是资金规模巨大、稳定、借款时间较长，可以获得外汇资金；缺点是发债条件严格、信用要求高、筹资成本高、手续复杂。适用于资金需求大，能吸引外资的建设项目。因国际债券的发行涉及国际收支管理，国家对企业发行国际债券进行严格的管理。

(9)融资租赁

融资租赁是资产所有者在一定期限内将资产租给承租人使用，由承租人分期付给一定的租赁费的融资方式。融资租赁是一种以租赁物品的所有权与使用权相分离为特征的信贷方式。融资租赁一般由出租人按承租人的要求选定设备，购置后出租给承租人长期使用。在租赁期内，出租人以收取租金的形式收回投资，并取得收益；承租人支付租金租用设备进行生产经营活动。租赁期满后，出租人一般将设备作价转让给承租人。

融资租赁的优点是企业不必预先筹集一笔相当于资产买价的资金就可以获得所需资产的使用权。这种融资方式适用于以购买设备为主的建设项目。

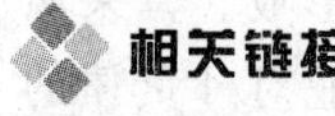

上海黄浦江外环线隧道项目投融资情况

上海黄浦江外环线隧道工程是当时我国建设规模最大的沉管隧道，已于2003年底建成通车。2000年上海市市政局代表政府进行招商，投资者回报机制为参照5年期银行贷款利率，给予投资者现金流量补贴。

通过招标方式，上海爱建信托公司等投标联合体以总投资额 17.36 亿元中标，上海市政局授予 25 年特许经营权(见图 6-1)。

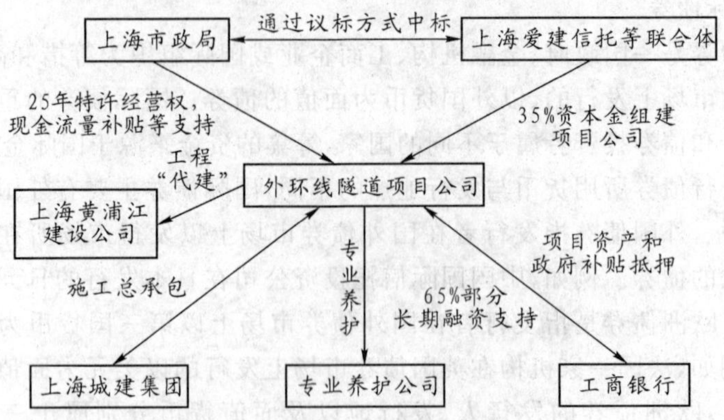

图 6-1　上海黄浦江外环线隧道投融资机制

为此，上海爱建信托公司出资 35%成立了项目公司，项目由上海城建集团进行施工总承包。根据市政局的招商要求，项目公司聘请上海黄浦江建设公司作为投资者"代甲方"，进行工程施工管理，项目建成营运以后，项目公司聘请专业养护公司进行养护管理。该项目总投资的 65%部分，由工商银行提供 15 年长期项目融资支持，担保方式为建设期由上海爱建信托公司担保，项目建成营运以后改为以项目资产和政府补贴作抵押。

6.2.3　既有法人内部融资

建设项目采用既有法人融资方式，既有法人的资产就成为项目建设资金的来源之一。既有法人资产在企业资产负债表中表现为企业的现金资产和非现金资产，它可能由企业的所有者权益形成，也可能由企业的负债形成。其来源主要在于三个方面：第一，企业股东过去投入的资本金；第二，企业对外负债的债务资金；第三，企业经营所形成的净现金流量。对于企业的某一项具体资产来说，无法确定它是资本金形成的，还是债务资金形成的。当企业采用既有法人融资方式，以企业的资产或资产变现获得的资金，投资于本企业的改扩建项目时，同样不能确定其属性是资本金，还是债务资金。但当 A 企业以现有资产投资于另一个具有独立法人资格的 B 项目时，对 B 项目来说，A 企业投入的资产，应视为资本金。

1. 既有法人内部融资的渠道和方式

(1)可用于项目建设的货币资金

可用于项目建设的货币现金包括既有法人现有的货币资金和未来经营活动中可能获得的盈余现金。现有的货币资金是指现有的库存现金和银行存款，扣除必要的日常经营所需的货币资金额，多余的货币资金可用于项目建设；未来经营活动中可能获得的盈余现金，是指在拟建项目的建设期内，企业在经营活动中获得的净现金节余，可以抽出一部分用于项目建设。

企业现有的库存现金及银行存款可以通过企业的资产负债表了解；企业未来经营活动可能获得的盈余现金，需要通过对企业未来现金流量的预测来估算。

(2)资产变现的资金

资产变现的资金是指既有法人将流动资产、长期投资和固定资产变现为现金的资金。企业可以通过加强财务管理，提高流动资产周转率，减少存货、应收账款等流动资产占用而取得现金，也可以出让有价证券取得现金。企业的长期投资包括长期股权投资和长期债权投资，一般都可以通过转让而变现。企业的固定资产中，有些由于产品方案改变而被闲置，有些由于技术更新而被替换，都可以出售变现。

(3)资产经营权变现的资金

资产经营权变现的资金是指既有法人可以将其所属资产经营权的一部分或全部转让，取得现金用于项目建设。如某公司将其已建成的一座大桥的45%的经营权转让给另一家公司，转让价格为这座大桥未来15年收益的45%，然后将这笔资金用于建设另一座大桥。

(4)直接使用非现金资产

既有法人的非现金资产(包括实物、专利权、非专利技术、土地使用权等)适用于拟建项目的，经资产评估可直接用于项目建设和生产经营。当既有法人在改扩建项目中直接使用本单位的非现金资产时，其资产价值应计入“有项目”的项目总投资中，但不能计作新增投资。

6.2.4　准股本资金

准股本资金是一种既具有资本金性质、又具有债务资金性质的资金。准股本资金主要包括优先股股票和可转换债券。

1. 优先股股票

优先股股票是一种兼具资本金和债务资金特点的有价证券。从普通股股东的立场看，优先股可视同一种负债；但从债权人的立场看，优先股可视同为资本金。如同债券一样，优先股股息有一个固定的数额或比率，通常大大高于银行的贷款利息，该股息不随公司业绩的好坏而波动，并且可以先于普通股股东领取股息；如果公司破产清算，优先股股东对公司剩余财产有先于普通股股东的要求权。优先股一般不参加公司的红利分配，持股人没有表决权，也不能参与公司的经营管理。

优先股股票相对于其他债务融资，通常处于较后的受偿顺序，且股息在税后利润中支付。在项目评估中优先股股票应视为项目资本金。

2. 可转换债券

可转换债券是一种可以在特定时间、按特定条件转换为普通股股票的特殊企业债券，兼有债券和股票的特性。

可转换债券有以下三个特点：

(1)债权性

与其他债券一样，可转换债券也有规定的利率和期限，债券持有人可以选择持有债券到期，收取本金和利息。

(2)股权性

可转换债券在转换成股票之前是纯粹的债券，但在转换成股票之后，原债券持有人就由债权人变成了公司的股东，可参与企业的经营决策和红利分配。

(3)可转换性

债券持有人有权按照约定的条件将债券转换成股票。转股权是投资者享有的、普通企业债券所没有的选择权。可转换债券在发行时就明确约定，债券持有人可按照发行时约定的价格将债券转换成公司的普通股股票。如果债券持有人不想转换，则可继续持有债券，直到偿还期满时收取本金和利息，或者在流通市场出售变现。

由于可转换债券附有普通企业债券所没有的转股权，因此可转换债券利率一般低于普通企业债券利率，企业发行可转换债券有助于降低资金成本。但可转换债券在一定条件下可转换为公司股票，因而可能会造成股权的分散。在项目评估中，可转换债券应视为项目债务资金。

6.3 项目融资方案分析

6.3.1 资金成本分析

资金成本是指项目为筹集和使用资金而支付的费用，包括资金占用费和资金筹集费。资金成本通常用年化的资金成本率表示。资金成本率是指使用资金所负担的费用与实际筹集资金额之比，其公式为：

$$资金成本 = \frac{资金占用费}{筹集资金总额 - 筹资费} \times 100\%$$

由于筹资费一般与筹集资金总额成正比，所以一般用筹资费率表示，因此资金成本公式也可以表示为：

$$资金成本 = \frac{资金占用费}{筹集资金总额 \times (1 - 筹资费率)} \times 100\%$$

1. 债务资金成本

债务资金成本由债务资金筹集费和债务资金占用费组成。债务资金筹集费是指债务资金筹集过程中支付的费用，如承诺费、发行手续费、担保费、代理费以及债券兑付手续费等；债务资金占用费是指使用债务资金过程中发生的经常性费用，如贷款利息和债券利息。

含筹资费用的税后债务资金成本的表达式为：

$$P_0(1-f) = \sum_{t=1}^{n} \frac{P_t + I_t(1-T)}{(1+k_d)^t}$$

式中，P_0 为债券发行额或长期借款金额，即债务现值；f 为债务资金筹资费用率；I_t 为约定的第 t 期末支付的债务利息；P_t 为约定的第 t 期末偿还债务本金；k_d 为所得税后债务资金成本；T 为所得税税率；n 为债务期限，通常以年表示。

上述公式中，等号左边是债务人的实际现金流入；等号右边为债务引起的未来现金流出的现值总额。公式中未计入债券兑付手续费。使用该公式时应根据项目具体情况确定债务期限内各年的利息是否应乘以$(1-T)$，在项目建设期不可能使用利息避税，不应乘以$(1-T)$；而在项目运营期的利息可以避税，应乘以$(1-T)$。

2. 权益资金成本

权益资金成本的估算比较困难，因为很难对项目未来的收益以及股东对未来风险所要求的风险溢价做出准确的测定。可采用的计算方法主要有:资本资产定价模型法、税前债务成本加风险溢价法和股利增长模型法。

(1)资本资产定价模型法

资金成本的计算公式为:

$$k_s = r_f + \beta(r_m - r_f)$$

式中,k_s 为权益资金成本;r_f 为无风险投资收益率;β 为项目的投资风险系数;r_m 为市场投资组合预期收益率。

(2)税前债务成本加风险溢价法

资金成本的计算公式为:

$$k_s = k_b + rp_c$$

式中,k_s 为权益资金成本;k_b 为所得税前的债务资金成本;rp_c 为投资者比债权人承担更大风险所要求的风险溢价。

(3)股利增长模型法

资金成本的计算公式为:

$$k_s = \frac{D_1}{P_0} + g$$

式中,k_s 为权益资金成本;D_1 为预期年股利额;P_0 为普通股市价;g 为普通股利年增长率。

3. 加权平均资金成本

为了比较不同融资方案的资金成本,需要计算加权平均资金成本。加权平均资金成本一般是以各种资金占全部资金的比重为权数,对个别资金成本进行加权平均确定的,其计算公式为:

$$k_w = \sum_{j=1}^{n} k_j w_j$$

式中,k_w 为加权平均资金成本;k_j 为第 j 种融资方式的个别资金成本;w_j 为第 j 种融资方式的个别资金占全部资金的比重。

6.3.2 资金结构分析

资金结构是指融资方案中各种资金的比例关系,包括项目资本金与项目债务资金的比例、项目资本金内部结构的比例和项目债务资金内部结构的比例。

1. 项目资本金与项目债务资金的比例

项目投资者希望投入较少的资本金,获得较多的债务资金,尽可能降低债权人对股东的追索。而提供债务资金的债权人则希望项目能够有较高的资本金比例，以降低债权的风险。当资本金比例降低到银行不能接受的水平时，银行将会拒绝贷款。资本金与债务资金的合理比例需要由各个参与方的利益平衡来决定。

资本金所占比例越高，项目的财务风险和债权人的风险越小，可能获得较低利率的债务资金。债务资金的利息是在所得税前列支的，可以起到节税的效果。在项目的收益不变、项目投资财务内部收益率高于资金成本的情况下，由于财务杠杆的作用，资本金所占比例越低，资本金财务内部收益率就越高，同时项目的财务风险和债权人的风险也越大。因此，一般认为，在符合国家有关注册资本比例规定、符合金融机构信贷法规及债权人有关资产负债比例要求的前提下，既能满足权益投资者获得期望投资回报的要求、又能较好地防范财务风险的比例是较理想的资本金与债务资金的比例。

(1)项目资本金比例的规定

从1996年开始，我国相关法规对各种经营性国内投资项目试行资本金制度。项目资本金占项目总投资的比例根据不同行业和项目的经济效益等因素确定，作为计算资本金基数的总投资，是指投资项目的固定资产投资，包括建设投资、建设期利息与铺底流动资金。根据国民经济发展的实际情况，政府有关部门适时调整建设项目的资本金比例。2004年4月国务院规定，钢铁项目资本金比例由25%及以上提高到40%及以上，水泥、电解铝、房地产(不含经济适用房)开发项目的资本金比例由20%及以上提高到35%及以上。2005年11月国务院又决定将铜冶炼项目资本金比例由20%及以上提高到35%及以上。根据经济形势发展和宏观调控需要，从2009年5月25日起，国务院对项目资本金比例进行了适当调整，经过上述调整后项目资本金比例具体规定见表6-1。

表6-1　项目资本金占项目总投资的比例

行　业	项目资本金占项目总投资的比例
钢铁、电解铝项目	40%及以上
水泥项目	35%及以上
煤炭、电石、铁合金、烧碱、焦炭、黄磷、玉米深加工、机场、港口、沿海及内河航运项目；其他房地产开发项目	30%及以上
铁路、公路、轨道交通、化肥项目	25%及以上
保障性住房和普通商品住房项目；其他项目	20%及以上

(2)外商投资项目注册资金比例的规定

外商投资项目(包括外商独资、中外合资、中外合作经营项目)的注册资本与投资总额的比例，按照现行法规的具体规定见表6-2。

表6-2　注册资本与投资总额的最低比例

投资总额	注册资本比例	附加条件
300万美元及以下	≥70%	
300万美元以上至1000万美元	≥50%	其中投资总额在420万美元以下的，注册资本不得低于210万美元
1000万美元以上至3000万美元	≥40%	其中投资总额在1250万美元以下的，注册资本不得低于500万美元
3000万美元以上	≥1/3	其中投资总额在3600万美元以下的，注册资本不得低于1200万美元

2.项目资本金内部结构比例

项目资本金内部结构比例是指项目投资各方的出资比例。不同的出资比例决定各投资方对项目建设和经营的决策权和承担的责任，以及项目收益的分配。

(1)采用新设法人融资方式的项目，应根据投资各方在资金、技术和市场开发方面的优势，通过协商确定各方的出资比例、出资形式和出资时间。

(2)采用既有法人融资方式的项目，项目的资金结构要考虑既有法人的财务状况和筹资能力，合理确定既有法人内部融资与新增资本金在项目融资总额中所占的比例，分析既有法人内部融资与新增资本金的可能性与合理性。既有法人将现金资产和非现金资产投资于拟建项目长期占用，将使项目的流动性降低，其投资额度受到项目自身财务资源的限制。

(3)按照我国现行规定，有些项目不允许国外资本控股，而要求国有资本控股。如2005年1月1日起施行的《外商投资产业指导目录》(2004年修订)中明确规定，核电站、铁路干线路网、城市地铁及轻轨等项目，必须由中方控股。

根据投资体制改革的精神，国家放宽社会资本的投资领域，允许社会资本进入法律法规未禁入的基础设施、公用事业及其他行业和领域。按照促进和引导民间投资(指个体、私营经济以及它们之间的联营、合股等经济实体的投资)的精神，除国家有特殊规定的以外，凡是鼓励和允许外商投资进入的领域，均鼓励和允许民间投资进入。因此，在进行融资方案分析时，应重点关注出资人出资比例的合法性。

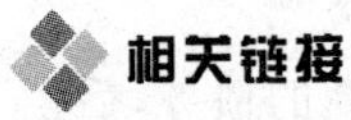

相关链接

杭州湾跨海大桥资金结构

2008 年 5 月 1 日，世界最长的跨海大桥——杭州湾跨海大桥正式通车，这既是世界建桥史上的奇迹，也是改革开放 30 年来我国取得的又一重大成果，它将给长三角地区经济社会又好又快发展带来新机遇。这座全长 36 公里、相当于 21 座武汉长江大桥的跨海大桥，不仅以其长度称雄世界，而且也铸就了中国乃至世界桥梁史上创新的丰碑。这个由我国自行投资、自行设计、自行管理、自行建造的特大型国家基础建设项目，创造了多项奇迹。其中，投融资体制创新——民营资本首度进入"国字号"工程便是一项。

长期以来，我国大型基础设施"国字号"工程，尤其是大型桥梁、道路等项目，投资主体都是国家或地方财政资金，属于民间资本的投资禁区。对于杭州湾跨海大桥的建设，宁波市提出创新投融资体制，大桥建设市财政不出一分钱。

杭州湾跨海大桥建设投资概算 118 亿元，根据商业法则，项目资本金占 35%，由项目公司出资，其余部分 65% 由项目公司向银行贷款。在项目资本金中，建设方宁波与嘉兴按 9：1 的比例出资，共同组建项目公司——杭州湾跨海大桥发展有限公司。宁波投资方 45% 来自于国有的宁波交通投资公司，其余为雅戈尔集团、宁波方太厨具有限公司等民间资本；嘉兴投资方是一家国有企业。在杭州湾跨海大桥发展有限公司成立之初，民营资本所占比例就超过一半。杭州湾跨海大桥融资创新为民营资本投资国家级特大型基础设施项目做了有益的探索。

3. 项目债务资金结构比例

项目债务资金结构比例反映债权各方为项目提供债务资金的数额比例、债务期限比例、内债和外债的比例，以及外债中各币种债务的比例等。在确定项目债务资金结构比例时，可借鉴下列经验：

(1)根据债权人提供债务资金的条件(包括利率、宽限期、偿还期及担保方式等)合理确定各类借款和债券的比例，降低融资成本和融资风险。

(2)合理搭配短期、中长期债务比例。适当安排一些短期负债可以降低总的融资成本，但过多采用短期负债，会产生财务风险。大型基础设施项目的负债融资应以长期债务为主。

(3)合理安排债务资金的偿还顺序。尽可能先偿还利率较高的债务,后偿还利率低的债务。对于有外债的项目,由于有汇率风险,通常应先偿还硬货币(指货币汇率比较稳定、且有上浮趋势的货币)的债务,后偿还软货币(指汇率不稳定、且有下降趋势的货币)的债务。应使债务本息的偿还不致影响企业正常生产所需的现金量。

(4)合理确定内债和外债的比例。内债和外债的比例主要取决于项目用汇量,从项目本身的资金平衡考虑,产品内销的项目尽量不要借用外债,可以采用投资方注入外汇或者以人民币购汇。

(5)合理选择外汇币种。选择外汇币种应遵循以下原则:①选择可自由兑换货币。可自由兑换货币是指实行浮动汇率制且有人民币报价的货币,如美元、英镑、日元等,它有助于外汇风险的防范和外汇资金的调拨。②付汇用软货币,收汇用硬货币。对于建设项目的外汇贷款,在选择还款币种时,尽可能选择软货币。当然,软货币的外汇贷款利率通常较高,这就需要在汇率变化与利率差异之间做出预测和抉择。

(6)合理确定利率结构。当资本市场利率水平相对较低,且有上升趋势时,尽量借固定利率贷款;当资本市场利率水平相对较高,且有下降趋势时,尽量借浮动利率贷款。

6.3.3 融资风险评估

融资风险是指融资活动存在的各种风险。融资风险有可能使投资者、项目法人、债权人等各方蒙受损失。在融资方案分析中,应对各种融资方案的融资风险进行识别、比较,并对最终推荐的融资方案提出防范风险的对策。融资风险分析中应重点考虑下列风险因素:

1. 资金供应风险

资金供应风险是指在项目实施过程中由于资金不落实,导致建设工期延长,工程造价上升,使原定投资效益目标难以实现的可能性。导致资金不落实的原因很多,主要包括:

(1)已承诺出资的股本投资者由于出资能力有限(或者由于拟建项目的投资效益缺乏足够的吸引力)而不能(或不再)兑现承诺。

(2)原定发行股票、债券计划不能实现。

(3)既有企业法人由于经营状况恶化,无力按原定计划出资。

(4)由于经济金融等政策变化,导致出资人或贷款银行无力实现出资承诺。

(5)投资估算不准确或由于工程方案变化等原因,出现资金缺口。

为防范资金供应风险,必须认真做好资金来源可靠性分析。在选择项目的投资者时,应当选择资金实力强、既往信用好、风险承受能力强的投资人。

2. 利率风险

利率风险是指由于利率变动导致资金成本上升,投资额增加,出现资金缺口,以至于给项目造成损失的可能性。

利率水平随金融市场情况而变动,未来市场利率的变动会引起项目资金成本发生变动。采用浮动利率,项目的资金成本随利率的上升而上升,随利率的下降而下降。采用固定利率,如果未来利率下降,项目的资金成本不能相应下降,相对资金成本将升高。因此,无论采用浮动利率还是固定利率都存在利率风险。为了防范利率风险,应对未来利率的走势进行分析,以确定采用何种利率。

3. 汇率风险

汇率风险是指利用外资或需要外汇的投资项目,由于汇率变动给项目造成损失的可能性。

国际金融市场上各国货币的比价在时刻变动,使用外汇贷款的项目,汇率的波动会引起项目资金成本发生变动以及未来还本付息费用支出的变动。某些硬货币贷款利率较低,但汇率风险较高;软货币则相反,汇率风险较低,但贷款利率较高。为了防范汇率风险,使用外汇数额较大的项目应对人民币的汇率走势、所借外汇币种的汇率走势进行分析,以确定借用何种外汇币种以及采用何种外汇结算。一般情况下应尽量借用软货币。

6.4　项目融资的特点及参与者

6.4.1　项目融资的基本特点

1. 项目导向

项目融资主要是依赖于项目本身的现金流量和资产,而不依赖于项目投资者或发起人的现有资产来安排融资。贷款银行在项目融资决策中主要考察项目在贷款期间能够产生多少现金流量用于归还借款,银行贷款的数量、资金成本的高低,以及融资结构的安排都与项目预期的现金流量和项目资产价值直接相关。

2.有限追索

追索是指在借款人未按期偿还债务时，贷款银行要求借款人用以除抵押资产以外的其他资产偿还债务的权利。有限追索是指贷款银行只能在贷款的某个特定阶段(如项目的建设期和投产期)对项目借款人实行追索，或者在一个规定的范围内对项目借款人实行追索。除此之外，无论项目出现任何问题，贷款银行均不能追索到项目借款人除该项目资产、现金流量和所承担的义务之外的任何形式的财产。从某种意义上说，贷款银行对项目借款人的追索形式和程度是区分融资是属于项目融资还是属于传统形式融资的重要标志。在传统形式融资中，贷款银行为借款人提供的是完全追索的贷款，贷款银行提供贷款主要是依据借款人本身的资信情况和抵押担保资产的质量和变现能力，而不是项目本身的经济强度。

3.风险分担

项目融资为了实现有限追索，对于与项目有关的各种风险因素需要以某种形式在项目投资者、与项目开发和运营有直接或间接利益关系的其他参与者和贷款银行之间进行分担，即要求有一个科学合理的信用保证结构。

4.非公司负债型融资

非公司负债型融资也称资产负债表外的融资，是指项目的债务不表现在项目投资者的公司资产负债表中的一种融资方式。这种债务只以某种说明的形式，反映在公司资产负债表的注释中。

5.信用结构多样化

在项目融资中，用于支持贷款的信用结构的安排灵活多样。可以根据项目的特点，设计合理的信用保证结构，作为项目融资强有力的信用支持，提高项目的债务承受能力，减少融资对投资者资信和其他资产的依赖程度。

6.融资成本高

项目融资涉及面广，结构复杂，需要做好大量有关风险分担、税务结构、资产抵押等一系列技术性的工作，耗费的时间也长，所以融资成本较高。主要表现在筹资前期费用高，利息成本高。

6.4.2 项目融资的参与者

1.项目公司

项目公司是指直接参与项目投资和项目管理，直接承担项目债务和项目风险的法律实体。可以由一个投资者为拟建的项目专门成立一个单一的项目公司，也可以由若干个投资者通过各种方式成立一个专门的项目公司，负责项目的筹资、管理、运营等方面的业务。

2.项目投资者

项目投资者是实际的借款人。它可以是一家公司,也可以是若干家公司;可以是私人投资者,也可以是政府机构或两者的混合体。项目的资本金由项目投资者出资,在有限追索的融资结构中,项目投资者不但提供一部分资本金,拥有项目公司的全部股权或部分股权,还需要以直接担保或间接担保的形式为项目公司提供一定的信用支持。

3.项目贷款银行

项目贷款银行是项目债务资金的提供者。贷款银行可以是国际金融机构、政府出口信贷机构,也可以是商业银行或租赁公司、财务公司、保险公司等非银行金融机构。可以由独家银行提供贷款,也可以组成国际银团提供贷款。在项目融资中,如果项目规模、项目风险都比较大,往往采用银团贷款的方式提供项目所需的债务资金。

4.与项目有利益关系的第三方

项目融资以项目本身产生的收益作为还贷的来源,并以项目资产和未来现金流量作抵押担保,所以要求有完善的信用保证结构,要把与项目有利益关系的第三方捆绑在一起,为项目承担风险。一般来讲,参与项目融资的第三方包括项目产品或服务的使用者(项目使用方)、项目所需设备、能源和原材料的供应者、承建项目的工程承包公司等。

5.项目融资顾问

融资顾问在项目融资中扮演着一个极为重要的角色。融资顾问要能够准确地了解项目投资者的目标和具体要求,熟悉项目所在国的政治、经济和法律环境,对项目本身及所在行业的技术发展趋势、投资成本和产品成本有清楚的认识,掌握当前国内外资本市场的变化动向和各种新的融资手段,与主要金融机构有接触、并保持良好的关系,具备丰富的谈判经验和技巧。在项目融资的谈判过程中,要求融资顾问周旋于各个有关利益主体之间,通过对融资方案的反复设计、修正、分析比较和谈判,最后形成一个既能最大限度保证项目投资者的利益,又能为贷款银行所接受的融资方案。从国内外的实践来看,项目融资顾问分为两类:一类是只担任项目投资者或项目公司的顾问,为其设计融资方案,并取得贷款,自己不参加最终的贷款银团;另一类是在担任融资顾问的同时,也参与贷款,作为贷款银团的成员和经理人。

另外,参与项目融资的还有有关政府机构、法律和税务顾问等。

在分析了项目资金来源与融资方案后,结合项目总投资的估算,编制项目总投资使用计划与资金筹措表,见表6-3。

表 6-3 项目总投资使用计划与资金筹措表 （单位:万元,万美元）

序号	项目	合计			1			……		
		人民币	外币	小计	人民币	外币	小计	人民币	外币	小计
1	总投资									
1.1	建设投资									
1.2	建设期利息									
1.3	流动资金									
2	资金筹措									
2.1	项目资本金									
2.1.1	用于建设投资									
	××方									
	……									
2.1.2	用于流动资金									
	××方									
	……									
2.1.3	用于建设期利息									
	××方									
	……									
2.2	债务资金									
2.2.1	用于建设投资									
	××借款									
	××债券									
	……									
2.2.2	用于建设期利息									
	××借款									
	××债券									
	……									
2.2.3	用于流动资金									
	××借款									

续表

序 号	项　目	合计			1			……		
		人民币	外币	小计	人民币	外币	小计	人民币	外币	小计
	××债券									
	……									
2.3	其他资金									
	×××									
	……									

注：1. 本表按新增投资范畴编制。

2. 本表建设期利息一般可包括其他融资费用。

3. 对既有法人项目，项目资本金中可包括新增资金和既有法人货币资金与资产变现或资产经营权变现的资金，可分别列出或加以文字说明。

6.5 项目融资模式

6.5.1 PPP 模式

1. PPP 模式的含义及特点

PPP 是英文 Private-Public Partnerships 的缩写，即公共部门与私人企业合作模式，是指政府、营利性企业和非营利性企业基于某个项目而形成的相互合作关系。通过这种合作形式，合作各方可以达到比预期单独行动更有利的结果。合作各方参与某个项目时，政府并不是把项目的责任全部转移给私人企业，而是由参与合作的各方共同承担责任和融资风险。

PPP 模式在城市公共基础设施建设中应用的显著特点在于通过引入私人企业，将市场中的竞争机制引入城市公共基础设施建设中，更有效地提供公共服务。为了进一步理解 PPP 模式的含义，应把握以下几个特点：

(1)能促进政府管理的改革，提高工作效率

政府在城市公共基础设施提供中的效率低下是一个普遍性的问题。PPP 模式通过引入市场竞争机制，促使政府在市场中改变其传统的管理机制，努力提高工作效率。

(2)可将政府面临的问题进行有效的转移

在PPP模式下,政府扮演的是投资经纪人的角色,其任务就是以城市公共基础设施项目为基础,引入私人企业参与合作,借助于私人企业的资金来建设城市公共基础设施,同时私人企业也带来了先进技术,使得在进行项目建设的同时,最大限度地减少给城市带来的污染,保护城市生态平衡,促进可持续发展。

(3)政府将融资风险转移给私人企业

在PPP模式下,政府引入私人企业和资金参与城市公共基础设施的建设,私人企业需筹集项目建设过程中所需的资金。这样,项目的融资风险就转移给了私人企业。

(4)PPP模式下的权利是共享的

在传统的城市公共基础设施建设中,政府的角色是所有者和管理者,私人企业是被管理者,而在PPP模式下,权利共享使得政府和私人企业的关系发生了根本的变化。首先,合作和信任取代了命令和控制式的敌对关系;其次,在合作关系中,双方共同分担风险和责任;再次,合作各方就一些需要诉讼的问题进行协商,可以达成谅解,免予诉讼。

在发达国家,PPP模式的应用范围相当广泛,既运用于基础设施的投资建设(如水厂、电厂),也用于非营利设施的建设(如监狱、学校等)。美国克林顿政府提出的通过与私人部门合作投资来提高公共部门经济和效能的方案,被称为美国政府自1905年到1989年11个重要改革方案之一。

相关链接

上海外环线隧道项目资金信托计划

2002年7月,上海爱建信托公司将其投资的上海外环线黄浦江越江工程再度包装,面向社会机构和个人投资者推出了国内首个真正意义上的信托产品——上海外环线隧道项目资金信托计划。个人投资者第一次可以通过信托形式参与城市的基础设施建设,而城市建设的投融资改革也因此有了一条吸收民间闲散资金的可行渠道。

此次信托计划的筹资总量为5.5亿元。按照规定,每个信托合同的信托金额最低为5万元,信托期为3年,爱建信托将把筹到的信托资金全部用于外环隧道项目。

为避免风险,法规规定信托公司不能向投资者承诺回报率。但是,该项目将由上海市市政局以固定回报方式,给予上海爱建信托公司现金流量补贴,所以该项目的投资风险较小,预计回报较为稳定可靠，投资者的投资收益率在5%左右，扣除20%的个人利息所得税，以及少量的管理费，投资者实际投资收益率在4%左右。

由于该信托计划非常适合那些不满足于银行存款利率、又害怕股市风险的个人投资者，所以，一经推出，个人投资踊跃，该信托计划在一周之内销售完毕，而且70%以上是个人投资者，其余为机构投资者。

今后很多公共基础设施项目，都可以信托方式进行融资，真正起到聚沙成塔、集腋成裘的作用，发挥社会资金的规模效益，这无论是对社会发展还是百姓投资理财都是一个利好消息。上海爱建信托成功推出了外环线越江隧道信托计划后，天津、北京等地纷纷推出类似的信托计划，引导个人储蓄投资到城市公共基础设施项目。可以预见，"信托计划"投资公共基础设施项目，将在我国大规模地展开。

2. PPP典型模式

在PPP模式下，公共基础设施的建设可以采用多种方式，主要有：

(1)转移—拥有—运营(TOT，Transfer-Operate-Transfer)

政府将已建成投入运行的公共基础设施项目移交给投资者运营；政府凭借所移交的公共项目资产未来若干年的收益，一次性地从投资者那里融通到一笔资金，再将这笔资金用于新的公共项目建设；当特许经营期满后，投资者再将公共项目资产移交回政府。

(2)服务协议(Service Contract)

对一些特殊的公共基础设施，政府可以把服务出包给私人企业，政府公共部门仍需对设施的运营和维护负责，承担项目的融资风险，这种协议的时间一般短于5年。

(3)运营和维护协议(Operate & Maintenance Contract)

政府与私人企业签订运营和维护协议，由私人企业负责对基础设施进行运营和维护，获取商业利润。在该协议下，私人企业承担基础设施运行和维护过程中的全部责任，但不承担资本风险。该模式的目的就是通过引入私人企业，提高基础设施的运营效率和服务质量。

(4)租赁—建设—运营(LBO，Lease-Build-Operate)

政府与私人企业签订长期的租赁协议，由私人企业租赁业已存在的基础设施，向政府交纳一定的租赁费用，并在已有设施的基础上凭借自己的资金融资能力对基础设施进行扩建，并负责其运营和维护，获取商业利润。在该模式中，整体基础设施的所有权属于政府，因而不存在公共产权的问题。

(5)建设—运营—转移(BOT，Build-Operate-Transfer)

政府与私人企业签订特许权协议，由私人企业安排融资、开发建设，政府授予私人企业一段时间的经营特许权，在收回投资并取得利润的特许权期结束后，私人企业把项目交还（无偿/有偿）给政府的投资方式。

（6）建设—转移—运营（BTO，Build-Transfer-Operate）

政府与私人企业签订协议，由私人企业负责基础设施的融资和建设，完工后将设施转移给政府，然后，政府把该项基础设施租赁给该私人企业，由其负责基础设施的运营，获取商业利润。在此模式中，也不存在基础设施公共产权的问题。

（7）建设—拥有—运营—转移（BOOT，Build-Own-Operate-Transfer）

政府与私人企业签订特许权协议，由私人企业安排融资、开发建设，项目建成后在规定的期限内拥有项目的所有权并进行经营，经营期满后，将项目移交给政府部门的一种融资方式。

（8）扩建后经营整体工程并转移（Wraparound Addition）

政府与私人企业签订协议，由私人企业负责对已有的公共基础设施进行扩建，并负责建设过程中的融资。完工后由私人企业在一定的特许权期内负责对整体公共基础设施进行经营和维护，并获得商业利润。在该模式下，私人企业可以对扩建的部分拥有所有权，因而会影响到基础设施的公共产权问题。

（9）购买—建设—运营（BBO，Buy-Build-Operate）

政府将原有的公共基础设施出售给私人企业，由私人企业负责对该基础设施进行改、扩建，并拥有永久性经营权。

（10）建设—拥有—运营（BOO，Build-Own-Operate）

私人企业根据政府所赋予的特许权，建设并经营某项基础设施。但是，并不在一定时期后将该项目移交给政府部门。

上述各类模式各有其特点，从而适应于不同的项目类型，见表6-4。

表6-4　PPP模式在各种情况下的应用

项目类型	适用的方式
已有项目	转移—运营—转移（TOT） 服务协议（Service Contract） 运营和维护协议（Operate & Maintenance Contract）
对已有项目的扩建	租赁—建设—运营（LBO） 购买—建设—运营（BBO） 扩建后经营整体工程并转移（Wraparound Addition）
新项目	建设—转移—运营（BTO） 建设—运营—转移（BOT） 建设—拥有—运营—转移（BOOT） 建设—拥有—运营（BOO）

3. PPP 模式的组织结构

PPP 模式是一个完整的项目融资概念，但并不是对项目融资的彻底更改，而是对项目生命周期中的组织结构设置提出了一个新的模式。它是政府、营利性企业和非营利性企业基于某个项目而形成的以“双赢”或“多赢”为理念的相互合作形式，参与各方可以达到与预期单独行动相比更为有利的结果。其组织结构设置如图 6-2 所示。

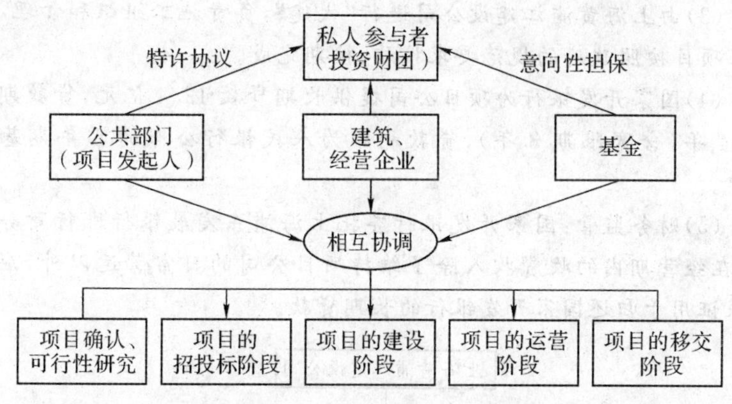

图 6-2 PPP 模式的组织结构图

该模式的一个最显著特点就是项目所在国政府或者所属机构与项目的投资者和经营者之间的相互协调及其在项目建设中发挥的作用。在组织结构中，参与方虽然没有达到自身理想的最大利益，但总收益却是最大的，实现了“帕累托”效应，即社会效益最大化。

上海 4 号线高速公路项目投融资结构

莘奉金高速公路亦称 4 号线，是上海中心城通往奉贤、金山新城及闵行工业区、上海化学工业区、金山石化区的干道，也是与浙江省联系的重要对外通道，全长 52.85 公里(包括原有已建道路)，整个工程项目已于 2002 年年底竣工，总投资为 17.52 亿元。该项目投资招商于 2000年完成，其投融资结构如下：

(1)投资者：由上海九洲投资有限公司(民营企业)为主，并联合铁道部第三工程局、山东省交通工程总公司、上海玖玖房地产发展有限公司(民营企业)，组成上海莘奉金高速公路建设发展有限公司，投资者自筹资金5.12亿元。

(2)上海市市政局代表政府：

①提供项目公司25年收费特许经营权;政府优惠政策。

②做出承诺:除了招商前已经规划的高速公路项目以外,政府将不再审批与本项目形成竞争关系,并对本项目车流量造成重大分流影响的其他公路项目。

(3)由上海黄浦江建设公司进行“代建”,负责施工组织和管理,以保证项目按照政府的规范要求按质、按期完成。

(4)国家开发银行为项目公司提供长期贷款12.4亿元,贷款期限为14年(含宽限期3年),贷款利率为人民银行公布的5年期基准利率。

(5)财务监管:国家开发银行委托上海浦东发展银行进行财务监管,在经营期内的收费收入除了维持项目公司的日常营运以外,应首先保证用于归还国家开发银行的长期贷款。

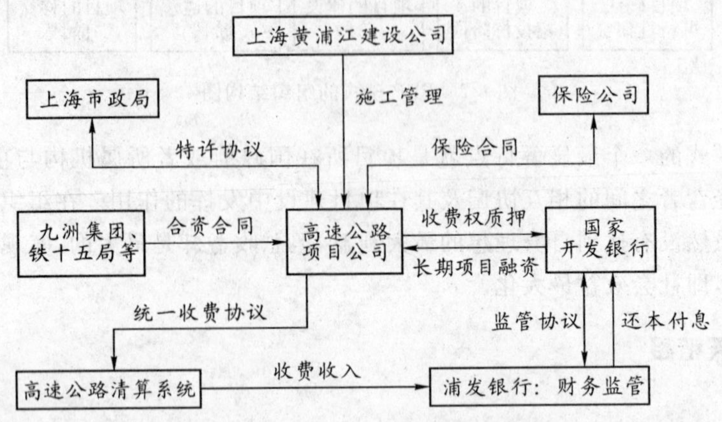

图6-3 上海4号线高速公路投融资结构

6.5.2 BOT模式

1. BOT模式的含义及特点

BOT是英文Build-Operate-Transfer的缩写,即政府与私人企业签订特许权协议,由私人企业安排融资、开发建设基础设施项目,政府授予私人企业一段时间的经营特许权,在收回投资并取得利润的特许权期结束后,私人企业把项目交还(无偿/有偿)给政府的投资方式。

BOT是国际上近十几年来逐渐兴起的一种基础设施建设的融资模式，是一种利用外资和民营资本兴建基础设施的新兴融资模式。BOT模式一出现，就引起了国际金融界的广泛重视，被认为是代表国际项目融资发展趋势的一种新形式。BOT模式实质上是一种债权与股权相混合的产权组合形式，整个项目公司对项目的设计、咨询、供货和施工实行一揽子总承包。与传统的融资模式相比，BOT融资模式具有以下特点：

(1)主要针对基础设施建设项目

基础设施建设项目主要包括道路、桥梁、轻轨、隧道、铁路、水利、发电厂和水厂等，在特许期内项目生产的产品或提供的服务可能销售给国有单位(如自来水厂、电厂等)，或直接向最终使用者收取费用(如交纳通行费、服务费等)。

(2)能减少政府的财政负担，减轻政府的负债

所有的项目资金由私人企业(项目公司)负责筹集，政府无须保证或承诺支付项目的借款，不会影响东道国和发起人为其他项目融资的信用，避免政府的债务风险，政府可将原来这些方面的资金转用于其他项目的投资与建设。

(3)有利于转移和降低风险

项目由私人企业设计、建造和运行，政府部门就把项目风险全部转给了私人企业。同时，BOT模式通过将私人企业的投资收益与其履行合同的情况相联系，从而降低项目的超支预算风险。

(4)有利于提高项目的运作效率

BOT项目存在资本投入巨大、项目周期长等因素带来的风险，同时由于私营企业的参与，贷款机构对项目的要求会比政府更加严格。另一方面，私营企业为了降低风险，获得较多的收益，客观上促使其加强管理，控制造价。因此，尽管项目前期工作量较大，但是进入实施阶段，项目的设计、建设和运营效率会比较高，用户也可以得到较高质量的服务。

(5)提前满足社会和公众的需求

通过BOT模式可使一些本来急需建设而政府目前又无力投资建设的基础设施项目得以实施。由于私人资金的介入，可以在政府财政有困难时建成基础设施项目并发挥作用，从而加速社会生产力的提高，促进经济的进一步发展。

(6)有利于加强国际经济合作

有些BOT项目通常由外国的公司进行承包，这会给项目所在国带来先进的技术和管理经验，既给本国的承包商带来较多的发展机会，也促进了国际经济的融合。

2.BOT模式的组织结构

BOT项目的参与人主要包括政府、项目公司(即被授予特许权的私人企

业)、投资者、贷款人、保险和担保人、总承包商(承担项目设计、建造)、运营开发商(承担项目建成后的运营和管理)等。此外,项目的用户也因投资、贷款或保证而成为 BOT 项目的参与者。各参与人之间的权利义务关系依各种合同、协议而确立。例如,政府与项目公司之间订立特许权协议,各债权人与项目公司之间签订贷款协议等。

BOT 项目的全过程涉及项目发起与确立、项目资金的筹措、项目设计、建造、运营管理等诸多方面和环节。BOT 组织结构总的原则是使项目众多参与方的分工明确,风险分配合理。

BOT 模式主要由项目发起人、项目公司和贷款银行三方组成。

(1)项目发起人

项目发起人是项目所在国政府、政府机构或政府指定的公司。从项目所在国政府的角度看,采用 BOT 融资模式的优点在于:①减轻政府财政负担。众所周知,大型基础设施项目,如发电站、高速公路、铁路等公共设施的建设,资金量大,投资回收期长,而资金紧缺和投资不足是发展中国家政府所面临的一个普遍性的问题,利用 BOT 模式,政府部门可以将有限的资金投入到更多的领域。②可以吸引外资,引进先进技术,改善和提高项目的管理水平。

(2)项目公司

项目公司是 BOT 融资模式的主体。项目公司从项目所在国政府获得建设和经营项目的特许权,负责组织项目的建设和生产经营,提供项目开发所必需的股本资金和技术,安排融资,承担项目风险,并从项目经营中获得利润。项目公司以在某一领域具有技术能力的经营公司和工程承包公司作为主体,有时也吸收项目产品或服务的购买者和一些金融性投资者参与。因为在特许权协议结束时,项目要最终交还给项目发起人,所以从项目所在国政府的角度,对项目公司提出了一定的标准和要求:①项目公司要有一定的资金、管理和技术能力,保证能够在特许权协议期间提供符合要求的服务;②项目运行要符合环境保护标准和安全标准;③项目产品或服务的收费要合理;④项目运行要做好设备的维修和保养工作,保证在特许权协议终止时,项目发起人接收的是一个运行正常、保养良好的项目。

(3)贷款银行

BOT 模式中的贷款银行组成较为复杂。除了商业银行组成的贷款银团之外,政府的出口信贷机构、世界银行或地区性开发银行的政策性贷款在 BOT 模式中通常也扮演很重要的角色。BOT 项目贷款的条件取决于项目本身、经营者的管理能力和资金状况,但是在很大程度上主要依赖于项目发起人和所在国政府为项目提供的支持和特许权协议的具体内容,特许权协议作为项目建设开发和安排融资的基础。

BOT 模式的组织结构如图 6-4 所示。

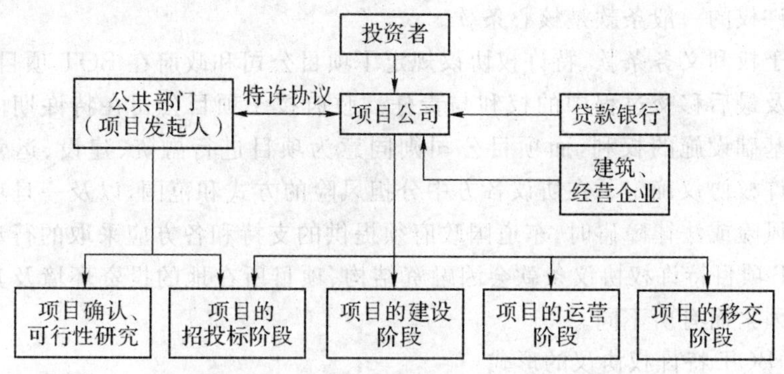

图 6-4　BOT 模式的组织结构图

3. BOT 的特许权协议

BOT 项目融资的参与方众多，既有核心参与方，如项目发起人、项目公司和贷款银行，又有承包商、设备和原材料供应商、项目运营维护商、项目产品服务的购买者，还有工程的咨询、财务、法律、技术、经济顾问等。为了明确各自所处的地位，拥有的权利，应承担的责任义务以及应分担的风险，就必须通过签署一系列合同或协议把他们联系在一起，其中最能代表 BOT 项目的协议，就是特许权协议。

所谓特许权是指政府机构授予私人从事某种事务的权利，如耕耘土地、经营工业、提炼矿物等。由于基础设施的建设和经营直接关系到一个国家或地区的国民经济和全民利益，私人企业从事基础设施项目的融资、建设和经营的一个重要前提就是得到政府的许可，以及在政治风险和法律风险等方面的支持，为此必须签订特许权协议。特许权协议既是 BOT 项目的最高法律文件，又是整个项目得以融资、建设和经营的基础和核心，同时还是 BOT 项目框架的中心，它决定了 BOT 项目的基本结构。从合同法的意义上讲，特许权协议是 BOT 项目融资中的主合同，其他合同均为子合同。

(1)BOT 特许权协议的主要内容

BOT 特许权协议的内容分为一般条款和权利义务条款两部分。

一般条款主要包括以下六方面内容：①特许权协议的双方当事人；②授权目的；③授权方式；④特许权范围，即政府授予项目公司对 BOT 项目的设计、资金筹措、建设、运营、维护和转让的权利，或其中的部分权利，有时还授予该主办者从事和经营其他事务的权利作为补偿或优惠措施；⑤特许期限，即东道国政府许可项目主办者在项目建成后，运营该项目设施的期限；⑥特许权协议生效的条件。以上内容与东道国政府及其项目公司等方面的利益有着密切的关系，因而特许权的一般条款是核心条款。

关于权利义务条款，特许权协议规定了项目公司和政府在 BOT 项目建设、运营以及最后移交过程中的权利与责任。政府授予项目公司在特许期内建设和运营基础设施的权利，而项目公司则同意为项目进行融资、建设、运营和维护。特许权协议确定了在协议各方中分担风险的方式和范围，以及一旦项目遇到政治风险或法律障碍时，东道国政府须提供的支持和各方应采取的行动。当然，BOT 项目特许权协议条款会因融资结构、项目所在地的投资环境及其法律体系等因素而有所不同。

(2)BOT 特许权协议的形式

常见的特许权协议可分为三种方式：①政府通过立法性文件确立授权关系；②以合同或协议的形式确定，即政府或政府授权部门与项目公司签订特许权合同或协议；③同时并用上述两种方式，即先由政府单方面公布立法性文件，然后由政府或政府授权部门与项目公司签订特许权合同或协议。

我国部分地区主要采取政府就某特定项目制定公开立法性文件来确立授权关系，如上海市关于两桥一隧道、延安东路隧道、徐浦大桥、沪宁高速公路等项目专营办法。有时还通过有政府背景的某一领域主管部门的国有公司出面与项目公司签订专营合同，其实质是该国有公司代表政府直接向项目公司授予专营权，如大场水厂、闸北电厂项目的专营合同。相比之下，较为简便的做法是，在具有 BOT 项目立法的前提下，由政府或政府授权部门与项目公司直接签订特许权合同或协议，使政府与项目公司在项目利益上的权利和义务关系直接化、明确化。

特许权协议的内容反映了政府对特许项目授权内容的基本原则与立场，项目其他合同诸如设计建筑合同、运营维护或委托管理合同、供应合同等，都是在遵循特许权协议确定原则的基础上派生的，是对特许权协议具体条款的细化。因此，一份完备的特许权协议必须授权明确，能够规范整个 BOT 项目的建设、运营与移交过程。

(3)BOT 特许权协议的基本条款

特许权协议涉及 BOT 项目的产品性能和质量、建设期、特许期、项目公司结构、资本结构、备用资金、原料和燃料供应、项目收费和价格调整方式、最低收入担保、外汇安排、贷款人的权利、不可抗力、项目建设规定、维修计划、移交条件、奖惩以及仲裁等内容。

其中基本的条款包括：

①项目建设的规定

此条款主要是规定项目公司或其承包商从事 BOT 项目建设的方式，包括项目用地如何解决、项目的设计要求、承包商的具体义务、工程如何施工及采用的施工技术、工程建设质量的保证、工程的进度及工期延误的处理等方面的规定等。

②土地征用和使用的规定

此条款规定土地征用是由项目公司还是由政府部门承担。如由政府部门承担，将土地修整到什么程度，项目公司才介入。在一般情况下，土地征用、居民迁移等事项由政府或政府部门委托的公共机构来承担，外国公司是不直接介入的。在明确了征地事项后，还应明确项目公司对土地的使用方式、使用年限、征地费用的承担及偿还事项等。

③项目的融资及其方式

此条款主要是规定一个 BOT 项目将如何进行融资、融资的利率水平、资金来源、双方同意将采用什么方式融资等。此外，还包括收益的分配、支付方式、外汇兑换、经济担保及税收等内容。

④项目的经营及维护

即规定项目公司运营和维护的方式和措施，项目公司、政府等各方的权利和义务，服务标准、收费标准、收费记录的检验，运营维护商的选择和责任等。

⑤能源物资供应

例如在燃煤电站 BOT 项目的特许权协议中，规定东道国政府应保证按时、按质地向项目公司供应燃煤或其他能源物资，以及规定所供能源的价格等。

⑥项目的成本计划、收费标准的计算方式

本条款主要包括双方在分析确定项目成本计划的基础上，如何确定项目公司对项目设施的收费标准及其计算方式，项目公司将如何向项目的用户收取服务费，以及计价货币币种等内容，如果遇到特殊情况需对收费标准作出调整的可能性及其程序等。

⑦项目的移交

本条款主要规定项目移交的范围、运营者对设施进行最后的检修的方式、项目设施风险转移的时间、项目设施移交的方式及其费用的负担、移交的程序如何商定等。BOT 项目向政府移交，是政府方面最终的，也是最为重要的权益。尽管移交的条件在特许权协议中往往因为距授权结束时间很长而难以准确说明，但必须确定原则性条款，以便日后详细制定移交规则时有章可循。

⑧协议双方的一般义务

东道国政府的一般义务，比如保证纳税优惠、进出口、入境、就业许可等其他优惠政策,确保第三方不予干涉,等等。项目公司的一般义务,如遵守法律法规、安全和环境标准的义务、保护考古地质和历史文物的义务,以及保险、纳税、利用东道国劳动力等义务。

⑨违约责任

出现违约情况后的处理和补救措施,包括协议终止及各种类型的赔偿责任。

⑩协议的转让

协议的权利和义务能否转让,在何种情况下可以由哪一方进行转让及处置,包括抵押、质押的限制条件,如对设置财产抵押权的限制等。

⑪争议解决和法律适用条款

争议解决方式一般选择协商或仲裁,如选择仲裁则必须明确仲裁机构、地点、仲裁规则、适用法律、语言、费用的承担等。

⑫不可抗力

不可抗力情况的范围,发生不可抗力后的通知程序,风险与费用的分配与承担,终止协议后双方的义务,如文件的归属、保密等。

4. BOT 模式的操作程序

一般说来,每个项目都经过项目确定、准备、招标、各种协议和合同的谈判与签订,以及建设、运营和移交等过程。因此,可将其大致分为准备、实施和移交三个阶段。

(1)准备阶段

这一阶段主要是选定 BOT 项目,通过资格预审与招标,选定项目承办人。项目承办人选择合作伙伴并取得合作意向,提交项目融资与项目实施方案文件,项目参与各方签订合作合同,申请成立项目公司。政府依据项目发起人的申请,批准成立项目公司,并通过特许权协议,授予项目公司特许权。项目公司股东之间签订股东协议,项目公司与财团签订融资等主合同以后,项目公司再与 BOT 项目建设、运营等各参与方签订子合同,提出开工报告。

(2)实施阶段

实施阶段包括 BOT 项目建设与运营阶段。在建设阶段,项目公司通过顾问咨询机构,对项目组织设计与施工,安排进度计划与资金营运,控制工程质量与成本,监督工程承包商,并保证财团按计划投入资金,确保工程按预算、按时完工。在项目运营阶段,项目公司的主要任务是要求运营公司尽可能边建设、边运营,争取早投入、早产出,特别要注意外汇资产的风险管理及现金流量的安排,以保证按时还本付息,并最终使股东获得一定的利润。同时,在运营过程中要注意项目的维修与保养,以期项目最大效益地运营以及最后顺利地移交。

(3)移交阶段

在特许期期满时,项目公司把项目移交给东道国政府。项目移交包括资产评估、利润分红、债务清偿、纠纷仲裁等。这个过程比较复杂,由于项目特许期较长,到目前为止,已完成BOT项目全过程的项目尚少,因此,此阶段的经验尚待总结。

总之,BOT模式迄今为止仍然是一种出现时间较短的项目融资模式,在项目融资中表现出无限的发展潜力,对解决大型基础设施建设财政资金不足问题提出了一种创新模式。由于BOT模式涉及面广,融资结构复杂,融资成本较高,且对于不同国家、不同项目没有固定的模式可循,因此能否在我国的基础设施项目建设中大规模地加以利用以及如何进行创新,还是一个有待探讨的问题。

相关链接

英法海峡隧道工程项目融资

1.项目概况

1984年,英、法两国政府正式签订协议,决定在英吉利海峡建设一条连接两国的隧道。隧道建设规模宏大、技术复杂,从英国的佛克斯通(FOLKSTONE)到法国的爱斯佛德(ASG—FORD)全长50千米,其中海底部分38千米,建成后从英国到法国的时间可缩短到35分钟。英、法两国政府决定建设隧道工程后,就对项目建设的"特许权"进行了招标。当时,有4个专门为建设隧道而组织起来的公司参加了投标。它们分别向政府报送了隧道的筹资和建设方案。最后,由欧洲隧道公司(EUROTUNNEL,它由英国的海峡隧道工程集团——一个由英国银行和承包商共同组建的财团,和法国的法兰西—曼彻公司——一个由法国银行和承包商共同组建的财团联合组成)中标,取得了建设的"特许权",成为隧道工程项目的业主单位。

该项目特许经营期为55年(其中包括计划为7年的施工期),是目前世界上特许经营期最长的一个BOT项目。特许经营权协议是在1987年由英、法两国政府签订的。

承发包方式:固定总价和目标造价合同。欧洲隧道公司承担了海峡隧道的全部建设风险,并准备了一笔17亿美元的备用贷款。这就为其承包商提供了签订建设承包合同的有利条件,而这些承包商同时又是股东发起人。49亿美元的陆上建筑工程的一半按固定价格(即总价)承包,隧道自身则按目标造价承包,欧洲隧道公司将把实际费用加固定费(目标值的12.36%)支付给承包商。此项费用估算为25亿美元。如果隧道以低于目标造价完成,承包商将得到全部节约额的一半。如果实际造价超出预定目标值,承包商必须支付规定的违约金。此外,由于不可预见的水底状况、设计及技术规格的变更以及通货膨胀,其合同将受到价格调整的影响。

项目计划总投资92亿美元(在施工过程中已增加到120亿美元),建设工期从1988年开工到1995年竣工。建设工期的风险在于,施工工期加长会使经营期相对缩短,并且将会直接影响到该项目的收益和债务的偿还。这就有可能将欧洲隧道公司置于风险之中,因为该公司到期若不能偿还银行规定的额度时,银行可以行使自己的权利对该公司进行清理并出售其资产。

2.融资情况

英国的经济与一些发展中国家相比,具有比较大的国内投资市场,包括较大的股票市场和资本市场。在英国,依靠项目公司在股市发行股票,或者筹集私营投资者的资金的办法,在国内市场上就可以从投资者手中为BOT项目筹集到足够的资金。正常的做法是提供较高的回报率,以补偿该项目的风险和投资期过长的损失。因此,该项目就地融资,英、法两国政府不做外泄风险担保。

为BOT项目筹款是项目发起人最重要的业务之一。如前所述,筹资总额达92亿美元,使该项目成为到目前为止由私营团体筹款最大的基础设施建设项目。在海峡隧道工程投资过程中,关于融资工作要求欧洲隧道公司坚持政府提出的三个条件:①政府对贷款工作担保;②该项目将按有限的追偿权,100%地由私营团体筹资,交付发起人使用,债务由完成的项目收益来偿还;③该团体必须筹资约20%的股票投资,即17.2亿美元的现金。

除此之外,74亿美元贷款将从209家国际银行(历史上最大的地区性私营银行联合体)筹措。筹款之初,14家初期项目的承包商和银行首先赞助8000万美元。同时,在4个发行地点成功地筹集到大批以英国英镑和法国法郎计算的股票投资。图6-5为该项目的组成结构,表6-5列举了该项目的资金来源。

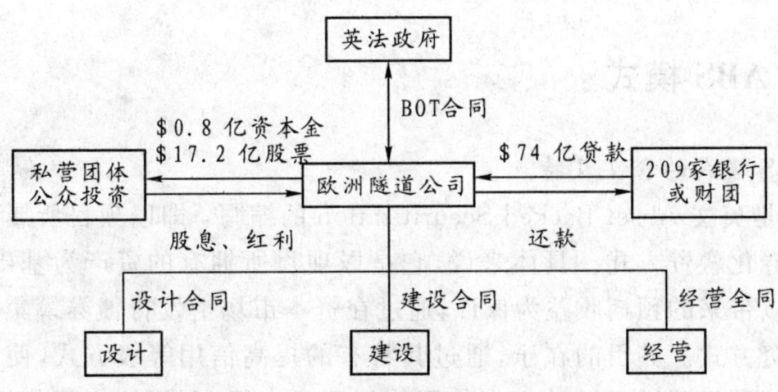

图 6-5　英法海峡隧道的项目结构

表 6-5　英、法海峡隧道项目资金来源

资金结构	资金来源	金额(亿美元)	备　注
股票	银行与承包商	0.8	股东发起人
	私营团体	3.7	第 1 部分(1986 年末)
	公众投资	8.0	第 2 部分(1987 年末)
	公众投资	2.75	第 3 部分(1988 年末)
	公众投资	2.75	第 4 部分(1989 年末)
借款	商业银行	68	主要贷款
	商业银行	17	备用贷款
总　计		103	

3. 政府担保情况

与其他的 BOT 项目发起人相比，欧洲隧道公司从英、法两国政府得到的担保是最少的。这是由于英国政府要求建设、筹款或经营的一切风险均由私营部门承担。除特许期较长外，政府没有向该公司提供支持贷款、最低经营收入担保、经营现有设施特许经营权、外汇及汇率担保，仅仅提供了商务自主权和“无二次设施”的担保。

在现有的 BOT 项目中，唯一为欧洲隧道公司提供的是充分的商务自主权担保，包括自主地确定其税率。因而，欧洲隧道公司的一般收入来自它的铁路协议，即利用隧道的国家铁路将伦敦同目前尚未充分开发的欧洲高速铁路网连接起来。其他收入将来自对过往隧道铁路商业车辆的收费。此外，欧洲隧道公司要求政府许可的一个条件就是 33 年内不设横跨海峡的二次连接设施。

6.5.3 ABS 模式

1. ABS 模式的含义及特点

ABS 是英文 Asset-Backed-Securitization 的缩写，即以项目所属的资产为支撑的证券化融资方式。具体来说，它是以项目所拥有的资产为基础，以该项目资产可以带来的预期收益为保证，通过在资本市场上发行债券筹集资金的一种项目融资方式。其目的在于，通过其特有的提高信用等级方式，使原本信用等级较低的项目照样可以进入高信用等级证券市场，利用该市场信用等级高、债券安全性和流动性高、债券利率低的特点大幅度降低发行债券筹集资金的成本。

ABS 模式的特点主要表现在：

(1)在证券市场发行债券筹集资金

通过证券市场发行债券筹集资金，是 ABS 不同于其他项目融资方式的一个显著特点，无论是产品的支付、融资租赁，还是 BOT 融资，都不是通过证券化进行融资的，而证券化融资则代表着项目融资的未来发展方向。

(2)分散投资风险

由于 ABS 方式隔断了项目原始权益人自身的风险和项目资产未来现金收入的风险，使其清偿债券本息的资金仅与项目资产的未来现金收入有关，加之在国际证券市场发行的债券是由众多的投资者购买，从而分散了投资风险。

(3)不受原始权益人资产质量的限制

由于 ABS 是通过发行高档投资级债券募集资金，这种负债不反映在原始权益人自身的资产负债表上，从而避免了原始权益人资产质量的限制。同时利用成熟的项目融资改组技巧，将项目资产的未来现金流量包装成高质量的证券投资对象，充分显示了金融创新的优势。

(4)SPC 提供信用担保

作为证券化项目方式融资的 ABS，债券的信用风险得到了 SPC 的信用担保，是高档投资级证券，并且还能在二级市场进行转让，变现能力强，投资风险小，因而具有较大的吸引力，易于债券的发行和推销。同 BOT 方式相比，ABS 融资方式涉及的环节比较少，从而最大限度地减少佣金、手续费等中间费用，使融资费用降到较低水平。

(5)通过国际证券市场筹资

由于 ABS 方式是在国际证券市场筹资，其接触的多为国际一流的证券机构，能抓住国际金融市场的最新动态，按国际上规范的操作规程运作。

(6)筹资成本较低

由于这种融资方式是在国际证券市场筹资，利息率一般比较低，降低了筹资成本。而且国际证券市场容量大，资金来源渠道多样化，因此，ABS方式特别适合大规模筹集资金。

2. ABS模式的基本要素

资产支持证券化融资的基本构成要素主要由以下几方面组成：

(1)标准化的合约

制定标准化合约必须审慎，因为该合约使所有的参与方确信：为满足契约规定的义务，该担保品的存在形式应能够提供界定明确而且在法律上可行的行为。

(2)资产价值的正确评估

在信贷资产证券化业务中，通过银行家的尽职调查，向感兴趣的各方提供关于该项目风险性质的描述和恰当的价值评估。

(3)具有历史统计资料的数据库

对于拟证券化的资产在过去不同情况下的表现，必须提供一份具有历史统计资料的数据，以使各参与方据此确定这些资产支持证券的风险程度。

(4)适用法律的标准化

证券化融资需要以标准的法律为前提。美国第一银行曾发行过AAA级抵押支持转递证券，最后以失败而告终，其原因主要是它未能满足美国所有各州所要求的法定投资标准。

(5)确定中介机构

这一点对于证券化融资是非常关键的。不应因金融中介机构的破产或服务权的转让而造成投资者的损失。

(6)可靠的信用增级措施

证券化融资的重要特点是可以通过信用增级措施发行高档债券，以降低项目融资的成本。因此，如果没有可靠的资信较高的信用增级措施，资产支持证券化融资是很难操作的。

(7)数据网络模型

用以跟踪现金流量和交易数据的计算机模型也是促进证券化交易增长的重要基础。

3. ABS模式的组织结构

(1)发起人

发起人是被证券化的项目相关资产的原始所有者，也是资金的最终使用者。对于项目收益资产证券化来说，发起人是指项目公司，它负责项目收益资产的出售、项目的开发建设和管理。而对于项目贷款资产证券化来说，发起人一般包括：①商业银行，其主要功能是吸收存款、管理贷款；②抵押银行，主要功能是发放抵押贷款并在二级市场销售；③政府机构，尽管提供的贷款少，但发挥的作用很大。

一般情况下，发起人的主要作用是：①收取贷款申请；②评审借款人申请抵押贷款的资格；③组织贷款；④从借款人手中收取还款；⑤将借款还款转交给抵押支持证券的投资者等。

发起人的收入来源主要是：①发起费，以贷款金额的一定比例表示；②申请费和处理费；③二级销售利润，即发起人售出抵押贷款时其售价和成本之间的差额。

发起人也可以是证券的出售人和承销商，因为对发起人来说，保留证券的承销业务可获得一定的费用收入。

发起人一般通过真实出售或所有权转让的形式把其资产转移到资产组合中。尽管发起人破产并不直接影响资产支持证券的信用，但发起人的信誉仍然是需要考虑的一个重要因素。因为如果发起人的信誉恶化，那么就会影响包括发起人的资产在内的担保品的服务质量。

(2)服务人

服务人通常由发起人自身或指定的银行来承担。服务人的主要作用体现在两个方面：①负责归结权益资产到期的现金流，并催讨过期应收款；②代替发行人向投资者或投资者的代表受托人支付证券的本息。

服务的内容包括收集原借款人的还款，以及其他一些为担保履行还款义务和保护投资者的权利所必需的步骤。因此，资产支持证券的大多数交易与服务人的信用风险存在着直接的关系，因为服务人持有要向投资者分配的资金。信用风险的高低是由服务人把从资产组合中得到的权益转交给投资者时的支付频率决定的。

(3)发行人

作为发行人来说，它可以是中介公司，也可以是发起人的附属公司、参股公司或者投资银行。有时，受托管理人也承担这一责任，即在证券化资产没有卖给上述的公司或投资银行时，它常常被直接卖给受托管理人。该受托管理人是一个信托实体，其创立的唯一目的就是购买拟证券化的资产和发行资产支持证券。该信托实体控制着作为担保品的资产并负责管理现金流的收集和支付。信托实体通常就是发起人的一家子公司，或承销本次证券发行的投资银行的一家子公司。在某些情况下，由于单个发起人的资产不足以创造一个合格的资产组合，这时就要由几个发起人的资产共同组成一个资产的组合。

当发行人从原始权益人手中购得权益资产在未来收取一定现金流的权利后，就要对其进行包装，然后以发行证券的方式在二级市场上将之出售给投资者。ABS的主要类型之一就是住房抵押贷款，而在资产证券化最早出现的美国，充当住房抵押贷款支持证券发行人的主要机构有两类：一类是政府性质的机构，如：联邦国民抵押协会，通过购买无政府保险的住房抵押贷款并使之证券化；政府国民抵押协会，使有担保的住房抵押贷款证券化；联邦住房抵押公司，通过购买未经政府保险但经私人保险的常规抵押贷款，并以之为担保在资本市场上发售债券。另一类是非政府性质的机构，如住房融资公司等，它们购买不符合联邦国民抵押协会等政府性质机构有关条件的住房抵押贷款并使之证券化。

(4)证券商

ABS由证券商承销。证券商或者向公众出售其包销的证券，或者私募债券。作为包销人，证券商从发行人处购买证券，再出售给公众。如果是私募债券，证券商并不购买证券，而只是作为发行人的代理人，为其成功发行提供服务。发行人和证券商必须共同合作，确保发行结构符合法律、财务会计、税收等方面的要求。

(5)信用增级机构

在资产证券化过程中，一个关键的环节就是信用增级，而信用增级主要由信用增级机构完成。从某种意义上说，资产支持证券投资者的投资利益能否得到有效的保护和实现，主要取决于证券化产生的信用保证。所谓信用增级，即信用等级的提高，经信用保证而得以提高等级的证券将不再按照原发行人的等级或原贷款抵押资产等级进行交易，而是按照担保机构的信用等级进行交易。

信用增级一般采取内部信用增级和外部信用增级两种方式：发行人提供的信用增级即内部信用增级；第三者提供的信用增级即外部信用增级。

(6)信用评级机构

信用评级机构是依据各种条件评定ABS等级的专门机构。ABS的投资人依赖信用评级机构为其评估资产支持证券的信用风险和再融资风险。世界上主要的评级机构有穆迪、标准普尔等公司，这些评级机构的历史记录和表现一直很好，特别是在资产支持证券领域口碑更佳。信用评级机构须持续监督资产支持证券的信用评级，根据情况变化对其等级进行相应调整。证券的发行人要为评级机构支付服务费用，因为如果没有评级机构的参与，这些结构复杂的资产支持证券可能就卖不出去。当有评级机构参与时，投资者就可以把投资决策的重点转移到市场风险和证券持续期的考虑上。所以，信用评级机构是证券化融资的重要参与者之一。

发行人需要评级机构的评级是因为他们希望所发行证券的流通性更强，其支付的利息成本更低。当投资者通过评级系统的评级而相信了证券的信用质量时，他们对投资的收益要求通常就会降低。许多受到管制的投资者未被允许购买那些级别较低的证券，更不能购买那些未经评级的证券。证券评级机构的存在拓宽了投资者的投资范围，创造了对证券的额外需求，对发行人来说，节省的成本将非常可观。

(7)受托管理人

在资产证券化的操作中，受托管理人充当着服务人与投资者的中介，也充当着信用强化机构和投资者的中介。受托管理人的职责主要体现在三个方面：①作为发行人的代理人向投资者发行证券，并由此形成自己收益的主要来源；②将借款者归还的本息或权益资产的应收款转给投资者，并且在款项没有立即转给投资者时有责任对款项进行再投资；③对服务人提供的报告进行确认并转给投资者。当服务人不能履行其职责时，受托人应该并且能够起到取代服务人角色的作用。

4. ABS模式的运行程序

ABS是在资本市场通过发行债券筹集资金的。按照规范化的证券市场运作方式，在证券市场发行债券，必须对发债主体进行信用评级，以确定债券的投资风险和信用水平。债券的筹集成本和信用等级密切相关，信用等级越高，表明债券的安全性越高，债券的利率越低，从而使通过发行债券筹集资金的成本越低。因此，利用证券市场筹集资金，一般都希望进入高档投资级证券市场。但是，对于不能获得权威资信评估机构评定较高级别信用等级的企业或其他机构，将无法进入高档投资级证券市场。ABS运作的独到之处就在于，通过信用增级计划，使得没有获得信用等级或信用等级较低的机构，照样可以进入高档投资机构市场，通过资产的证券化筹集资金。ABS融资方式的具体运作过程主要包括以下几个方面：

(1)组建SPC(Special Purpose Corporation)

即组建一个特别用途的公司SPC。该机构可以是一个信托投资公司、信用担保公司、投资保险公司或其他独立法人。该机构应能够获得国际权威资信评估机构较高级别的信用等级(AAA或AA级)，由于SPC是进行ABS融资的载体，成功组建SPC是ABS能够成功运作的基本条件和关键因素。

(2)SPC与项目结合

SPC与项目结合指SPC寻找可以进行资产证券化融资的对象。一般来说，投资项目所依附的资产只要在未来一定时期内能带来现金收入，则都可以进行ABS融资。它们可以是贷款本息回收、房地产的未来租金收入、飞机和汽车等未来运营的收入、项目产品出口贸易收入、港口及铁路的未来运费收入、收费公路及其他公用设施收费收入、税收及其他财政收入等。拥有这种未来现金流量所有权的企业(项目公司)成为原始权益人。这些未来现金流量所代表的资产,是 ABS 融资方式的物质基础。

在进行 ABS 融资时,一般应选择未来现金流量稳定、可靠,风险较小的项目资产。一般情况下,这些代表未来现金收入的资产,本身具有很高的投资价值,但由于各种投资条件的限制,它们自己无法获得权威资信评估机构授予的较高级别的资信等级,因此无法通过证券化的途径在资本市场筹集建设资金。而 SPC 与这些项目的结合,就是以合同、协议等方式将原始权益人所拥有的项目资产的未来现金收入的权利转让给 SPC,转让的目的在于将原始权益人本身的风险割断,这样 SPC 进行 ABS 方式融资时,其融资风险仅与项目资产未来现金收入有关,而与建设项目的原始权益人本身的风险无关。在实际操作中,为了确保与这种风险完全隔断,SPC 一般要求原始权益人或有关机构提供充分的担保。

(3)利用信用增级手段使该资产获得预期的信用等级

为此就要调整项目资产现有的财务结构,使项目融资债券达到投资级水平,达到 SPC 关于承保 ABS 债券的条件要求。SPC 通过提供专业化的信用担保进行信用升级。信用增级的渠道有:利用信用证、开设现金担保账户、直接进行金融担保。之后,委托资信评估机构,对即将发行的经过担保的 ABS 债券在还本付息能力、项目资产的财务结构、担保条件等方面进行信用评级,确定 ABS 债券的资信等级。

(4)SPC 发行债券阶段

SPC 直接在资本市场上发行债券募集资金,或者 SPC 通过信用担保,由其他机构组织债券发行,并将通过发行债券筹集的资金用于项目建设。由于 SPC 一般均获得国际权威性资信评估机构的 AAA 级或 AA 级信用等级,按照信用评级理论和惯例,由它发行的债券或通过它提供信用担保的债券,也自动具有相应的信用等级。这样 SPC 就可以借助于这一优势在国际高档投资级证券市场,以较低的资金成本发行债券,募集项目建设所需资金。

(5)SPC 的偿债阶段

由于项目原始收益人已将项目资产的未来现金收入权利让渡给 SPC,因此 SPC 就能利用项目资产的现金收入量,清偿它在国际高档投资级证券市场上所发行债券的本息。

ABS 模式运行过程如图 6-6 所示。

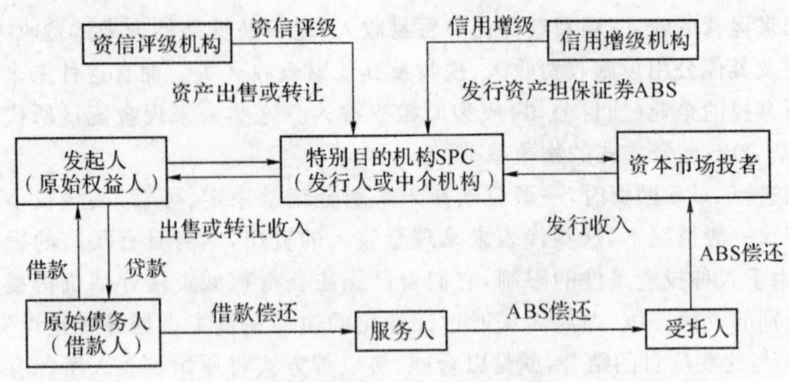

图 6-6　ABS 运行过程示意图

5. ABS 模式在我国的应用

ABS 融资由于能够以较低的资金成本筹集到期限较长、规模较大的项目建设资金,因此对于投资规模大、周期长、资金回报慢的城市基础设施项目来说,是一种理想的融资方式,在电信、电力、供水、排污、环保等领域的基本建设、维护、更新改造以及扩建项目中,ABS 得到了广泛的应用。这种有效的新型融资方式,在我国具有广阔的发展前景。

(1)我国引入 ABS 融资方式的可行性

30 年的改革开放,使我国经济得到了巨大的发展,取得了令世人瞩目的成绩。进入 21 世纪后,为了实现我国经济发展的战略目标,需要投入大量资金以适应国内经济的迅速发展,而传统的招商引资方式和现有的融资渠道,已不能满足我国经济迅速发展对资金的大量需求。如何开拓新的融资渠道,提高引资质量和效益已成为我国经济发展中越来越重要的问题。近几年,我国有关方面开始注意到了利用项目融资引进外资的方式。在这种情况下,ABS 融资方式将给我国的资本市场注入活力,成为我国项目融资的一种现实选择。

首先,我国经济建设巨大的资金需求和大量优质的投资项目为 ABS 融资提供了广阔的应用空间和物质基础。高速的经济增长使我国经济具有比较强的投资价值。随着我国经济持续、快速、健康发展,大量的收入稳定、回报率高的投资项目不断涌现,这些优质的投资项目是 ABS 融资对象的最理想选择。当前,国外一些较大的金融中介机构纷纷看好我国的 ABS 项目融资市场,主要就是受此吸引。

其次,我国已经初步具备了 ABS 融资的法律环境。长期以来,由于我国有关金融方面的法律不健全,国际资本市场上成熟的融资工具和融资模式在我国无法运作,因而丧失了许多利用国际资本的机会。据统计,日本、西欧和美国的巨额单位信托、互惠基金、退休福利、医疗保险等基金日益增长，已经达到了近万亿美元，但这些资金鉴于其低风险、无亏损的投资标准和规定，大都不愿意或不能进入我国市场。随着《担保法》、《票据法》、《保险法》、《信托法》、《证券法》等法律的相继出台，标志着我国的投资法律环境正不断得到改善，也为开展ABS融资构筑了必要的法律框架。

再次，ABS融资方式摆脱了信用评级限制，拓宽了现有的融资渠道。进入国际证券投资市场，必须获得国际认可的几家评级机构的信用等级。而我国一直被西方国家认为存在较大的国家政治风险，再加上其他经济方面的原因，使得我国的国家主权信用评级一直不高，而企业的信用评级则更低，致使我国企业无法进入该市场进行融资。而ABS融资方式通过信用担保和信用增级计划，使我国的企业和项目进入该市场成为可能。同时，ABS融资方式又是一种通过民间的、非政府的途径，按照市场经济规则运作的融资方式，随着我国金融市场的不断成熟，ABS方式会得到广泛认可，从而拓宽现有的融资渠道。

最后，利用ABS进行融资，有利于我国尽快进入高档次的项目融资领域。由于ABS融资方式是在国际融资市场上通过证券化进行的融资，从而使我国有机会直接参与国际融资市场，学习国外证券市场的运作及监管的经验，了解国际金融市场的最新动态。同时，通过资产证券化进行融资，也是项目融资的未来发展方向。开展ABS融资，将极大拓展我国项目融资的活动空间，加快我国的项目融资与国外资本市场融合的步伐，并促进我国外向型经济的发展。

(2)我国利用ABS融资方式要解决的几个问题

ABS作为一种新型的项目融资方式虽然开展的时间不长，但已被实践证明是有效的，它在美国、西欧和日本等国都获得了比较好的发展。从我国目前的实际看，开展ABS融资方式还存在一些限制因素。为了促进ABS融资活动的开展，应对以下问题加以重视并解决。

第一，SPC的组建问题。成功组建SPC是ABS能够成功运作的基本条件和关键因素。但组建的SPC只有在国家主权信用级别较高的国家，如在美国、日本和西欧等经济发达国家注册，并具有雄厚的经济实力和良好的资产质量，才能获得国际权威资信评估机构授予的较高资信等级。因此，我国应该选择一些有实力的金融机构、投资咨询机构，通过合资、合作等方式进入国外专门为开展ABS融资而设立的信用担保机构、投资保险公司、信托投资公司中，成为SPC的股东或发起人，为我国在国际市场上大规模开展ABS融资奠定良好的基础。

第二，法律、政策限制的问题。虽然我国形成了ABS融资的基本法律框架，但由于ABS属于高档投资级的证券融资，原始权益人、投资者和项目的其他参与者的权益和责任是通过法律合同详细规定的，因此现有法律法规远远不能适应ABS融资的要求。为此要根据我国的国情和国际惯例,加快相关立法,制定一套适合ABS融资的法律法规。同时,我国目前对资本项目还实行管制,国家对ABS债券融资方式不可能一下子放开,只能逐步试点,取得经验,再一点点普及,为我国经济发展提供较低成本的资金。

第三,税收问题。ABS融资方式是以项目资产的未来收益偿还发行债券的本息的,而我国的增值税、营业税、印花税、所得税等税目、税率都与国际惯例有区别,从而影响到ABS融资在我国的发展,为此要按照国际惯例进行税制改革。

第四,人民币汇率问题。把采用ABS方式所筹集的资金用于项目建设,但项目本身的产品却可能很少出口创汇,其所得收益主要表现为本国货币,而SPC为清偿债券的本息,必然要把本币兑换为外币汇出境外。但目前我国还没有实现人民币在资本项目下的自由兑换,这在一定程度上制约了ABS融资方式的开展。因此,要利用当前我国外汇储备充足的有利时机,保证ABS项目的外汇兑换,以增强外商对我国进行ABS方式投资的信心。

第五,人才培养问题。目前我国缺少ABS研究、管理的专门人员,也缺少这方面的法律人才。因此,必须加快ABS方面的人才培养,深入研究ABS融资方式的方法和经验,促进我国经济更快地发展。

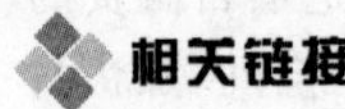

珠海高速公路证券化

1996年8月,珠海市人民政府在开曼群岛注册了SPC公司——珠海公司公路有限公司,成功地利用美国证券法144A发行了资产抵押债券。该SPC公司以珠海高速公路的机动车收费作为担保,发行了2亿美元债券,并通过内部信用增级的方式分为两部分:年利率为9.125%的10年期优先级债券和年利率为11.5%的12年期次级债券。债券资金筹资成本总体上低于当时的商业银行融资成本。该债券发行由中国国际金融公司进行策划,该债券的特点是国内资产境外证券化。

6.5.4 BOT模式与ABS模式的比较

BOT模式与ABS模式都适用于基础设施建设项目,但两者在运作过程中的特点及对经济的影响等方面存在一定的差异。

1. 运作难度和融资成本方面

BOT 融资模式操作较为复杂、难度大，特别是前期准备阶段，必须经过确定项目、项目准备、招标、谈判、签署有关文件合同、维护和移交等阶段，涉及政府的许可、审批，以及外汇担保等诸多环节。牵扯的范围大，不易实施，而其前期融资成本也因中间环节的增加而提高。

ABS 融资运作相对简单，牵涉到原始受益人、特设信托机构 SPC、投资者、证券承销商等几个主体，无须政府的特许及外汇担保，是一种主要通过民间的非政府的途径运作的融资方式。既实现了操作的简单化，又可通过资产结构重组、超额担保、准备金账户和第三方担保等一系列信用证及方式提高信用等级，并通过信用评级制度，发行高档债券，使融资成本大大降低。

2. 投资风险方面

BOT 项目投资人一般都为企业或金融机构，其投资是不能随便放弃和转让的，每一个投资者承担的风险相对较大。同时由于其投资大、周期长，在其建设运营过程中易受政府政策、市场环境等非金融因素的影响，有较大风险。

ABS 项目的投资者一般为国际资本市场上的债券购买者，其数量众多，这就极大地分散了投资的风险，使每一个投资者承担的风险相对较小，而且，这种债券还可以在二级市场上转让，具有较高的资信等级，这使得其在资本市场上风险较小，对投资者具有较大的吸引力。

3. 项目运营方面

BOT 的所有权、运营权在特许期内属于项目公司，特许期届满，所有权移交给政府。因此，通过外资 BOT 进行基础设施项目融资可以带来国外先进的技术和管理，但会使外商掌握项目控制权。

ABS 模式中，项目资产的所有权根据双方签订的买卖合同由原始权益人即项目公司转至特殊目的公司 SPC。在债券的发行期内，项目资产的所有权属于 SPC，而项目的运营、决策权属于原始权益人，原始权益人有义务把项目的现金收入支付给 SPC。待债券到期，由资产产生的收入还本付息，支付各项服务费之后，资产的所有权又复归原始权益人。

4. 项目融资的对象方面

BOT 融资对象主要是一些具有未来收益能力的单个新建项目，如：公路、桥梁等，而且该项目在融资时尚未建成，政府部门主要是通过 BOT 方式为该项目的建设筹集资金。

ABS 融资中项目资产虽然和 BOT 一样，也必须具有稳定的、长期的未来收益，但这些项目资产还可以是许多已建成的良性资产的组合，政府部门可以运用 ABS 方式以这些良性资产的未来收益作为担保，为其他基础设施项目融资。

因此，用 ABS 方式融资不仅可以筹集大量资金，还有助于盘活许多具有良好收益的固定资产。

5. 适用范围方面

BOT 方式一般适用于那些竞争性不强的行业，在基础设施领域内，只有那些通过对用户收费获得收益的设施或服务项目才适合 BOT 方式。其实质是特许期内的民营化，因此，对那些关系国计民生的重要部门，是不宜采用这种方式的。

ABS 模式在债券的发行期内，项目的资产所有权虽然归 SPC 所有，但项目资产的运营和决策权依然归原始权益人所有。SPC 拥有项目资产的所有权，只是为了实现“资产隔离”，实质上 ABS 项目资产只是以出售为名，而行担保之实。因此，在运用 ABS 方式时，不必担心项目是关系国计民生的基础设施而被外商控制，凡有可预见的稳定的未来收益的基础设施资产，经过一定的结构重组都可以证券化。相比较而言，在基础设施领域，ABS 方式的适用范围要比 BOT 方式广泛。

 复习思考题

1. 项目融资主体如何确定？
2. 常见的项目融资方式有哪两种？各有什么特点？
3. 简述项目资本金的特点及其来源。
4. 简述项目债务资金的特点及其来源。
5. 既有法人内部融资的渠道和方式有哪些？
6. 什么是可转换债券？它有什么特点？
7. 如何计算资金成本？
8. 如何分析资金结构？
9. 如何进行项目融资风险评估？
10. 项目融资的主要参与者有哪些？
11. 项目融资的基本特点是什么？
12. 简述 PPP 模式、BOT 模式、ABS 模式的含义和特点。
13. 简述 PPP 模式、BOT 模式、ABS 模式的组织结构。
14. BOT 特许权协议的基本条款有哪些？
15. 比较 BOT 模式和 ABS 模式优缺点。

第7章 项目财务评估

学习目标

1. 理解财务评估的含义、目标、原则和方法；
2. 理解财务评估的步骤、主要影响因素和采用的价格；
3. 掌握财务效益和费用的估算；
4. 学会财务效益评估报表的编制；
5. 掌握财务效益评估指标的概念、计算及评价。

7.1 财务评估概述

7.1.1 财务评估的含义和目标

1. 财务评估的含义

项目的运作过程是一定的物流、信息流和资金流的运动和转化过程。从物质形态上看，项目运行表现为各种实物因素（如原材料、机器设备及产成品等）的投入和产出；从货币形态上看，项目运行表现为一定量的资金流动，即从资金的流出到资金的回收和增值。对投资项目进行财务评估，其出发点就是对项目运行中资金流动的成本和收益情况的评估。财务评估是项目评估的一项重要内容，任何一个投资项目都涉及在财务方面是否可行和如何优化的问题，因此都必须进行项目的财务评估。

财务评估是指依据国家现行的财税制度、现行的价格体系，分析计算项目投资、成本、收入、税金和利润等财务效益和费用，编制财务评估报表，计算财务评价指标，考察项目建成投产后的盈利能力、偿债能力和财务生存能力等，判断项目的财务可行性，明确项目对财务主体的价值以及对投资者的贡献，为投资决策、融资决策及银行贷款决策提供依据。

与一般企业的财务状况评估不同，项目财务评估主要是面向未来，利用预测得到的有关项目未来运行的财务数据，进行可行性评估。它一般对项目整个生命周期的财务总体状况进行评估，应使用考虑资金时间价值的动态方法，同时进行盈亏平衡分析、敏感性分析和概率分析。财务评估结论是项目决策的最重要的依据之一。

2.财务评估的目标

项目财务评估的基本目标是分析评估项目的基本生存能力、盈利能力、偿债能力和抗风险能力等。

(1)项目的基本生存能力

根据项目财务现金流量表，考察项目计算期内各年的投资活动、筹资活动和经营活动所产生的各项现金流入和流出，计算净现金流量和累计盈余资金，分析项目是否有足够的净现金流量维持正常运营。各年累计盈余资金不应出现负值，出现负值时应进行短期融资。项目生产期间的短期融资应体现在财务现金流量表中。

(2)项目的盈利能力

盈利能力就是指项目投资的盈利水平，是反映项目财务效益的主要标志。应从两方面进行评估：一方面，评估项目达到设计生产能力的正常生产年份可能获得的盈利水平，即按静态分析方法计算项目正常生产年份的企业利润及投资收益率评估盈利能力；另一方面，评估项目整个寿命期内的总盈利水平，即按动态方法(考虑资金时间价值)，计算项目整个寿命期企业的财务收益和总收益，如采用财务净现值和财务内部收益率等指标分析评估项目寿命期内所能达到的实际财务收益。

(3)项目偿债能力

偿债能力就是指项目按期偿还到期债务的能力。通常表现为借款偿还期，对于已约定借款偿还期限的投资项目，还应采用利息备付率和偿债备付率指标分析项目的偿债能力，这些都是银行进行项目贷款决策的重要依据，也是评估项目偿债能力的重要指标。

(4)项目投资的抗风险能力

通过不确定性分析和风险分析，预测风险客观因素变动对项目盈利能力的影响，检验不确定性因素的变动对项目投资收益率、净现值、内部收益率、投资回收期和借款偿还期等评价指标的影响程度，评估投资项目承受各种投资风险的能力，提高项目投资的可靠性和盈利水平。

7.1.2 财务评估的意义

1.财务评估是项目投资决策的重要依据

通过财务评估,能分析拟建项目的基本生存能力、盈利能力、偿债能力和抗风险能力,进而为投资者的投资决策提供了科学的依据,也为项目实施后加强经营管理,提高经济效益打下了良好的基础。

2.财务评估是银行提供贷款决策的重要依据

通过财务评估,银行可科学地分析项目的偿债能力,从而正确地作出贷款决策,以保证银行资金的安全性、流动性和盈利性。同时,也可促使银行不断积累项目贷款的经验,提高贷款决策科学化、规范化水平,提高贷款的使用效益,以实现资金的最大增值。

3.财务评估是有关部门审批项目的重要依据

在市场经济中,项目的生存和发展主要取决于其自身的财务效益。因此,有关部门在审批拟建项目时,往往将财务效益作为重要依据。同时,财务效益评估也是国民经济评估的基础。

7.1.3 财务评估的原则和方法

1.财务评估的原则

(1)遵守现行财务、会计以及税收制度

由于财务效益与费用的识别和估算是对将来情况的预测,经济评价中允许有别于财会制度的处理,但是要求财务效益与费用的识别和估算在总体上与会计准则和税收制度相适应。

(2)遵守有无对比的原则

"有无对比"是国际上项目评估中通用的基本原则,与项目评估的许多方面一样,财务评估同样需要遵循这条原则。所谓"有项目"是指实施项目后的将来状况,"无项目"是指不实施项目时的将来状况。在识别项目的效益和费用时,须注意只有"有无对比"的差额部分才是由于项目的建设增加的效益和费用。采用有无对比的方法,是为了识别那些真正应该算做项目效益的部分,即增量效益,排除那些由于其他原因产生的效益;同时也要找出与增量效益相对应的增量费用,只有这样才能真正体现项目投资的净效益。

(3)效益和费用计算口径一致的原则

财务评估只计算项目本身的直接效益和直接费用,不考虑外部的间接效益和间接费用。因此，在财务评估时，应注意效益和费用的计算口径、价值尺度相一致，在合理确定的项目范围内，对等地估算财务主体的直接效益以及相应的直接费用，避免人为地扩大效益和费用的计算范围，使得效益与费用缺乏可比性。

(4)静态与动态相结合，以动态为主的原则

静态分析是一种不考虑资金时间价值，只根据项目某一年或某几年的盈利状况进行盈利能力和偿债能力分析的方法。它具有计算简便、指标直观、容易理解掌握的特点，但也存在计算结果不够客观实际，不能正确反映资金的时间价值因素，从而不能真正评估项目财务真实效益等缺点。而动态分析正好弥补了静态分析的缺点，是一种充分考虑资金时间价值因素，根据项目整个经济寿命期各年的现金流入量和流出量进行效益分析的方法，尽管动态分析的计量过程复杂，但计算出的指标能够较为准确地反映拟建项目的财务效益。因此，在财务评估中，应坚持以动态为主，静态和动态相结合的原则。

2. 财务评估的方法

(1)静态法

静态法是一种简单易行的分析方法，它没有考虑项目在整个经济寿命期内各年的获利能力，也没有考虑资金时间价值因素对项目盈利能力和偿债能力的影响。尽管它具有计算简便、指标直观、容易理解掌握的特点，但结果不够准确。在财务评估中，运用静态法计算的主要指标包括：投资利润率、投资利税率、资本金利润率、投资回收期、借款偿还期、资产负债率、流动比率、速动比率等。

(2)动态法

动态法是一种较静态法复杂，但结果更准确的分析方法，它考虑了项目在整个经济寿命期内现金流量的变化情况及其经济效益，考虑了资金时间价值因素，因而避免了静态法的缺点，评估结果比较客观实际、精确可靠。在财务评估中，运用动态法计算的主要指标包括：净现值、动态投资回收期、内部收益率等。

7.1.4 财务评估的步骤

1. 收集财务基础数据

根据财务评估的需要，收集相关的各种数据和参数，包括国家有关的财务和税收规定，项目的造价、运营与维护等方面的成本数据。

2. 预测财务数据

财务评估是对一个项目整体经济活动的评估。作为一种事前评估，项目财

务基本数据多数是预测得到的，即通过预测项目的市场前景、项目的收益与成本得出相应的财务分析数据，包括：固定资产投资估算、流动资金投资估算；项目产品产量和销量的预测；项目产品销售价格和销售收入的预测；项目产品生产成本及税金的预测等。

3. 编制财务评估报表

通过财务评估报表的编制，对收集和预测的财务数据进行全面的汇总和整理，使这些数据之间形成内在联系。财务评估表根据其作用的不同，可以分为基本报表和辅助报表，其中基本报表包括现金流量表、利润表、借款偿还计划表、资金来源与运用表和资产负债表等。

4. 计算财务指标

运用项目基本财务报表和相关数据，计算各种财务评估指标，进行项目财务可行性分析。财务评估主要是通过计算静态指标、动态指标进行分析与评价。计算动态指标时，应考虑资金的时间价值，对于不同时间点上发生的现金流量，采用折现方法将其换算为现在或未来同一时点上的现金流量，以保证不同项目方案或不同项目的财务评估具有同等的价值基础。

5. 进行不确定性分析

采用盈亏平衡分析、敏感性分析和概率分析等方法，对上述财务评估指标与结论进行不确定性分析和风险评估，计算出各类抗风险能力指标，评估项目可能面临的风险及项目在不确定情况下的承受风险的能力，得出项目在不确定性情况下的财务评估结论与建议。

6. 作出财务评估结论

根据财务效益评估和不确定性分析和风险评估的结果，对投资项目的财务可行性作出最终判断和结论，并编写财务评估报告。财务评估报告是整个项目评估报告中最重要的一个组成部分。

7.1.5 影响财务评估的主要因素

财务评估涉及一些基本的影响因素，它们直接影响到项目财务的结果、信度与效度，主要包括以下方面。

1. 项目计算期

项目计算期一般包括项目的建设期和运营期，其中项目的运营期又包括投产期和达产期。项目计算期的长短主要取决于项目本身的特性，因此无法对项目计算期作出统一规定，但是一般不宜超过20年。这一方面是因为时间越长，预测数据会越不准确；另一方面是因为按照现金流量折现的方法，把20年以后的成本和收益折为现值，计算所得到现金流量很难对项目财务评估的结论产生决定性的影响。

2.项目范围的界定

项目范围就是项目所包括的工作和经济活动内容，它也是计算项目收益与费用的主要依据，一个项目的投资大小取决于项目的范围，而且项目的运营维护费用也取决于项目的范围。例如，项目投资和运营费必须考虑厂外运输、能源供应等设施建设或使用的成本。项目财务的可行性是以项目业主最终能够实现盈利为标准的，在计算项目收益与费用的过程中必须充分考虑项目范围的规定。

3.现金流量折现参数的选用

在现金流量的折现计算中，有关参数(折现率、收益额等)的选用会影响财务可行性。例如，究竟是采用期末年金还是期初年金就会直接影响财务可行性的评价；又如，未来各年的项目产品销售收入是按年金等额计算还是考虑按一定比率增长；再如，通常我国对项目建设期以前发生的费用因其占项目总费用的比例不大，所以这部分费用可在年序1中予以反映等。这些都会影响项目财务可行性评估的结果。

7.1.6 财务评估采用的价格

1.考虑价格总水平变动因素

选取财务效益与费用价格时应正确处理价格总水平变动因素，原则上盈利能力分析应考虑相对价格变化，而偿债能力分析应同时考虑相对价格变化和价格总水平变动的影响。为简化起见，可做如下处理：

(1)在建设期间既要考虑价格总水平变动，又要考虑相对价格变化。在建设投资估算中价格总水平变动是通过涨价预备费来体现。

(2)项目运营期内，一般情况下盈利能力分析和偿债能力分析可以采用同一套价格，即预测的运营期价格。

(3)项目运营期内，可根据项目的具体情况，选用固定价格(项目经营期内各年价格不变)或考虑相对价格变化的变动价格(项目运营期内各年价格不同，或某些年份价格不同)。

(4)当有要求或价格总水平变动较大时，项目偿债能力分析采用的价格应考虑价格总水平变动因素。

2.投资估算应采用的价格

项目投资估算应采用含增值税价格，包括建设投资、流动资金和运营期内的维持运营投资。

3. 运营期内投入与产出采用的价格

项目运营期内投入与产出采用的价格可以是含增值税的价格，也可以是不含增值税的价格。为与企业实际财务报表数字相匹配，财务评估的表格编制统一采用不含增值税价格。若采用含增值税价格时，需要正确调整部分表格（如利润表、财务计划现金流量表和项目投资现金流量表与项目资本金现金流量表）的相关科目，以不影响项目净效益的估算。但无论采用哪种价格，项目效益估算与费用估算所采用的价格体系应当协调一致。

4. 同一年份价格尽量一致

在计算期内同一年份，无论是有项目还是无项目的情况，原则上同种（质量、功能无差异）产出或投入的价格应取得一致。

7.2 财务效益与费用的估算

7.2.1 营业收入与补贴收入的估算

1. 营业收入

营业收入是指销售产品或者提供服务所获得的收入，是现金流量表中现金流入的主体，也是利润表的主要科目。营业收入是财务分析的重要数据，其估算的准确性极大地影响着项目财务效益的估计。

(1)营业收入估算的基础数据

营业收入估算的基础数据包括产品或服务的数量和价格，它们都与市场预测密切相关。在估算营业收入时应对市场预测的相关结果以及建设规模、产品或服务方案进行概括的描述或确认，特别应对采用价格的合理性进行说明。

根据项目生产负荷（即生产能力利用率）或通过制定销售（运营）计划和项目设计生产能力确定项目产品或服务的数量。

按照市场预测的结果和项目具体情况，考虑项目性质、技术掌握难易程度、产出的成熟度及市场的开发程度等诸多因素，根据经验直接判定各年的生产负荷；根据市场预测的结果，结合项目性质、产出特性和市场的开发程度制定分年运营计划，进而确定各年产出数量。相对而言，这种做法更具合理性，国际上采用较多。项目运营计划或各年生产负荷的确定不应是固定的模式，应强调具体项目具体分析。一般开始投产时负荷较低，以后各年逐步提高，提高的幅度取决于上述因素的分析结果。有些项目的产出寿命期较短，更新快，达到一定负荷后，在适当的年份开始减少产量，甚至适时终止生产。

项目产品或服务的价格以市场预测价格为基础，对运营期的产出物价格，由于运营期比较长，在前期研究阶段对将来的物价上涨水平较难预测，预测结果的可靠性也难以保证，因此，一般只预测经营期初价格，运营期各年采用统一的不变价格。

(2)一般工业项目营业收入的估算

工业项目营业收入的估算基于一项重要假定，即当期的产出(扣除自用量后)当期全部销售，也就是当期商品产量等于当期销售量。主副产品(或不同等级产品)的销售收入应全部计入营业收入，其中某些行业的产品成品率按行业习惯或行业规定；其他行业提供的不同类型服务收入也应同时计入营业收入。

(3)项目营业收入的估算

$$S = \sum_{j=1}^{n} Q_j \times R_j \times p_j$$

式中，S 为项目年营业收入合计；Q_j 为第 j 种产品的年设计生产能力；R_j 为第 j 种产品的生产负荷；p_j 为第 j 种产品的单价；j 为产品品种数。

2. 补贴收入

某些项目还应按有关规定估算企业可能得到的补贴收入(仅包括与收益相关的政府补助，与资产相关的政府补助不在此处核算，与资产相关的政府补助是指企业取得的、用于购建或以其他方式形成长期资产的政府补助)，包括先征后返的增值税，按销量或工作量等依据国家规定的补助定额计算并按期给予的定额补贴，以及属于财政扶持而给予的其他形式的补贴等。补贴收入同营业收入一样，应列入利润表、财务计划现金流量表和项目投资现金流量表与项目资本金现金流量表。以上几类补贴收入，应根据财政、税务部门的规定，分别计入或不计入应税收入。

根据估算，编制营业收入、营业税金及附加和增值税估算表，见表 7-1。

表 7-1　营业收入、营业税金及附加和增值税估算表　　(单位：万元)

序号	项目	合计	计算期					
			1	2	3	4	…	n
1	营业收入							
1.1	产品 A 营业收入							
	单价							
	数量							

续表

序 号	项 目	合 计	计算期					
			1	2	3	4	…	n
	销项税额							
1.2	产品B营业收入							
	单价							
	数量							
	销项税额							
	……							
2	营业税金与附加							
2.1	营业税							
2.2	消费税							
2.3	城市维护建设税							
2.4	教育费附加							
3	增值税							
	销项税额							
	进项税额							

注:1.本表适用于新设法人项目与既有法人项目的“有项目”、“无项目”和增量的营业收入、营业税金与附加和增值税估算。

2.根据行业或产品的不同可增减相应税收科目。

7.2.2 税费的估算

项目评估中涉及的税种较多,主要包括营业税、消费税、资源税、城镇土地使用税、土地增值税、城市建设维护税及教育费附加、增值税、企业所得税等。对一般投资项目来说,以上各种税收并不是全部都要缴纳,而只是缴纳与自身经营有关的若干种税收。

在会计处理上,营业税、消费税、城镇土地使用税、土地增值税、资源税和城市维护建设税、教育费附加均可包含在营业税金及附加中。营业税金及附加应作为利润表中的科目。

1.营业税

营业税是对在我国境内提供应税劳务、转让无形资产和销售不动产的单位和个人就其营业额征收的一种税。

(1)纳税人

在中华人民共和国境内提供应税劳务、转让无形资产或者销售不动产的单位和个人。

(2)税目和税率

营业税的税目共有9个,分别是:交通运输业、建筑业、金融保险业、邮电通信业、文化体育业、娱乐业、服务业、转让无形资产和销售不动产等。

营业税按照行业、类别的不同分别采用不同的比例税率,其中:交通运输业、建筑业、邮电通信业、文化体育业的税率为3%;服务业、金融保险业、销售不动产、转让无形资产的税率为5%;娱乐业的税率为20%(台球、保龄球执行5%的税率)。

(3)计税依据

营业额为纳税人提供应税劳务、转让无形资产和销售不动产向对方收取的全部价款和价外费用。

(4)应纳税额的计算

应纳税额=营业额×税率

2. 消费税

消费税是对在我国境内从事生产、委托加工和进口(或零售)应税消费品的单位和个人以其销售额、销售数量征收的一种流转税。

(1)纳税人

在我国境内从事生产、委托加工和进口(或零售)应税消费品的单位和个人。

(2)征税范围

2006年4月1日开始执行新的消费税政策,经调整的消费税变为14个税目,分别为:烟、酒及酒精、化妆品、贵重首饰及珠宝玉石、高尔夫球及球具、高档手表、木制一次性筷子、实木地板、鞭炮烟火、成品油、汽车轮胎、摩托车、小汽车和游艇。

(3)税率

消费税采用比例税率和定额税率两种形式,以适应不同应税消费品的实际情况。

(4)计税依据

消费税采用从价和从量两种计税方法。实行从价计税办法征收的应税消费品，计税依据为应税消费品的销售额；实行从量定额办法计税时，通常以每单位应税消费品的重量、容积或数量为计税依据。

(5)应纳税额的计算

从价计税：应纳税额＝应税消费品销售额×适用税率

从量计税：应纳税额＝应税消费品销售数量×适用税额标准

3.资源税

资源税是国家对开采特定矿产品或者生产盐的单位和个人征收的税种。通常按矿产的产量计征。

(1)纳税人

在我国境内开采应税资源的矿产品或者盐的单位和个人。

(2)征税对象

资源税税目、税额分为七大类，包括：原油、天然气、煤炭、其他非金属原矿、黑色金属矿原矿、有色金属矿原矿、盐。

(3)计税依据

从量定额征收，计税依据是课税数量。纳税人开采或生产应税产品销售的，以销售数量为课税数量；纳税人开采或者生产应税产品自用的，以自用数量为课税数量。

(4)应纳税额的计算

应纳税额＝课税数量×单位税额

4.城镇土地使用税

(1)纳税人

在城市、县城、建制镇、工矿区范围内使用土地的单位和个人。

(2)征税范围

城市、县城、建制镇、工矿区内的国家所有和集体所有的土地，不包括农村集体所有的土地。

(3)计税依据

土地使用税以纳税人实际占用的土地面积为计税依据，依照规定税额计算征收。

(4)税率

采用定额税率，实行地区差别幅度税额。具体每平方米年税额标准如下：大城市 1.5～30 元；中等城市 1.2～24 元；小城市 0.9～18 元；县城、建制镇、工矿区 0.6～12 元。

(5)应纳税额的计算

全年应纳税额＝实际占用土地面积×适用税额

5.土地增值税

(1)纳税人

纳税人指在我国境内转让国有土地使用权、地上建筑物及其附着物并取得收入的单位和个人。

(2)征税范围

征税范围指转让国有土地使用权、地上建筑物及其附着物连同国有土地使用权一并转让。

(3)课税对象

课税对象指转让房地产所得的增值额,具体指转让房地产取得的全部收入减去扣除项目金额后的余额。其中,扣除项目金额包括:①取得土地使用权所支付的金额;②开发土地和新建房及配套设施的成本;③开发土地和新建房及配套设施的费用(销售费用、管理费用、财务费用);④与转让房地产有关的税金(营业税、城市维护建设税、印花税)。

(4)税率

采用30%～60%的四级超率累进税率

(5)应纳税额的计算

应纳税额 $=\sum$(每级距的土地增值额×适用税率)

具体公式:

①增值额未超过扣除项目金额50%

土地增值税税额=增值额×30%

②增值额超过扣除项目金额50%,未超过100%

土地增值税税额=增值额×40%－扣除项目金额×5%

③增值额超过扣除项目金额100%,未超过200%

土地增值税税额=增值额×50%－扣除项目金额×15%

④增值额超过扣除项目金额200%

土地增值税税额=增值额×60%－扣除项目金额×35%

6.城市维护建设税及教育费附加

城市维护建设税是一种地方附加税,目前以流转税额(包括增值税、营业税和消费税)为计税依据,税率根据项目所在地分市区,县、镇和县、镇以外三个不同等级。

教育费附加是地方收取的专项费用,计税依据也是流转税额,税率由地方确定,项目评估中应注意当地的规定。

(1)纳税人

缴纳增值税、消费税、营业税的单位和个人。

(2)计税依据

纳税人实际缴纳的增值税、消费税、营业税税额之和,它没有独立的计税依据。

(3)税率

城市维护建设税:纳税人所在地为市区的为7%;纳税人所在地为县城、镇为5%;纳税人所在地不在市区、县城或镇的为1%;教育费附加:3%。

(4)应纳税额的计算

城市维护建设税:

应纳税额=实际缴纳的增值税、消费税、营业税×适用税率

教育费附加:

应教育费附加=实际缴纳的增值税、消费税、营业税×适用税率

7.增值税

增值税是对在我国境内销售货物或提供加工、修理修配劳务,以及进口货物的单位和个人,就其取得的货物或应税劳务的销售额,以及进口货物的金额计算税款,并实行税款抵扣的一种流转税。

(1)纳税人

凡在我国境内销售货物或提供加工、修理修配劳务,以及进口货物的单位和个人。

(2)征收范围

销售货物,提供加工、修理修配劳务,进口货物。

(3)一般纳税人和小规模纳税人的划分

小规模纳税人认定标准:

从事货物生产或提供应税劳务的纳税人,以及以从事货物生产或提供应税劳务为主,并兼营货物批发或零售的纳税人,年应税销售额在100万元以下的;从事货物批发或零售的纳税人,年应税销售额在180万元以下的。

年应税销售额超过小规模纳税人标准的个人、非企业性单位、不经常发生应税行为的企业,视同小规模纳税人纳税。

(4)税率

一般纳税人税率:基本税率17%;低税率13%。

小规模纳税人征收率:6%;4%。

(5)应纳税额的计算

一般纳税人应纳税额的计算:

应纳税额=当期销项税额-当期进项税额

①销项税额的确定：

销项税额＝不含税销售额×税率

不含税销售额＝含税销售额/(1＋税率)

②进项税额的确定：凭有效的增值税专用发票抵扣联等；购进免税农产品的，按买价的13%计算；外购货物支付的运费，按货运发票金额的7%计算；废旧物资经营的纳税人，按收购金额的10%计算。

进口货物应纳税额的计算：

应纳税额＝组成计税价格×税率

组成计税价格＝关税完税价格＋关税＋消费税

小规模纳税人应纳税额的计算：

应纳税额＝不含税销售额×征收率

不含税销售额＝含税销售额/(1 ＋ 征收率)

财务分析应按税法规定计算增值税。应当注意：当采用含(增值)税价格计算销售收入和原材料、燃料动力成本时，利润表以及现金流量表中应单列增值税科目；采用不含(增值)税价格计算时，利润表以及现金流量表中不包括增值税科目。应明确说明采用何种计价方式，同时注意涉及出口退税(增值税)时的计算及与相关报表的联系。目前我国大部分地区仍然采用生产型增值税，不允许抵扣购进固定资产的进项税额。2004年7月起，开始对东北老工业基地的部分行业试行扩大增值税抵扣范围，允许抵扣购置固定资产的增值税额，项目评估中需注意按相关法规采用适宜的计税方法。

8.企业所得税

2007年3月19日，第十届全国人民代表大会第五次会议表决通过了《中华人民共和国企业所得税法》，并于2008年1月1日起施行。

(1)纳税人

在中华人民共和国境内，企业和其他取得收入的组织(以下统称企业)为企业所得税的纳税人。个人独资企业、合伙企业不适用。

企业所得税纳税人分为居民企业和非居民企业。居民企业是指依法在中国境内成立，或者依照外国(地区)法律成立但实际管理机构在中国境内的企业；非居民企业是指依照外国(地区)法律成立且实际管理机构不在中国境内，但在中国境内设立机构、场所的，或者在中国境内未设立机构、场所，但有来源于中国境内所得的企业。

(2)征税对象

纳税人在纳税年度内取得的境内外生产经营所得和其他所得。

(3)征税范围

居民企业:来源于中国境内、境外的所得缴纳企业所得税。

非居民企业:在中国境内设立机构、场所的,应当就其所设机构、场所取得的来源于中国境内的所得,以及发生在中国境外但与其所设机构、场所有实际联系的所得,缴纳企业所得税;在中国境内未设立机构、场所的,或者虽设立机构、场所但取得的所得与其所设机构、场所没有实际联系的,应当就其来源于中国境内的所得缴纳企业所得税。

(4)税率

基本税率为25%;非居民企业在中国境内未设立机构、场所的,或者虽设立机构、场所但取得的所得与其所设机构、场所没有实际联系的,其来源于中国境内的所得适用税率为20%。

(5)应纳税所得额的计算

应纳税所得额=收入总额-不征税收入-免税收入-各项扣除-允许弥补的以前年度亏损

①收入总额指企业以货币形式和非货币形式从各种来源取得的收入。包括:销售货物收入;提供劳务收入;转让财产收入;股息、红利等权益性投资收益;利息收入;租金收入;特许权使用费收入;接受捐赠收入;其他收入。

收入总额中的下列收入为不征税收入:财政拨款;依法收取并纳入财政管理的行政事业性收费、政府性基金;国务院规定的其他不征税收入。

②免税收入

企业的下列收入为免税收入:国债利息收入;符合条件的居民企业之间的股息、红利等权益性投资收益;在中国境内设立机构、场所的非居民企业从居民企业取得与该机构、场所有实际联系的股息、红利等权益性投资收益;符合条件的非营利组织的收入。

③扣除项目

准予扣除项目包括:成本;费用;税金(即纳税人按规定缴纳的消费税、营业税、城市维护建设税及教育费附加、资源税、土地增值税等);损失。

企业发生的公益性捐赠支出,在年度利润总额12%以内的部分,准予在计算应纳税所得额时扣除。

在计算应纳税所得额时,下列支出不得扣除:向投资者支付的股息、红利等权益性投资收益款项;企业所得税税款;税收滞纳金;罚金、罚款和被没收财物的损失;公益性捐赠(年度利润总额12%以内部分)以外的捐赠支出;赞助支出;未经核定的准备金支出;与取得收入无关的其他支出。

在计算应纳税所得额时,按照规定计算的固定资产折旧,准予扣除。但下列固定资产不得计算折旧扣除：房屋、建筑物以外未投入使用的固定资产；以经营租赁方式租入的固定资产；以融资租赁方式租出的固定资产；已足额提取折旧仍继续使用的固定资产；与经营活动无关的固定资产；单独估价作为固定资产入账的土地；其他不得计算折旧扣除的固定资产。

在计算应纳税所得额时，企业按照规定计算的无形资产摊销费用，准予扣除。但下列无形资产不得计算摊销费用扣除：自行开发的支出已在计算应纳税所得额时扣除的无形资产；自创商誉；与经营活动无关的无形资产；其他不得计算摊销费用扣除的无形资产。

在计算应纳税所得额时，企业发生的下列支出作为长期待摊费用，按照规定摊销的，准予扣除：已足额提取折旧的固定资产的改建支出；租入固定资产的改建支出；固定资产的大修理支出；其他应当作为长期待摊费用的支出。

企业的下列支出，可以在计算应纳税所得额时加计扣除：开发新技术、新产品、新工艺发生的研究开发费用；安置残疾人员及国家鼓励安置的其他就业人员所支付的工资。

创业投资企业从事国家需要重点扶持和鼓励的创业投资，可以按投资额的一定比例抵扣应纳税所得额；企业的固定资产由于技术进步等原因，确需加速折旧的，可以缩短折旧年限或者采取加速折旧的方法；企业综合利用资源，生产符合国家产业政策规定的产品所取得的收入，可以在计算应纳税所得额时减计收入；企业购置用于环境保护、节能节水、安全生产等专用设备的投资额，可以按一定比例实行税额抵免。

企业在汇总计算缴纳企业所得税时，其境外营业机构的亏损不得抵减境内营业机构的盈利。

企业纳税年度发生的亏损，准予向以后年度结转，用以后年度的所得弥补，但结转年限最长不得超过五年。

(6)应纳税额的计算

应纳税额＝应纳税所得额×税率

(7)税收优惠

企业的下列所得，可以免征、减征企业所得税：从事农、林、牧、渔业项目的所得；从事国家重点扶持的公共基础设施项目投资经营的所得；从事符合条件的环境保护、节能节水项目的所得；符合条件的技术转让所得。

符合条件的小型微利企业，减按20％的税率征收企业所得税；国家需要重点扶持的高新技术企业，减按15％的税率征收企业所得税。

根据估算，将相关税费填入营业收入、营业税金及附加和增值税估算表中，见表7-1。

7.2.3 总成本费用的估算

1. 总成本费用构成及估算

总成本费用是指在项目运营期内为生产产品或提供服务所发生的全部费用。其构成内容可从两个角度反映，一是生产成本加期间费用；二是各生产要素之和。具体如下：

(1)生产成本加期间费用构成：

总成本费用＝生产成本＋期间费用

生产成本＝直接材料费＋直接燃料和动力费＋直接工资＋其他直接支出＋制造费用

期间费用＝管理费用＋营业费用＋财务费用

(2)生产要素构成：

总成本费用＝外购原材料、燃料和动力费＋工资及福利费＋折旧费＋摊销费＋修理费＋财务费用(利息支出)＋其他费用

式中，其他费用包括其他制造费用、其他管理费用和其他营业费用等三项费用。其他管理费用是指在管理费用中扣除工资及福利费、折旧费、摊销费、修理费后的其余部分；其他营业费用是指在营业费用中扣除工资及福利费、折旧费、摊销费、修理费后的其余部分。

由于总成本费用估算的行业性较强，估算时应注意反映行业特点，或遵循行业的规定。

下面以工业项目为例，按照生产要素构成法阐述总成本费用的估算。

(1)外购原材料、燃料和动力费估算

外购原材料、燃料和动力费是指外购原材料、燃料和水电气等动力的支出。估算时需要相关专业人员提供外购原材料、燃料和动力的单位生产成本(即消耗定额)，并估算项目的生产负荷，以及在选定价格体系下的预测价格，该价格应按入库价格计，即到厂价格并考虑途中或库存的损耗。采用的价格时点和价格体系应与营业收入的估算一致。其计算公式为：

$$C = \sum_{j=1}^{n} Q_j \times R_j \times c_j \times p_j$$

式中，C 为项目外购原材料、燃料和动力费合计；Q_j 为第 j 种产品的年设计生产能力；R_j 为第 j 种产品的生产负荷；c_j 为第 j 种产品所需外购原材料、燃料和动力的单位生产成本；p_j 为第 j 种产品所需外购原材料、燃料和动力的单价；j 为产品品种数。

根据估算，编制外购原材料费估算表，见表 7-2；外购燃料和动力费估算表，见表 7-3。

表 7-2 外购原材料费估算表 （单位：万元）

序号	项目	合计	计算期					
			1	2	3	4	…	n
1	外购原材料费							
1.1	原材料 A							
	单价							
	数量							
	进项税额							
1.2	原材料 B							
	单价							
	数量							
	进项税额							
	……							
2	辅助材料费用							
	进项税额							
3	其他							
	进项税额							
4	外购原材料费合计							
5	外购原材料进项税额合计							

注：本表适用于新设法人项目与既有法人项目的"有项目"、"无项目"和增量外购原材料费的估算。

表 7-3　外购燃料和动力费估算表　(单位:万元)

序号	项目	合计	计算期					
			1	2	3	4	…	n
1	燃料费							
1.1	燃料 A							
	单价							
	数量							
	进项税额							
	……							
2	动力费							
2.1	动力 A							
	单价							
	数量							
	进项税额							
	……							
3	外购燃料及动力费合计							
4	外购燃料及动力进项税额合计							

注:本表适用于新设法人项目与既有法人项目的“有项目”、“无项目”和增量外购燃料动力费的估算。

(2)工资及福利费估算

工资及福利费是指项目为获得职工提供的服务而给予各种形式的报酬以及其他相关支出,通常包括职工工资、奖金、津贴和补贴,职工福利费,以及医疗保险费、养老保险费、失业保险费、工伤保险费、生育保险费等社会保险费和住房公积金中由职工个人缴付的部分。在估算总成本费用时,工资及福利费应按项目全部人员数量估算。确定工资及福利费时需考虑项目性质、项目地点、行业特点等因素。依托老企业的项目,还要考虑原企业工资水平。

根据不同项目的需要,财务分析中可视情况选择按项目全部人员年工资的平均数值计算或者按照人员类型和层次分别设定不同档次的工资进行计算。

根据估算,编制工资及福利费估算表,见表 7-4。

表 7-4 工资及福利费估算表 (单位:万元)

序号	项目	合计	计算期					
			1	2	3	4	…	n
1	工人							
	人数							
	人均年工资							
	工资额							
2	技术人员							
	人数							
	人均年工资							
	工资额							
3	管理人员							
	人数							
	人均年工资							
	工资额							
4	工资总额(1+2+3)							
5	福利费							
6	合计(4+5)							

注:1.本表适用于新设法人项目工资及福利费的估算,以及既有法人项目的"有项目"、"无项目"和增量工资及福利费的估算。

2.外商投资项目取消福利费科目。

(3)固定资产原值及折旧费估算

固定资产原值是指项目投产时(达到预定可使用状态)按规定由项目投资形成固定资产的部分。主要包括建筑工程费、设备购置费、固定资产其他费、固定资产投资方向调节税、预备费和建设期利息等。固定资产原值按投入使用状态由"在建工程"转入。

对于融资租入的固定资产,承租人应将租赁开始日租赁资产的公允价值与最低租赁付款额的现值两者中较低者作为租入资产的入账价值。计算最低租赁付款额的现值所用的折现率,应首先选择出租人的租赁内含利率,其次使用租赁合同规定的利率,如都无法知悉,应用同期银行贷款利率。项目评估中条件不清楚的,也可直接按该资产公允价值计算。

固定资产在使用过程中会受到磨损,其价值损失通常是以提取折旧的方式予以补偿。按财税制度规定，企业固定资产应当按月计提折旧，并根据用途计入相关资产的成本或者当期损益。在财务评估时，固定资产折旧可直接列支于总成本费用。固定资产的折旧方法可在税法允许的范围内由企业自行确定，一般采用直线法，包括年限平均法和工作量法。我国税法也允许对某些机器设备采用快速折旧法，即双倍余额递减法和年数总和法。

固定资产折旧年限、预计净残值率可在税法允许的范围内由企业自行确定，或按行业规定。项目评估中一般应按税法明确规定的分类折旧年限，也可按行业规定的综合折旧年限。

对于融资租赁的固定资产，如果能够合理确定租赁期届满时承租人会取得租赁资产所有权，即可认为承租人拥有该项资产的全部尚可使用年限，因此应以其作为折旧年限；否则，则应以租赁期与租赁资产尚可使用年限两者中较短者作为折旧年限。

目前，常用的固定资产折旧方法有：

①年限平均法：根据固定资产的原值、估计的净残值率和折旧年限计算折旧。其计算公式为：

$$年折旧率=\frac{1-预计净残值率}{折旧年限}\times 100\%$$

年折旧额＝固定资产原值×年折旧率

预计净残值率是预计的固定资产净残值与固定资产原值的比率，根据会计制度规定，净残值率按照固定资产原值的3%～5%确定。特殊情况下，净残值率低于3%或高于5%的，由企业自主确定，报主管财税机关备案。

此方法计算的各年折旧率相等，方法简便，运用广泛。

②工作量法：具体又分两种，一是按照行驶里程计算折旧，二是按照工作小时计算折旧。其计算公式如下：

按照行驶里程计算折旧：

$$单位里程折旧额=\frac{[原值\times(1-预计净残值率)]}{总行驶里程}$$

年折旧额＝单位里程折旧额×年行驶里程

按照工作小时计算折旧：

$$每工作小时折旧额=\frac{[原值\times(1-预计净残值率)]}{总工作小时}$$

年折旧额＝每工作小时折旧额×年工作小时

此方法通常适用于专业车队的客、货运汽车、大型设备等。

③双倍余额递减法：以年限平均法折旧率两倍的折旧率计算折旧额的方

法。其计算公式为：

$$年折旧率=\frac{2}{折旧年限}\times 100\%$$

年折旧额＝固定资产净值×年折旧率

固定资产账面净值按固定资产原值减去累计折旧额计算。

采用双倍余额递减法时，应注意在折旧年限到期前两年内，将固定资产净值扣除净残值后的净额平均摊销。

④年数总和法：根据固定资产原值减去预计净残值后的余额，按照逐年递减的系数（年折旧率）来计算折旧的方法。每年的折旧率为一变化的分数。其计算公式为：

$$年折旧率=\frac{折旧年限-已使用年限}{折旧年限\times(折旧年限+1)/2}\times 100\%$$

年折旧额＝（固定资产原值－预计净残值）×年折旧率

根据估算，编制固定资产折旧费估算表，见表 7-5。

表 7-5　固定资产折旧费估算表　（单位：万元）

序号	项目	合计	计算期					
			1	2	3	4	…	n
1	房屋、建筑物							
	原值							
	当期折旧费							
	净值							
2	机器设备							
	原值							
	当期折旧费							
	净值							
	……							
3	合计							
	原值							
	当期折旧费							
	净值							

注：本表适用于新设法人项目无形资产和其他资产推销的估算，以及既有法人项目的“有项目”、“无项目”和增量固定资产折旧费的估算。当估算既有法人项目的“有项目”固定资产折旧费时，应将新增和利用原有部分固定资产分别列出，并分别计算折旧费。

(4)无形资产和其他资产原值及摊销费估算

无形资产原值是指项目投产时按规定由投资形成无形资产的部分。按照有关规定,无形资产从开始使用之日起,在有效使用期限内平均摊入成本。法律和合同规定了法定有效期限或者受益年限的,摊销年限从其规定,否则摊销年限应注意符合税法的要求。无形资产的摊销一般采用平均年限法,不计残值。

其他资产是指除流动资产、长期投资、固定资产、无形资产以外的其他资产,其构成的费用主要包括生产准备费、开办费、样品样机购置费和农业开荒费等。其他资产的摊销可以采用平均年限法,不计残值,摊销年限应注意符合税法的要求。

根据估算,编制无形资产和其他资产摊销估算表,见表7-6。

表7-6　无形资产和其他资产摊销估算表　(单位:万元)

序　号	项　目	合　计	计算期					
			1	2	3	4	…	n
1	无形资产							
	原值							
	当期摊销费							
	净值							
2	其他资产							
	原值							
	当期摊销费							
	净值							
	……							
3	合计							
	原值							
	当期摊销费							
	净值							

注:本表适用于新设法人项目无形资产和其他资产摊销的估算,以及既有法人项目的“有项目”、“无项目”和增量摊销费的估算。当估算既有法人项目的“有项目”摊销费时,应将新增和利用原有部分的资产分别列出,并分别计算摊销费。

(5)固定资产修理费估算

修理费是指为保持固定资产的正常运转和使用,充分发挥使用效能,对其进行必要修理所发生的费用,按修理范围的大小和修理时间间隔的长短可以分为大修理和中小修理。按照现行的财务制度规定,修理费允许直接在成本中列支,如果当期发生的修理费用数额较大,可实行预提或摊销的办法。

在估算总成本费用时,固定资产修理费是指项目全部固定资产的修理费,可直接按固定资产原值(扣除所含的建设期利息)的一定百分数估算。百分数的选取应考虑行业和项目特点。在生产运营的各年中,修理费率的取值,一般采用固定值。根据项目特点也可以间断性地调整修理费率,开始取较低值,以后取较高值。

将估算结果填入"总成本费用估算表",见表 7-7。

(6)其他费用估算

其他费用包括其他制造费用、其他管理费用和其他营业费用等,具体指制造费用、管理费用和营业费用中分别扣除工资及福利费、折旧费、摊销费、修理费以后的其余部分。产品出口退税和减免税项目按规定不能抵扣的进项税额也可包括在内。

①其他制造费用。制造费用指企业为生产产品和提供劳务而发生的各项间接费用,包括生产单位管理人员工资和福利费、折旧费、修理费(生产单位和管理用房屋、建筑物、设备)、办公费、水电费、机物料消耗、劳动保护费,季节性和修理期间的停工损失等。但不包括企业行政管理部门为组织和管理生产经营活动而发生的管理费用。

项目评估中的制造费用是指项目包含的各分厂或车间的总制造费用,为了简化计算常将制造费用归类为管理人员工资及福利费、折旧费、修理费和其他制造费用几部分。其他制造费用是指在制造费用中扣除生产单位管理人员工资及福利费、折旧费、修理费后的其余部分。项目评估中常见的估算方法有:按固定资产原值(扣除所含的建设期利息)的百分数估算;按人员定额估算。具体估算方法可从行业规定。

②其他管理费用。管理费用是指企业为管理和组织生产经营活动所发生的各项费用,包括公司经费、工会经费、职工教育经费、劳动保险费、待业保险费、董事会费、咨询费、聘请中介机构费、诉讼费、业务招待费、排污费、房产税、车船税、土地使用税、印花税、矿产资源补偿费、技术转让费、研究与开发费、无形资产与其他资产摊销、职工教育经费、计提的坏账准备和存货跌价准备等。

为了简化计算,项目评估中可将管理费用归类为管理人员工资及福利费、折旧费、无形资产和其他资产摊销、修理费和其他管理费用几部分。其他管理费用是指在管理费用中扣除工资及福利费、折旧费、摊销费、修理费后的其余部分。

项目评估中常见的估算方法是按人员定额或取工资及福利费总额的倍数估算。若管理费用中的技术转让费、研究与开发费与土地使用税等数额较大，应单独核算后并入其他管理费用，或单独列项。

③其他营业费用。营业费用是指企业在销售商品过程中发生的各项费用以及专设销售机构的各项经费，包括应由企业负担的运输费、装卸费、包装费、保险费、广告费、展览费以及专设销售机构人员工资及福利费、类似工资性质的费用、业务费等经营费用。

为了简化计算，项目评估中将营业费用归为销售人员工资及福利费、折旧费、修理费和其他营业费用几部分。其他营业费用是指由营业费用中扣除工资及福利费、折旧费、修理费后的其余部分。

项目评估中常见的估算方法是按营业收入的百分数估算。

④不能抵扣的进项税额。对于产品出口项目和产品国内销售的增值税减免税项目，应将不能抵扣的进项税额计入总成本费用的其他费用或单独列项。

将估算结果填入“总成本费用估算表”，见表7-7。

(7)利息支出

按照会计法规，企业为筹集所需资金而发生的费用称为借款费用，又称财务费用，包括利息支出(减利息收入)、汇兑损失(减汇兑收益)以及相关的手续费等。在大多数项目的财务分析中，通常只考虑利息支出。利息支出的估算包括长期借款利息、流动资金借款利息和短期借款利息三部分。

①长期借款利息。长期借款利息是指对建设期间借款余额(含未支付的建设期利息)应在生产期支付的利息，项目评估中可以选择等额还本付息方式或者等额还本利息照付方式来计算长期借款利息。

a. 等额还本付息方式：

$$A = I_c \times \frac{i(1+i)^n}{(1+i)^n - 1}$$

式中，A 为每年还本付息额(等额年金)；I_c 为还款起始年年初的借款余额(含未支付的建设期利息)；i 为年利率；n 为预定的还款期。

每年支付利息 = 年初借款余额 × 年利率

每年偿还本金 = A − 每年支付利息

年初借款余额 = I_c − 本年以前各年偿还的借款累计

b. 等额本金偿还方式：

设 A_t 为第 t 年的还本付息额，则有：

$$A_t = I_c/n + I_c \times \left(1 - \frac{t-1}{n}\right) \times i$$

每年支付利息＝年初借款余额×年利率

②流动资金借款利息。项目评估中估算的流动资金借款从本质上说应归类为长期借款,但目前企业往往有可能与银行达成共识,按期末偿还、期初再借的方式处理,并按一年期利率计息。流动资金借款利息可以按下式计算:

年流动资金借款利息＝年初流动资金借款余额×流动资金借款年利率

财务评估中对流动资金的借款可以在计算期最后一年偿还,也可在归还长期借款后安排。

③短期借款。项目评估中的短期借款是指运营期间由于资金的临时需要而发生的借款。短期借款的数额应在财务计划现金流量表中得到反映,其利息应计入总成本费用表的利息支出中。短期借款利息的计算同流动资金借款利息,短期借款的偿还按照随借随还的原则处理,即当年借款尽可能于下年偿还。

将上述估算结果填入总成本费用估算表,见表7-7。

表7-7　总成本费用估算表(生产要素法)　(单位:万元)

序号	项目	合计	计算期					
			1	2	3	4	…	n
1	外购原材料费							
2	外购燃料及动力费							
3	工资及福利费							
4	修理费							
5	其他费用							
6	经营成本(1＋2＋3＋4＋5)							
7	折旧费							
8	摊销费							
9	利息支出							
10	总成本费用合计(6＋7＋8＋9)							
	其中:可变成本							
	固定成本							

注:本表适用于新设法人项目与既有法人项目的"有项目"、"无项目"和增量成本费用的估算。

2. 经营成本构成及估算

经营成本是项目评估中所使用的特定概念，作为项目运营期的主要现金流出，其构成和估算可采用下列表达式：

经营成本＝总成本费用－折旧费－摊销费－利息支出

＝外购原材料、燃料和动力费＋工资及福利费＋修理费＋其他费用

式中，其他费用是指从制造费用、管理费用和营业费用中扣除了折旧费、摊销费、修理费、工资及福利费以后的其余部分。

项目评估中采用现金流量概念，考虑的是现金的流入或流出，固定资产折旧费、摊销费等只是项目固定资产投资的现金转移，并没有导致现金流出。另外，项目生产经营期间发生的借款利息计入产品总成本费用的财务费用中，由于项目投资现金流量不考虑投资资金来源，利息支出也不作为现金流出；项目自有资金现金流量表中已将利息支出单列。因此，在计算经营成本时，将折旧费、摊销费和利息支出从总成本费用中剔除。

3. 固定成本和可变成本

总成本费用按照成本费用与产量的关系分为为固定成本、可变成本和半可变成本。

固定成本是指不随产品产量变化的各项成本费用；可变成本是指随产品产量增减而成正比例变化的各项费用。有些成本费用属于半可变成本，例如不能熄灭的工业炉的燃料费用等。工资、营业费用和流动资金利息等也都可能既有可变因素，又有固定因素。必要时需将半可变成本进一步分解为可变成本和固定成本，使产品成本费用最终划分为可变成本和固定成本。长期借款利息应视为固定成本，流动资金借款和短期借款利息可能部分与产品产量相关，其利息可视为半可变半固定成本，为简化计算，一般也将其作为固定成本。

7.2.4 财务效益与费用估算表之间关系

财务效益与费用估算表的编制有先后顺序，它们之间也存在一定的勾稽关系，如图 7-1 所示。

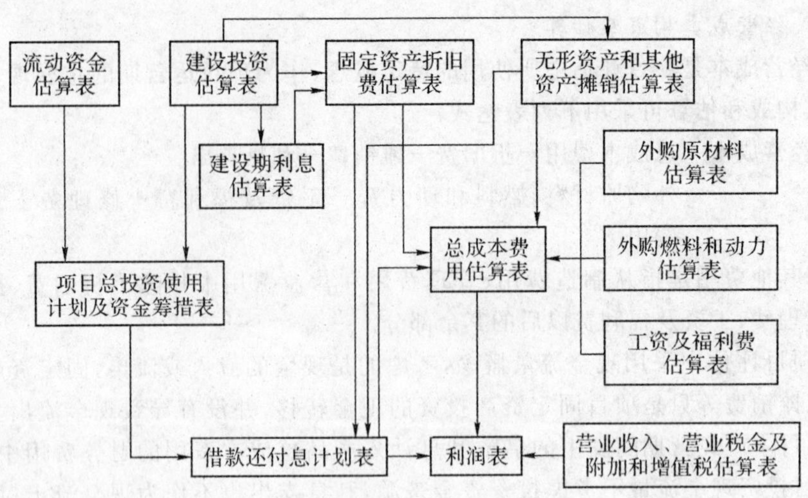

图 7-1 财务效益与费用估算表关系图

7.3 财务效益评估报表

7.3.1 财务效益评估概念

财务效益评估是在财务收入与费用的估算以及编制财务辅助报表的基础上，编制财务报表，计算财务分析指标，考察和分析项目的盈利能力、偿债能力和财务生存能力，判断项目的财务可行性，明确项目对财务主体的价值以及对投资者的贡献，为投资决策、融资决策以及银行审贷提供依据。它是项目经济评价的重要组成部分。

项目决策可分为投资决策和融资决策两个层次。投资决策重在考察项目净现金流的价值是否大于其投资成本，融资决策重在考察资金筹措方案能否满足要求。严格划分，投资决策在先，融资决策在后。根据不同决策的需要，财务分析可分为融资前分析和融资后分析。

1. 融资前分析

进行财务分析首先要进行融资前分析。融资前分析是指在考虑融资方案前就可以开始进行的财务分析，即不考虑债务融资条件下进行的财务分析。它与融资条件无关，其依赖数据少，报表编制简单，但其分析结论可满足方案比选和初步投资决策的需要。如果分析结果表明项目效益符合要求，再考虑融资方案，继续进行融资后分析；如果分析结果不能满足要求，可以通过修改方案设计完善项目方案，必要时甚至可据此做出放弃项目的建议。

融资前分析广泛应用于项目各阶段。在规划和机会研究阶段，可以只进行融资前分析，此时也可只选取所得税前指标；在项目的初期研究阶段，也可只进行融资前分析。

融资前分析只进行盈利能力分析，并以项目投资折现现金流量分析为主，计算项目投资内部收益率和净现值指标，也可计算静态投资回收期指标。

只有通过了融资前分析的检验，才有必要进一步进行融资后分析。

2. 融资后分析

在融资前分析结果可以接受的前提下，初步设定融资方案，再进行融资后分析。融资后分析是指以设定的融资方案为基础进行的财务分析，考察项目的盈利能力、偿债能力以及财务生存能力，进而判断项目方案在融资条件下的可行性、合理性。融资后分析是比选融资方案，进行融资决策和投资者最终决定出资的依据。

可行性研究阶段必须进行融资后分析，但只是阶段性的。实践中，在可行性研究报告完成之后，还需要进一步深化融资后分析，才能完成最终融资决策。

财务效益评估指标见表 7-8。

表 7-8 财务效益评估指标 （单位：万元）

分析阶段	评估内容	基本报表	评估指标	
			静　态	动　态
融资前	盈利能力	项目投资现金流量表	投资回收期	财务内部收益率
				财务净现值
融资后	盈利能力	资本金现金流量表		资本金财务内部收益率
		投资各方现金流量表		投资各方财务内部收益率
		利润表	总资产收益率	
			资本金净利率	
	偿债能力	借款还本付息计划表	偿债备付率	
			利息备付率	
		资产负债表	资产负债率	
			流动比率	
			速动比率	
	生存能力	财务计划现金流量表	累计盈余资金	

7.3.2 盈利能力评估报表

1. 融资前盈利能力分析

融资前分析是从项目投资获利能力角度，考察项目方案设计的合理性。融资前分析以动态分析为主，静态分析为辅。动态分析以营业收入、建设投资、经营成本和流动资金的估算为基础，考察整个计算期内现金流入和现金流出，编制项目投资现金流量表，计算项目投资内部收益率和净现值等指标。静态分析计算投资回收期指标。

(1)分析角度

项目投资现金流量分析，根据需要可从所得税前和所得税后两个角度进行考察，选择计算所得税前和所得税后指标。

计算所得税前指标的融资前分析(所得税前分析)是从息前税前角度进行的分析；计算所得税后指标的融资前分析(所得税后分析)是从息前税后角度进行的分析。

按所得税前的净现金流量计算的相关指标，即所得税前指标，是投资盈利能力的完整体现，用以考察由项目方案设计本身所决定的财务盈利能力，它不受融资方案和所得税政策变化的影响，仅仅体现项目方案本身的合理性。

所得税前指标可以作为初步投资决策的主要指标，用于考察项目是否基本可行，并值得去为之融资。所谓“初步”是相对而言，意指根据该指标投资者可以做出项目实施后能实现投资目标的判断，此后再通过融资方案的比选分析，有了较为满意的融资方案后，投资者才能决定最终出资。所得税前指标应该受到项目有关各方(项目发起人、项目业主、项目投资人、银行和政府管理部门)广泛的关注。所得税前指标还特别适用于建设方案设计中的方案比选。

(2)项目投资现金流量表的编制

项目投资现金流量表是指在确定项目融资方案前，对投资方案进行分析，用以计算投资项目所得税前后的财务内部收益率、财务净现值以及投资回收期等财务分析指标的表格。

编制项目投资现金流量表应该正确识别和选用现金流量，包括现金流入和现金流出。

融资前财务分析的现金流量与融资方案无关。从该原则出发，融资前项目投资现金流量分析的现金流量主要包括营业收入、建设投资、流动资金、经营成本、营业税金及附加和所得税。为了体现与融资方案无关的要求，各项现金流量的估算中都需要剔除利息的影响。例如采用不含利息的经营成本作为现金流出,而不是总成本费用;在流动资金估算、经营成本中的修理费和其他费用估算过程中应注意避免利息的影响等。

所得税前和所得税后分析的现金流入完全相同,但现金流出略有不同,所得税前分析不将所得税作为现金流出,所得税后分析视所得税为现金流出。所得税前分析的现金流入主要是营业收入,还可能包括补贴收入,在计算期的最后一年,还包括回收固定资产余值及回收流动资金;现金流出主要包括建设投资、流动资金、经营成本、营业税金及附加,如果运营期内需要发生设备或设施的更新费用以及矿山、石油开采项目的拓展费用等(记作维持运营投资),也应作为现金流出。现金流入与现金流出之差是净现金流量,是计算分析指标的基础。

项目投资现金流量表中的"所得税"应根据息税前利润(EBIT)乘以所得税率计算,称为"调整所得税"。原则上,息税前利润的计算应完全不受融资方案变动的影响,即不受利息多少的影响,包括建设期利息对折旧的影响(因为折旧的变化会对利润总额产生影响,进而影响息税前利润)。但如此将会出现两个折旧和两个息税前利润(用于计算融资前所得税的息税前利润和利润表中的息税前利润)。为简化起见,当建设期利息占总投资比例不是很大时,也可按利润表中的息税前利润计算调整所得税。

所得税后分析是所得税前分析的延伸。由于所得税作为现金流出,可用于在融资的条件下判断项目投资对企业价值的贡献,是企业投资决策依据的主要指标。

根据上述现金流入和现金流出编制项目投资现金流量表,见表7-9。并据以计算所得税前财务内部收益率、所得税后财务内部收益率、所得税前财务净现值、所得税后财务净现值、所得税前回收期和所得税后回收期等指标。

表7-9 项目投资现金流量表 (单位:万元)

序号	项目	合计	计算期					
			1	2	3	4	…	n
1	现金流入							
1.1	营业收入							
1.2	补贴收入							
1.3	回收固定资产余值							
1.4	回收流动资金							
2	现金流出							
2.1	建设投资							
2.2	流动资金							

续表

序 号	项 目	合 计	计算期					
			1	2	3	4	…	n
2.3	经营成本							
2.4	营业税金及附加							
2.5	维持运营投资							
3	所得税前净现金流量(1－2)							
4	累计所得税前净现金流量							
5	调整所得税							
6	所得税后净现金流量(3－5)							
7	累计所得税后净现金流量							

计算指标：
项目投资财务内部收益率(%)(所得税前)
项目投资财务内部收益率(%)(所得税后)
项目投资财务净现值(所得税前)(ic=%)
项目投资财务净现值(所得税后)(ic=%)
项目投资回收期(年)(所得税前)
项目投资回收期(年)(所得税后)

注：1.本表适用于新设法人项目与既有法人项目的增量和“有项目”的现金流量分析。

2.调整所得税为以息税前利润为基数计算的所得税，区别于“利润表”、“项目资本金现金流量表”和“财务计划现金流量表”中的所得税。

2.融资后盈利能力分析

融资后的盈利能力分析，包括动态分析和静态分析。

(1)动态分析

动态分析是通过编制财务现金流量表，计算财务内部收益率、财务净现值等指标，分析项目的获利能力。融资后的动态分析可分为下列两个层次：

第一，项目资本金现金流量分析。项目资本金现金流量分析是从项目权益投资者整体的角度，考察项目给项目权益投资者带来的收益水平。它是在拟定的融资方案基础上进行的息税后分析，通过编制项目资本金现金流量表，见表7-10，计算资本金财务内部收益率，从投资者整体角度考察项目的盈利能力。

表 7-10　项目资本金现金流量表　（单位：万元）

序号	项目	合计	计算期					
			1	2	3	4	…	n
1	现金流入							
1.1	营业收入							
1.2	补贴收入							
1.3	回收固定资产余值							
1.4	回收流动资金							
2	现金流出							
2.1	项目资本金							
2.2	借款本金偿还							
2.3	借款利息支付							
2.4	经营成本							
2.5	营业税金及附加							
2.6	所得税							
2.7	维持运营投资							
3	净现金流量(1－2)							
计算指标： 资本金财务内部收益率(%)								

注：1. 项目资本金包括用于建设投资、建设期利息和流动资金的资金。
2. 对外商投资项目，现金流出中应增加职工奖励及福利基金科目。
3. 本表适用于新设法人项目与既有法人项目“有项目”的现金流量分析。

表 7-10 将各年投入项目的项目资本金作为现金流出，各年缴付的所得税和还本付息也作为现金流出，因此其净现金流量可以表示在缴税和还本付息之后的剩余，即项目(或企业)增加的净收益，也是投资者的权益性收益。计算的项目资本金内部收益率指标反映从投资者整体权益角度考察盈利能力的要求，也就是从项目发起人(或企业)角度对盈利能力进行判断的要求。在依据融资前分析的指标对项目基本获利能力有所判断的基础上，项目资本金内部收益率指标体现了在一定的融资方案下，投资者整体所能获得的权益性收益水平。该指标可用来对融资方案进行比较和取舍，是投资者整体作出最终融资决策的依据。

第二，投资各方现金流量分析。投资各方现金流量分析是从投资各方实际收入和支出的角度，确定其现金流入和现金流出，编制投资各方现金流量表，见表 7-11，计算投资各方的财务内部收益率，考察投资各方可能获得的收益水平。计算投资各方的内部收益率可以看出各方收益是否均衡，或者其非均衡性是否在一个合理的水平上，有助于促成投资各方在合作谈判中达成平等互利的协议。

表 7-11　投资各方现金流量表　（单位：万元）

序号	项目	合计	计算期					
			1	2	3	4	…	n
1	现金流入							
1.1	实分利润							
1.2	资产处置收益分配							
1.3	租赁费收入							
1.4	技术转让或使用收入							
1.5	其他现金流入							
2	现金流出							
2.1	实缴资本							
2.2	租赁资产支出							
2.3	其他现金流出							
3	净现金流量(1－2)							

计算指标：

投资各方财务内部收益率(%)

注：本表可按不同投资方分别编制。

1.投资各方现金流量表既适用于内资企业也适用于外商投资企业；既适用于合资企业也适用于合作企业。

2.投资各方现金流量表中现金流入是指出资方因该项目的实施将实际获得的各种收入；现金流出是指出资方因该项目的实施将实际投入的各种支出。表中科目应根据项目具体情况调整。

(1)实分利润是指投资者由项目获取的利润。

(2)资产处置收益分配是指对有明确的合营期限或合资期限的项目，在期满时对资产余值按股比或约定比例的分配。

(3)租赁费收入是指出资方将自己的资产租赁给项目使用所获得的收入，此时应将资产价值作为现金流出，列为租赁资产支出科目。

(4)技术转让或使用收入是指出资方将专利或专有技术转让或允许该项目使用所获得的收入。

一般情况下，投资各方按股本比例分配利润和分担亏损及风险，因此投资各方的利益一般是均等的，没有必要计算投资各方的内部收益率。只有投资者中的各方有股权之外的不对等的利益分配时（契约式的合作企业常常会有这种情况），投资各方的收益率才会有差异，此时常常需要计算投资各方的内部收益率。

(2)静态分析

静态分析是不考虑资金时间价值处理数据，主要依据利润表，并借助现金流量表计算相关盈利能力指标，包括项目资本金净利润率、总投资收益率等。

利润表反映项目运营期内各年的利润总额、应纳税所得额、所得税以及税后利润分配情况。在财务评估中，由于面向未来，因而无法具体估算营业外收支和对外投资情况，所以在利润表中只计算营业利润。详见表7-12。另外，根据《企业会计制度》(2001)的规定：①当期实现的净利润，加上期初未分配利润(或减去期初未弥补亏损)，为可供分配的利润。② 内资项目以当年净利润为基数提取法定盈余公积金；外商投资项目按有关法律提取的是储备基金、企业发展基金、职工奖励和福利基金。③可供分配的利润减去提取的法定盈余公积金等后，为可供投资者分配的利润。中外合作经营企业按规定在合作期内以利润归还投资者的投资，也从可供分配的利润中扣除。④可供投资者分配的利润，按下列顺序分配：应付优先股股利；提取任意盈余公积；应付普通股股利；经过上述分配后的剩余部分为未分配利润。

表7-12 利润表 (单位：万元)

序号	项目	合计	计算期					
			1	2	3	4	…	n
1	营业收入							
2	营业税金及附加							
3	总成本费用							
4	补贴收入							
5	利润总额 (1－2－3＋4)							
6	弥补以前年度亏损							
7	应纳税所得额(5－6)							
8	所得税							
9	净利润(5－8)							
10	期初未分配利润							
11	可供分配的利润 (9＋10)							
12	提取法定盈余公积金							

续表

序 号	项 目	合 计	计算期					
			1	2	3	4	…	n
13	可供投资者分配的利润(11－12)							
14	应付优先股股利							
15	提取任意盈余公积金							
16	应付普通股股利(13—14—15)							
17	各投资方利润分配:							
	其中:××方							
	××方							
18	未分配利润(13—14—15—17)							
19	息税前利润(利润总额＋利息支出)							
20	息税折旧摊销前利润(息税前利润＋折旧＋摊销)							

注:1.对于外商出资项目由第 11 项减去储备基金、职工奖励与福利基金和企业发展基金后,得出可供投资者分配的利润。

2.第 14－16 项根据企业性质和具体情况选择填列。

3.法定盈余公积金按净利润计提。

对静态分析指标的判断,应按不同指标选定相应的参考值(企业或行业的对比值)。当静态分析指标分别符合其相应的参考值时,认为从该指标看盈利能力满足要求。如果不同指标得出的判断结论相反,应通过分析原因,得出合理的结论。

7.3.3 偿债能力评估报表

投资项目资金需要量大,往往需通过银行贷款或其他间接融资方式进行融资,对筹措了债务资金的项目,应该进行偿债能力分析,以考察项目能否按期偿还借款。

项目偿债能力评估通过编制资产负债表、借款还本付息计划表,计算资产负债率、流动比率、速动比率、利息备付率和偿债备付率等指标，判断项目的偿债能力。

1. 资产负债表的编制

资产负债表用于综合反映项目计算期内各年年末资产、负债和所有者权益的增减变化及对应关系，见表7-13。根据资产负债表计算资产负债率指标，以反映项目各年所面临的财务风险程度及偿债能力。

表7-13 资产负债表 (单位:万元)

序号	项目	合计	计算期					
			1	2	3	4	…	n
1	资产							
1.1	流动资产总额							
1.1.1	货币资金							
1.1.2	应收账款							
1.1.3	预付账款							
1.1.4	存货							
1.1.5	其他							
1.2	在建工程							
1.3	固定资产净值							
1.4	无形及其他资产净值							
2	负债及所有者权益 (2.4+2.5)							
2.1	流动负债总额							
2.1.1	短期借款							
2.1.2	应付账款							
2.1.3	预收账款							
2.1.4	其他							
2.2	建设投资借款							
2.3	流动资金借款							
2.4	负债小计 (2.1+2.2+2.3)							

续表

序　号	项　目	合　计	计算期					
			1	2	3	4	…	n
2.5	所有者权益							
2.5.1	资本金							
2.5.2	资本公积金							
2.5.3	累计盈余公积金							
2.5.4	累计未分配利润							
计算指标： 资产负债率(%)								

注：1.对外商投资项目，第2.5.3项改为累计储备基金和企业发展基金。

2.对既有法人项目，一般只针对法人编制，可按需要增加科目，此时表中资本金是指企业全部实收资本，包括原有和新增的实收资本。必要时，也可针对"有项目"范围编制。此时表中资本金仅指"有项目"范围的对应数值。

3.货币资金包括现金和累计盈余资金。

2.借款还本付息计划表

借款还本付息计划表是反映项目建设期各年借款本金偿还和利息支付情况，用以计算偿债备付率和利息备付率指标，进行偿债能力分析的表格。见表7-14。借款还本付息计划表包括各种债务的期初余额及当期还本付息和期末债务余额。

借款还本付息计划表的填列：

(1)借款

在项目的建设期，期初借款余额等于上年借款本金和建设期利息之和；在项目的生产期，期初借款余额等于上年尚未还清的借款本金；当期还本付息可以根据当年偿还借款本金和利息的资金来源填列；期末余额为期初本息余额与当期还本付息数额的差。

(2)债券

借款还本付息计划表中的债券是指通过发行债券来筹措建设资金，因此债券的性质应当等同于借款。两者之间的区别是，通过债券筹集建设资金的项目，项目是向债权人支付利息和偿还本金，而不是向贷款的金融机构支付利息和偿还本金。

表 7-14 借款还本付息计划表 （单位:万元）

序号	项目	合计	计算期					
			1	2	3	4	…	n
1	借款1							
1.1	期初借款余额							
1.2	当期还本付息							
	其中:还本							
	付息							
1.3	期末借款余额							
2	借款2							
2.1	期初借款余额							
2.2	当期还本付息							
	其中:还本							
	付息							
2.3	期末借款余额							
3	债券							
3.1	期初债务余额							
3.2	当期还本付息							
	其中:还本							
	付息							
3.3	期末债务余额							
4	借款和债券合计							
4.1	期初余额							
4.2	当期还本付息							
	其中:还本							
	付息							
4.3	期末余额							
计算指标	利息备付率(%)							
	偿债备付率(%)							

注:1.本表与财务分析辅助表“建设期利息估算表”可合二为一。

2.本表直接适用于新设法人项目,如有多种借款或债券,必要时应分别列出。

3.对于既有法人项目,在按“有项目”范围进行计算时,可根据需要增加项目范围内原有借款的还本付息计算;在计算企业层次的还本付息时,可根据需要增加项目范围外借款的还本付息计算;当简化直接进行项目层次新增借款还本付息计算时,可直接按新增数据进行计算。

4.本表可另加流动资金借款的还本付息计算。

7.3.4 财务生存能力评估报表

在项目(企业)运营期间,确保从各项经济活动中得到足够的净现金流量是项目能够持续生存的条件。财务分析中应根据财务计划现金流量表,综合考察项目计算期内各年的投资活动、筹资活动和经营活动所产生的各项现金流入和流出,计算净现金流量和累计盈余资金,分析项目是否有足够的现金流量维持正常运营。为此,财务生存能力分析亦可称为资金平衡分析。

财务生存能力分析应结合偿债能力分析进行,如果拟安排的还款期过短,致使还本付息负担过重,导致为维持资金平衡必须筹借的短期借款过多,可以调整还款期,减轻各年还款负担。

通常因运营期前期的还本付息负担较重,故应特别注重运营期前期的财务生存能力分析。

通过以下相辅相成的两个方面可具体判断项目的财务生存能力。

1.分析计算净现金流量

拥有足够的经营净现金流量是财务可持续的基本条件,特别是在运营初期。一个项目具有较大的经营净现金流量,说明项目方案比较合理,实现自身资金平衡的可能性大,不会过分依赖短期融资来维持运营;反之,一个项目不能产生足够的经营净现金流量,或经营净现金流量为负值,说明维持项目正常运行会遇到财务上的困难,项目方案缺乏合理性,实现自身资金平衡的可能性小,有可能要靠短期融资来维持运营;或者是非经营项目本身无能力实现自身资金平衡,提示要靠政府补贴。

2.分析计算累计盈余资金

各年累计盈余资金不出现负值是财务生存的必要条件。在整个运营期间,允许个别年份的净现金流量出现负值,但不能允许任一年份的累计盈余资金出现负值。一旦出现负值时应适时进行短期融资,该短期融资应体现在财务计划现金流量表中,同时短期融资的利息也应纳入成本费用和其后的计算。较大的或较频繁的短期融资,有可能导致以后的累计盈余资金无法实现正值,致使项目难以持续运营。

3.编制财务计划现金流量表

财务计划现金流量表是项目财务生存能力分析的基本报表,根据财务分析辅助报表和利润表编制,见表 7-15。

表7-15　财务计划现金流量表　　(单位:万元)

序　号	项　目	合　计	计算期					
			1	2	3	4	…	n
1	经营活动净现金流量(1.1—1.2)							
1.1	现金流入							
1.1.1	营业收入							
1.1.2	增值税销项税额							
1.1.3	补贴收入							
1.1.4	其他流入							
1.2	现金流出							
1.2.1	经营成本							
1.2.2	增值税进项税额							
1.2.3	营业税金及附加							
1.2.4	增值税							
1.2.5	所得税							
1.2.6	其他流出							
2	投资活动净现金流量(2.1—2.2)							
2.1	现金流入							
2.2	现金流出							
2.2.1	建设投资							
2.2.2	维持运营投资							
2.2.3	流动资金							
2.2.4	其他流出							
3	筹资活动净现金流量(3.1—3.2)							
3.1	现金流入							
3.1.1	项目资本金投入							
3.1.2	建设投资借款							
3.1.3	流动资金借款							

续表

序号	项目	合计	计算期					
			1	2	3	4	…	n
3.1.4	债券							
3.1.5	短期借款							
3.1.6	其他流入							
3.2	现金流出							
3.2.1	各种利息支出							
3.2.2	偿还债务本金							
3.2.3	应付利润(股利分配)							
3.2.4	其他流出							
4	净现金流量(1+2+3)							
5	累计盈余资金							

注：1. 对于新设法人项目，本表投资活动的现金流入为零。

2. 对于既有法人项目，可适当增加科目。

3. 必要时，现金流出中可增加应付优先股股利科目。

4. 对外商投资项目应将职工奖励与福利基金作为经营活动现金流出。

7.3.5 财务评估关系图

财务评估中融资方案、财务收入和费用的估算、财务效益报表的编制遵循一定的顺序，它们之间也存在一些勾稽关系，如图 7-2 所示。

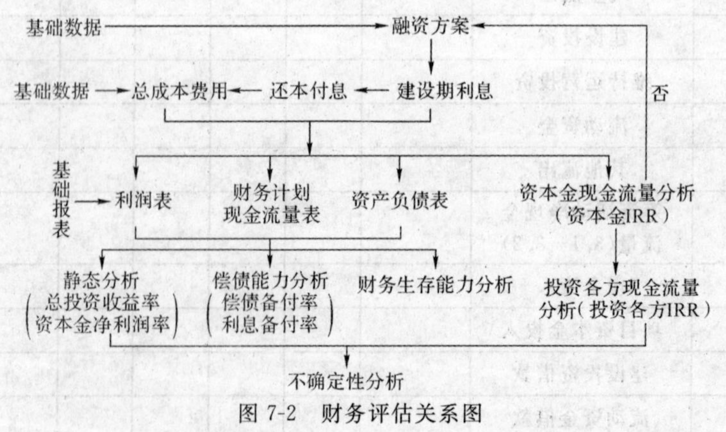

图 7-2　财务评估关系图

7.4　财务效益评估指标

在财务收入和费用估算的基础上编制财务效益报表，通过财务指标的估算，从盈利能力、偿债能力和生存能力等方面反映项目财务效益。这里选择 14 个比较重要的指标，作为项目财务效益评估的基本指标，见表 7-16。

表 7-16　项目财务效益评估基本指标明细表　　（单位：万元）

<table>
<tr><th rowspan="2">类　型</th><th rowspan="2">序　号</th><th rowspan="2">名　称</th><th rowspan="2">取值范围</th><th colspan="3">相对重要性</th></tr>
<tr><th>政府</th><th>银行</th><th>投资者</th></tr>
<tr><td rowspan="6">盈利能力指标</td><td>1</td><td>销售(净)利润率</td><td rowspan="3">参考企业标准</td><td>☆</td><td>☆</td><td>☆</td></tr>
<tr><td>2</td><td>总投资收益率</td><td></td><td></td><td>☆</td></tr>
<tr><td>3</td><td>资本金净利率</td><td>☆</td><td>☆</td><td>☆</td></tr>
<tr><td>4</td><td>财务净现值(FNPV)</td><td>$\geqslant 0$</td><td>☆</td><td>☆</td><td>☆</td></tr>
<tr><td>5</td><td>财务内部收益率(FIRR)</td><td>$\geqslant i_c$</td><td>☆</td><td>☆</td><td>☆</td></tr>
<tr><td>6</td><td>投资回收期 (P_t)</td><td>$\leqslant P_c$</td><td>☆</td><td>☆</td><td>☆</td></tr>
<tr><td rowspan="7">偿债能力指标</td><td>7</td><td>借款偿还期</td><td>在债权人限定期限内</td><td>☆</td><td>☆</td><td>☆</td></tr>
<tr><td>8</td><td>利息备付率</td><td>$\geqslant 2$</td><td>☆</td><td>☆</td><td>☆</td></tr>
<tr><td>9</td><td>偿债备付率</td><td>$\geqslant 1.3$</td><td>☆</td><td>☆</td><td>☆</td></tr>
<tr><td>10</td><td>资产负债率</td><td rowspan="4">参考企业标准</td><td>☆</td><td>☆</td><td>☆</td></tr>
<tr><td>11</td><td>齿轮比率</td><td></td><td>☆</td><td></td></tr>
<tr><td>12</td><td>流动比率</td><td></td><td>☆</td><td>☆</td></tr>
<tr><td>13</td><td>速动比率</td><td></td><td>☆</td><td></td></tr>
<tr><td>生存能力指标</td><td>14</td><td>资金来源满足率</td><td>$\geqslant 1$</td><td>☆</td><td>☆</td><td>☆</td></tr>
</table>

7.4.1　盈利能力评估指标

1. 静态指标

静态指标是指不考虑资金时间价值因素的影响而计算的盈利能力指标，主要包括销售净利率、总投资收益率、资本金净利率和静态投资回收期等。静态指标可以根据建设投资估算表、项目总投资使用计划与资金筹措表、利润表和现金流量表中的有关数据计算。

(1)销售净利率

销售净利率是指项目净利润与销售收入的比率。其计算公式为：

$$销售净利率=\frac{净利润}{销售收入}\times 100\%$$

该指标反映每一元销售收入带来的净利润的多少，表示销售收入的收益水平。分子和分母可以采用生产期正常年份的数值，也可以用生产期的平均值。

通过销售净利率的分析，可以了解项目的盈利能力，促使企业在扩大销售的同时，注意改进经营管理，提高盈利水平。

(2)总投资收益率(ROI)

总投资收益率是指项目达到设计能力后正常年份的年息税前利润或运营期内年平均息税前利润(EBIT)与项目总投资的比率，反映总投资的盈利水平。其计算公式为：

$$总投资收益率=\frac{年息税净利润}{项目总投资}\times 100\%$$

式中，项目总投资为建设投资、建设期利息和流动资金之和。

如果项目生产期较短，且年息税前利润额波动较大，可以选择生产期的平均年息税前利润额；若项目生产期较长，年息税前利润额在生产期又没有较大的波动，可选择正常生产年份的年息税前利润额。

总投资收益率高于同行业的总投资收益率参考值，表明项目的盈利能力满足要求。

(3)资本金净利率(ROE)

资本金净利率是指项目达到设计能力后正常年份的年净利润或运营期内年平均净利润与项目资本金的比率，表示项目资本金的盈利水平。其计算公式为：

$$资本金净利率=\frac{年净利润}{项目资本金}\times 100\%$$

式中，资本金是指项目的全部注册资本金。由于资本金净利率反映了投资者出资所带来的净利润大小，因此是投资者比较关心的一个指标。

项目资本金净利润率高于同行业的净利润率参考值，表明项目的盈利能力满足要求。

(4)静态投资回收期(P_t)

静态投资回收期(P_t)是指在未考虑资金时间价值的情况下，以项目的净效益回收项目投资所需要的时间。它一般以年为单位，从项目建设开始年算起。其计算公式为：

$$\sum_{t=1}^{P_t}(CI-CO)_t=0$$

式中，P_t 为投资回收期；CI 为现金流入量；CO 为现金流出量；$(CI-CO)_t$ 为第 t 年的净现金流量。

静态投资回收期可借助项目投资现金流量表计算。项目投资现金流量表中累计净现金流量由负值变为零的时点，即为项目收回投资的时点。其计算公式为：

$$P_t=m-1+\frac{\left|\sum_{t=1}^{m-1}(CI-CO)_t\right|}{(CI-CO)_m}$$

式中，m 为累计净现金流量出现正值的年份数。

静态投资回收期 P_t 若小于或等于行业基准回收期 P_c，项目被认为是可行的；反之，则认为项目是不可行的。

静态投资回收期计算比较简单，但由于没有考虑资金的时间价值，忽视了长期投资的特点，因此存在一定的局限性。

2. 动态指标

动态指标是在考虑资金时间价值的情况下反映项目盈利能力，主要包括财务净现值、财务内部收益率和动态投资回收期等。动态分析指标依据项目投资现金流量表、项目资本金现金流量表、投资各方现金流量表计算得出。

(1)财务净现值(FNPV)

财务净现值是指按行业基准收益率 i_c 将项目计算期内各年净现金流量折算到建设初期的现值之和。其计算公式为：

$$FNPV=\sum_{t=1}^{n}(CI-CO)_t\times(1+i_c)^{-t}$$

式中，$FNPV$ 为财务净现值；n 为项目计算期。

在财务盈利能力分析时，可根据需要选择计算所得税前净现值或所得税后净现值。

$FNPV\geqslant 0$，表明项目的获利能力刚好满足或高于行业基准收益率的要求，项目方案在财务上可考虑接受；$FNPV<0$，表明项目的获利能力低于行业基准收益率的要求，项目方案在财务上不予接受。

财务净现值指标计算简便，容易理解和掌握，但它只考虑了投资效益，没有考虑投资的效率以及资金来源的成本等问题。

(2)财务内部收益率(FIRR)

财务内部收益率是指项目在整个计算期内各年净现金流量现值累计等于零时的折现率，即使得计算期内各年净现值之和等于零时的折现率。它是评价项目盈利能力的一个重要动态评价指标，表示项目的实际盈利水平。其计算公式为：

$$\sum_{t=1}^{n}(CI-CO)_t\times(1+FIRR)^{-t}=0$$

式中，$FIRR$ 为财务内部收益率。

在财务效益分析中，一般将计算得出的 $FIRR$ 与行业基准收益率 i_c 或资金成本进行比较，以判断项目的财务可行性。

作为项目投资判别基准的行业基准收益率或资金成本，应充分考虑项目可能面临的风险，如项目的投资目标、投资人的偏好、项目隶属的行业对确定基准收益率或折现率的影响。实际工作中，应根据项目的性质使用有关部门发布的行业财务基准收益率，或参考使用有关主管部门发布的财务基准收益率。

在判别基准的设定中是否考虑价格总水平变动因素，应与指标计算时对价格总水平变动因素的处理相一致。在项目投资现金流量表的编制中一般不考虑价格总水平变动因素，所以在判别基准的设定中通常要剔除价格总水平变动因素的影响。

在判别基准的设定中是否考虑所得税因素，应与指标的内涵相对应。设定所得税前指标的判别基准时，应含所得税；而设定所得税后指标的判别基准时，应剔除所得税。

按财务效益分析的内容不同，财务内部收益率分为项目投资财务内部收益率、项目资本金财务内部收益率和投资各方财务内部收益率，但所用的现金流入和现金流出不同。

项目投资财务内部收益率是考察项目确定融资方案前整个项目的盈利能力。计算出的项目财务内部收益率要与行业发布或财务分析人员设定的基准折现率 i_c 进行比较，如果计算的 $FIRR$ 大于或等于 i_c，则说明项目的盈利能力能够满足要求，因而是可以考虑接受的；否则，不能满足项目盈利能力的要求，认为该项目从财务角度分析是不可行的。

资本金财务内部收益率是以项目资本金为计算基础，考察所得税税后资本金可能获得的收益水平。项目资本金内部收益率的判别基准是项目投资者整体对投资获利的最低期望值，亦即最低可接受收益率。当计算的项目资本金内部收益率大于或等于该最低可接受收益率时，说明投资获利水平大于或达到了要求，是可以接受的。最低可接受收益率的确定主要取决于当时的资本收益水平以及投资者对权益资金收益的要求，它与资金机会成本和投资者对风险的态度有关。

投资各方财务内部收益率，是以投资各方出资额为计算基础，考察投资各方可能获得的收益水平。投资各方财务内部收益率应与出资方最低期望收益率对比，判断投资方的收益水平。

(3)动态投资回收期(P'_t)

动态投资回收期是指在考虑资金时间价值的情况下，以项目的净效益回收项目投资所需要的时间。它一般以年为单位，从项目建设开始年算起。其计算公式为：

$$\sum_{t=1}^{P'_t}(CI-CO)_t\times(1+i_c)^{-t}=0$$

式中，P'_t 为动态投资回收期。

项目动态投资回收期可借助项目投资现金流量表计算。项目投资现金流量表中累计净现金流量由负值变为零的时点，即为项目收回投资的时点。其计算公式为：

$$P'_t=m-1+\frac{\left|\sum_{t=1}^{m-1}NPV_t\right|}{NPV_m}$$

动态投资回收期 P'_t 若小于或等于行业基准回收期 P_c，项目被认为是可行的；反之，则认为项目是不可行的。

7.4.2　偿债能力评估指标

在财务盈利能力分析评估的基础上，根据资金来源与运用表、借款偿还计划表和资产负债表等财务报表，计算借款偿还期、利息备付率、偿债备付率、资产负债率、流动比率、速动比率和齿轮比率等指标，判断项目的偿债能力。

1. 借款偿还期(P_d)

借款偿还期是指按照国家财政规定以及项目具体财务条件，以项目投产后获得的可用于还本付息的资金(包括利润、折旧费、摊销费以及其他项目收益)，来偿还借款本息所需要花费的时间(以年为单位)，它反映项目偿还借款能力和经济效益好坏的一个综合性评估指标。根据借款偿还计划表估算借款偿还期，其计算公式为：

$$I_d=\sum_{t=1}^{P_d}(R_P+D'+R_O-R_t)_t$$

式中，I_d 为固定资产投资借款本息和；P_d 为借款偿还期；R_p 为可用于还款的年利润；D'为可用于还款的年折旧和摊销费；R_0 为可用于还款的其他收益；R_t 为还款期间的年企业留利。

借款偿还期也可以通过资金来源与运用表和借款偿还计划表直接推算得到，以年表示，其计算公式为：

借款偿还期＝借款偿还后开始出现盈余年份数－开始借款年份＋当年应偿还借款额/当年可用于还款的资金额

当借款偿还期能满足贷款机构的要求期限时，就可认为该项目具有偿还债务的能力。对于涉及外资借款的项目，其国外借款部分的还本付息应按照已经明确的或预计可能的借款条件计算。

借款偿还期指标旨在计算最大偿还能力，适用于尽快还款的项目，不适用于已约定借款偿还期限的项目。对于已约定借款偿还期限的项目，应采用利息备付率和偿债备付率指标分析项目的偿债能力。

2. 利息备付率(ICR)

利息备付率是指在借款偿还期内，各年可用于支付利息的息税前利润($EBIT$)与当期应付利息的比值，它从付息资金来源的充裕性角度反映项目偿付债务利息的保障程度。其计算公式为：

$$\text{利息备付率}=\frac{\text{息税前利润}(EBIT)}{\text{当期应付利息}}\times 100\%$$

式中，息税前利润是利润表中未扣除利息费用和所得税之前的利润；当期应付利息是指本期发生计入总成本的全部应付利息。

利息备付率可按年计算，也可按整个借款期计算。利息备付率高，表明利息偿付的保障程度高。参考国际经验和国内行业的具体情况，根据我国企业历史数据统计分析，一般情况下，利息备付率不宜低于 2，否则，表示项目偿还借款付息能力和保障程度不足。

3. 偿债备付率(DSCR)

偿债备付率是指在借款偿还期内，用于计算还本付息的资金($EBITDA-T_{AX}$)与应还本付息金额的比值，它从还本付息资金来源的充裕度角度反映项目偿付债务本息的保障程度和支付能力。其计算公式为：

$$\text{偿债备付率}=\frac{\text{可用于还本付息资金}}{\text{当期应还本付利息金额}}\times 100\%$$

式中，可还本付息的资金指息税前利润加折旧和摊销企业所得税；应还本付息金额包括还本金额、计入总成本费用的全部利息。融资租赁费用可视同借款偿还。运营期内的短期借款本息也应纳入计算。

如果项目在运行期内有维持运营的投资，可用于还本付息的资金应扣除维持运营的投资。按照有关法规，融资租赁固定资产可视同购置的固定资产一样计提折旧，同时按税法规定，融资租赁费用不应在所得税前扣除，因此项目评价中融资租赁费用的支付，可视作偿还本金处理，按要求的期限和数额逐年偿还。因此，公式中分子和分母上均含有融资租赁费用一项。

偿债备付率应分年计算，偿债备付率高，表明可用于还本付息的资金保障程度高。参考国际经验和国内行业的具体情况，根据我国企业历史数据统计分析，一般情况下，偿债备付率不宜低于1.3，且越高越好。

如果采用借款偿还期指标，可不再计算利息备付率和偿债备付率；如果计算了利息备付率和偿债备付率，则不需再计算借款偿还期指标。

4.资产负债率

资产负债率是指各期末负债总额同资产总额的比率，是从资本结构的角度分析项目长期偿债能力的比率。它是公认的、衡量项目负债水平和风险程度的重要判断指标。其计算公式为：

$$资产负债率=\frac{负债总额}{资产总额}\times 100\%$$

适度的资产负债，表明企业经营安全、稳健，具有较强的筹资能力，也表明企业和债权人的风险较小。对该指标的分析，应结合国家宏观经济状况、行业发展趋势、企业所处竞争环境等具体条件判定。过高的资产负债率表明项目财务风险大，过低则表明项目对财务杠杆利用不够。对于我国企业，一般认为交通、运输、电力等基础行业为50%左右；加工业为60%左右；商贸业为80%左右。项目财务分析中，在长期债务还清后，可不再计算资产负债率。

5.齿轮比率

齿轮比率是指银行短期债务与净资产的比率。其计算公式为：

$$齿轮比率=\frac{银行短期债务}{净资产(权益资金)}\times 100\%$$

银行短期债务＝短期借款＋一年内到期的长期借款

齿轮比率通过项目短期债务与项目权益资金构成的比例，衡量项目权益资金对债务的保障程度的指标。

在反映项目偿还短期债务能力指标中，它更为贴近实际。它是银行特别关注的、用来衡量项目短期偿债能力的指标。部分银行已经将其作为企业贷款评价的基本指标，测算了各行业的标准值。所以，对于项目评估可以比较方便地予以参考。

6.流动比率

流动比率是流动资产与流动负债之比，反映项目偿还流动负债的能力。其计算公式为：

$$流动比率=\frac{流动资产}{流动负债}\times 100\%$$

流动比率用以衡量项目流动资产在短期债务到期前可以变为现金用于偿付流动负债的能力，表明项目每百元流动负债有多少流动资产作为支付的保障。

用流动比率来衡量资产流动性大小，自然要求项目的流动资产在清偿流动负债以后还有余力去支付日常经营活动中的其他资金需要，流动资产必须大于流动负债。特别是对债权人来说，比率越高，债权人越有保障，以免发生无力还债的风险和损失。但就项目而言，流动比率过高不一定是好现象，因为一个正常生产经营的项目，资金应当有效地在生产经营活动中运转，充分发挥资金效益，如果过多地滞留在流动资产形态上，也会影响项目的效益。

流动比率是一个比较经典的反映项目偿付流动负债（或短期负债）能力的指标。它尤其是银行特别关注的偿债能力评价指标。

财政部和大多数银行都分别对不同行业的流动比率参数值进行了测算，在评估实务中，可以比较方便地参考。

7. 速动比率

速动比率是速动资产与流动负债之比，反映法人在短时间内偿还流动负债的能力。其计算公式为：

$$速动比率=\frac{速动资产}{流动负债}\times 100\%$$

速动资产＝流动资产－存货

项目生产经营期内各年的速动比率可通过资产负债表求得。速动比率是流动比率的补充，用以衡量项目可以立即用于清偿流动负债的能力，表明项目每百元流动负债有多少速动资产作为支付的保障。由于它能够反映项目快速偿付短期负债的能力，是对流动比率的必要补充，故同样是银行关注的偿债能力指标。

上述反映项目偿债能力的分析指标，在分析项目偿债能力时，可以根据项目具体情况选用；并结合行业特点和项目实际情况选用判断项目偿债能力的参数。

7.4.3 生存能力评估指标

在项目评估实务中，有些项目即使 *FNPV* 大于或等于零，在某些年份（特别是尚未达产时）的资金运转仍然可能出现入不敷出的情况，因而严重影响项目的生存和持续发展。在项目评估的基本指标中，有必要为项目的生存能力分析设置评估指标。资金来源满足率就是用于反映生存能力的指标。其计算公式为：

$$资金来源满足率=\frac{年资金来源}{年资金运用}\times 100\%$$

式中，年资金来源为年利润总额、折旧费、摊销费；年资金运用为年所得税、应付利润和各类借款本金偿还额。

该比率用来衡量项目各年的资金来源满足项目正常经营活动费用需求的能力。资金来源满足率大于或等于100%，说明该项目有一定的生存能力。

7.5　非经营项目的财务分析

对于非经营性项目，主要进行财务生存能力分析，具体可按下列要求进行。

1.没有营业收入的项目

对没有营业收入的项目，不进行盈利能力分析，主要考察项目财务生存能力。此类项目通常需要政府长期补贴才能维持运营，应合理估算项目运营期各年所需的政府补贴数额，并分析政府补贴的可能性与支付能力。对有债务资金的项目，还应结合借款偿还要求进行财务生存能力分析。

2.有营业收入的项目

对有营业收入的项目，财务分析应根据收入抵补支出的程度，区别对待。收入补偿费用的顺序应为：补偿人工、材料等生产经营耗费，缴纳流转税，偿还借款利息，计提折旧和偿还借款本金。有营业收入的非经营性项目可分为下列两类：

(1)营业收入在补偿生产经营耗费、缴纳流转税、偿还借款利息、计提折旧和偿还借款本金后尚有盈余，表明项目在财务上有盈利能力和生存能力，其财务分析方法与一般项目基本相同。

(2)对一定时期内收入不足以补偿全部成本费用，但通过在运行期内逐步提高价格(收费)水平，可实现其设定的补偿生产经营耗费、缴纳流转税、偿还借款利息、计提折旧和偿还借款本金的目标，并预期在中、长期产生盈余的项目，可只进行偿债能力分析和财务生存能力分析。由于项目运营前期需要政府在一定时期内给予补贴，以维持运营，因此应估算各年所需的政府补贴数额，并分析政府在一定时期内可能提供财政补贴的能力。

复习思考题

1. 简述财务评估的含义和目标。

2. 如何理解财务评估的原则和方法?

3. 简述财务评估的步骤。

4. 财务评估的主要影响因素有哪些?

5. 如何进行营业收入、营业税金及附加的估算?

6. 如何进行外购原材料、燃料动力成本的估算?

7. 什么是经营成本? 如何估算?

8. 如何进行工资及福利费的估算?

9. 如何进行固定资产折旧、无形资产摊销的估算?

10. 如何编制各类财务效益评估报表?

11. 项目盈利能力的评估指标有哪些? 如何计算和评价?

12 项目偿债能力的评估指标有哪些? 如何计算和评价?

13. 如何进行非经营项目的财务分析?

14. 某项目计算期的净现金流量如表 1 所示,假设该行业基准收益率为 12%,基准投资回收期为 8 年,试问能否在规定时间内收回投资(要求从静态和动态两方面考虑)

表 1 项目计算期内净现金流量 (单位:万元)

项 目	建设期		投产期	达到设计能力生产期								
	1	2	3	4	5	6	7	8	9	10	11	12
净现金流量	−1000	−200	100	250	250	250	250	250	250	250	250	350

15. 某项目投入产出情况如表 2 所示,建设投资中 30% 为自有资金,70% 为固定资产贷款,贷款年利率为 6%,每年计息两次。项目建设期两年,建设进度分别为 60%、40%。试计算该项目的借款偿还期。

表 2 项目投入产出情况 (单位:万元)

项 目	建设期		投产期		达到设计能力生产期							
	1	2	3	4	5	6	7	8	9	10	11	12
年销售收入			421	542	602	602	602	602	602	602	602	652
建设投资	900	600										

续表

项　目	建设期		投产期		达到设计能力生产期							
	1	2	3	4	5	6	7	8	9	10	11	12
年生产成本			126	162	180	180	180	180	180	180	180	180
销售税金及附加			14	18	20	20	20	20	20	20	20	20
折旧费、摊销费			150	150	150	150	150	150	150	150	150	150
管理及其他费用			80	90	100	100	100	100	100	100	100	100
利润总额			51	122	152	152	152	152	152	152	152	202
所得税(25%)												
税后利润												
法定盈余公积10%												
公益金5%												
利润分配20%												
未分配利润												
还款来源合计												
还款来源累计												

16.案例资料：

2008年考虑实施一个果树栽培项目。项目中的果树为苹果、桃树和梨树。预测三种水果的市场价格分别为苹果1000元/吨、桃1250元/吨、梨1500元/吨。项目一旦完全投产，预期每年可销售100吨苹果，90吨桃和75吨梨。

为了实施项目，计划租赁已栽培果树的土地100公顷，每年每公顷土地的租金30元。合同期限20年，2009年开始支付租金。2008年即需购买4台农用设备，每台10000元；3辆汽车，每辆30000元；购建250平方米仓库，每平方米1000元。假设农用设备、汽车和仓库的折旧年限分别为10年、5年和20年，公司计划这些设施在整个投资期内保持不变，不进行更新。项目期末预计可收回的残值为初始投资费用的10%。

项目需要在2009年投入各种流动资产费用。这些资产是：2吨肥料储备，每吨500元；2500升杀虫剂，每升30元；10个月的设备和车辆的备件，每月1000元；500升燃油，每升0.7元。这些费用均计入经营成本，正常生产年份的经营成本见表3。

表 3　项目年经营成本

项　目	数　量	费用/单位
土地租赁(公顷)	100	30
燃油(升)	2500	0.7
种粒/树苗(千克)	250	20
肥料(吨)	3	500
杀虫剂(升)	3000	30
水(兆升)	900	20
备件和养护(月)	12	1000
临时工(天)	100	60
管理费(月)	12	1000
保险费(年)	1	8263.50
管理人员工资	12	3000
其他(年)		7700

项目需在 2009 年开始投产运营,初始产量为总能力的 25%,2010 年增加到 50%,2011 年达 75%,2012 年达到全部能力。2009 年到 2011 年全部经营成本和收入假设为达到产成本和收入的相同比例,项目在运营 20 年后结束。

项目拟在 2008 年申请农业贷款 700000 元,年利率 3.5%,偿还期 10 年。项目公司于 2008 年向银行借款 40000 元,年利率 5%,4 年后一次还本付息。所需的其余资金由项目公司自有资金解决。农业项目的所得税税率为 25%。

要求计算:

(1)项目全部资金税前和税后的 *NPV* 和 *IRR*(基准收益率按 5%、10%和 15%计算);

(2)项目自有资金税前和税后的 *NPV* 和 *IRR*(基准收益率按 5%、10%和 15%计算)。

17. 案例资料:

某投资项目建设期 2 年,运营期为 6 年。项目投资估算总额为 3600 万元,其中:预计形成固定资产 3060 万元(含建设期贷款利息为 60 万元),无形资产 540 万元。固定资产使用年限为 10 年,净残值率为 4%,固定资产残值在项目运营期末收回。无形资产在 6 年运营期中均匀摊入成本。流动资金为 800 万元,在项目的生命周期期末收回。

项目的设计生产能力为年产量120万件，市场预测得知产品售价为每件45元，销售税金及附加的税率为6%，所得税为25%，行业基准收益率为8%。项目借款的归还按实际偿还能力测算，长期贷款利率为6%，按年计息；流动资金贷款利率为4%，按年计息。项目的资金投入、年收益和成本等基础数据见表4。

表4 项目资金收入、年收益及成本表 (单位:万元)

序号	项目 \ 年份	1	2	3	4	5	6	7	8
	建设投资：								
1	自有资金部分	1200	340						
	贷款(不含贷款利息)		2000						
	流动资金：								
2	自有资金部分			300					
	贷款部分			100	200	200			
3	年销售量(万件)			60	90	120	120	120	120
4	年经营成本			1682	2360	3230	3230	3230	3230

要求：

(1)分别编制固定资产折旧表；无形资产摊销表；借款偿还计划表；总成本费用估算表；利润表；全部现金流量表、自有资金现金流量表；资金来源与运用表。

(2)计算各项盈利能力和偿债能力指标，对该拟建项目进行财务分析。

第8章

项目国民经济评估

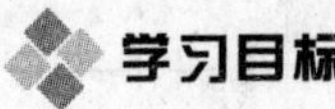

学习目标

1. 理解国民经济评估的含义、作用、对象、目标、原则和程序；
2. 掌握国民经济评估与财务评估的关系；
3. 理解效益和费用的识别、项目外部效果和转移支付的情形；
4. 理解影子价格的内涵以及社会折现率、影子汇率等国民经济评估参数；
5. 掌握外贸货物、特殊投入物影子价格的计算；
6. 理解经济费用效益识别和计算；
7. 掌握国民经济评估报表的编制；
8. 掌握国民经济评估的指标。

8.1 国民经济评估概述

项目评估包括微观评估和宏观评估两个方面。微观评估指项目投资效益和银行效益评估，它仅从项目投资者和贷款银行的角度评价项目的可行性，在不完全竞争的市场条件下，不均衡的市场价格容易造成资源的不合理利用，甚至导致重复建设、盲目建设。宏观评估指将项目置于整个国民经济系统，并对可能扭曲的市场价格加以矫正，评价项目对国家和社会所作的贡献和影响。

8.1.1 国民经济评估的含义

国民经济评估是指按照资源合理配置的原则，从国家整体角度和社会需要出发，运用影子价格、影子工资、影子汇率、社会折现率等经济评价参数，计算和分析国民经济为项目所付出的代价（费用）以及项目为国民经济所作的贡献（效益），全面评价投资项目在经济上的合理性。

国民经济评估是在财务评估的基础上，从国民经济宏观角度分析和考察项目对国民经济所作的贡献以及国民经济为项目所付出的代价。具体以影子价格为工具，以影子汇率、社会折现率等国家参数为标准，考虑项目投资所引起的投入产出边际变化对国民经济的影响，更好地促进资金、外汇、土地、劳动力以及其他自然资源的合理配置，提高项目经济效益。

现阶段，国民经济评估应根据社会发展的长远规划和战略目标、地区规划、部门及行业规划的要求，结合产品需求预测、工程技术研究及投资项目的具体情况，计算项目投入、产出的费用和效益。在多方案比较论证的情况下，对拟建投资项目在经济上的合理性及可行性进行科学计算、分析、论证，作出全面科学的经济评估。

国民经济评估是项目评估的关键，是经济评估的主要组成部分，也是项目投资决策的重要依据。当项目财务评估和国民经济评估两者的结论出现矛盾时，一般可作如下处理：第一，对某些关系国计民生的项目，如果国民经济评估认为可行，而财务评估认为不可行，可由国家提供一些优惠政策，如实行税收优惠或政策性补贴，使得项目获得财务生存能力；第二，当项目财务评估可行，但国家或社会为之将付出巨大的代价，导致国民经济评估不可行时，这类项目一般应该予以否决。

8.1.2　国民经济评估的作用

国民经济评估的作用主要体现在以下几个方面：

1. 确定项目消耗社会资源的真实价值

在财务评估中，项目的投入物和产出物使用市场价格，往往不能反映其真实的经济价值，从而会导致项目财务效益的虚假性。国民经济评估通过影子价格对市场价格进行修正，可真实地反映出项目消耗社会资源的价值量。

2. 真实反映项目对国民经济所作的贡献

投资项目不仅产生直接效益，而且还有间接效益；不仅有财务效益，而且还有社会效益。国民经济评估既分析项目的直接经济效益，也分析项目的间接经济效益和辅助经济效益，同时，运用影子价格计算项目的费用和效益，通过国民经济评估指标计算和分析项目对国民经济的影响，全面评价投资项目的综合效益。

3. 宏观层面合理配置国家有限资源

一个国家的资源（包括资金、外汇、土地、劳动力以及其他自然资源等）总是有限的，任何经济活动需合理配置资源，提高效率。若把整个国民经济看做一个系统，每个项目的建设是这个系统中的一个子系统，这就要求每个项目的建设和运营都要从国民经济大系统层面去考虑，从国家经济整体利益角度合理配置资源。国民经济评估运用影子价格、影子工资、影子汇率、社会折现率等经济评价参数，计算和分析项目投入资金、土地、劳动力等资源的真实价值，有利于从宏观层面合理配置国家资源。

4.有利于投资决策科学化

国民经济评估使用经济净现值、经济内部收益率等指标进行项目评价，可以鼓励或抑制某些行业中项目的开发和行业发展，使得国家资源配置更加合理；国民经济评估采用社会折现率作为评价标准，可以更好地调节社会总投资的水平和方向；国家各级管理部门通过国民经济评估对全社会的投资项目进行取舍，可减少或避免企业过度竞争所造成的资源浪费和投资过度与不足；国民经济评估从国家角度考察项目的效益和费用，可避免地方保护主义和企业的片面性、局限性，避免重复建设和盲目建设。

8.1.3 国民经济评估和财务评估的关系

1.国民经济评估和财务评估共同点

(1)评估目的相同

两者都是从费用与效益关系入手，寻求以最小的投入获得最大的产出，获得较好的经济效益。

(2)评估基础相同

两者都是在完成了产品需求预测、厂址选择、项目建设条件、项目市场条件、工艺技术路线、工程技术方案、投资估算和资金筹措等评估基础上进行的。

(3)基本分析方法类同

两者都采用现金流量分析，通过现金流量表等基本报表计算净现值、内部收益率等评价指标进行评估。

2.国民经济评估和财务评估区别

(1) 评估角度不同

财务评估从投资者或贷款银行角度分析项目财务效果，侧重对项目的盈利能力和贷款偿还能力的评估；国民经济评估从国家角度分析项目对国民经济的效益，侧重项目对国家的贡献及国家为项目付出的代价，考察项目的经济合理性和宏观可行性。

(2) 评估任务不同

财务评估为投资项目选定和银行贷款决策提供依据，它关注项目的投资收益、筹资来源和还本付息能力；国民经济评估为拟建项目的择优，是否应当兴建项目以及确定项目的建设规模提供依据。

(3) 费用与效益内容不同

财务评估根据项目发生的财务收支，计算项目的成本费用与收入，它只考虑可用货币度量的直接费用和直接效益；国民经济评估根据项目所消耗的资源和对社会提供的产品评估项目的费用和效益，它不仅考虑项目对国民经济的直接费用和直接效益，还考虑间接的、外部的、相关的费用和效益，并将财务评估中列支的税金、国内借款利息和补贴收入等转移性支付扣除，且不考虑沉没成本。

(4) 计价基础不同

财务评估以现行市场价格为基础，并将行业基准收益率或一年期贷款利率加上通货膨胀率和风险报酬率作为基准折现率；国民经济评估采用影子价格、影子汇率、影子工资等进行调整计算，将社会折现率作为折现率。

(5) 评估的内容和方法不同

财务评估的内容和方法比较简单，主要运用成本收益分析方法进行定量分析；国民经济评估内容和方法比较复杂，涉及面较广，需运用费用—效益分析方法，将定性分析与定量分析相结合。

(6) 评估指标和参数不同

财务评估的主要评估指标和参数是投资收益率、投资回收期、借款偿还期、财务净现值、财务内部收益率、市场利率、名义汇率、行业基准收益率和资金成本等；国民经济评估的主要评估指标和参数是经济净现值、经济内部收益率、经济外汇净现值、经济换汇成本、经济节汇成本、影子价格、影子汇率、影子工资和社会折现率等。

(7) 评估对象不同

一般情况下，对于没有财务收入的项目，不进行财务评估，如防洪工程、环保工程项目等；但是，对于一些重大的有关国计民生的项目、基础设施项目以及国际金融组织贷款项目应进行国民经济评估。

8.1.4　国民经济评估的对象和目标

1. 国民经济评估的对象

根据目前我国的实际情况，需要进行国民经济评估的项目：

(1) 自然垄断项目

对于电力、电信、交通运输等行业的项目，存在着规模效益递增的产业特征，企业一般不会按照帕累托最优规则进行运作，从而导致市场配置资源失效。

(2) 公共产品项目

即项目提供的产品或服务在同一时间内可以被共同消费，具有“消费的非排他性”（未花钱购买公共产品的人不能被排除在此产品或服务的消费之外）和“消费的非竞争性”（一人消费一种公共产品并不以牺牲其他人的消费为代价）特征。由于市场价格机制只有通过将那些不愿意付费的消费者排除在该物品的消费之外才能得以有效运作，因此市场机制对公共产品项目的资源配置失灵。

(3) 具有明显外部效果的项目

外部效果是指一个个体或厂商的行为对另一个个体或厂商产生了影响，而该影响的行为主体又没有负相应的责任或没有获得应有报酬的现象。产生外部效果的行为主体由于不受预算约束，因此常常不考虑外部效果承受者的损益情况。这样，这类行为主体在其行为过程中常常会低效率甚至无效率地使用资源，造成消费者剩余与生产者剩余的损失及市场失灵。

(4)政府预算内投资（包括国债资金）的用于关系国家安全、土地开发和市场不能有效配置资源的公益性项目和公共基础设施建设项目、保护和改善生态环境项目、重大战略性资源开发项目。

(5)政府各类专项建设基金投资的用于交通运输、农林水利等基础设施、基础产业建设项目。

(6)利用国际金融组织和外国政府贷款，需要政府主权信用担保的建设项目。

(7)企业投资建设的涉及国家经济安全、影响环境资源、公共利益、可能出现垄断、涉及整体布局等公共性问题，需要政府核准的建设项目。

(8)对于涉及国家控制的战略性资源开发及涉及国家经济安全的项目。这类项目往往具有公共性、外部效果等综合特征，不能完全依靠市场配置资源。

(9)法律、法规规定的其他政府性资金投资的建设项目。

2. 国民经济评估的基本目标

国民经济评估的目的是为了把国家有限的资源用于最需要的投资项目，使得资源能够合理配置和有效地利用，以取得最大的投资效益。因此，国民经济评估的基本目标包括宏观经济效果和社会效果两方面：

(1)宏观经济效果

宏观经济效果主要体现在国民经济增长目标上，即项目投资所增加的国民收入净增值和社会净效益最大化。具体可从国民收入增长、节汇创汇和风险承担能力等目标进行考察。主要指标有：年国民收入净增值、经济净效益和投资净效益率等静态指标；经济净现值、经济内部收益率、经济外汇净现值、经济换汇成本和经济节汇成本等动态指标。

(2)社会效果

社会效果也是项目国民经济评估的主要目标。它一般包括以下几个方面：

①收入分配目标。即考察项目提供的国民收入净增值在国家、地区、部门、企业和个人之间的分配关系。

②劳动就业目标。即考察项目建成后为社会提供的劳动就业机会的数量，它是提高人民生活水平和消费能力的一个重要方面。

③创汇节汇目标。即评估项目的创汇能力、节汇效果、换汇成本、外汇偿还能力和产品的国际竞争能力等外汇效益。

④环境保护目标。即考察项目对环境的影响。

8.1.5　国民经济评估的基本原则

1.国家原则

对项目的所有收支活动都应从国家或国民经济角度出发，分析其是否耗费了社会资源，或者是否真正产生了效益。对项目转移支付部分，如果没有真正耗费社会资源，则该支出就不能列为项目的经济费用；如果没有真正增加国民收入，则该收入就不能列为项目的经济效益，因此，从国家角度看，属于转移支付的收支均需进行调整。

2.边际原则

对项目的费用和效益分析，应考察项目费用增加额、效益增加额与产量增加额的增量比例关系。边际成本是每增加一个单位产量所引起的总成本的变动额；边际效益是单位投资增量所带来的总效益的增量。投资项目不仅会发生投资的增量，也会发生项目费用和效益的增量。就国民经济增量而言，项目国民经济中的费用和效益都是边际的，在识别项目国民经济费用和效益中应遵循边际原则。

3.“有无对比”原则

“有无对比”是指“有项目”相对于“无项目”的对比分析。“无项目”状态指不对该项目进行投资时，在计算期内，与项目有关的资产、费用与收益的预计情况；“有项目”状态指对该项目进行投资后，在计算期内，资产、费用与收益的预计情况。“有无对比”求出项目的增量效益，排除了项目实施以前各种条件的影响，突出项目活动的效果。“有项目”与“无项目”两种情况下，效益和费用的计算范围、计算期应保持一致，具有可比性。

8.1.6 国民经济评估的程序

国民经济评估通常是在财务评估基础上进行的，主要是将财务评估中的成本费用和收入调整为经济费用和经济效益；剔除国民经济内部的转移支付；计算和分析项目的间接费用和间接效益；按投入物和产出物的影子价格、影子汇率、影子工资、社会折现率等对有关经济数据进行调整。具体来说，可按以下程序进行。

1. 费用和效益的识别和计算

效益是指项目对国民经济所作的贡献，包括项目本身获得的直接效益和由项目引起的外部效益；费用是指国民经济为项目所付出的代价，包括项目本身支出的直接费用和由项目引起的外部费用。对外部效益和外部费用，凡是能定量计算的应进行定量计算，对不能定量计算的需作定性描述。

2. 费用和效益的调整

运用影子价格、影子汇率、影子工资等调整计算项目投入物和产出物的市场价格，重新计算项目的销售收入、投资额和生产成本费用等支出。

(1)固定资产投资的调整

对固定资产投资的调整应剔除属于国民经济内部转移支付的进口设备、原材料的关税、增值税等税金，然后运用影子汇率、影子运费和贸易费用对进口设备、原材料价值进行调整；对于国产设备则采用影子价格、影子运费和贸易费用进行调整。

根据建筑工程耗费的人工、材料、电力等，可用影子工资、货物和电力的影子价格调整建筑费用，或通过建筑工程影子价格换算系数直接调整建筑费用。

若安装工程中的材料费用占较大比重，或有进口安装材料，应按材料的影子价格调整安装费用。

(2)无形资产投资的调整

无形资产投资的调整主要是调整取得土地使用权的费用支出，即用土地的影子费用代替占用土地的实际费用，剔除在取得土地使用权时发生的有关转移支付。

(3)流动资金的调整

流动资金的调整按流动资金构成或经营成本逐项调整。既可按影子价格对流动资金进行详细的分项调整，也可按调整后的销售收入、经营成本或固定资产价值乘以相应的流动资金占有率进行调整，但需注意剔除未造成社会资源实际消耗的流动资金部分。

(4)经营成本的调整

对财务评价中的经营成本,可先将其划分为可变成本和固定成本,然后再按以下方法调整:可变成本部分按原材料、燃料、动力的影子价格重新计算各项费用;固定成本部分在剔除固定资产的折旧费、无形资产摊销及流动资金利息后对维修费和工资进行调整,其他费用则不用调整。其中,维修费可按调整后的固定资产原值(扣除国内借款建设期的利息及固定资产投资方向调节税)和维修费率重新计算;工资则按影子工资换算系数进行调整。

(5)销售收入的调整

主要根据产出物的类型及其影子价格进行调整,重新计算项目的销售收入。

(6)在涉及外汇借款时,应用影子汇率计算调整外汇借款本金与利息的偿付额。

3. 编制国民经济评估基本报表

在项目效益和费用等基础数据的调整的基础上,编制项目的《国民经济效益费用流量表》(全部投资);对利用外资的项目,还应编制《国民经济效益费用流量表》(国内投资);对于产出物涉及出口或替代进口的项目,应编制《经济外汇流量表》、《国内资源流量表》。

4. 计算国民经济评估指标

国民经济评估就是从国民经济整体角度出发考察项目给国民经济带来的净贡献。国民经济评估指标包括国民经济盈利能力、外汇效果两方面。根据国民经济评估基本报表,计算全部投资经济内部收益率、经济净现值;国内投资经济内部收益率、经济净现值;经济外汇净现值、经济换汇成本和经济节汇成本等。

5.社会效益的评估

项目的社会效益评估主要对投资项目的建设给地区或部门经济发展带来的效果,进行定量或定性分析。即包括对收入分配、产业结构、技术水平、劳动力就业、环境保护、资源利用、产品质量及对人民物质文化水平和社会福利等影响的分析评估。

6.项目的不确定性分析

对投资项目不确定性分析,一般包括盈亏平衡分析、敏感性分析及概率分析,目的在于确定项目投资在经济上的可靠性和抗风险能力。

7.综合评估与结论建议

在对主要评估指标进行综合分析后,就可以作出评估结论,并对在评估中所出现和反映的问题及对投资项目需要说明的问题、有关建议作简要的说明。

8.2 项目效益和费用划分

8.2.1 效益和费用识别的原则

效益和费用的识别遵循以下原则:

1.增量分析原则

项目经济费用效益分析应建立在增量效益和增量费用识别和计算的基础之上,不应考虑沉没成本和已实现的效益。应按照"有无对比"增量分析的原则,通过项目的实施效果与无项目情况下可能发生的情况进行对比分析,作为计算机会成本或增量效益的依据。

2.考虑关联效果原则

应考虑项目投资可能产生的其他关联效应。

3.以本国居民作为分析对象原则

对于跨越国界,对本国之外的其他社会成员产生影响的项目,应重点分析对本国公民新增的效益和费用。项目对本国以外的社会群体所产生效果,应进行单独陈述。

4.剔除转移支付原则

转移支付代表购买力的转移行为,接受转移支付的一方所获得的效益与付出方所产生的费用相等,转移支付行为本身没有导致新增资源的发生。在经济费用效益分析中,税负、补贴、国内借款利息属于转移支付。一般在进行经济费用效益分析时,不得再计算转移支付的影响。

8.2.2 效益和费用的识别

1.直接效益和间接效益

(1) 直接效益

直接效益是指由项目本身产生,由项目的产出物提供,并使用影子价格计算的项目产出物的经济价值。一般表现为:①满足国内需求所生产的产出物的效益;②替代其他相同或类似项目的产出物,使被替代项目减产而减少国家有用资源耗费(或损失)的效益;③增加出口(或减少进口)所增加(或节约)的国家外汇等。

(2) 间接效益

间接效益是指项目为社会作出的，但在直接效益中未得到反映的那部分效益。间接效益主要是由于项目的投资兴建、经营，使配套项目和相关部门因增加产量和劳务量而获得的效益。如水利工程项目，除了发电外，还可以为当地农田灌溉、防洪、渔业养殖、农产品生产加工等带来好处和收益。

2. 直接费用和间接费用

(1)直接费用

直接费用是指国家为满足项目投入的需要而付出的代价，即使用影子价格计算出的项目投入物的经济价值。一般包括：①其他部门为供应本项目投入物而扩大生产规模所耗用的资源费用；②减少对其他项目(或最终消费者)投入物的供应而放弃的效益；③增加进口(或减少出口)所耗用(或减收)的外汇等。

(2)间接费用

间接费用是指由项目引起而在直接费用中未得到反映的那部分费用。例如，项目导致的环境污染及造成的生态平衡破坏所需治理的费用；为新建投资项目的服务配套、附属工程所需的投资支出和其他费用；为新建项目配套的邮政、水、电、气、道路、港口码头等公用基础设施的投资支出和费用；以及商业、教育、文化、卫生、住宅和公共建筑等生活福利设施的投资费用等。

总之，对项目涉及的所有社会成员的有关效益和费用进行识别计算，全面分析项目投资及运营活动耗用资源的真实价值，以及项目为社会成员福利的实际增加所作出的贡献。

项目效益与费用识别的时间范围应以包含项目所产生的全部重要费用和效益，而不应仅根据有关财务核算规定确定。如财务分析的计算期可根据投资各方的合作期进行计算，而经济费用效益分析不受此限制。

8.2.3　项目外部效果

项目外部效果是指项目可能会对其他社会群体产生正面或负面影响，而项目本身却不会承担相应的货币费用或享有相应的货币效益。

以往的国民经济评估对项目产生的有利影响(正面影响)的分析比较多，而对项目带来不利影响(主要是对环境、生态和社会的负面影响)的分析较少考虑，这种做法既不利于充分认识项目外部效果，也不能在危害的预防与接受之间进行权衡。

外部效果计算的范围应考虑环境及生态影响效果、技术扩散效果和产业关联效果。一般只计算一次性的外部影响效果。对于项目的投入或产出可能产生的第二级乘数波及效应，在经济费用效益分析中一般不予考虑。

计算外部效果应明确项目“范围”的边界。根据具体项目情况，合理确定项目扩展的边界。有条件时可将具有相互关联的项目拴在一起作为“项目群”进行评价，使外部效果的处理内部化。对无法量化的外部效果，应进行定性分析。

在项目国民经济评估中，应重视对环境影响外部效果的经济费用效益分析，尽可能地对环境成本与效益进行量化，在可行的情况下赋予经济价值，并纳入整个项目经济费用效益分析的框架体系之中。对于建设项目环境影响的量化分析，应从社会整体角度对建设项目环境影响的经济费用和效益进行识别和计算。

1.环境影响直接估算法

如果项目对环境的影响可能导致受影响的区域生产能力发生变化，可以根据项目所造成的相关产出物的产出量变化，对环境影响效果进行量化。如果产出物具有完全竞争的市场价格，应直接采用市场价格计算其经济价值；如果存在市场扭曲现象，应对其市场价格进行相应调整。

2.环境影响成本费用估算法

如果不能直接估算拟建项目环境影响对相关产出量的影响，可以通过有关成本费用信息来间接估算环境影响的费用或效益。

(1)替代成本法。分析为了消除项目对环境的影响，可采取其他方案来替代拟建项目方案，需要增加的投资作为项目方案环境影响的经济价值。

(2)预防性支出法。以受影响的社会成员为了避免或减缓拟建项目对环境可能造成的危害，所愿意付出的费用，作为对环境影响的经济价值进行计算的依据。

(3)置换成本法。对项目实际造成的生产性资产的损失，通过测算其置换成本，即为恢复其生产能力必须投入的价值，作为对环境影响进行量化的依据。

(4)机会成本法。通过评价因保护某种环境资源而放弃某项目方案所损失的机会成本，来评价该项目方案环境影响的损失。

(5)意愿调查评估法。通过对利益相关者的支付意愿或接受补偿的意愿进行调查，作为估算环境价值的依据。

3.环境影响间接评估法

对于无法通过产出物市场价格或成本变化测算其影响的环境价值，应采用各种间接评估的方法进行量化。

(1)隐含价值分析法。通过对受项目环境影响的一些对象的隐含价值分析，间接地测算环境影响的经济价值。

(2)产品替代法。对人们愿意换取某种环境质量的其他替代物品的价值进行分析，间接测算人们对环境影响价值的支付意愿。

(3)成果参照法。通过参照其他方面对环境影响经济费用效益分析的研究成果，作为估算本项目环境影响经济价值的参考依据。

8.2.4　转移支付

转移支付是指在国民经济内部各部门发生的、没有造成国家资源的真正增加或耗费的支付行为。具体包括直接与项目有关的国内各种税金、国内借款利息、职工工资、补贴收入和土地费用等。

1. 税金

项目在投资建设和生产经营过程中，需缴纳一系列税金，包括固定资产投资方向调节税、关税、增值税、营业税、消费税、资源税、城市建设维护税、教育费附加以及所得税等。税收是由国家凭借政治权利，强制地、无偿地、固定地参与企业收益分配和再分配而取得一部分收入的行为，是一种财务上的"转移性"支出，即是由投资项目转移给国家的支付行为。从国家角度看，并没有造成国民经济上的损失和耗费。因此，在国民经济评估时，应将其从财务评估的成本费用中剔除。

2. 工资

项目雇用劳动力需支付工资，对投资项目而言是一项成本支出。而从劳动者来看，工资是作为国民收入的一部分由企业支付给职工，体现的是项目占用劳动力的财务代价。因此，工资也是一项财务上的转移支出，在国民经济评估时，应将其从财务评估的成本费用中剔除。但是，劳动力的机会成本和国家为安排劳动力而新增的资源耗费，即影子工资，在国民经济评估时应作为费用，不予调整扣除。

3. 利息

项目使用国内贷款所支付的利息，只是由项目将利息的支配权转移给了金融机构，没有引起国家资源的增加或耗费，同样属于转移性支付。因此，在国民经济评估时，应从财务评估的财务费用中剔除。但是，如果项目使用国外借款支付的利息，则会引起国家资源的流出，不属于转移支付，应作为国民经济评估中项目的费用。

4. 补贴收入

国家为了鼓励某些领域的投资建设或者鼓励投资项目使用某些资源，通常以一定的价格补贴作为补偿，如先征后返的增值税、按销量或工作量等依据国家规定的补助定额计算并按期给予的定额补贴，以及属于财政扶持而给予的其他形式的补贴等。它同营业收入一样，列入利润表、财务计划现金流量表和项目投资现金流量表与项目资本金现金流量表。补贴收入是由国家转移给项目的支出，并未造成国民经济效益的增加。因此，在国民经济评估时，补贴收入不能作为项目的收益。

5. 土地费用

为项目建设征用土地而支付的费用，是由项目转移给地方、集体或个人的一种支付行为，没有导致国家资源的增加或减少，如在征地过程中收取的征地管理费、耕地占用税、耕地开垦费、土地管理费、土地开发费等各种税费等，应视为转移支付，在国民经济评价时，不列入土地费用的计算。但是，被占用土地的机会成本和使国家新增的资源消耗，如拆迁费用等，在国民经济评估时应作为费用，不予调整扣除。

在进行国民经济评估时，转移支付的处理应区别对待：

(1)剔除企业所得税或补贴对财务价格的影响。

(2)一些税收、补贴或罚款往往是用于矫正项目“外部效果”的一种重要手段，这类转移支付不可剔除，可以用于计算外部效果。

(3)项目投入与产出中流转税应具体问题具体处理。

8.3 国民经济评估参数

国民经济评估参数是指计算、衡量项目的经济费用效益的各类计算参数和判定项目经济合理性的参数。国家行政主管部门统一测定并发布的社会折现率和影子汇率换算系数(口岸价综合转换系数)等，在各类建设项目的国民经济评价中必须采用。影子工资换算系数和土地影子价格等在各类建设项目的国民经济评价中可参考选用。

8.3.1 社会折现率

1. 社会折现率的含义

社会折现率是投资项目国民经济评估的重要参数，在国民经济评估中作为计算经济净现值的折现率，并作为衡量投资项目经济内部收益率的基准值，是项目经济可行性和方案比选的主要依据。

从理论上说，社会折现率有两种含义，一是消费者社会性的时间偏好率，指在考虑了国际间的公平性等社会立场的条件下，现在牺牲的消费量与将来要求返还的消费量之比；二是资金机会成本，即现在投入的资金与将来要求投资回收资金之比。

社会折现率是从国家角度对资金机会成本和资金时间价值的估量。它是从国家、社会的观点反映出最佳的资源分配和社会可接受的最低投资收益率的限度，即是投资项目可能使社会得到收益的最低标准。采用适当的社会折现率进行投资项目国民经济评估，有助于合理使用建设资金，引导投资方向，调控投资规模，促进资金在短期投资项目和长期投资项目之间的合理配置。它适用于我国目前对建设项目的经济评价和决策，也适用于进行公共政策和其他公共决策方面的分析，如可用于国家有关经济、卫生、福利政策制定、公共项目评价决策的参考标准。

2. 社会折现率的功能

社会折现率是国家实施宏观调控的重要手段之一，将社会折现率看做是国家控制投资规模、引导投资流向、优化投资结构和提高投资效益方面的重要调节工具。社会折现率的主要作用体现在以下几个方面。

(1)社会折现率可以控制投资规模

社会折现率是项目投资可能使社会得到收益的最低标准，起到筛选项目的作用。若社会折现率过低，可通过的项目就很多，造成投资总规模膨胀，投资品需求过大，引起通货膨胀；若社会折现率过高，只有很少项目才能通过，投资总规模就会缩小，不能充分利用资金，影响经济发展，导致失业现象加重。由此可见，社会折现率的高低对投资总规模的控制有重要影响。

(2)社会折现率可以调节投资方向

社会折现率是站在国家角度来衡量项目投资应达到的收益率标准，反映国家的价值判断、国家目标和国家政策，促进资源的合理利用。由于投资项目的经济净现值和经济内部收益率与市场供求情况有很大关系。供不应求的短线产品、行业和部门，经济效益和效率较高，而供过于求的长线产品、行业和部门，经济效益和效率较低。在社会折现率一定的情况下，短线产品、行业和部门的投资项目容易通过，而长线产品、行业和部门一般难以通过。这样，就对投资方向起着调节作用。

(3)社会折现率有助于提高投资效益

适当的社会折现率有利于正确引导投资，改变国家的资源配置状况，达到社会资源的最佳配置，调节资金的供求平衡，也影响国家的总投资效益。

总之，在项目投资决策中，企业作为投资主体的竞争性项目应以自身的资金成本确定的基准折现率作为项目投资决策的判别标准。而对于提高国家竞争能力、对产业升级起重要作用的重大项目，应以社会折现率作为项目投资决策的判别标准。

3.社会折现率的测算

在理论上，社会折现率可从社会时间偏好或资金的社会机会成本两个方面予以分析确定，由于理想的均衡市场和均衡点并不存在，一般社会折现率应满足以下条件：

社会时间偏好率≤社会折现率≤边际社会投资收益率

从理论角度分析，社会折现率是按照下限(即社会时间偏好率)还是按照上限(即边际社会投资收益率)来确定，实质上反映出政府的公共决策是重视消费和消费者，还是重视生产和生产者。随着我国经济体制和投资体制的改革，我国政府宏观调控正在逐步退出市场经济自由调节能够更好地发挥作用的生产领域，更加重视以人为本，关心提高人民群众生活质量，这些决定了我国社会折现率的确定应主要依据社会时间偏好率。另外，在边际社会投资收益率测算中包括了全部的企业和私人投资，其中含有财务利润的成分，用它来作为确定社会折现率的基准会导致社会折现率取值偏高。

因此，在进行具体投资项目的经济评价时，应视项目自身的特点，以社会折现率参数取值为基准，计算相应项目的基准折现率；如果项目投资中包括国家财政资金之外的其他资金时，应根据其他资金所要求的投资报酬率及公共资金在项目中的比例，采用加权平均方法计算项目的基准折现率。

另外，考虑到我国目前的现状，在建设项目经济评价实际应用中，对常规建设项目(25 年以内)，采用社会折现率；而对超长期建设项目(25 年以上)，应采用差别社会折现率，基本原则是随项目生命周期延长而递减。

综上所述，社会折现率应根据国家的社会经济发展目标、发展战略、发展优先顺序、发展水平、宏观调控意图、社会成员的费用效益时间偏好、社会投资收益水平、资金供给状况、资金机会成本等因素综合测定。根据上述主要因素，结合当前的实际情况，测定社会折现率为 8%；对于受益期长的建设项目，如果远期效益较大，效益实现的风险较小，社会折现率可适当降低，但不应低于 6%。

8.3.2 影子汇率

1.影子汇率的含义

影子汇率的概念最早由经济学家哈伯格在 20 世纪 60 年代提出，它最初的定义是单位外汇的社会福利价值。后来，为了区分于单位外汇的财务价值和外汇的市场价值，通常把影子汇率定义为单位外汇的经济价值。在众多影子价格中，影子汇率是一个非常重要的影子价格，它是涉及进口品、出口品或者其他方式利用外资的项目评估中的重要参考价格。

影子汇率是指能正确反映国家外汇经济价值的汇率。在国民经济评价中，项目的进口投入物和出口产出物，应采用影子汇率换算系数调整计算进出口外汇收支的价值。

影子汇率可通过影子汇率换算系数得出。影子汇率换算系数是指影子汇率与外汇牌价之间的比值。计算公式为：

影子汇率＝外汇牌价×影子汇率换算系数

为了进一步认识影子汇率的内涵，现将影子汇率与名义汇率、均衡汇率、换汇成本进行比较。

(1)名义汇率与影子汇率

名义汇率是国家货币当局制定的单位外汇的市场交易价格；影子汇率是单位外汇的经济价值。影子汇率是在名义汇率的基础上扣除由于各种关税、非关税壁垒或者出口鼓励措施所带来的价格扭曲。

例1　假定名义汇率为1美元兑换7元本币，进出口环节存在15%的关税，则影子汇率是进口商面临的单位美元价格7×(1＋15%)＝8.05元和出口商面临的单位美元价格7元的加权平均数，假设各方的权数分别为0.5，计算影子汇率：

7×(1＋15%)×0.5＋7×0.5＝7.53

影子汇率和名义汇率的差异完全是由于15%的关税造成的。

如果名义汇率本身存在一定的宏观经济扭曲，影子汇率应该是在名义汇率的基础上扣除由于各种关税、非关税壁垒或者出口鼓励措施所带来的价格扭曲。

(2)均衡汇率与影子汇率

均衡汇率的概念最早由纳克斯在1945年提出，它是指一个经济体同时达到内部均衡和外部均衡时所确定的汇率水平。从经济福利层面上看，均衡汇率是在经济增长和经济稳定意义上最有效率的单位外汇价格水平，它由一系列经济基本面因素(比如贸易条件、贸易品部门相对国外的劳动生产率、开放程度、国外价格、不变价格计算的贸易余额和国民生产总值比率、不变价格计算的投资和国内总吸收水平比率等)所支持，从中长期来看名义汇率必然向均衡汇率靠拢。

如果名义汇率和均衡汇率之间保持一致，计算影子价格时可以在名义汇率的基础上扣除进出口环节的税收扭曲，得出的就是影子汇率。

如果名义汇率相对均衡汇率出现了失衡，应采用均衡汇率而不是名义汇率作为计算影子汇率的基础。与名义汇率计算得出的影子汇率相比较，利用均衡汇率计算得出的影子汇率首先矫正了短期宏观经济的扭曲（名义汇率相对于均衡汇率的偏离），而后克服了进出口环节税收方面的扭曲。

(3)换汇成本与影子汇率

换汇成本是指商品出口净收入每美元所需要的人民币总成本。其计算公式为：

出口商品换汇成本＝出厂所需总成本（人民币）/出口销售净收入（美元）

从影子汇率的定义来看，如果国内各种商品和服务不存在价格扭曲，换汇成本和影子汇率应保持一致；如果国内市场存在价格扭曲，则换汇成本和影子价格之间存在差异。如果国内的税收或其他方面的政策更有利于贸易品生产，出口的总成本相对被低估，计算得出的换汇成本低于影子汇率；反之，如果国内的税收或其他方面的政策更有利于非贸易品生产，换汇成本高于影子汇率。在实务中，换汇成本是确定影子汇率的重要参考依据。

例如，假定一个国家通过出口获取了 1000 亿美元的出口收入，所花费的成本是 8000 亿本币。根据换汇成本的定义，该国的换汇成本是 1 美元兑换 8 元本币。如果国内不存在贸易品和非贸易品的价格扭曲，1 美元比 8 元本币的换汇成本即为影子汇率。如果国内的税收或其他政策倾向于鼓励贸易品部门，贸易品（包括出口品、进口替代品和其他可用于对外贸易的产品）成本实际上存在扭曲，在消除了国内政策因素造成的扭曲之后出口产品的实际成本是 10000 本币，那么，1 单位美元的实际价值应该是 10 元本币，而不是换汇成本 8 元本币。值得注意的是，换汇成本和影子汇率的区别在于它仅在出口层面考虑了换取单位外汇的平均社会价值，而没有从经济整体层面考虑单位外汇的社会价值。

2.影子汇率的作用

在项目评估中，外币计价的投入物或产出物应采用什么汇率呢？当存在关税或者其他形式扭曲的时候，名义汇率显然不能准确反映单位美元在项目中的价值。例如，假定名义关税为 15%，出口补贴为 5%，名义汇率是 10 元本币兑换 1 元外币。则进口品单位美元的价值是 10×(1＋15%)＝11.5 元本币，出口品单位美元的价值是 10×(1－5%)＝9.5 元本币，用 10 本币兑换 1 外币的名义汇率显然不能准确衡量该项目中单位美元的价值。

有观点认为，发达国家采用浮动汇率制度，浮动汇率完全由市场决定，不存在扭曲，因此，发达国家不需要计算影子汇率。这其实是对影子汇率的误解，从理论上看，只要存在各种关税或者配额之类的非关税壁垒，名义汇率和影子汇率就会存在一定差距。无论是发达国家还是发展中国家，在评估项目的社会价值时，都需要利用影子汇率。发展中国家由于市场建设不完善，外部贸易环境和国际竞争力也都处于劣势，市场扭曲相对严重，影子汇率和名义汇率之间的差距较大，计算影子汇率对发展中国家显得更加重要。

针对关税、非关税壁垒等各种扭曲造成的单位外汇价值和名义汇率的差异，哈伯格从边际经济价值，而不是市场价值的角度回答了项目当中单位美元的价值，计算影子汇率的关键在于发掘单位美元对社会的边际经济价值，其主要目的是为了合理、准确地认识单位外汇在经济体中的实际经济价值，因此，影子汇率是国民经济评估中的重要参考价格。它体现从国家角度对外汇价值的估量，在投资项目国民经济评估中用于外汇与人民币之间的换算。同时，它又是经济换汇成本或经济节汇成本的依据。影子汇率取值的高低，直接影响项目比选中的进出口抉择，影响着产品进口替代型项目和产品出口型项目的决策。

3.未来的影子汇率水平

影子汇率不是一个静态概念。由于存在经济结构变化、劳动生产率提高、产品升级和规模扩大、关税政策调整等情况，进出口价格弹性也在不断变化，人民币影子汇率自然会随着变化。在影子汇率的计算框架中，进口价格弹性、出口价格弹性、进口平均关税、出口平均关税，以及均衡汇率是决定影子汇率的几个关键因素，通过分析这些因素的未来变动趋势以及它们对影子汇率的影响程度，有助于明确未来影子汇率的变动趋势。

(1)价格弹性的未来预测

进出口价格弹性的变化取决于贸易背后的经济结构、进出口商品结构以及经济体制特征。经济结构越灵活，进出口商品的品种越丰富，市场经济机制越完善，商品的进出口对价格变化越敏感，价格弹性越大。发达国家面临的进出口商品价格弹性普遍高于发展中国家，主要是因为发展中国家经济结构僵化、进出口产品品种单一，而且进出口行为普遍受到行政方面的管制。随着我国市场经济体制的不断完善，对外开放程度不断提高，进出口价格弹性有进一步上升的余地。

(2)进出口平均关税的未来预测

进出口平均关税不同于普通意义上的出口补贴和算术平均税率，它主要取决于进口税收和进口额。目前，我国的算术平均关税税率基本保持在12%的较低水平上，今后的下调空间不会很大。如果再考虑到正常纳税的普通贸易商品在全部贸易品中占据的比重较小，以及进口品价格弹性相对于出口品较小，未来关税税率下调对影子汇率的影响微乎其微，可以忽略不计。由于出口价格弹性较显著地高于进口价格弹性，在加权计算影子汇率时，出口平均税率对影子价格的影响更显著。

(3)影子汇率的未来预测

与价格弹性和进出口平均税率相比较,未来均衡汇率对影子汇率的影响可能更显著。计算影子汇率的关键是名义汇率对贸易政策扭曲和汇率失调扭曲进行调整。无论名义汇率升值还是贬值,所依据的应该是名义均衡汇率,只需在推算名义均衡汇率水平时扣除贸易政策扭曲的影响,就可得出合理的影子汇率。

如果人民币继续保持当前的名义汇率水平,并且汇率制度保持不变,那么,人民币影子汇率在未来会随着名义均衡汇率的逐步升值而升值,单位美元价值会不断下降。如果人民币汇率制度转向更加灵活的汇率制度,汇率调整的方向在趋势上必然会朝着均衡汇率方向调整,汇率失调现象也会得到纠正。如果名义汇率的灵活调整完全贴近于均衡汇率变动,计算影子汇率的时候不必再考虑名义均衡汇率和均衡汇率的差异,直接用进出口关税扭曲对名义汇率进行调整就可以得出影子汇率。考虑到影子汇率和名义汇率之间的扭曲较小,而且未来还有进一步缩减的趋势,可以考虑将两者等同。如果人民币名义汇率根据经济基本面变化积极调整,或者说中国在未来时期内成功保持了相对灵活的汇率制度,人民币影子汇率和名义汇率差异将主要由贸易政策扭曲而造成。

鉴于影子汇率背后决定因素的不断变化,影子汇率本身也不断变化。在分析和比较影子汇率背后的诸多决定因素的未来变动趋势之后,关于影子汇率未来变动趋势的主要的结论是贸易政策扭曲对影子汇率和名义汇率之间差异的影响会越来越小,均衡汇率的趋势性变动是未来影子汇率变动的主导因素。

根据我国外汇收支、外汇供求、进出口结构、进出口关税、进出口增值税及出口退税补贴等情况,确定影子汇率换算系数为1.08。

8.4 影子价格及其调整计算

8.4.1 影子价格的内涵

1.影子价格的含义

影子价格最早是由荷兰数理经济学家、计量经济学创始人詹恩·丁伯根于20世纪30年代提出来的,苏联数学家、经济学家、诺贝尔经济学奖获得者康特罗维奇进一步完善了影子价格的概念。

影子价格又称为最优计划价格或计算价格,它是从线性规划以及资源最优配置中产生的价格，不是市场上形成的交换价格，是一种能反映资源真实价值、促进资源合理利用取得最高效率的价格。因此，影子价格反映了社会经济处于某种最优状态时的资源稀缺程度以及对最终产品的需求情况，有利于资源的最优配置。

影子价格是指稀缺资源得到最优利用时的边际产出的价值。即当资源获得最优利用时，每增加一单位该资源所带来收益的增加。影子价格能够反映社会劳动的消耗，资源稀缺程度和最终产品需求情况。

2.影子价格与相关概念的关系

(1)影子价格源与线性规划

一般而言，影子价格源于线性规划。假定国民经济系统共生产 n 种产品，变量 X 为各种产品的产量，C 为单位产品所获得的收益；生产 n 种产品共需消耗 m 种资源，其中第 i 种资源的最大消耗量为 b；若生产每单位第 j 种产品需消耗第 i 种资源的量为 a_{ij} ，则可给出下列线性规划问题(原规划问题)：

目标函数：$\max Z = CX$

满足条件：$AX \leqslant B$

$X \geqslant O$

式中，Z 表示总收益；X 表示 n 维列向量，即欲求的一组决策变量；C 表示 n 维行向量；A 表示 $m \times n$ 阶矩阵，即约束条件中的系数矩阵；B 表示 m 维列向量，即约束条件中的常数项向量。

原规划问题可以通过优化各种产品的产量组合来达到优化资源配置的目的，其最优解就是使资源配置达到最优时的产量组合。在市场经济下，考虑到市场供求情况，国家不能用产量指标来规定企业生产，因而就不可能由此来实现资源的最优配置。此问题还需由原规划的对偶规划来解决。

在市场经济下，使用资源需要支付一定的代价(价格)，而且以资源使用的最低代价为最优，同时从资源使用中所获得的报酬又不能低于资源生产这些产品所提供的收益。假定使用每单位第 i 种资源所支付的代价(即第 i 种资源的价格)为 Y，则可得原规划的对偶规划：

目标函数：$\min W = YB$

满足条件：$YA \geqslant C$

$Y \geqslant O$

根据数学规划的原理，当原规划问题与对偶规划问题达到最优解时，其对偶规划的最优解为：

$Z^{*} = W^{*}$

$Y^{*} = C_B \cdot B^{-1}$

Y^* 为影子价格,也被称为边际收益或机会成本,它表示各种资源在最优利用下所能给整个国民经济带来的产出。原规划从优化资源配置出发,本身不含资源价格,但由于对偶规划的存在,资源的最优计划价格与资源的最优配置就像如影随形一般,故称影子价格。通过上面的分析可以看出,只有稀缺资源的影子价格才大于零,当某种稀缺资源不断增加,对经济系统不再稀缺时,影子价格为零。影子价格不是由市场竞争决定的,当一种资源的市场价格低于其影子价格时,人们就会更多地购买这种资源,以增加利润;反之,人们就会减少该种资源的购买,否则将产生亏损。

(2)影子价格与资源最优配置

通过线性规划对偶法,可得出一个经济系统众多资源最佳配置的影子价格。那么,一种资源如何在国民经济中得到最优配置呢?即如何将有限的资源有效地配置到需要的部门,使整个国民经济取得最大的经济效益。

令 G 表示国民收入,当国民经济 n 个部门使用某一种资源时,各个部门分配到的资源为 $x_i(i=1,2,\cdots,n)$,则:

$$\sum_{i=1}^{n} x_i = X$$

国民经济总收益

$$G(x_1,x_2,\cdots,x_n) = \sum_{i=1}^{n} G_i(x_i)$$

于是,对某种资源 X 的最优配置的数学模型为:

$$\max G(x_1,x_2,\cdots,x_n) = \sum_{i=1}^{n} G_i(x_i)$$

满足条件:

$$\sum_{i=1}^{n} x_i = X$$

这是一个条件极值问题,根据拉格朗日乘数法则,可作拉格朗日函数:

$$L(x_1,x_2,\cdots,x_n) = \sum_{i=1}^{n} G_i(x_i) + \lambda(x - \sum_{i=1}^{n} x_i)$$

对 X 最优配置的条件为:

$$\frac{\partial L}{\partial X_i} = 0 \quad (i=1,2,\cdots,n)$$

得到:

$$\frac{\partial G_i(x_i)}{\partial x_i} = \lambda \quad (i=1,2,\cdots,n)$$

即,当国民经济配置该种资源的边际收益相等时,对该种资源的配置为最优配置，此时国民经济的总收益为最大。而λ就是该资源的影子价格。

需要指出的是，理论上讲，线性规划对偶法与拉格朗日乘数法得出的影子价格应是相同的，唯一的区别只是计算影子价格的方法不同。

(3)影子价格与供求

在线性规划中，有两种价格：一种是最终产品的价格（市场价格）；另一种是资源的影子价格。假定最终产品的价格是给定的，从而着重研究资源的影子价格。前述主要从供给方面研究资源的影子价格，若需求发生变化，则最终产品的价格会发生变化，资源的影子价格也会发生变化。现从需求方面进一步讨论影子价格，将需求函数用下式表示：

$$p_j = f_j(x_j)$$

式中，最终产品j的价格p_j是其需求量x_j的函数，由此可见，最终产品的价格p_j是随着需求量x_j的变动而变动的。

当资源达到最优配置、最终产品的产量X与需求相等时，最终产品和资源的价格就称为影子价格，也称其为最优均衡状态。因此，影子价格具有以下特征：①影子价格的高低受需求结构变化的影响，如果f_j发生变化了，原来的均衡就会发生变化，所以就要改变最终产品的价格p_j，达到新的均衡，于是资源和中间产品的影子价格都会发生变化；②影子价格随资源的稀缺程度而变化，当资源的拥有量增加时，影子价格随之降低，反之亦然；③投入—产出比（或生产效率）发生变化，影子价格也会发生变化。

(4)影子价格与市场价格

有人认为，完全竞争会使经济趋于最优状态，因此，市场价格就是影子价格。此论断有失偏颇。一方面，虽然完全竞争能够达到帕累托有效，但帕累托有效也绝不等同社会最优。要讨论社会最优，必然涉及“公平”、“公正”，这涉及收入分配，帕累托有效却完全回避该问题。帕累托有效只是指要想使某些人受益必然使某些人受损。但在很多情形下，收入分配可以让一部分人利益受损而大大提高社会大多数人的利益，从社会最优的角度来看也是必要的。因此，完全竞争虽然可能趋于某种均衡，但不一定是最优的。完全竞争下的市场价格也只是影子价格的近似替代，而不能完全等同于影子价格。另一方面，现实社会很难满足完全竞争所要求的条件。完全竞争需要具备极其严格的条件：①有大量的买者和卖者，他们都是市场价格的接受者；②各厂商生产相同的产品；③各种生产要素完全自由流动；④生产者和消费者对市场的信息是完备的和对称的；⑤不存在外部性。因此，完全竞争只是一种理想的状态，在现实生活中是不存在的。现实市场中的价格也不是影子价格。

既然完全竞争的条件在现实生活中很难满足，则现实的经济就是不完全竞争的经济。就是说，在现实经济中，垄断、外部性、公共产品、非对称信息处处可见，现实市场的价格更不是影子价格。例如，在垄断条件下，生产者不是在最低成本处进行生产，资源配置就达不到最优，此时的市场价格也不是影子价格。尽管如此，西方很多学者认为，对以市场调节为主的市场价格进行调整，能够较好地反映影子价格，这是因为市场能够以较低的成本提供巨大的信息，尽管这种信息是不完善的。正是因为这样，西方学者认为，以市场调节为主的经济，可以以市场价格为基础，经适当调整后可以求得项目评价中所需要的影子价格。目前流行的影子价格已失去了前面数学规划和资源最优配置中所定义的那种严格性，影子价格是指在项目的国民经济评价中，项目投入物或产出物对国民经济收入影响的价格。这种价格不是用于实际商品交易，而是用于预测、计划和项目评估等的价格。

(5)影子价格与机会成本

根据影子价格的定义，影子价格与机会成本实质上是一样的。这是因为，某种资源的影子价格，就是该种资源一旦被一些部门使用，从而失去了用于其他部门获得收益的机会。在国民经济评价中，对项目使用投入物的影子价格，都认为是国民经济失去了这些投入物用于其他地方产生效益的机会，在这些失去的机会中选择能产生最大收益的机会，就是该种资源用于这种机会而放弃的潜在收益，该边际收益被称为机会成本。用机会成本计算资源的影子价格，实际上也就是资源在最优配置下的边际收益。

3.影子价格对国民经济评估的意义

国民经济评估是通过项目的国民经济效益来评价项目对国民经济的净贡献，而合理确定和应用影子价格是正确衡量项目国民经济评价的重要前提。国民经济评估与财务评估的一个重要区别在于，项目的投入物和产出物估算价格不同。财务评估依据的是，项目为投入物支付的实际价格以及销售产出物收到的实际价格。由于政府或私人部门所造成的市场扭曲的存在，投入物和产出物的经济价值往往与其财务价值不同。例如，关税、增值税、消费税、营业税、补贴以及数量限制是常见的由政府造成的扭曲；垄断也是一种市场扭曲现象，它或者是由政府造成的，或者是由私人部门造成的；还有一些市场扭曲是由产品或服务的公共性质造成的。例如，交通、电力、道路的社会价值通常要比人们购买它们需要实际支付的财务价值高得多，等等。上述因素造成了项目的国民经济评估与企业财务评估的区别。因此，进行国民经济评估时，需要通过影子价格来消除市场扭曲因素。只有合理确定影子价格，才能保证项目国民经济效益的真实，使国民经济评估结论能够正确指导投资决策，保证资源的合理配置。反之，失真或扭曲的价格必然导致项目的国民经济评估失效，从而导致错误的投资决策，造成资源的浪费，损害国民经济发展。

8.4.2　外贸货物影子价格的计算

外贸货物是指其生产、使用将直接或间接影响国家进出口的货物。包括：项目产出物中的直接出口产品、间接出口产品和替代进口产品；项目投入物中的直接进口产品、间接进口产品和减少出口产品。

1. 产出物

一般要求在离岸价（FOB）的基础上调整为出厂价格。

（1）直接出口

直接出口产品的影子价格（SP）为离岸价格（FOB）乘以影子汇率（SER），减去国内运输费用（T_1）和贸易费用（T_{r1}）。其表达式为：

$$SP = FOB \times SER - (T_1 + T_{r1})$$

例 2　假设某项目的产出物为出口产品，其离岸价为 20 美元/单位。项目离口岸 200 公里，影子运费为 0.20 元/单位公里，影子汇率系数为 1.08，贸易费用为货价的 6%，外汇的名义汇率为 7.00，则该产出物的影子价格为：

$$SP = 20 \times 7.00 \times 1.08 - 200 \times 0.20 - 20 \times 7.00 \times 1.08 \times 6\%$$
$$= 102.13（元/单位）$$

（2）间接出口

间接出口产品指内销产品，可替代其他货物而使其他货物增加出口的产品。其影子价格（SP）为离岸价格（FOB）乘以影子汇率（SER），减去原供应厂到口岸的运输费用（T_2）及贸易费用（T_{r2}），加上原供应厂到用户的运输费用（T_3）及贸易费用（T_{r3}），再减去拟建项目到用户的运输费用（T_4）和贸易费用（T_{r4}）。其表达式为：

$$SP = FOB \times SER - (T_2 + T_{r2}) + (T_3 + T_{r3}) - (T_4 + T_{r4})$$

如果原供应厂和用户难以确定时，可按直接出口考虑。

例 3　假设 A 厂所需的某种原材料原由江苏某厂供应，现在浙江新建一项目并由其供应 A 厂，使得原江苏某厂增加出口。此原材料的出口离岸价格为 300 美元/吨，影子运费为 0.20 元/吨公里。江苏某厂距离口岸 300 公里，江苏某厂距离 A 厂所在地 200 公里，浙江新建项目离 A 厂所在地 150 公里。贸易费用为货价的 6%，外汇的名义汇率为 7.00，则该原材料的影子价格为：

$$SP = 300 \times 7.00 \times 1.08 - (300 \times 0.20 + 300 \times 7.00 \times 1.08 \times 6\%) + (200 \times 0.20 + 300 \times 7.00 \times 1.08 \times 6\%) - (150 \times 0.20 + 300 \times 7.00 \times 1.08 \times 6\%) = 2081.92（元/吨）$$

(3)替代进口

替代进口产品是指内销产品，以产顶进，减少进口的产品。其影子价格(SP)为原进口货物的到岸价格(CIF)乘以影子汇率(SER)，加口岸到用户的运输费用(T_5)及贸易费用(T_{r5})，再减去拟建项目到用户的运输费用(T_4)及贸易费用(T_{r4})。其表达式为：

$$SP = CIF \times SER + (T_5 + T_{r5}) - (T_4 + T_{r4})$$

具体用户难以确定时，可按到岸价格计算。

例 4 假设原某企业所需的原材料为进口货物，现在新建项目生产此种原材料并由新项目供应，该原材料的进口到岸价为 100 美元/单位，影子运费为 0.20 元/单位公里，原某企业到口岸的距离为 200 公里，到新建项目的距离为 100 公里，贸易费用为货价的 6%，外汇的名义汇率为 7.00，则新建项目生产该原材料的影子价格为：

$$SP = 100\times7.00\times1.08+(200\times0.20+100\times7.00\times1.08\times6\%)-(100\times0.20+100\times7.00\times1.08\times6\%)=776(\text{元/单位})$$

2. 投入物

一般要求在到岸价(CIF)的基础上调整为到厂价格。

(1)直接进口

直接进口产品的影子价格(SP)为到岸价格(CIF)乘以影子汇率(SER)，加国内运输费用(T_1)和贸易费用(T_{r1})。其表达式为：

$$SP = CIF \times SER + (T_1 + T_{r1})$$

例 5 假设项目使用的某种原材料为进口货物，其到岸价格为 100 美元/单位，项目离口岸 500 公里，该材料影子运费为 0.20 元/单位公里，贸易费用为货价的 6%，外汇的名义汇率为 7.00，则该投入物(原材料)的影子价格为：

$$SP = 100\times7.00\times1.08+(500\times0.2+100\times7.00\times1.08\times6\%)=901.36(\text{元/单位})$$

(2)间接进口

间接进口产品指国内产品，以前进口过，现在也大量进口，且由于本项目建设增加了该货物的需要量，使其他原有用户需进口来满足的产品。其影子价格(SP)为到岸价格(CIF)乘以影子汇率(SER)，加口岸到原用户的运输费用(T_5)及贸易费用(T_{r5})，减去供应厂到用户的运输费用(T_3)及贸易费用(T_{r3})，再加上供应厂到拟建项目的运输费用(T_6)及贸易费用(T_{r6})。其表达式为：

$$SP = CIF \times SER + (T_5 + T_{r5}) - (T_3 + T_{r3}) + (T_6 + T_{r6})$$

如果供应厂和用户难以确定时，可按直接进口考虑。

例6　假设浙江某木器厂所用木材原由江西某林场供应，现拟在江西某地新建木器厂并由江西林场供应木材后，浙江某木器厂所用木材只能通过上海进口供应。木材进口到岸价为180美元/立方米。上海口岸距离浙江木器厂200公里，江西林场距离浙江木器厂500公里，距离拟建项目200公里。木材影子运费为0.20元/立方米公里，贸易费用为货价的6%，外汇的名义汇率为7.00，则拟建项目耗用木材的影子价格为：

$$SP = 180\times 7.00\times 1.08 + (200\times 0.20 + 180\times 7.00\times 1.08\times 6\%) - (500\times 0.20 + 180\times 7.00\times 1.08\times 6\%) + (200\times 0.20 + 180\times 7.00\times 1.08\times 6\%) = 1422.45(\text{元/立方米})$$

(3)减少出口

减少出口产品指占用原可出口的国内产品，其影子价格(SP)为离岸价格(FOB)乘以影子汇率(SER)，减去供应厂到口岸的运输费用(T_2)及贸易费用(T_{r2})，再加上供应厂到拟建项目的运输费用(T_6)及贸易费用(T_{r6})。其表达式为：

$$SP = FOB \times SER - (T_2 + T_{r2}) + (T_6 + T_{r6})$$

如果供应厂难以确定时，可按直接进口考虑。

例7　假设上海某拟建项目耗用可供出口的淮南煤矿的原煤，其离岸价格为40美元/吨，淮南煤矿离口岸200公里，离上海拟建项目500公里。原煤影子运费为0.20元/吨公里，贸易费用为货价的6%，外汇的名义汇率为7.00，则该拟建项目耗用原煤的影子价格为：

$$SP = 40\times 7.00\times 1.08 - (200\times 0.20 + 40\times 7.00\times 1.08\times 6\%) + (500\times 0.20 + 40\times 7.00\times 1.08\times 6\%) = 362.40(\text{元/吨})$$

8.4.3　非外贸货物影子价格的调整

1.非外贸货物影子价格的调整原则

(1)产出物

①增加供应数量满足国内消费的产出物。供求均衡的，按财务价格定价；供不应求的，参照国内市场价格并考虑价格变化的趋势定价，但不应高于相同质量产品的进口价格；无法判断供求情况的，取上述两个价格中较低者。

②不增加国内供应数量，只是替代其他相同或类似企业的产出物，致使被替代企业停产或减产的，质量与被替代产品相同的，应按被替代企业相应的产品可变成本分解定价；提高质量的，原则上应按被替代产品的可变成本加提高产品质量而带来的国民经济效益定价。其中，提高产品质量带来的效益，可近

似地按国际市场价格与被替代产品的价格之差确定。

③产出物按上述原则定价后，再计算为出厂价格。

(2)投入物

①能通过原有企业挖潜(即不增加投资)增加供应的，按可变成本分解定价。

②在拟建项目计算期内需要通过增加投资扩大生产规模来满足拟建项目需要的，按全部成本分解定价。当难以获得分解成本所需要的资料时，可参照国内市场价格定价。

③项目计算期内无法通过扩大生产规模增加供应的(减少原用户的供应量)，参照国内市场价格、国家统一价格加补贴中较高者定价。

④投入物按上述原则定价后，再计算为到厂价格。

2.非外贸货物的成本分解

用成本分解法对某种货物进行分解，得到该货物的分解成本，是确定非外贸货物影子价格的一种重要方法。成本分解原则上应是对边际成本而不是平均成本进行分解，但如果缺乏资料，也可分解平均成本。当然，在进行成本分解时，应注意某些非外贸货物(如水、电、交通运输和建筑工程等)的影子价格可直接按国家测定的换算系数来确定。而对于那些必须用新增投资来增加所需投入物供应的，应按其全部成本进行分解；可以发挥原有企业生产能力的，应按其可变成本分解。其步骤为：

(1)按费用要素列出某种非外贸货物的财务成本，单位货物占用的固定资产投资额及流动资金，并列出该货物生产厂家的建设期限、建设期各年的投资比例。

(2)剔除上述数据中包括的税金。

(3)对原材料、燃料、动力等投入物进行调整。其中，有些可直接使用给定的影子价格或换算系数，而对于重要的非外贸货物可留待第二轮分解。有条件时，也应对投资中某些比例大的要素费用进行调整。

(4)将折旧费用调整为单位固定资产投资回收费用。

①首先对财务评价下各年的固定资产投资额按国民经济评价的要求进行调整，然后再将其用社会折现率换算为建设期末的终值。其表达式为：

$$I_F = \sum_{t=1}^{m} I_t (1 + i_s)^{m-1}$$

式中，I_t 为调整后的建设期各年的投资额；m 为建设期年份数；i_s 为社会折现率；I_F 为等值计算到生产期初(建设期末)的固定资产投资额。

②用固定资产资金回收费用替代财务评价中的折旧费。

首先，将固定资产的残值转化为生产期初的现值，即：

$P_C = P_V \times (1 + i_s)^{-t}$

式中，P_C 为固定资产残值等值计算到生产期初的现值；P_V 为固定资产的残值（余值）；t 为项目的生产期。

其次，求出生产期中每年应回收的固定资产价值，即：

$$M_A = (I_F - P_V) \times \frac{i}{1-(1+i_s)^{-t}}$$

最后，再用上述计算的年回收固定资产价值除以项目的年生产能力，即可求得单位产品的固定资产投资的回收费用。

③用流动资金回收费用（M_w）替代财务成本中的流动资金利息。

流动资金回收费用的计算公式为：

$M_w = W \times i_s$

式中：W 为单位货物占用的流动资金额。

8.4.4 特殊投入物影子价格的调整

1. 影子工资

(1)影子工资的含义

影子工资是拟建项目使用劳动力资源而使社会付出的代价。在国民经济评价中，以影子工资计算劳动力费用。

影子工资 = 劳动力机会成本 + 新增资源消耗

式中，劳动力机会成本是拟建项目占用的人力资源由于在本项目使用而不能再用于其他地方或享受闲暇时间而被迫放弃的价值，应根据项目所在地的人力资源市场及劳动力就业状况，按下列原则进行分析确定：①过去受雇于别处，由于本项目的实施而转移过来的人员，其影子工资应是其放弃过去就业机会的工资（含工资性福利）及支付的税金之和；②对于自愿失业人员，影子工资应等于本项目的使用所支付的税后净工资额，以反映边际工人投入到劳动力市场所必须支付的金额；③非自愿失业劳动力的影子工资应反映他们为了工作而放弃休闲愿意接受的最低工资金额，其数值应低于本项目的使用所支付的税后净工资并大于支付的最低生活保障收入。当缺少信息，可以按非自愿失业人员接受的最低生活保障收入和税后净工资率的平均值近似测算。

新增资源耗费是指劳动力在本项目新就业或由其他就业岗位转移到本项目而发生的经济资源消耗，而这种消耗与劳动者生活水平的提高无关。在分析中应根据劳动力就业的转移成本测算。

影子工资可通过影子工资换算系数得到。影子工资换算系数是指影子工资与项目财务评估中的劳动力工资之间的比值，计算公式为：

影子工资 = 财务工资 × 影子工资换算系数

(2)影子工资的确定，应符合下列规定：

①影子工资应根据项目所在地劳动力就业状况、劳动力就业或转移成本测定。

②技术劳动力的工资报酬一般可由市场供求决定，即影子工资一般可以财务实际支付工资计算。

③对于非技术劳动力，根据我国非技术劳动力就业状况，其影子工资换算系数一般取为 0.25～0.8；具体可根据当地的非技术劳动力供求状况确定，非技术劳动力较为富余的地区可取较低值，不太富余的地区可取较高值，中间状况可取 0.5。

2. 土地影子价格

(1)土地影子价格的含义

土地是一项重要的生产要素，如何反映土地资源的价格，对国民经济评估非常重要。众所周知，在我国土地是一种稀缺资源，体现在：政府垄断了土地的供给；土地价格并非完全是市场价格；土地供给滞后于土地需求。由于土地供给是由政府垄断的，信息的不完善使政府不可能像市场那样对市场供求反应很敏感，土地市场的均衡很难实现，土地市场价格也不是有效市场下的价格。上述因素必然导致市场价格扭曲，资源配置效率低下，不能正确反映土地资源的真正效益。为了解决土地市场价格的扭曲，必须通过正确测算土地影子价格来真实地反映土地资源的最优利用，为合理配置土地资源、正确引导投资决策和正确进行国民经济评估提供依据。

土地影子价格就是当土地得到最优利用时的边际收益的价值。也就是说，当土地得到最优利用时，每增加 1 单位的土地所带来的土地边际收益的增加。例如，当土地处于最佳利用时，每增加 1 平方米的土地带来土地边际收益的增加额为 10 元，则土地的影子价格就是 10 元/平方米。因此，土地影子价格指建设项目使用土地资源而使社会付出的代价。在国民经济评估中以土地影子价格计算土地费用。

(2)土地影子价格的计算

在国民经济评估中，土地的影子费用包括拟建投资项目占用土地，取得土地使用权而使国民经济为此放弃的效益(即土地机会成本)，以及国民经济为项目占用土地而新增的资源消耗(如拆迁费用、剩余劳动力安置费等)。

土地的影子费用＝土地机会成本＋新增资源消耗

土地机会成本就是土地用于该用途而放弃的用于其他用途所获得的收益，通常用“最好可行替代用途”的净效益来测算。例如，一宗土地可以用于A、B、C、D、E、F六种用途，其中D用途的净收益最高，则该宗土地的机会成本由D用途的净收益来表示。但在现实生活中，土地的用途受到规划的种种限制，其机会成本只能在有限的用途中确定。如上述土地的D用途是受规划限制的，这样，尽管D用途的净收益是在所有用途中最高的，但土地的机会成本只能由剩余五种用途中净收益最大者确定。

新增资源消耗主要是指拆迁补偿费用、剩余劳动力安置补助费、养老保险费等。

土地影子价格应根据项目占用土地所处地理位置、项目情况以及取得方式的不同分别确定，具体应符合下列规定：

①通过招标、拍卖和挂牌出让方式取得使用权的国有土地，其影子价格应按财务价格计算。

②通过划拨、双方协议方式取得使用权的土地，应分析价格优惠或扭曲情况，参照公平市场交易价格，对价格进行调整。

③经济开发区优惠出让使用权的国有土地，其影子价格应参照当地土地市场交易价格类比确定。

④当难以用市场交易价格类比方法确定土地影子价格时，可采用收益现值法或以开发投资应得收益加土地开发成本确定。

⑤当采用收益现值法确定土地影子价格时，应以社会折现率对土地的未来收益及费用进行折现。

建设项目如需占用农村土地，以土地征用费调整计算土地影子价格。具体应符合下列规定：

①项目占用农村土地，土地征收补偿费中的土地补偿费及青苗补偿费应视为土地机会成本，地上附着物补偿费及安置补助费应视为新增资源消耗，征地管理费、耕地占用税、耕地开垦费、土地管理费、土地开发费等其他费用应视为转移支付，不列为费用。

②土地补偿费、青苗补偿费、安置补助费的确定，如与农民进行了充分的协商，能够充分保证农民的应得利益，土地影子价格可按土地征收补偿费中的相关费用确定。

③如果存在征地费用优惠，或在征地过程中缺乏充分协商，导致土地征收补偿费低于市场定价，不能充分保证农民利益，土地影子价格应参照当地正常土地征收补偿费标准进行调整。

根据项目所在地区的自然、经济、技术、政策、习惯等条件，选择项目所在地区可行用途中年净收益最大的用途，作为利用土地的机会成本，它既可以用最佳用途的年净收益来表示，也可以用最佳用途年净收益的现值总额来表示。其计算公式为：

$$OC = NB_0 \sum_{t=1}^{n} \left(\frac{1+g}{1+i_s} \right)^t = NB_0 \times \frac{1-(1+r)^{-n}}{r}$$

其中 $r = \frac{i_s - g}{1+g}$

式中，OC 为土地的机会成本；NB_0 为最佳土地用途的年净收益；n 为项目生命期；t 为项目生命期内的第 t 年（$t \leqslant n$）；g 为年净收益的增长率；i_s 为社会折现率。

需要指出的是，不同用途年净收益增长率实际上是不同的，需分别计算出各可行替代用途年净收益的现值，选择净现值最大者作为土地的机会成本。

在土地机会成本的基础上，再考虑新增资源消耗，就得到土地的影子费用。

例 8 某投资项目建设期 2 年，生产期 18 年，占用农田 500 亩。据评估人员调查，该农田的最好可行替代用途为种植水稻，该农田占用前 3 年平均亩产量为 1 吨，且该地区水稻单产预计每年递增 3%，每吨稻谷的生产成本为 600 元。稻谷系外贸货物，按直接出口处理，出口离岸价为 300 美元/吨。项目所在地离口岸距离 300 公里，稻谷运费为 0.10 元/吨公里，贸易费用为货价的 6%，影子汇率换算系数为 1.08，官方汇率为 7.0，货物的影子运费换算系数为 2。试计算该土地机会成本。

计算步骤：

(1)每吨稻谷按口岸价格计算的影子价格

SP＝300×7.0×1.08－300×0.1×2－300×7.0×1.08×6%

＝2071.92(元)

(2)该地区每亩稻谷的净收入

2071.92－600＝1471.92(元)

(3) 投资项目占用 20 年内每亩稻田的净收入现值

$$OC = 1471.92 \times \sum_{t=1}^{20} \left(\frac{1+3\%}{1+8\%} \right)^t = 18578.94\text{（元）}$$

(4)投资项目占用 500 亩稻田 20 年内每亩稻田的净收入现值

18578.94×500＝9289470(元)

即得该土地的机会成本为 9289470 元。

将以上计算出的土地机会成本再加上新增的资源消耗费用，即得出土地的影子费用。

例9　辽宁省新宾县新宾镇农用地主要为旱地，考虑到当地的种植条件和种植习惯，新宾镇可行的土地用途如下：粳稻用地、玉米用地、谷子用地、大豆用地、花生用地以及陆地西红柿、大棚西红柿、陆地黄瓜、大棚黄瓜、茄子、圆白菜、菜椒、大白菜、马铃薯等14种用地。某农业项目位于该镇，欲租赁100亩机动农用地进行设施农业投资，假定项目从2008年开始，承包期为30年。

(1)土地不同用途的年净收益测算

通过查表，上述14种不同用途的土地年净收益如表8-1所示。

表8-1　辽宁省新宾县新宾镇不同用途耕地的年净收益　（单位：元/亩）

用　途	粳　稻	玉　米	谷　子	大　豆	花　生	陆地西红柿	大棚西红柿
净收益	221.56	125.11	－3.52	94.6	145.21	517.53	2304.99
用途	陆地黄瓜	大棚黄瓜	茄子	圆白菜	菜椒	大白菜	马铃薯
净收益	454.12	2382.63	111.45	186.57	117.61	313.55	—

注：辽宁省新宾县新宾镇农作物的年净收益以辽宁省为准；辽宁省新宾县新宾镇蔬菜的年净收益以沈阳市为准。

通过比较，大棚黄瓜的净收益最大，因此，新宾镇最好的耕地用途为大棚黄瓜，同时最大净收益也是不同耕地的机会成本。

(2)不同用途土地年净收益的折现值

假定在上述14种不同用途中，其复种指数相同，皆为2.5，同时农作物年净收益的增长率都为2%，蔬菜年净收益率为2.5%，贴现率或利息率为5%，则可以得出上述14种不同用途耕地年净收益的折现值。

$$OC = NB_0 \sum_{t=1}^{n} \left(\frac{1+g}{1+i_s}\right)^t = NB_0 \times \sum_{t=1}^{30} \left(\frac{1+2\%}{1+5\%}\right)^t$$

根据上述数据，农作物年净收益的折现值公式为：

$$OC = NB_0 \times 19.75$$

则：粳稻年净收益的折现值＝221.56×19.75＝4375.81(元/亩)；

玉米年净收益的折现值＝125.11×19.75＝2470.92(元/亩)；

谷子年净收益的折现值＝－3.52×19.75＝－69.52(元/亩)；

大豆年净收益的折现值＝94.6×19.75＝1868.35(元/亩)；

花生年净收益的折现值＝145.21×19.75＝2867.90(元/亩)。

根据上述数据，蔬菜年净收益的折现值公式为：

$$OC = NB_0 \sum_{t=1}^{n} \left(\frac{1+g}{1+i_s}\right)^t = NB_0 \times \sum_{t=1}^{30} \left(\frac{1+2.5\%}{1+5\%}\right)^t = NB_0 \times 21.11$$

则：陆地西红柿年净收益的折现值＝517.53×21.11＝10925.06(元/亩)；

大棚西红柿年净收益的折现值＝2304.99×21.11＝48658.34(元/亩)；

陆地黄瓜年净收益的折现值＝454.12×21.11＝9586.47(元/亩)；

大棚黄瓜年净收益的折现值＝2382.63×21.11＝50297.32(元/亩)；

茄子年净收益的折现值＝111.45×21.11＝2352.71(元/亩)；

圆白菜年净收益的折现值＝186.57×21.11＝3938.49(元/亩)；

菜椒年净收益的折现值＝117.61×21.11＝2482.75(元/亩)；

大白菜年净收益的折现值＝313.55×21.11＝6619.04(元/亩)。

通过比较，大棚黄瓜年净收益的折现值最高，则大棚黄瓜的机会成本50297.32元/亩为辽宁省新宾县新宾镇耕地的机会成本。

(3)农业用地影子价格

由于原农用地租赁后仍为农业利用，新增资源消耗为零，其影子价格等于其机会成本，即为50297.32元/亩。

例10 某市商业一级地中有两处房地产，房地产A是一旅馆，占地800平方米，该旅馆共有300张床位，平均每张床位每天向客人实收50元，年平均空房率为30%，房产价值2000万元，该旅馆营业平均每月花费14万元。当地同档次旅馆一般床价为每床每天45元，平均空房率为20%，正常营业每月总费用平均占每月总收入的30%。房地产B为一座出租的写字楼，土地总面积4000平方米，总建筑面积52000平方米，建筑物层数为地上22层、地下2层，建筑结构为钢筋混凝土结构，可供出租的净使用面积总计为31200平方米，租金平均每月35元/平方米，空房率年平均为10%，建筑物原值5500万元，家具设备原值500万元，经常费平均每月10万元，房产税每年按建筑物原值减扣30%后的余值的1.2%缴纳，其他税费约为月总收入的6%。假设房产还原利率为10%，土地还原利率为8%，土地收益年增长率为2%。

要求测算该市一级商业用地的影子价格。

计算步骤：

(1)土地A的年纯收益测算

有效毛收入＝300×45×365×(1－20%)＝394.20(万元)

年运营费用＝394.2×30%＝118.26(万元)

房地产净收益＝394.2－118.26＝275.94(万元)

房产净收益＝2000×10%＝200(万元)

土地净收益＝275.94－200＝75.94(万元)

(2)土地B的年纯收益测算

有效毛收入＝31200×35×12×(1－10%)＝1179.36(万元)

年运营费用＝经常费＋房产税＋其他税费

＝10×12＋5500×(1－30％)×1.2％＋31200×35×(1－10％)×6％×12/10000

＝236.96(万元)

房地产净收益＝1179.36－236.96＝942.40(万元)

房产净收益＝6000×10％＝600(万元)

土地净收益＝942.40－600＝342.40(万元)

(3)年平均土地纯收益的测算

$$\frac{\left(\frac{75.94}{800}+\frac{342.40}{4000}\right)}{2}=0.09(\text{万元/平方米})$$

(4)测算土地影子价格

①假定土地纯收益不变，土地还原利率为 8％时，该市商业一级地无限年期影子价格为：

$$OC=\frac{NB_0}{r}=\frac{0.09}{8\%}=1.13\ (\text{万元/平方米})$$

②假定土地纯收益不变，土地还原利率为 8％时，该市商业一级地 40 年期影子价格为：

$$OC=NB_0\times\frac{1-(1+r)^{-40}}{r}=0.09\times\frac{1-(1+8\%)^{-40}}{8\%}=1.07\ (\text{万元/平方米})$$

③假定土地纯收益按 2％递增，土地还原利率为 8％时，该市商业一级地无限年期影子价格为：

$$OC=\frac{NB_0}{r-g}=\frac{0.09}{8\%-2\%}=1.50\ (\text{万元/平方米})$$

④假定土地纯收益按 2％递增，土地还原利率为 8％时，该市商业一级地 40 年期影子价格为：

$$r=\frac{i-g}{1+g}=\frac{8\%-2\%}{1+2\%}=5.88\%$$

$$OC=NB_0\times\frac{1-(1+r)^{-40}}{r}=0.09\times\frac{1-(1+5.88\%)^{-40}}{5.88\%}$$

$$=1.37\ (\text{万元/平方米})$$

8.5 国民经济效益评估报表与指标

8.5.1 经济费用效益流量的识别和计算

国民经济费用效益流量表的编制,可以按照经济费用效益识别和计算的原则和方法直接进行,也可以在财务分析的基础上将财务现金流量转换为反映真正资源变动状况的经济费用效益流量。

1.直接进行经济费用效益流量的识别和计算

基本步骤如下:

(1)对于项目的各种投入物,应按照机会成本的原则计算其经济价值。

(2)识别项目产出物可能带来的各种影响效果。

(3)对于具有市场价格的产出物,以市场价格为基础计算其经济价值。

(4)对于没有市场价格的产出效果,应按照支付意愿及接受补偿意愿的原则计算其经济价值。

(5)对于难以进行货币量化的产出效果,应尽可能地采用其他量纲进行量化。难以量化的,进行定性描述,以全面反映项目的产出效果。

2.在财务分析基础上进行经济费用效益流量的识别和计算

在财务评估的基础上,编制国民经济费用效益流量表,其基本步骤如下:

(1)剔除通货膨胀因素。即剔除财务现金流量中的通货膨胀因素,得到以实际价格表示的财务现金流量。

(2)剔除转移支付。即剔除运营期财务现金流量中不反映真实资源流量变动状况的转移支付因素,即将财务现金流量表中列支的营业税金及附加、增值税、国内借款利息、政府补贴收入等转移支付剔除。

(3)调整建设投资。用影子价格和影子汇率调整建设投资各项组成,并剔除其费用中的转移支付项目。进口设备价格调整通常要剔除进口关税、增值税等转移支付;建筑工程费和安装工程费按材料、劳动力的影子价格进行调整;土地费用按土地影子价格计算调整;自然资源的消耗按自然资源的影子价格进行调整。

(4)调整流动资金。将流动资产和流动负债中不反映实际资源耗费的有关现金、应收账款、应付账款、预收账款、预付账款,从流动资金中剔除。因为流动资金中的应收、应付款项和现金占用,并没有导致国家或社会资源的耗费,故在国民经济评估中,应从流动资金中剔除。

(5)调整经营费用。用影子价格调整主要原材料、燃料及动力费用、工资及福利费等。

(6)调整营业收入。对于具有市场价格的产出物,以市场价格为基础计算其影子价格;对于没有市场价格的产出效果,以支付意愿或接受补偿意愿的原则计算其影子价格。

(7)量化外部效果。对于可货币化的外部效果,应将货币化的外部效果计入经济效益费用流量;对于难以进行货币化的外部效果,应尽可能地采用其他量纲进行量化。难以量化的,进行定性描述,以全面反映项目的产出效果。

8.5.2　国民经济评估报表

在上述调整的基础上,编制国民经济评估报表,主要包括项目投资经济费用效益流量表、经济费用效益分析投资费用估算调整表、经济费用效益分析经营费用估算调整表、项目直接效益估算调整表等。见表8-2、表8-3、表8-4、表8-5。

表8-2　项目投资经济费用效益流量表　(单位:万元)

序　号	项　目	合　计	计算期					
			1	2	3	4	…	n
1	效益流量							
1.1	项目直接效益							
1.2	资产余值回收							
1.3	项目间接效益							
2	费用流量							
2.1	建设投资							
2.2	维持运营投资							
2.3	流动资金							
2.4	经营费用							
2.5	项目间接费用							
3	净效益流量(1－2)							

计算指标:
经济内部收益率(%)
经济净现值(i_s＝%)

表 8-3　经济费用效益分析投资费用估算调整表　（单位:万元）

序　号	项　目	财务分析			经济费用效益分析			经济费用效益分析比财务分析增减
		外币	人民币	合计	外币	人民币	合计	
1	建设投资							
1.1	建筑工程费							
1.2	设备购置费							
1.3	安装工程费							
1.4	其他费用							
1.4.1	其中:土地费用							
1.4.2	专利及专有技术费							
1.5	基本预备费							
1.6	涨价预备费							
1.7	建设期利息							
2	流动资金							
	合计(1+2)							

注:若投资费用是通过直接估算得到的,本表应略去财务分析的相关栏目。

表 8-4　经济费用效益分析经营费用估算调整表　（单位:万元）

序　号	项　目	单位	投入量	财务分析		经济费用效益分析	
				单价(元)	成本	单价(元)	费用
1	外购原材料						
1.1	原材料 A						
1.2	原材料 B						
1.3	原材料 C						
1.4	……						
2	外购燃料及动力						
2.1	煤						
2.2	水						
2.3	电						
2.4	重油						

续表

序　号	项　目	单位	投入量	财务分析		经济费用效益分析	
				单价(元)	成本	单价(元)	费用
2.5	……						
3	工资及福利费						
4	修理费						
5	其他费用						
	合计						

注:若经营费用是通过直接估算得到的,本表应略去财务分析的相关栏目。

表 8-5　项目直接效益估算调整表　(单位:万元)

产出物名称			投产第一期负荷(%)				投产第二期负荷(%)				…	正常生产年份(100%)			
			A产品	B产品	…	小计	A产品	B产品	…	小计		A产品	B产品	…	小计
年产出量	计算单位														
	国内														
	国际														
	合计														
财务分析	国内市场	单价(元)													
		现金收入													
	国际市场	单价(美元)													
		现金收入													
经济费用效益分析	国内市场	单价(元)													
		直接效益													
	国际市场	单价(美元)													
		直接效益													
合计(万元)															

8.5.3 国民经济评估指标

1. 国民经济盈利能力评估指标

(1)经济净现值(ENPV)

经济净现值是项目按照社会折现率将计算期内各年的经济净效益流量折现到建设期初的现值之和,是经济费用效益分析的主要评价指标,可用于评价项目对国民经济的净贡献。其计算公式为:

$$ENPV = \sum_{t=1}^{n}(B-C)_t(1+i_s)^{-t}$$

式中,B 为经济效益流量;C 为经济费用流量;$(B-C)_t$ 为第 t 期的经济净效益流量;n 为项目计算期;i_s 为社会折现率。

在国民经济评估中,如果经济净现值等于或大于 0,说明国家为拟建项目付出代价后,可以得到符合社会折现率的社会盈余,或除得到符合社会折现率的社会盈余外,还可以得到以现值计算的超额社会盈余,认为该项目从经济资源配置的角度可以被接受。

(2)经济内部效益率(EIRR)

经济内部效益率是项目在计算期内经济净效益流量的现值累计等于零时的折现率,是经济费用效益分析的辅助评价指标,它是反映项目对国民经济贡献的一个相对指标,是项目进行国民经济评价的主要判断依据。其计算公式为:

$$\sum_{t=1}^{n}(B-C)_t(1+EIRR)^{-t}=0$$

式中,B 为经济效益流量;C 为经济费用流量;$(B-C)_t$ 为第 t 期的经济净效益流量;n 为项目计算期;$EIRR$ 为经济内部效益率。

如果经济内部效益率等于或者大于社会折现率,表明项目资源配置的经济效益达到了可以被接受的水平。

(3)效益费用比(R_{BC})

效益费用比是项目在计算期内效益流量的现值与费用流量的现值的比率,是经济费用效益分析的辅助评价指标。其计算公式为:

$$R_{BC}=\frac{\sum_{t=1}^{n}B_t(1+i_s)^{-t}}{\sum_{t=1}^{n}C_t(1+i_s)^{-t}}$$

式中，R_{BC} 为效益费用比；B_t 为第 t 期的经济效益；C_t 为第 t 期的经济费用。

如果效益费用比大于1，表明项目资源配置的经济效益达到了可以被接受的水平。

2.国民经济外汇效果评估指标

对于涉及产品出口创汇及替代进口节汇的投资项目，还需进行外汇效果的评估。外汇效果主要是通过经济外汇净现值、经济换汇成本、经济节汇成本等指标来反映。

(1)经济外汇净现值($ENPVF$)

经济外汇净现值是指生产出口产品项目的外汇流入和外汇流出的差额，采用影子价格和影子工资计算按社会折现率(或国外贷款平均利率)折算到基年的现值之和。它可用于评价拟建项目实施后对国家的外汇净贡献程度，也可用来分析评价项目实施后对国家外汇收支影响的重要指标。其表达式为：

$$ENPVF = \sum_{t=1}^{n}(FI - FO)_t(1 + i_s)^{-t}$$

式中：FI 为项目的外汇流入量；FO 为项目的外汇流出量；$(FI-FO)_t$ 为第 t 期的外汇净流量；n 为项目计算期；i_s 为社会折现率。

一般情况下，要求经济外汇净现值等于或大于0。

(2)经济换汇成本

经济换汇成本是指用影子价格、影子工资调整计算，用社会折现率计算的项目为生产出口产品而投入的国内资源现值与出口产品的经济外汇净现值之比。它表示换回1美元的外汇(现值)所需投入的人民币金额(现值)。其表达式为：

$$经济换汇成本 = \frac{\sum_{t=1}^{n} DR_t(1 + i_s)^{-t}}{\sum_{t=1}^{n}(FI - FO)_t(1 + i_s)^{-t}} \leqslant 影子汇率$$

式中，DR_t 为项目第 t 年生产出口产品投入的国内资源(包括国内投资、原材料投入和劳务工资、其他投入和贸易费用)。

经济换汇成本用于评价项目实施后生产的出口产品在国际上的竞争能力以及判断产品能否出口的一项重要指标。它主要适用于生产出口产品的投资项目。

经济换汇成本应当小于或等于影子汇率，否则，项目是不可取的。

(3)经济节汇成本

经济节汇成本是指项目计算期内生产替代进口产品所需投入的国内资源

现值与生产替代进口产品的经济外汇净现值之比。它表示节约1美元的外汇所投入的人民币金额。其表达式为：

$$经济节汇成本=\frac{\sum_{t=1}^{n} DR_t(1+i_s)^{-t}}{\sum_{t=1}^{n}(FI'-FO')_t(1+i_s)^{-t}} \leqslant 影子汇率$$

式中，$(FI'-FO')_t$ 为项目第 t 年生产替代产品所节省的外汇净流量。

经济节汇成本主要用于生产替代进口产品的项目的外汇效果评价。当经济节汇成本小于或等于影子汇率时，表明该投资项目产品出口或替代进口是有利的、可以考虑接受的，否则，项目是不可取的。

复习思考题

1. 简述国民经济评估的含义和作用。
2. 简述国民经济评估与财务评估的关系。
3. 简述国民经济评估的对象、目标、原则和程序。
4. 如何识别项目效益和费用？
5. 如何理解项目的外部效果？
6. 简述转移支付的情形。
7. 简述社会折现率、影子汇率的含义。
8. 简述影子价格的内涵。
9. 如何计算外贸货物的影子价格？
10. 如何计算影子工资？
11. 如何计算土地影子价格？
12. 如何识别和计算经济费用效益？
13. 国民经济评估的指标有哪些？如何计算？
14. 财务动态指标（如 $FNPV$，$FIRR$ 等）与经济动态指标（如 $ENPV$，$EIRR$ 等）计算时对选用参数有什么不同？

第9章

社会效益评估

学习目标

1. 理解社会效益评估概念、意义与原则；
2. 理解社会效益评估的内容、方法与步骤；
3. 理解社会效益与影响的评估指标体系；
4. 掌握社会效益与影响定量指标的计算；
5. 理解社会效益与影响定性指标。

9.1 社会效益评估概念、意义与原则

9.1.1 社会效益评估的基本概念

1. 项目社会效益评估的含义

项目社会效益评估是应用社会学和人类学的一些基本理论和方法，系统地调查和收集与项目相关的社会因素和社会数据，了解项目实施过程中可能出现的社会问题，研究、分析对项目成败有影响的社会过程，提出保证项目顺利实施和效果持续发挥的建议和措施的一种项目评估方法。

社会效益评估是项目评估的重要组成部分，它与财务评估、国民经济评估、环境影响评估相互补充，共同构成项目评估的内容，它们既有交叉，又有区别，分别从不同角度分析、考察、判别拟建项目的合理性和可行性。

2. 社会效益评估的主要特征

(1)目标的多元性

财务分析的目标是评价项目的盈利能力及债务清偿能力等；经济分析的目标是资源优化配置及社会成员福利最大化，评价目标均比较单一。而社会效益

评估由于涉及的社会因素复杂，目标多元化，没有共同度量的标准。

(2)评价工作的周期长

社会评估贯穿于项目周期的各个环节和过程，而且要关注近期及远期与项目运行有关的各种社会发展目标，持续时间相对较长。

(3)定性分析和定量分析相结合

如果定量分析有困难，可采取定性分析，从而要求社会评估专业人员必须有丰富的经验，对各种社会问题具有高度的敏感性，否则将难以胜任社会评估工作。

(4)行业定向，项目定向

社会效益评估没有通用的方法，各行业部门、不同类型项目社会评估的内容、方法差异很大，从而增加了社会评估的难度。

(5)间接效益与间接影响多

由于社会系统的复杂性及相互关联性，有关社会问题的波及效应比较明显。

投资项目的社会评估工作贯穿于项目周期全过程的各个阶段，是识别、监测和评估投资项目的各种社会影响，促进利益相关者对项目投资活动的有效参与，优化项目建设实施方案，规避投资项目社会风险的重要工具和手段。

9.1.2 社会效益评估的意义

项目社会效益评估的提出和推广应用，是基于发展观的演变的结果。20世纪80年代以来，新的发展战略越来越强调以人为中心的重要性，强调发展是一个多学科的、综合的、内在的、持续的过程。在这一过程中，人的参与作用构成了基本的发展活动。在新的发展战略指导下，项目评估中，除去物质的或经济的因素以外，必须充分考虑社会的、人的因素。因此，在项目评估中，除了财务上和经济上的可行性以外，社会的可行性也应该保证。在社会评估中，社会学、人类社会学等多学科理论与方法的引入，使得项目中难以量化的变量能得到更好的描述、解释及预测，从而保证评价者和受影响者得以详细了解项目状况，并加以调整控制，进一步保证项目的效益得以实现。社会分析方法的应用，可以更加有效地调动人们参与项目的积极性，一方面使项目的实施得到内部的支持，另一方面也在项目过程中促进了人类的进步。

1.有利于贯彻执行可持续发展战略

可持续发展包括发展过程中经济、环境、社会等方面的可持续性。经济发展、社会发展、环境保护是可持续发展相互依赖、相互促进的组成部分，其中社会评估强调以人为本的可持续发展，强调从全社会的宏观角度考察项目对社会带来的贡献与影响，评价项目对社会发展目标的影响，强调可持续发展，是在项目层次贯彻可持续发展战略的有效工具。

2.有利于保证项目与所处社会环境的协调发展

项目都是在特定社会环境、社会背景条件下投资建设的，因此项目能否成功，与项目所处的社会环境密切相关。一个项目的财务目标、经济目标或环境目标能否实现，与项目所处的社会环境密切相关。通过社会效益评估，增强投资项目的社会文化等方面的适应性，强调项目与所在地区社会环境的相互适应性，对保证投资项目其他目标的实现至关重要。从发展的角度看，社会发展包括经济发展，但又不止于经济发展，它强调社会的全面发展。发展评价应该是多视角评价，而不只限于单一视角的评价。社会评估与经济分析、财务分析、技术评价、环境影响评价互为补充，为保证项目与社会环境的协调发展，保证项目各方面目标的实现提供保证。

3.完善项目评估理论及方法体系

项目评价的理论及方法体系是不断完善的。随着经济的发展、社会的进步，经济学家开始大量参与到项目的投资决策分析活动中，强调资源的优化配置及社会福利的改善，强调利用费用效果分析和费用效益分析的方法进行经济分析；同时，随着发展战略的转变，社会学家开始涉足项目决策，开始考虑投资项目的各种社会目标能否实现，于是开始强调社会评估的重要性。开展社会效益评估，是完善项目评估理论及方法体系的客观需要。

4.加强对投资项目进行宏观调控的需要

社会效益评估不仅重视项目本身的可持续性，强调应从社会发展的战略高度，分析项目对利益相关者的直接和间接、短期和远期、有形和无形、正面和负面影响，而且还强调整个社会的可持续发展，分析项目所占用或耗费的社会资源，要体现“代际公平”和“代内公平”。在市场经济体制下，政府对社会投资活动的管理，强调政府从公共社会事务管理者的角度进行宏观调控，社会评估成为一种有效的工具。

5.有利于项目评估与国际接轨

世界银行和亚洲开发银行等国际金融机构的贷款项目一般都要求进行社会评估，市场经济国家对公共投资项目的核准也非常强调社会评估。因此，开展社会评估，是在项目评估的方法体系方面与国际接轨的客观需要。

6.有利于促进自然资源合理利用与生态环境保护

人类赖以生存的土地、水资源、能源等自然资源是有限的。社会评估正是随着后工业化社会的环境、人口爆炸、能源危机等问题日益突出而在发达国家首先兴起的。开展社会评估,有利于社会经济建设合理利用和节约有限自然资源,保护自然与生态环境,造福人类,实现以人为本的可持续发展战略。

9.1.3 社会效益评估的原则

1.多层次分析原则

投资项目社会效益评估涉及三个层次的问题:即国家层次、地区层次和项目层次。在国家层次上进行项目社会评估的目的是确定项目(或规划方案)对国家发展目标的重要性和贡献,其所要解决的问题牵涉国家的社会与经济发展政策以及国家发展的目标和方向,这些包括满足所有公民的物质和文化需要,保持经济持续增长和社会稳定发展,脱贫以及更恰当的收入分配。

在地区层次上进行的项目社会评估主要涉及特殊的地区发展目标和地区实际状况,地区的优先发展次序以及项目目标和地区的优先发展次序之间的关系等方面的问题。在该层次上应更加注重地区差别。

在项目层次上涉及确定项目范围内的关键社会因素,例如,项目受益人的参与意愿,项目社区的吸收能力,民族习惯,本地文化,脆弱群体。这些关键性社会因素将影响到项目的设计、规模、选址、时机、技术和项目目标的实现。

2.具体项目具体分析原则

不同类型投资项目所使用的社会评估方法应当有所区别。项目的社会影响因素将因它们的不同目标、不同位置和不同类型而各异。这就导致不可能采用某种统一的社会评估方法来对位置不同的所有类型的投资项目进行分析。社会评估的一条重要原则就是要依据不同项目的特定情况使用社会学和人类学的知识来进行特定的社会评估,并根据项目目标和所涉及社会因素的重要程度而有所侧重。

特别要注意对那些影响面大、影响持续时间长的社会因素的分析。就同一类型项目而言,由于地理位置不同,所处的社会环境不同,所涉及的利益群体不同,其分析的主要社会因素也应有所区别,应当采取灵活的方法,具体问题具体分析。

3.坚持以人为中心原则

投资项目的社会评估强调人是投资项目的主体,项目的各个利益群体都要参与项目的全过程,项目的计划、设计与实施都要考虑项目不同利益群体的意见、要求、对项目的态度,并能满足他们的需要。项目社会评估把人放在首位,重视项目对人和社会因素影响的分析,增强项目决策的透明度和民主化,着重考虑项目过程中社会因素的变化,注重人的作用,不仅包括项目的实施者、管理者,而且把重点放在项目影响到的社区的各类人群。

衡量投资全过程中人的因素,评价项目与个人利益协调的程度,以最大限度发挥投资效益,满足个人的需要;同时促进个人自身的发展与进步。在分析项目对社会的各种正负影响的基础上,分析项目的各种影响对社区个人生活的作用,以及当地社区个人对这些影响产生的反应及其对项目的影响和反作用,采取措施促使项目与社会相互适应,相互协调发展,从而保证项目的持续生存与发展,并推动社会的进步,促进个人自身的进步与发展,提高人群的素质。

4.贯穿于项目始终原则

项目周期包括项目的识别、确定、评估,实施监测和后评价等各个阶段。不同阶段社会评估的目的、内容和侧重点各不相同,对项目的影响程度也不相同。因此,应根据项目周期各阶段的具体特点开展相应的社会评估工作。

9.2　社会效益评估的内容、方法与步骤

9.2.1　社会效益评估的内容

我国的社会效益评估是在总结国内已有的经验,吸收国外社会费用效益分析、社会影响评价与社会分析等方法的基础上,结合我国国情而设计的,内容包括社会效益与影响评价和项目与社会两者相互适应的分析。既分析项目对社会的贡献与影响,又分析项目对社会政策贯彻的效用,研究项目与社会的相互适应性,揭示、防范社会风险,从项目的社会可行性方面为项目决策提供科学分析依据。

1.利益群体的识别

项目利益群体(stakeholder)是指与项目有直接或间接的利害关系,并对项目的成功与否有直接或间接影响的所有有关各方,如项目的受益者、受害者及受影响者;为项目提供资金的机构;项目的实施机构(包括计划、设计及咨询机构等,如有关的政府组织与非政府组织等)。

利益群体的划分一般是按各群体与项目的关系及其对项目的影响程度与性质或其受项目影响的程度与性质决定的。项目利益群体一般划分为:①项目受益人;②项目受害人;④项目受影响人;④其他利益相关者,包括项目的建设单位、设计单位、咨询单位、与项目有关的政府部门与非政府组织。

对一个具体项目的利益群体分析是一件相当复杂的事情,其主要内容包

括:根据项目单位的要求和项目的主要目标,确定项目所包括的主要利益相关者;明确各利益相关者的利益所在以及与项目的关系;分析各个利益相关者之间的相互关系;分析各利益相关者参与项目的设计、实施的各种可能方式。

2.项目的社会影响分析

投资项目的社会影响分析,是分析、预测项目可能产生的正影响(通常称为社会效益)和负影响。主要社会影响包括三个层次四个方面的分析,即分析在国家、地区、项目(社区)三个层次上展开,包括项目对社会环境、社会经济、自然与生态和自然资源方面的影响。具体内容包括:

(1)对项目所在地区居民收入的影响

主要分析预测居民收入增加或减少的范围、程度及其原因;分析收入分配是否公平,是否扩大贫富收入差距以及如何实现收入公平分配的政策建议。对于扶贫项目,应着重分析项目的实施是否能减轻当地的贫困,能帮助多少贫困人口脱贫。

(2)对项目所在地区居民生活水平和质量的影响

主要分析居民居住水平、消费水平、消费结构、人均寿命的变化以及产生这些变化的原因。

(3)对项目所在地区居民就业的影响

主要分析项目的建设和运营对当地居民就业结构和就业机会的正影响和负影响。正影响是指增加的新的就业机会,负影响是指可能排挤掉的原有就业机会及人数以及由此可能引发的社会矛盾。

(4)对项目所在地区不同利益群体的影响

主要分析项目的建设和运营使哪些人受益,哪些人受损以及对受损群体的补偿措施和途径。对兴建运输通道、新港口、商业区、城市基础设施、露天矿区等引起的非自愿移民项目,要特别注意此项分析。

(5)对项目所在地区文化、教育、卫生的影响

主要分析项目的建设和运营期间可能引起的当地文化教育水平、卫生健康程度的变化和对当地自然景观、文物古迹的影响以及如何消除不利影响的社会政策措施。对社会事业项目要特别强调这项内容的分析。

(6)对社会基础设施和公共服务的影响

主要分析项目的建设和运营期间,是否可能增加或挤占原有的可供当地使用的公共基础设施,包括道路、桥梁、供电、供水(包括排水与污水处理)、供气及商业、饮食社会服务设施。

(7)对项目所在地区少数民族文化和宗教的影响

主要分析项目的建设和运营是否符合国家的民族政策,是否充分考虑了民

族地区的风俗习惯、生活方式、宗教信仰，是否会引起民族矛盾、发生民族纠纷、影响当地社会安定。

3.项目与社会的相互适应性分析

主要分析预测项目与社会能否相互适应，协调发展，以防止发生社会风险，保证项目生存的持续性，以促进社会进步与发展。一般包括以下内容：

(1)项目是否适应国家、地区(省、市)发展的要求

(2)项目的文化与技术的可接受性

分析项目是否适应当地人群的需求，当地人群在文化与技术上能否接受此项目，有无更好的成本低、效益高，更易为当地人群接受的方案等。

(3)项目存在社会风险的程度

分析项目有无社会风险，严重程度如何；领导与群众对项目有何反应，他们对项目的态度如何，有无不满或反对的，特别是项目是否为贫困户、妇女与受损群众所接受，他们是否存在不满；采取什么措施防止社会风险。

(4)受损群众的补偿问题

分析项目使谁受益，谁受损，特别是有无脆弱群体受损；分析影响受益与受损的因素，研究如何防止效益流失或减少受损群众的数量以及如何补偿的措施等。

(5)项目的参与水平

分析研究社区领导、群众参与项目各项活动的态度、要求，可能的参与水平，提出参与规划。

(6)项目承担机构能力的适应性

分析项目承担机构的能力，是否需要采取措施提高其能力以适应项目的持续性，研究是否要建立非政府组织以协助项目承担机构的工作，以及组织机构的发展等问题。

(7)项目的持续性

主要是通过分析研究项目与社会的各种适应性，存在的社会风险等问题，研究项目能否持续实施，并持续发挥效益。对影响项目持续性的各种社会因素，研究采取解决措施，以保证项目生存的持续性。同时，还要重点分析项目的社会环境、人文条件能否接纳、支持项目的存在与相互适应关系。具体包括：分析预测与项目相关的不同利益群体对项目建设和生产运营的态度及参与程度，选择可以促使项目成功的参与方式。对可能阻碍项目存在与持续发展的因素提出防范措施。分析、预测项目所在地区的各级组织对项目建设和运营的态度，可能在哪些方面、多大程度上对项目予以支持和配合，促进项目目标的实现；分析、预测项目所在地区现有技术、文化状况能否适应项目的建设，保证持

续发展;对影响项目设计与实施的社会的和文化的因素进行系统的调查和分析。

4.公平问题

公平指的是公正,或公平原则所追求的目标,它意味着:只要人们认为某种方式或方法是公平或正当的情况下,人们就可以给予不同的待遇,或者相同的需求应获得相同的供给(或相同的获取机会)。这在发展研究中已经被视为社会发展的一项主要目标,同时在国际社会中也被视为投资项目社会评估的一个重要指标。

一般应在宏观和微观两个层次上考虑公平性问题。在宏观层次上,公平应当作为项目立项阶段社会评估的一个主要指标。社会分析人员要根据各地区的社会统计数据分析各地区的社会发展水平,提出适应于各地区发展水平的项目的建议。在微观层面上,社会评估中可用两种方式来分析公平问题。一是项目的实施在使得项目地区的某些人得到益处的时候,将不损害其他任何人的利益;二是项目的实施将不会加剧项目地区现有的人群之间存在的各种不平等现象。通常情况下,应当分析经济的、社会的、政治的及自然的不平等。可采用平均收入、平均财产、平均工资、人均国民生产总值等社会指标,还要分析性别差异、住房、通信及交通条件,不同集团的人们利用社会服务设施的机会等。所选用的指标将因项目不同而有所差异。

项目的社会评估还应当分析实现公平的手段。社会评估人员应根据项目社区的社会状况选择恰当的实现公平的方式。

如果公平目标仅能通过当地人群的参与实现,那么,社会评估人员应确定项目的目标人口,并分析目标人口的利益需要及能力等。同时还应当分析其他一些对实现公平有影响的社会因素,如信仰、种族、社会习俗及亲戚关系等。最后社会评估人员应当推荐出采取什么样的方式才能通过项目活动实现公平目标。

5.参与问题

通常参与是实现项目效果持续性的一种有效工具,是吸收公众参与投资项目设计、评价和实施的一种有效方法。它有利于提高项目方案的透明度和决策民主化;有助于取得项目所在地各有关利益群体的理解、支持与合作;有利于提高项目的成功率,减少不良社会后果,一般来说,参与程度越高,项目的社会风险越小。

参与的主要功能是:①可以更多地了解到现有统计资料所无法提供的有关社会变迁、发展的活动情况;②可以掌握与项目有利害关系的不同利益群体对项目的态度及其可能产生的正、负影响;③可以吸收更多人的智慧,优化原有方案;④可以提高当地居民、机构对项目实施的责任感。

在项目可行性研究阶段,要根据项目的具体情况设计出切实可行的参与模式。参与一般可采用咨询式、邀请式、委托式等方式。通过参与方式分析项目社区中不同利益群体参与项目活动的重要性;分析对当地人群的参与有影响的关键的社会因素;分析在项目社区中是否有一些群体被排除在项目设计之外,或在项目的设计中没有发表意见的机会。

6.持续性问题

社会评估中持续性评价应当包括三个方面的内容:

(1)环境功能的持续性

环境功能的持续性是一个全球性的长期发展目标。但它与人类的生产和生活方式紧密联系在一起。几乎所有的项目在它们的建设和实施过程中对环境都会有影响,因此环境功能的持续性应作为投资项目社会评估的一个指标。

(2)经济增长的持续性

经济增长的持续性即国民经济以一个持续的速度增长。投资项目的社会评估应把经济增长的持续性作为一个主要指标来考虑。

(3)项目效果的持续性

在社会评估中,项目效果的持续性能力作为一个主要指标来判断项目的成功与否。项目效果的持续性即指实现项目所计划的目标为个人提供商品和服务的能力。实际上,有很多因素,如环境的、技术的、资金的、经济的及社会的因素对项目效果的持续性都有影响,这些因素又相互作用相互影响。

7.机构发展问题

实践经验表明,如果没有一个良好的组织机构来负责项目建设、实施和运行的管理,将很难实现预定的项目目标。因此,机构发展已经成为社会评估的一个主要部分。

关于机构发展的社会评估的内容应当包括对现有机构的能力分析及建立新机构的可能性分析。现有机构能力的分析包括机构的目标、特点、结构、体制与程序和激励机制、资源及协调性等。上述各方面是相互联系相互影响的。因此,社会评估不能仅对各个部分进行单纯的分析,还应分析它们之间是否相互协调。具体可分析:①项目的组织机构设置是否合理,能否适应项目建设与运营的需要?②项目的组织机构设置方案是否与项目采用的技术相适应?③项目承担建设、运营、维护的机构能力如何?能否保证项目持续实施?如何提高项目承担机构的能力,以保证项目的持续性。④根据项目实施的具体需要,是否需要建立非政府的群众组织机构,协助承担机构保证项目持续实施?

8. 性别问题

在社会评估中，关于妇女问题的分析，主要是基于在项目的设计中应当考虑到不同的性别具有不同的作用和需要。在对具体项目进行妇女问题分析时，可以提出下列问题：①当地社区的妇女在生产劳动、就业、收入分配方面有无与男人不平等或有所不同的情况？是否影响项目效益的发挥？是否影响项目实施？采取什么措施解决。②妇女在文化、政治权利方面与男人有差别吗？这些差别是否妨碍妇女参与项目活动？是否妨碍收集妇女对项目的意见与要求。③社区有无因妇女的特殊情况，影响项目的投资效果？若有，用什么方法解决。④项目的实施，对当地妇女的政治、经济地位的影响及解决措施。

9. 贫困问题

发展的主要目标就是消除贫困。分析贫困问题时，应当区分绝对贫困和相对贫困。绝对贫困可由绝对贫困线来衡量，而相对贫困则指的是相对困难。绝对贫困线是指人们维持生命所必需的吃、穿、住的最低费用。在投资项目的社会评估中，不仅要考虑人们的绝对贫困状况，同时还应当分析人们的相对贫困状况。

在对具体项目进行分析时，主要分析以下问题：①项目的实施能否减轻当地贫困，在多大程度上有助于社区的贫困户脱贫？②项目使当地贫困户受益或受损情况？采取的相应措施？③对于扶贫项目，分析该项目是否能真正达到扶贫目的。④项目是否符合当地贫困户的需求？有无任何群体或个人对拟建项目不满或反对，如何解决？⑤当地社区个人的文化、民族关系、风俗习惯、宗教信仰、乡规民约等有无可能妨碍群众接受此项目而使扶贫达不到目标，如果有应采取什么措施防止这种社会风险。

9.2.2 社会效益评估的方法

项目的社会因素多而复杂，多数是无形的，甚至是潜在的。如项目对社区安全稳定的影响，人们对项目的态度、社区的人际关系，项目对卫生保健、文化水平提高的效益，对生态环境的影响，对人口素质提高的影响等，很难采用统一的方法进行评价。一般采用定性分析和定量分析相结合的方法。

1. 社会基础数据的收集方法

(1)文献调查法

文献调查法也叫二手资料查阅法，就是通过收集有关的各种文献资料，摘取其中对社会评估有用的社会信息的方法。社会调查一般是从文献调查开始的，因为社会调查人员无论是要进行访谈，还是要进行现场观察或要进行问卷调查等都首先希望占有一些现成的资料和信息。这样才可能心中有数，有的放矢。

(2)问卷调查法

问卷调查是一种以书面提问方式调查社会信息的方法,它属标准化调查,即要求所有被调查者按统一的格式回答同样的问题。

问卷中的问题可以采取开放或封闭或半开放半封闭的形式。开放式问题对答案不提供具体内容,完全让被调查者用自己的语言回答问题;封闭式问题就是调查者先规定问题的几个答案,再让被调查者选定自己认为适当的答案;在实践中,用得最多的往往是半开放、半封闭式的问题,即对某问题调查者先给出几种答案,让被调查者选择,然后要求其回答选择答案的理由。

问卷设计好之后,应先在小范围内进行检验,以便在问卷发出之前,能发现其中的不足之处。通常应检验以下几方面:①问题的用语。如用词是否恰当、准确,是否所有的被调查者对问题的理解可能都相同。②句子的结构。各个句子是否都适当,是否做到了言简意赅。③问题的方式。问题的方式是否合适,如开放式的问题是否易于回答,封闭式问题的答案是否规定得适当。④会不会出现被调查者拒绝回答的问题。⑤会不会出现答案全部相同的问题。⑥完成问卷的时间大概多长,被调查者在最后会不会感到厌倦。⑦是否全部需要调查的内容都能通过问卷收集到。

(3)专家讨论法

专家讨论法就是邀请有关专家讨论所需调查的内容,从而获取所需信息的方法,它是一种求助专家的重要形式。由于专家看问题往往有自己独到的见解,有时还能提出别的类似项目成功的经验或失败的教训,这些无疑对项目社会评估大有帮助,所以无论是社会调查者还是社会评估者都应及时听取专家的意见。在投资项目社会评估中有必要邀请社会学家、人类学家、经济学家、环境保护学家、生态学家、市政规划学家、项目管理学家、心理学家、统计学家等参加专家讨论会。专家讨论法有别于集体访谈法,后者参与者全部来自项目的利益群体(包括直接的与间接的),而前者则是有关讨论内容的专家。此外,专家讨论法不仅能获得社会信息,往往也能直接获得解决某些因项目引发的社会问题的办法或措施。

(4)访谈法

访谈法又称访问调查法,就是调查人员主要通过与被调查者以口头交谈的方式了解社会信息的方法。按被访问者的人数,访谈法分为个别访谈法和集体访谈法。

①个别访谈法。即对项目参与者、项目的利益相关者及一些重要信息提供者的个别访谈。个别访谈法通常分为三种类型:非正式的会话式访谈(又称非结构化访谈),重点问题访谈和标准化访谈(又称结构化访谈)。非正式的会话

式访谈往往不局限于事先预定的问题和问题的先后排列顺序，可以涉及较宽的领域，有利于充分发挥访问者和被访问者的主动性和创造性，因而能调查得到调查方案中没预料到的信息；重点问题访谈通常是把将要访谈的重点内容用表格或清单列出；标准化访谈就是按照格式、内容相同的问卷所进行的访谈。

在实际调查工作中，这三种访谈方式常常可以相互配合使用。一般是先进行非正式访谈，然后辅以重点问题访谈或标准化访谈。

②集体访谈法。集体访谈法就是召集被调查者开会讨论和交流，以收集社会信息。这是一种更省时、更高效的访谈法。它不仅能做到调查者和被调查者之间的交流，也能做到被调查者之间的交流。但一些涉及保密性、隐私性问题不宜在集体访谈中调查。

(5)参与式观察法

参与式观察法就是调查者作为项目目标群体的一员，通过耳闻目睹收集社会信息的方法，是一种高效的、直接的调查方法。其优点一是能够获得访谈法和问卷调查法等其他方法根本收集不到的真实、准确的社会信息；二是参与者可以观察或亲身体验社区某种社会变化或某个现象的全部过程；三是参与者有可能了解社区中那些不能或不愿明确反映自己所处的困境和面临问题的人的需求和生活方式。但是该法要求调查者比较长的时间（至少几个月）生活在项目所在地，这无疑需要较多的费用；要真正成为当地社会的成员，并取得当地人的信任，往往会因语言和生活习惯障碍而不容易做到。这是其不足之处。此外，如果项目社会评估范围涉及的地区很广，该法就更难于普遍采用，而如果只在少数社区实施，又难免代表性不够。因此，该方法只适用于社会分析评价范围较小的项目的有关信息收集。

(6)实验观察法

实验观察法也叫试验观察法，是通过做社会实验的方式获取社会信息的方法，它起源于自然科学，是一种最有效、最直接的调查方法，也是一种最复杂、最高级的调查。实验观察的过程，不仅仅是资料和信息的收集过程，更是一个深入、详细的分析过程。实验的方法往往是现场观察、参与式观察、访谈和问卷调查等方法的综合运用。实验观察的成果几乎完全取决于调查者的能力、经验和智慧。实验观察法对有些项目，如农业项目、林业项目、移民项目、扶贫项目、卫生保健项目等的社会评估非常适用，因这类项目具有可实验性。而对一些不具实验性的项目，如水利建设项目、能源开发项目和交通运输项目等，则不大适用。

(7)现场观察法

现场观察法也叫实地观察法，即调查者深入现场获取所需社会信息的方法，是社会调查的一种基本方法。同前述的访谈法、参与式观察法和实验观察法一样,也属于直接调查方法。现场观察法的最大优点是它的直观性和可靠性。其缺点一是获得的社会信息都带有一定的偶然性和表面性;二是受时空等条件的限制,许多社会信息不能或不宜进行现场参观和考察。所以在实际社会调查中,现场观察法常和文献调查法、问卷调查法等结合使用。在现场调查者可以访谈当地居民和官员、观察社区成员的生活方式。

2.有无对比评价法

有无对比分析是指有项目情况与无项目情况的对比分析。这是社会评估中通常采用的分析评价方法。社会评估通过有无对比分析以确定拟建项目引起的社会变化,即各种效益与影响的性质与程度。在社会评估中,无项目情况,即经过研究确定的基准线情况。有项目情况,即考虑拟建项目建设运营中引起各种社会经济变化后的经济状况。有项目情况减去同一时刻的无项目情况,即可得到由于项目的实施而引起的各种社会影响。在实践中,经过有无对比分析,确定各种影响的性质与程序比较复杂,因为有时基准线预测可能不准确,这一点在后评价时就会反映出来,特别是政策、体制的变化。因此,在后评价时,可能需要对原来调查预测的基准线重新研究确定。

有无对比法的应用,关键是要调查确定评价的基准线。基准线即没有拟建项目情况下研究区域的社会状况。调查确定评价的基准线应首先对研究区域现有社会经济情况进行调查,除了调查社会经济现状外,还要收集资料预测当地社会经济现状在项目影响时限内可能的变化。对于基准线的有关经济、人文情况方面的统计数据,如人口、人均收入、工农业产值等,可以采用一般的科学预测方法预测这些数据可能的变化。有些经济资源、文化教育卫生项目建设等将来的发展情况,可以通过收集国家和地方计划方面的安排情况进行预测,其他情况可能需要向当地有关地方机构和社区领导了解,或请有经验的专家估计。调查预测基准线情况以后,应对收集的资料进行整理加工,写出“基准线调查预测”情况的书面材料,作为评价的基准,此即“无项目”时的情况。

3.逻辑框架法(LFA)

逻辑框架结构矩阵,简称逻辑框架法,是由美国国际开发署于20世纪70年代提出的一种开发项目的工具,用于项目的规划、实施、监督和评价。逻辑框架法是将一个复杂项目的多个具有因果关系的动态因素组合起来,用一张简单的框图分析其内涵和关系,以确定项目范围和任务,分清项目目标和达到目标所需手段的逻辑关系,以评价项目活动及其成果的方法。该方法可应用于项目策划设计、风险分析、评估、实施检查、监测评价和可持续性分析中,已成为一种通用的方法。

LFA为项目计划者和评估者提供一种分析框架,用以确定工作的范围和任务,并通过对项目目标和达到目标所需手段进行逻辑关系分析。社会评估常常运用这种方法分析事物的因果关系,并根据项目的目标与实现目标的手段来分析项目,从而制订项目计划。这种方法能清楚地描述项目的建设理由,可能影响项目的社会的、文化的、经济的及物质的因素以及项目的活动与其目标的关系。这种分析方法比较简明,易于使人们形成一个明确的轮廓概念。

所谓逻辑关系简单说就是有什么原因就会产生什么结果。用逻辑关系分析项目的一系列相关变化过程,从而明确项目的目标及其相关联的假设条件或先决条件,以改善项目的设计方案。将逻辑框架分析法应用于具体的项目分析时一般要构造如表 9-1 所示的一个矩阵框架表。

表 9-1　逻辑框架分析表

项目结构	指　标	考核的方法	假　设
宏观目标	实现目标的衡量标准	资料来源 采用的方法	宏观目标和直接目标之间相关的假设条件
直接目标	项目的最终状态	资料来源 采用的方法	产出和直接目标之间相关的假设条件
产出	产出数量、范围、计划完成时间	资料来源 采用的方法	投入与产出之间相关的假设条件
活动/投入	投入/预算、进度	资料来源	项目的原始假设条件

在这个项目逻辑框架表中包含两种逻辑关系,即垂直逻辑和水平逻辑。

垂直逻辑是要确定项目的具体内容,明确项目手段与目标间的相互关系,分清项目本身和项目所处社会、物质、政治及环境的不确定性因素。在垂直逻辑中需要说明以下几个问题:项目在不同层次上的目标,各层次间的因果关系,重要的假定条件。

(1)项目的层次

①宏观目标。指项目实施后在最高层次的结果。一般指项目的国家或者省级目标,即从宏观层次考虑的项目的目标,或从宏观方面考察,为什么要建这个项目。如建设一个水利灌溉项目,宏观层次分析是增加国民收入。如有数量要求,则在指标框内填上增加国民收入的数量。

②直接目标。项目的活动加投入的资源可以达到的一种结果,即我们希望项目达到的具体目标,是我们建设本项目的直接目的。如建设一个水利灌溉项目的直接目标是增加农业产量以增加农民收入。如有具体数量可填入指标栏内。如目标没有具体数量则在指标栏内填上“项目的最终状态”,如“建成一所学校”。

③产出。项目通过管理产生的具体结果,也就是项目的具体范围。如灌溉项目具体增加多少谷物产量,包括具体品种、数量。又如建成一所女子中学,指明了项目所建学校的具体范围是女子中学。

④活动。指项目如何进行或项目活动的内容。在指标栏一般填投资预算多少,可获得的程度,或项目的活动内容,如产出物如何获得所需资源。如一个水利灌溉项目,活动内容可以包括选择项目地区,组织村里的劳工,挖井等。

(2)因果关系

垂直逻辑是基于手段和目标之间的因果关系原则建立的。从投入到目标有三个因果联系,如同手段与目标相关联一样,每一层次与上一层次相关联。

(3)假设条件

所谓重要假设主要指可能影响项目进程或成败的条件或因素或项目需要的外部条件,即假设解决了所需的外部条件。社会评估人员的主要任务就是要识别这些因素,并设法使项目所需的外部条件得到保障。

水平逻辑的目的是通过找出客观可验证的指标和考核方法来衡量资源和项目的成果。水平逻辑要求对垂直逻辑四个层次上取得的成果作出说明,并用这种方法提供项目的详细情况。

①指标

所谓指标就是度量项目执行情况的度量标准。界定达到目标的程度,这包括三方面的内容,即产出的数量、质量和时间。在逻辑框架中对长远目标、近期目标、产出和投入应当采用不同的客观可考核的指标。

②考核方法

考核方法指用什么方法检查考核项目达到目标。主要考虑如何对所选用的指标进行评价以及由谁来评价,评价每个指标需要收集的信息以及所需信息的来源。

4.利益群体分析

项目利益群体是指与项目有直接或间接的利害关系,并对项目的成功与否有直接或间接的影响的所有有关各方,如项目的受益人,受害人,与项目有关的政府组织与非政府组织等。利益群体的划分一般是按各群体与项目的关系及其对项目的影响程度与性质或其受项目影响的程度与性质决定的。对一个具体项目的利益群体分析是一件相当复杂的事情。

项目利益群体分析一般按下列步骤进行:

(1)构造项目利益群体一览表

这一步需要完成以下工作:识别项目所有潜在的利益群体;鉴别项目各利益群体的利益与项目所强调的问题及项目目标的关系;简要说明项目对各利益

群体的各种利益的影响;提出能满足各利益群体利益的各种项目活动。

(2)评价各利益群体对项目成功与否所起作用的重要程度

具体需要完成以下工作:针对现有的问题及项目的各种方案,考察各利益群体的利益会受到什么影响;就某些关键问题对项目的利益群体进行调查,以了解各利益群体期望得到什么,利益群体可能对项目作了什么承诺,项目各利益群体的既得利益是否会因项目的实施受到损害,各利益群体彼此间的关系如何等;分析项目各利益群体对项目的设计、实施方案的影响力或控制力,并作出评价。

(3)根据项目的目标,对项目各利益群体的重要性作出评价

(4)根据以上各步的分析结果,提出在项目实施过程中对各种利益群体应采取的措施

5.排序打分法

排序和打分就是把所研究或分析的对象按一定的顺序排列起来。排序和打分两者之间的区别在于排序是用序数,而打分是使用基数对所研究或分析的对象进行排列。通常,对项目所在地区的社会问题、项目利益相关者的偏好、项目给不同利益相关者所带来的机会进行排序,是迅速鉴别项目地区主要社会问题、利益相关者的重要性和偏好的一种方法。应用这种方法时,一般应遵循的原则:

(1)确认排序的对象满足所研究问题和环境的需要。

(2)与有知识的人员共同决定选择哪些对象进行排序并对所选择对象的相关性进行讨论。

(3)列出打分的指标。

(4)请参加打分的利益相关者对不同的问题进行打分、排序,例如,1代表最好、2代表次好等。

(5)分析打分者对不同的因素给予不同分值的原因。

(6)探讨更多的打分指标。

(7)寻求让不同的利益相关者对一些相同的问题进行打分和排序。

(8)将不同因素排序与不同利益相关者的利益联系起来。

6.财富排序法

财富排序法是在较短时间内分析村级社区社会分层状况的一种工具。其具体分析步骤为:

(1)分析人员应与当地主要的信息提供者一起列出所分析村庄的所有住户,把所有住户的名称分别写在不同的卡片上。

(2)找一些对所有住户都熟悉的人并让每位根据各户的财富将写有住户名

称的卡片分成若干堆，或者请一些对所有住户都熟悉的人根据各自对财富的判别标准给所有的住户打分排序，不同人由于所采用的财富判别标准不同会把住户分成不同的堆数，或者不同的打分排序。

(3)根据不同的信息提供者在排序时所采用的排序标准和排序的结果分析项目地区社会分层状况，这种方法多应用于扶贫取向型的项目中。

7.综合分析评价法

分析项目的社会可行性通常要考虑项目的多个社会因素及目标的实现程度。对这种多个目标的评价决策问题，通常选用多目标决策科学方法，如德尔菲法、矩阵分析法、层次分析法、模糊综合评价法、数据包络分析法等。评价人员可以根据项目定量与定性指标的复杂程度，选择合适的评价方法。多目标综合评价法一般都要组织若干专家，包括各行业和各学科的专家学者，根据国家的产业发展政策和地区的社会发展水平、发展目标，结合拟建项目的具体情况，对确定下来的各个分项指标视其对项目的重要程度给以一定的权重，并对每个指标进行分析和打分，最后计算出项目的综合社会评估效果，得出评价的结论。

社会评估综合分析结论不能单独应用，必须与项目社会适应性分析结合起来考虑。项目与社区的互适性分析，研究如何采取措施使项目与社会相互适应，以取得较好的投资效果。对于项目社会评估来说，多目标分析综合评价方法得出的结果，往往只能作为一种分析总结的参与数据，不能据此决策。

9.2.3 社会效益评估的步骤

对于投资项目，在进行社会效益评估时，可遵循以下工作步骤：

1.筹备与计划

项目社会效益评估应由经国家批准的有资格的咨询评估单位独立承担，在项目评估机构的统一协调下组成社会效益评估小组，熟悉项目的基本情况，落实调研地点和内容，制订工作计划，做好分析评估的准备工作。

2.明确评估目标与范围

根据项目投资的任务和功能，运用逻辑框架法，分析研究项目的内外关系，明确项目社会效益评估的目标，分析研究评估范围，包括项目直接影响的空间范围和时间范围。空间范围是指项目所在的社区、县市或更广泛的地域；时间范围是指项目的寿命期及影响年限。

3.选择评估指标

根据国家（地方）的社会发展目标与相关政策，结合项目的功能、产出等具体情况，确定项目可能产生的效益与影响、项目与社会相互适应的各种因素，选择适当的定量与定性评估指标。

4.调查预测,确定评估基准

项目社会评估首先要进行详细深入调查,预测项目寿命期(或影响年限)内的社会变化,作为评估的基本资料。其主要内容包括项目建设实施前的基准线确定情况,预测项目所在地社区(或受影响的社区)的基本社会经济情况等,调查了解项目所在地区的社会环境等方面的资料。调查的内容包括:项目所在地区的人口统计资料,基础设施与服务设施状况;当地的风俗习惯、人际关系;各利益群体对项目的反应、要求与接受程度;各利益群体参与项目活动的可能性,如项目所在地区干部、群众对参与项目活动的态度和积极性,可能参与的形式、时间,妇女在参与项目活动方面有无特殊情况等。社会调查可采用多种调查方法,如查阅历史文献、统计资料,问卷调查,现场访问、观察,开座谈会等。

分析社会调查获得的资料,对项目涉及的各种社会因素进行分类。一般可分成三类:即影响人类生活和行为的因素;影响社会环境变迁的因素;影响社会稳定与发展的因素。从中识别与选择影响项目实施和项目成功的主要社会因素,作为社会评估的重点和论证比选方案的内容之一。

5.制订备选方案

根据项目确定的目标,对项目的建设地点、厂址选择、资源、工艺技术等方面提出若干可供选择的备选方案。

6.社会分析评估

依据调查预测资料,对每个备选方案进行定量和定性的分析评估。首先,计算各项社会效益与影响的定量指标,运用"有无对比法"评估其优劣;其次,对项目与社会相互适应性的因素进定性分析;再次,分析判断各项定量与定性指标对项目实施与社会发展目标的重要程度,确定效益指标与影响因素的权重和排序;最后,采用多目标综合分析评估法对各备选方案进行社会综合分析评估。

7.论证比选最优方案

对项目可行性研究拟定的建设地点、技术方案和工程方案中涉及的社会因素进行定性、定量分析和比选,推荐社会正面影响大、负面影响小的方案。对各备选方案的综合评估结果,重点抓住关键指标进行对比分析,选出最优方案,并结合项目的财务和经济评估结果,选出财务、经济和社会效益均好,不利影响最小,受损群众最少,社会补偿措施费用最低和社会风险最小的方案为最优方案。如果各项要求产生矛盾,则须通过方案调整,对不利因素和社会风险采取补救措施和解决办法.并将估算的各项费用计入项目总投资中。

8.进行专家论证

按照项目的不同情况与要求,分别召开不同类型、专题和规模的专家论证会。选出最优方案进行论证，根据专家论证意见，对优选方案进行修改、调整与完善。

9. 评估总结，编写《项目社会评估报告》

针对上述调查、预测、分析、优选方案的过程，分析、论证中的重要问题与有争议的问题，尚未解决的遗留问题，以及防止社会风险的措施与费用等情况，写出书面报告，提出项目社会评估的优劣和项目在社会效果上是否可行的结论与建议，编写《项目社会评估报告》，作为项目可行性研究评估报告的重要组成部分，上报主管部门、审批单位或委托单位。

9.3　社会效益与影响分析评估

9.3.1　社会效益与影响的评估指标体系

我国的社会效益与影响分析评估是以各项社会政策（如就业政策、分配政策、扶贫政策、社会福利政策与社会保障政策等）为基础，针对国家与地方各项社会发展目标的贡献与影响进行分析评估。主要分析对社会环境、自然与生态环境、自然资源，以及对社会经济四个方面产生的效益与影响。衡量各种效益与影响的具体评估指标如下所述。

1. 对社会环境的影响指标

对社会环境影响的评估主要包括项目对社会政治、安全、人口、文化教育等方面的影响，这是项目对社会效益与影响评估的重点，可设置下列分析评估指标：

(1)就业效益。

(2)收入公平分配效益。

(3)对当地人口及文化教育、卫生保健的影响。

(4)对社会安全、稳定、民族关系及妇女地位的影响。

(5)对国防及提高国家国际威望的影响。

(6)对社区人民生活、基础服务设施、社会结构、社会生产组织的影响。

(7)对社区人民生活质量、宗教信仰、生活习惯与道德规范的影响。

(8)对社区人民社会福利、社会保障、人际关系及凝聚力的影响。

2. 对自然与生态环境的影响指标

在我国对项目的环境影响评估基础上，分析评估项目采取环保措施后的环境质量状况、各项污染物的治理情况，可设置下列分析评估指标：

(1)对环境质量的影响。

(2)对自然环境的污染治理。

(3)影响自然景观，破坏绿化地。

(4)传播有害细菌，危害野生动植物生存。

(5)破坏森林植被，造成水土流失。

(6)诱发地震及其他灾害。

3. 对自然资源的影响指标

这类指标主要用以项目对自然资源合理利用、综合利用、节约使用等政策目标效用的评估。其指标有：

(1)节约自然资源综合指标，如节约土地(耕地)、能源、水资源、海洋资源、生物资源、矿产资源等。

(2)国土开发效益。

(3)自然资源综合利用效益。

(4)其他。

4. 对社会经济的影响指标

这主要是从宏观经济角度分析投资项目对国家、地区的经济影响，可设置下列指标：

(1)项目的技术进步效益。

(2)项目节约时间的效益。

(3)促进地区经济发展。

(4)促进部门经济发展。

(5)促进国民经济发展，包括改善产业结构、生产布局及提高投资效益等方面的影响。

社会效益与影响评估指标按其衡量方式可分为两类：

第一类：用定量的价值形式表示的社会效益指标，主要有收入分配效益、劳动就业效益、节约自然资源、综合能耗、环境保护质量及相关投资等效益指标。

第二类：用非定量化的定性指标来表示的社会效果指标，如先进技术的引进、社会基础设施的建设、环境保护、生态平衡、资源利用、时间节约、地区开发和经济发展、城市建设的发展、人口结构和工业经济结构的改变，以及人们文化水平的提高等，还有产品功能质量，审美效果与政治、军事等方面的其他因素的定性分析指标。

9.3.2 社会效益与影响定量指标的计算与评估

1.收入分配效益指标

根据项目国民经济评估的宏观社会经济发展的收入分配目标,需对项目建成后的国民收入净增值按社会主义分配原则进行合理分配。主要有社会机构、地区和国内外三类分配形式。

(1)社会机构的分配效益

它表示项目国民收入净增值在社会各阶层、集团机构和社会成员之间的分配效益情况。一般用分配指数表示。分配指数有以下几种:

①职工分配指数,表示在正常生产年份职工所获工资和附加福利的增值在项目年度国民收入净增值中所占的比重。其表达式为:

$$\text{职工分配指数}=\frac{\text{正常生产年份的工资收入}+\text{福利}}{\text{年国民收入净增值}}\times 100\%$$

②企业(部门)分配指数,表示在正常生产年份企业或部门所获得的利润、折旧和其他收益总额占项目年度国民收入净增值的比重。其表达式为:

$$\text{企业(部门)分配指数}=\frac{\text{年利润}+\text{折旧}+\text{其他收益}}{\text{年国民收入净增值}}\times 100\%$$

③国家(地区)分配指数,是指在正常生产年份上缴国家的税金、利润、折旧、利息、股息和保险费等收益在项目年度国民收入净增值中的比重。其表达式为:

$$\text{国家(地区)分配指数}=\frac{\text{年税金}+\text{年利润}+\text{折旧}+\text{保险费等}}{\text{年国民收入净增值}}\times 100\%$$

④未分配(积累)增值指数,一般由国家掌握,即为正常生产年份的扩建基金、后备基金和公共社会福利基金总额在年度国民收入净增值中的比重。其表达式为:

$$\text{未分配(积累)增值指数}=\frac{\text{年扩建基金}+\text{年后备基金}+\text{社会福利基金}}{\text{年国民收入净增值}}\times 100\%$$

以上四种分配指数的总和等于1。

(2)地区分配效益

它是指项目所得的国民收入净增值在各个地区之间的分配情况,也就是项目的净增值能分配给项目所在地区的增值效益,可用地区分配指数表示。地区分配指数即项目在正常生产年份支付给当地工人工资、当地企业利润、当地政府税收和地区福利收入(住宅和公用设施)等增值与项目年度国民收入净增值之比值。其表达式为:

$$地区分配指数=\frac{年工资+年利润+年税金+年福利}{年国民收入净增值}\times 100\%$$

我国的社会效益与影响评估应考虑“避免地区差距扩大”和扶贫项目的社会发展目标，并按照“大中型建设项目在同等条件下优先在民族地区安排”的原则，设置了“贫困地区分配效益指标”，以有利于促进国民经济在地区间合理布局，并促进国家扶贫目标的实现。贫困地区收益分配效益指标分两步计算：

第一步，计算贫困地区收入分配系数(D_i)：

$$D_i = \left(\frac{\bar{G}}{G}\right)^m$$

式中，D_i 为贫困地区 i(指某省、市、自治区)的收入分配系数；$\bar{G}$ 为项目评估时的全国人均国民收入水平；G 为项目评估时的当地人均国民收入水平；m 为国家规定的扶贫参数，它是由国家统一制定颁布的反映国家对贫困地区从投资资金分配上照顾贫困地区倾向的价值判断。国家确定的 m 值愈高，则贫困地区的收入分配系数愈大，按国家确定的扶贫参数 m 值对各贫困地区算出的收入分配系数应大于 1，一般在 1 至 1.5 之间。

第二步，计算贫困地区收入分配效益(B_D)：

$$B_D = \sum_{t=1}^{n}(CI - CO)_t D_i (1 + i_s)^{-t}$$

式中，$(CI - CO)_t$ 为各年净现金流量。

各年净现金流量乘以收入分配系数 D_i 后使项目的经济净现值增值，就有利于在贫困地区建设的投资项目优先通过经济评估，并能被国家所接受。

(3)国内外分配效益

主要用于评估技术引进和中外合资等涉外投资项目。对于涉外投资项目，应检验建设项目所获得的国内净增值在国内外之间的分配比重，要考虑国外投资者的分配效果与项目在国内所得的国民收入净增值分配指数之间应达到合理的分配比例。可用下述两种分配指数表示：

①国内分配指数，系指项目在国内获得的国民收入净增值在项目总的国内净增值中的比重，其计算公式为：

国内分配指数＝项目国民收入净增值×100％/项目国内净增值

国内净增值＝国民收入净增值＋汇出国外付款

②国外分配指数，系指项目汇出国外付款增值在项目总的国内净增值中的比重，按其计算公式为：

国外分配指数＝项目汇出国外付款×100％/项目国内净增值

汇出国外付款＝国外贷款利息＋国外贷款利润＋外籍人员工资＋其他国外付款

以上国内和国外分配指数的总和应等于1,同时国内分配指数要大于国外分配指数,才能有利于提高国内经济建设的投资效果。

在项目评估实务中,还应将上述各项分配指数的计算结果与国家的方针政策和经济发展的分配目标相对照,如相符,则可根据有关评估准则作出决策;如不相符,则应对某些数据进行适当调整。

在实际评估时,具体判别标准应遵循下述原则:

当政府的分配目标意在提高职工的收入,以改善职工的生活条件时,则应取职工分配指数高的项目或方案;如意在增加国家的收入,则应选择国家分配指数高的项目或方案。

当政府的分配目标意在增加国民收入,提高全民族的生活水平时,则应选择国内分配指数高的项目与方案;而如果国外付款的分配指数过高,必然会降低国民收入净增值,则应采取措施,减少国外贷款,使用国内物资以代替国外进口,或者重新考虑投资的集资方式。

总之,分配效益评估指标在社会评估中被看做是一个主要部分,收入分配是否公平不仅是个经济问题,而且还涉及社会是否公平的重要问题。国外对收入分配效果指标之所以很重视,为的就是要达到国民收入的公平分配,以利于社会的稳定和发展。

2.就业效益指标

项目就业效益是指项目建成后给社会创造的新的就业机会。项目的就业效益一般用每单位投资所提供的就业人数的多少来衡量,或者用提供每个就业机会所需投资的多少来衡量。

按照项目投资结构和劳动力结构,劳动就业效益指标主要有:

(1)总就业效益

它是指建设这个项目后给社会带来的直接就业和间接就业的总效果与该项目直接投资和相关项目间接投资之和的总投资之比。其计算公式为:

总就业效益＝新增总就业人数/项目总投资≥定额指标

总就业人数＝直接就业人数＋间接就业人数

＝熟练就业人数＋非熟练就业人数

项目总投资＝直接投资＋间接投资

从上述总就业效益指标,还可派生出直接和间接就业效益指标。

(2)直接就业效益指标

它是指拟建项目本身直接投资所能提供直接就业机会。项目新增的直接就业人数一般指项目投产后正常生产年份新增的固定就业人数。其计算公式为:

直接就业效益＝新增直接就业人数/项目直接投资(人/万元)

(3)间接就业效果指标

它是指与投资项目有关联的配套或相关项目,以及项目所在地区和部门所增加的附加投资(间接投资)而创造的间接就业人数。如为旅游旅馆项目服务的交通运输、商业、房地产、工艺美术服务和当地的生活福利、市政设施等部门所需的附加投资(间接投资)与新增加的间接就业人数之比。间接就业效果取决于相关部门的劳动利用率。计算时应注意新增就业人数与投资的计算口径要一致。其计算公式为:

间接就业效益＝新增间接就业人数/项目间接投资(人/万元)

就业效益指标,从国家层面分析,一般是项目单位投资所提供的就业机会越多,就业效益指标愈大,社会效益愈好。但项目创造的就业机会通常是与项目采用的技术和经济效益紧密相关。如劳动密集型企业创造的就业机会多;而资金技术密集型企业需要就业人数就少,而其技术经济效益高。因此,行业不同、产品不同,就业效益指标定额也应不同。从地区层次分析,各地劳动就业情况不同,有的地区劳动力富余,要求多增加就业机会;有的地区劳动力紧张,希望建设资金技术密集型企业。因此,在待业率高的地区,在经济效益相同的情况下,应优先选择就业效益大的项目;而在劳动力紧张的地区,则就业效益指标的权重就可减少,只能作为次要的参考评估指标。国家有关部门应根据当前实际情况分别制定出最低就业效益的标准定额,并应恰当处理好提高劳动生产率和提高就业效益指标之间的关系。

例 1 设某项目的总投资为 270 万元(包括直接投资 200 万元,相关投资 70 万元),项目可提供的总就业机会为 300 人(其中直接就业 200 人,间接就业 100 人),详细资料见表 9-2。试评估该项目的就业效益。

表 9-2 项目投资与就业人数

投资类别	新就业机会			投资(万元)
	非熟练工人(人)	熟练工人(人)	总数(人)	
投入项目	50	150	200	200
供给投入项目	20	30	50	30
使用产出项目	10	40	50	40
总　计	80	220	300	270

解：

(1)总就业效益

总就业效益＝300/270＝1.11(人/万元)

如按熟练与非熟练工人计算：

熟练工人就业效益＝220/270＝0.8(人/万元)

非熟练工人就业效益＝80/270＝0.3(人/万元)

说明总投资每 10 万元可创造 11 个新就业机会，其中包括熟练工人 8 名，非熟练工人 3 名；而创造一个新就业机会需要投资 9000 元。

(2)直接就业效益

直接就业效益＝200/200＝1.0(人/万元)

说明直接投资每 10 万元，可提供 10 个直接就业机会。

(3)间接就业效益

间接就业效益＝100/70＝1.43 (人/万元)

说明每 10 万元间接投资可提供 15 个间接就业机会。

总的来看，该项目属于技术密集型的高技术工程，单位投资所需技术人员多，而且每提供一个就业机会所需投资也较高，如能与已建成的同类企业相对比，就可发现该项目的就业效益水平，从而决定其取舍。

3. 节约自然资源指标

自然资源一般是指国家的土地资源、水资源、矿产资源、生物资源与海洋资源等直接从自然界获得的物质资源，它也是投资项目重要的物质来源，如项目的固定资产投资需要占用国家的土地(或耕地)、耗用水资源，还有各种矿产资源等等。为实现我国保护和节约自然资源并合理开发与综合利用自然资源的社会目标，以及贯彻节约能源与少占耕地的国家政策，需要设置节能指标，包括项目综合能耗、节约耕地和水资源等指标。

(1)综合能耗指标

它是指项目在正常生产年份为获得单位国民收入净增值所需消耗的能源。反映项目的能源利用情况。

项目国民收入综合能耗＝年综合能源消耗量/项目国民收入净增值≤行业规定定额

各年能耗应折合成“年吨标准煤”的消耗计算。行业的节能定额应由各主管部门根据国家计划的节能要求制定。

(2)节约耕地指标

单位投资占用耕地＝项目占用耕地面积(亩)/项目总投资(万元)≤规定定额

单位投资占用耕地根据同类项目的经验予以评定。

(3)节约水资源指标

$$单位产品生产用耗水量=项目年生产用耗水量(吨)/主要产品生产量\leqslant 规定定额$$

单位产品耗水量由主管部门按行业规定的定额考核。

4.相关投资分析指标

(1)计算有关原材料、燃料、动力、水源、运输等协作配套项目的投资效果。

(2)计算项目投产后流动资金的占用量。

5.环境保护效益指标

(1)环境保护措施方案的选择

环境保护措施方案的选择可采用最低费用法，即可采用以较少的环保措施费用达到符合国家标准的环境保护的目标，选择费用最低的方案。其计算公式为：

$$B=K_0+\sum_{t=1}^{n}K_t(1+i)^{-t}+\sum_{t=1}^{n}C_t\frac{1-(1+i)^{-t}}{i}\rightarrow 最小值$$

式中，B 为项目环保措施费用；K_0 为项目初始环保投资；K_t 为第 t 年的追加环保投资；C_t 为第 t 年的环保经常费；n 为项目环保措施的服务年限。

(2)环境质量指数

自然环境与生态环境影响是工程项目对社会影响的重要方面。在社会效益与影响分析评估中设置环境质量指标，是考核项目对环境治理的效益与影响，分析评估由于项目实施对环境影响的后果及由此引发的社会问题。

在定量分析部分设立的环境质量指数指标，用来分析项目对各项污染物治理达到国家和地方规定标准的程度，据此反映项目对环境治理的效果。这项指标有两种计算方法：

①简易计算法。此法采用对各项环境污染治理的指数的算术平均数。其计算公式为：

$$环境质量指数(R_1)=\sum_{i=1}^{n}\frac{Q_i}{Q_{ic}}/n$$

式中，n 为项目排出的污染环境的有害物质的种类，如废气、废渣、废水、噪声、放射物等；Q_i 为第 i 种污染物质排放量；Q_{ic} 为国家或地方规定的第 i 种污染物质的最大允许排放量。

②加权平均数法。如果项目对环境影响很大，也比较复杂，则各污染物聚集对环境影响的程度给予不同的权重，而后再求平均值。其计算公式为：

$$环境质量指数(R_2) = \sum_{i=1}^{n} \frac{Q_i}{Q_{ic}} w_i / \sum w_i$$

式中，w_i 为第 i 种污染物对环境影响的权重，w_i 可以是系数或百分比，亦可以为整数、级数、指数等。

9.3.3　社会效益与影响定性指标的分析评估

除上述可定量的社会效益指标以外，还有不能定量的社会效益指标，如在国民经济评估中的补充指标：基础结构设施、技术保密和环境影响等，对它们可以作必要的定性分析，结合项目特点和当前的国民经济建设的方针政策进行有针对性的分析与评估。

在社会经济方面的影响分析，主要是对项目给国民经济、地区经济或部门经济发展带来的效益和影响，进行定性分析，主要可包括下列几方面的分析评估：

(1)对提高地区或部门科技水平的影响，即项目采用的新技术和技术扩散的影响。

(2)对自然资源环境保护和生态平衡的影响。

(3)对提高产品质量和对产品用户的影响。

(4)对资源利用和远景发展的影响。

(5)对基础设施和基础结构的影响。

(6)对提高人民物质文化生活及社会福利的影响。

(7)对社会安全和稳定的影响。

(8)项目对当地人民的社会保障的影响。

复习思考题

1.什么是社会效益评估？它有何意义？

2.简述社会效益评估应遵循的原则。

3.如何理解社会效益评估的内容？

4.社会效益评估的方法有哪些？

5.如何进行社会效益评估？

6.简述社会效益与影响的评估指标体系。

7.社会效益与影响定量指标有哪些？如何计算？

8.如何理解社会效益与影响定性指标？

第10章 项目的不确定性与风险分析

学习目标

1. 理解不确定性分析与风险分析的关系；
2. 理解项目的不确定性及风险的来源；
3. 掌握盈亏平衡分析、敏感性分析、概率分析的概念及方法；
4. 掌握单因素敏感性分析、多因素敏感性分析方法；
5. 掌握概率分析中的期望值法、决策树法；
6. 理解风险分析的内容与常用的分析方法；
7. 理解银行贷款效益与风险防范评估。

10.1 项目不确定性与风险概述

10.1.1 不确定性分析与风险分析关系

1. 不确定性分析

项目经济评价所采用的基本变量大多是在各种假设和推断的基础上对未来的预测和估算，按此数据编制的财务评估报表、国民经济评估报表以及根据表格计算的各个评估指标，必然带有不确定性。不确定性的直接后果是使项目方案经济效果的实际值与评估值相偏离，如果不对此进行分析，仅凭一些基础数据所做的确定性分析为依据来取舍项目，就可能导致投资决策的失误。因此，通过对拟建项目具有较大影响的不确定性因素进行分析，计算基本变量的增减变化引起项目财务或国民经济效益指标的变化，找出最敏感的因素及其临界点，预测项目可能承担的风险，使项目的投资决策建立在较为稳妥的基础上。

2. 风险分析

风险是指未来发生不利事件的概率或可能性。一个投资项目，尤其是重大项目，在决策过程中往往面临多种风险因素，如政治、经济、国防、社会、资源、技术等诸多方面，这些影响因素随着时间、地点、条件改变而不断变化，既可能给投资项目带来预期外的收益，也可能带来预期外的损失。

投资项目经济风险是指由于不确定性的存在导致项目实施后偏离预期财务和国民经济效益目标的可能性。经济风险分析是通过对风险因素的识别，采用定性或定量分析的方法估计各风险因素发生的可能性及对项目的影响程度，揭示影响项目成败的关键风险因素，提出项目风险的预警、预报和相应的对策，为投资决策服务。经济风险分析的另一重要功能还在于它有助于在可行性研究的过程中，通过信息反馈，改进或优化项目设计方案，直接起到降低项目风险的作用。

3. 不确定性分析与风险分析的关系

不确定性分析与风险分析既有联系，又有区别。由于人们对未来事物认识的局限性，可获信息的有限性以及未来事物本身的不确定性，使得投资建设项目的实施结果可能偏离预期目标，这就形成了投资建设项目预期目标的不确定性，从而使项目可能得到高于或低于预期的效益，甚至遭受一定的损失，导致投资建设项目"有风险"。通过不确定性分析对投资项目受各种不确定因素的影响进行分析，可以找出影响项目效益的敏感因素，确定敏感程度，但不可能知道这些不确定因素可能出现的各种状况及其产生影响。借助于风险分析，可以预知不确定因素可能出现的各种状况发生的可能性，求得其对投资项目影响发生的可能性，得知不确定性因素发生的可能性以及给项目带来经济损失的程度。而不确定性分析找出的敏感因素又可以作为风险因素识别和风险估计的依据。

10.1.2　不确定性及风险因素

1. 项目的不确定性及风险的来源

投资项目的不确定性及风险来源于法律、法规及政策变化，市场供需变化、资源开发与利用、技术的可靠性、工程方案、融资方案、组织管理、环境与社会、外部配套条件等一个方面或几个方面的共同影响，具体内容如下：

(1)法律、法规及政策方面

由于法律、法规及政府政策调整，使项目原定目标难以实现所造成的损失，如税收、金融、环保、产业政策等的调整变化，税率、利率、汇率、通货膨胀率的变化都会对项目经济效益带来影响。因此，在项目评估时，应尽可能考虑这些因素的影响。

(2)市场方面

由于市场需求的变化、竞争对手的竞争策略调整，项目产品销路不畅，产品价格低迷等，以致产量和销售收入达不到预期的目标，可能给项目预期收益带来一定的损失。

(3)资源方面

资源开发与利用的项目，由于矿产资源的储量、品位、可采储量、开拓工程量及采选方式等与原预测结果发生较大偏离，导致项目开采成本增高，产量降低或经济寿命期缩短，造成巨大的经济损失。在水资源短缺地区的投资建设项目，可能受水资源勘察不明、气候不正常等因素的影响。对于农业灌溉项目还可能有水资源分配问题等。因此，在对项目进行评估时必须考虑资源条件有可能对项目造成的影响。

(4)技术方面

项目采用的技术，特别是引进技术的先进性、可靠性、适用性和经济性与原方案发生重大变化，可能导致项目不能按期进入正常生产状态，或生产能力利用率降低，达不到设计要求；或生产成本提高，产品质量达不到预期要求等，这些都是影响项目评估的重要因素。

(5)工程方面

因工程地质和水文地质条件出乎预料地变化，工程设计发生重大变化，导致工程量增加、投资增加、工期延长所造成的损失；由于前期准备工作不足，导致项目实施阶段建设方案的变化；工程设计方案不合理，可能给项目的生产经营带来影响等，造成经济损失。

(6)融资方面

项目资金来源的可靠性、充足性和及时性不能保证；由于工程量预计不足，或设备材料价格上升导致投资增加；由于计划不周或外部条件等因素导致建设工期拖延；利率、汇率变化导致融资成本升高所造成的损失。

(7)组织管理方面

由于项目组织结构不当、管理机制不完善或主要管理者能力不足等，导致项目不能按计划建成投产，投资超出估算；或在项目投产后，未能制定有效的企业竞争策略，在市场竞争中失败。

(8)环境与社会方面

对于许多项目，外部环境因素包括自然环境和社会环境因素的影响。如项目选址不当，项目对社区的影响、生态环境影响估计不足，或项目环保措施不当，在项目建成后，可能对社区和生态带来严重影响，导致社区居民和社会的反对，造成直接经济损失。

(9)外部配套条件

建设项目需要的外部配套设施，如供水排水、供电供汽、公路铁路、港口码头以及上下游配套设施等，在可行性研究中虽都作了考虑，但是实际上仍然可能存在外部配套设施没有如期落实的问题，致使建设项目不能发挥应有效益，从而带来风险。

除上述几方面外，对于某些项目，应考虑特有的风险因素。如对于合资项目，要考虑合资对象的法人资格和资信问题；对于农业建设项目，要考虑因气候、土壤、水利等条件的变化对收成不利影响的风险因素等；许多无形成本和效益的度量是分析专家个人的主观价值判断，不能量化的外部或间接效果的定性判断完全是主观的。评价人员的主观意念和偏好以及业务水平也会影响着评价过程的数据处理和方案的选择，难以全面揭示出隐藏的影响投资项目效益的不利因素，这就加大了投资项目的不确定性和风险性。

2. 项目的不确定性及风险因素

通过对项目不确定性及风险的来源分析，可将不确定性及风险因素归纳为六类：

(1)项目收益：产出品的数量(服务量)与预测(财务与经济)价格。

(2)建设投资：建筑安装工程量、设备选型与数量、土地征用和拆迁安置费、人工、材料价格、机械使用费及取费标准等。

(3)项目融资：资金来源、供应量与供应时间等。

(4)建设工期：工期延长。

(5)运营成本费用：投入的各种原料、材料、燃料、动力的需求量与预测价格、劳动力工资、各种管理费取费标准等。

(6)政策方面：税率、利率、汇率及通货膨胀率等。

10.2 盈亏平衡分析

10.2.1 盈亏平衡分析的概念

盈亏平衡分析是指在一定市场和生产能力的条件下，根据项目正常生产年份的产品产量(销售量)、固定成本、可变成本等，研究拟建项目产量、成本与盈利之间变化与平衡关系的方法。当项目的成本与收益相等时，即项目盈利与亏损的分界点，为盈亏平衡点。在这点上，销售(营业)收入等于总成本费用，正好盈亏平衡。因此，盈亏平衡分析就是找出盈亏平衡点，用以考察项目对产出品变化的适应能力和抗风险能力。盈亏平衡点越低，表明项目适应产出品变化的能力越大，抗风险能力越强。

盈亏平衡点通过正常年份的产量或者销售量、可变成本、固定成本、产品价格和销售税金及附加等数据计算。可变成本主要包括原材料、燃料、动力消耗，包装费和计件工资等。固定成本主要包括工资(计件工资除外)、折旧费、无形资产及其他资产摊销费、修理费和其他费用等。为简化计算，财务费用一般也将其作为固定成本。正常年份应选择还款期间的第一个达产年和还款后的年份分别计算，以便分别给出最高和最低的盈亏平衡点区间范围。

盈亏平衡点有多种表达形式，它可以用实物产量、单位产品单价、单位产品的售价及单位产品的可变成本的绝对量表示，也可以用生产能力利用率等相对值表示。其中以产量和生产能力利用率表示的平衡点最为广泛。

根据生产成本与销售收入与产量(销售量)之间的关系，盈亏平衡分析又可分为线性盈亏平衡分析和非线性盈亏平衡分析。

10.2.2 线性盈亏平衡分析

1. 线性盈亏平衡分析的前提条件

线性盈亏平衡分析基于以下四个假定条件：

(1)产量等于销售量，即当年生产的产品(服务，下同)当年销售出去。

(2)产量变化，单位可变成本不变，从而总成本费用是产量的线性函数。

(3)产量变化，产品售价不变，从而销售收入是销售量的线性函数。

(4)按单一产品计算，当生产多种产品，应换算为单一产品，不同产品的生产负荷的变化应保持一致。

2. 线性盈亏平衡点的计算

线性盈亏平衡分析主要通过计算以产量和生产能力利用率表示的盈亏平衡点，进行盈亏平衡分析。盈亏平衡点一般采用公式计算，也可利用盈亏平衡图求取。

(1)公式计算法

设 S 为正常生产年销售收入；C 为年生产成本；Q 为年产销量；Q_0 为设计年生产能力；p 为产品的销售单价；t 为单位产品销售税金；F 为固定成本；v 为单位变动成本；R 为利润。按照假设条件可知：

$$S=(p-t)\times Q$$

$$C=F+vQ$$

根据盈亏平衡，$R=S-C=0$，经移项变换得：

$$Q=\frac{F}{p-v-t}$$

用不同参数表示的盈亏平衡点：

①以产量表示：

$$Q_{BEP} = \frac{F}{p - v - t}$$

此式表明项目不发生亏损时所必须达到的最低限度的产品产量。此产量越少，项目抗产量变化风险的能力就越强。

②以生产能力利用率表示：

$$R_{BEP} = \frac{F}{pQ_0 - vQ_0 - tQ_0} = \frac{Q_{BEP}}{Q_0} \times 100\%$$

此式表明项目不发生亏损时所必须达到的最低限度的生产能力。此值越低，项目抗生产能力变化风险的能力就越强。

③以销售价格表示：

$$p_{BEP} = F/Q_o + v + t$$

此式表明项目不发生亏损时产品所必须达到的最低限度的销售价格。此值越低，项目抗销售价格变动风险的能力就越强。

④以销售收入表示：

$$S_{BEP} = \frac{F}{p - v - t} \times p = (F/Q_o + v + t) \times Q_o$$

此式表明项目不发生亏损时产品所必须达到的最低限度的销售收入。此值越低，项目抗销售收入变动风险的能力就越强。

(2)图解法

盈亏平衡点也可采用图解法求得。在盈亏平衡图中，横坐标表示产销量，纵坐标表示收入或成本金额，将项目的销售收入、总成本费用和产量三者之间的变动关系直观地表达出来，便于比较和分析。见图 10-1。

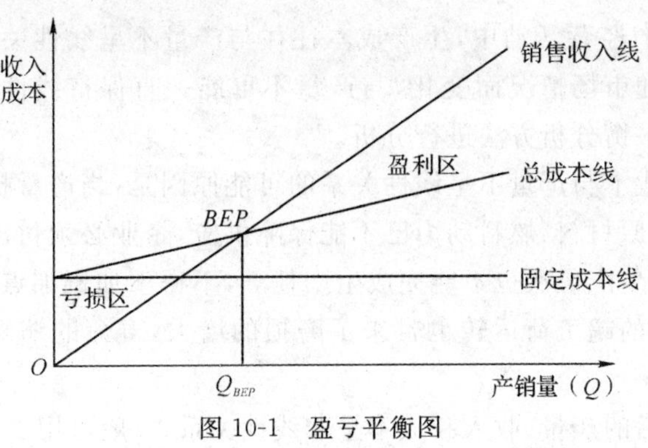

图 10-1　盈亏平衡图

例 1 某项目设计年产量为 25 万台，单位产品销售价格为 5000 元，单位产品营业税金及附加为 700 元，单位变动成本为 3300 元，项目投入的固定成本为 8000 万元，试对该项目进行盈亏平衡分析。

解：

(1) 以产量表示

$$Q_{BEP} = \frac{F}{p - v - t} = \frac{80000000}{5000 - 3300 - 700} = 80000\text{（台）}$$

(2)以生产能力利用率表示：

$$R_{BEP} = \frac{Q_{BEP}}{Q_0} \times 100\% = \frac{80000}{250000} \times 100\% = 32\%$$

(3)以销售价格表示：

$$p_{BEP} = F/Q_o + v + t = 80000000/250000 + 3300 + 700 = 4320\text{（元）}$$

(4)以销售收入表示：

$$S_{BEP} = (F/Q_o + v + t) \times Q_o = 4320 \times 25 = 108000\text{（万元）}$$

通过计算可得，产销量只要达到 80000 台；或生产能力利用率达到 32%；或产品销售价格达到 4320 元；或年销售收入达到 108000 万元，项目才能盈亏平衡。

由于线性盈亏平衡分析是建立在一系列假设的条件基础上，若假定条件与实际情况有出入，分析结果就难以准确；盈亏平衡分析只是讨论假定价格（产量、可变成本、固定成本）等不确定因素的变化对盈亏平衡产生的影响，并不能从盈亏平衡分析中判断投资项目的最终实际盈利能力。

10.2.3 非线性盈亏平衡分析

在现实生产经营活动中，生产成本往往与产量不呈线性关系，销售收入与销售价格也会随市场情况而变化，与产量不可能一直保持线性关系。因此，需用非线性盈亏平衡分析方法进行分析。

导致生产成本与产量不呈线性关系的可能原因是：当产量扩大到某一限度后，正常价格的原材料、燃料动力已不能保障供应，企业必须付出更高的代价才能获得；正常的生产班次也不能完成生产任务，不得不加班加点，增大了劳务费用。此外，设备的超负荷运转也带来了磨损的增大，寿命的缩短和维修费用的增加等问题。

项目投产后的产量、收入和成本呈非线性关系，一般可用二次曲线表示：

成本 $C = a + bQ + cQ^2$

收入　$S = dQ + eQ^2$

式中，a,b,c,d,e 为常数；Q 为产量。

根据盈亏平衡，$R = S - C = 0$，得：

$$dQ + eQ^2 = a + bQ + cQ^2$$

$$(c-e)Q^2 + (b-d)Q + a = 0$$

解方程得：

$$Q_{min} = \frac{-(b-d) - \sqrt{(b-d)^2 - 4(c-e)a}}{2(c-e)}$$

$$Q_{max} = \frac{-(b-d) + \sqrt{(b-d)^2 - 4(c-e)a}}{2(c-e)}$$

非线性有两个平衡交点产量：最小产量 Q_{min} 和 最大产量 Q_{max}，项目产量只有保持在最小和最大之间时方能盈利，达不到最小或超过最大均会产生亏损。因此，此两点也称盈亏平衡的临界点。在两个平衡点之间，存在最大利润点，求其产量 Q_0：

$$\frac{dR}{dQ} = \frac{d(S-C)}{dQ} = \frac{d[(c-e)Q^2 + (b-d)Q + a]}{dQ} = 0$$

$$2(c-e)Q + (b-d) = 0$$

则，$Q_O = \dfrac{d-b}{2(c-e)}$

此式也可用边际收入 $MR = d + 2eQ$ 与边际成本 $MC = b + 2cQ$ 相等，即 $MR = MC$ 求得：

$$Q_O = \frac{d-b}{2(c-e)}$$

非线性盈亏平衡分析图如10-2所示。

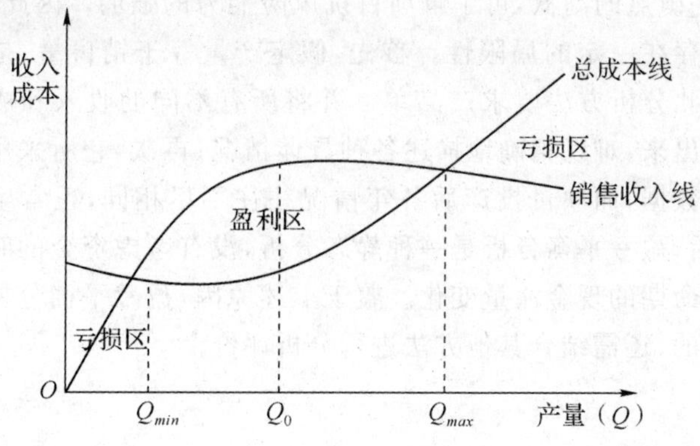

图10-2　非线性盈亏分析图

例 2 某项目生产某种产品，年产量为 12 万件，产品销售价格 $p=(100-0.001Q)$ 元/件，年固定成本为 20 万元，单位产品可变成本为 $v=(0.005Q+4)$ 元/件，试对该项目进行盈亏平衡分析。

解：

(1)总成本函数 $C=200000+(0.005Q+4)\times Q=0.005Q^2+4Q+200000$

(2)销售收入函数 $S=pQ=(100-0.001Q)\times Q=-0.001Q^2+100Q$

(3)盈亏平衡点 $R=S-C=0$

$$=-0.001Q^2+100Q$$

$$=0.005Q^2+4Q+200000$$

最小产量：

$$Q_{\min}=\frac{96-\sqrt{96^2-4\times0.006\times200000}}{2\times0.006}=2467\,(\text{件})$$

最大产量：

$$Q_{\max}=\frac{96+\sqrt{96^2-4\times0.006\times200000}}{2\times0.006}=13533\,(\text{件})$$

即当产量在 2467～13533 件之间时，项目盈利。

(4)最大利润产量

$$\frac{dR}{dQ}=\frac{d(S-C)}{dQ}=\frac{d(-0.006Q^2+96Q-200000)}{dQ}=0$$

即 $-0.012Q_O+96=0$，所以，$Q_O=\dfrac{96}{0.012}=8000\,(\text{件})$

代入利润式，$R=S-C$，求得最大利润：

$R_{\max}=-0.006\times8000^2+96\times8000-200000=18.4\,(\text{万元})$

通过盈亏平衡分析得出了盈亏平衡点，使决策的外部条件简单地变现出来，根据盈亏平衡点的高低，可了解项目抗风险能力的强弱。因此，该方法简便实用。但它也存在一定的局限性。首先，假定产量等于销售量，是理想化的处理方法；其次，此分析方法要求产品单一并将所有不同的收入和成本都集中在两条线上表现出来，难以精确地描述各种具体情况；再次，它所采用的数据是正常生产年份的数据，而项目投产后各年情况往往不尽相同，正常生产年份数据不易选定；最后，盈亏平衡分析是一种静态分析，没有考虑资金的时间价值因素和项目整个寿命期的现金流量变化。鉴于上述原因，盈亏平衡分析的计算结果和结论是粗略的，还需结合其他方法进行分析评价。

10.3 敏感性分析

10.3.1 敏感性分析的概念与目的

1.敏感性分析的概念

敏感性分析是指从众多不确定性因素中找出对投资项目经济效益指标有重要影响的敏感性因素,并分析、测算其对项目经济效益指标的影响程度和敏感性程度,进而判断项目承受风险能力的一种不确定性分析方法。

根据不确定性因素每次变动数目的多少,敏感性分析可以分为单因素敏感性分析和多因素敏感性分析。单因素敏感性分析是敏感性分析的最基本方法,进行单因素敏感性分析时,首先假设各因素之间相互独立,然后每次只考察一项可变参数的变化而其他参数保持不变时,项目经济评价指标的变化情况。多因素敏感性分析是分析两个或两个以上的不确定性因素同时发生变化时,对项目经济评价指标的影响。由于项目评估过程中的参数或因素同时发生变化的情况非常普遍,所以多因素敏感性分析也有很强的实用价值。多因素敏感性分析一般是在单因素敏感性分析基础上进行,且分析的基本原理与单因素敏感性分析大体相同,但需要注意的是,多因素敏感性分析须进一步假定同时变动的几个因素都是相互独立的,且各因素发生变化的概率相同。

2.敏感性分析的目的

敏感性分析的目的在于:

(1)找出影响项目经济效益变动的敏感性因素,分析敏感性因素变动的原因,并为进一步进行风险分析提供依据。

(2)研究不确定性因素变动将引起项目经济效益值变动的范围或极限值,分析判断项目承担风险的能力。

(3)比较多方案的敏感性大小,以便在经济效益值相似的情况下,从中选出不敏感的投资方案。

10.3.2 敏感性分析的步骤

1.确定敏感性分析指标

投资项目经济评估有一整套指标体系,在进行敏感性分析时,应选择最能反映项目经济效益的一个或几个主要指标进行分析。最基本的分析指标是内部收益率，根据项目的实际情况也可选择净现值或投资回收期等指标，必要时可同时针对两个或两个以上的指标进行敏感性分析。

2. 选择敏感性分析的不确定因素

影响项目经济效益指标的因素很多，如产品产量、价格、经营成本、投资额、建设期和生产期等。在实际的敏感性分析中，没有必要也不可能对全部所有因素均进行分析，一般只选择那些对项目经济效益指标影响较大的，即主要的不确定因素进行分析。根据项目特点，结合经验判断选择对项目效益影响较大且重要的不确定因素进行分析。经验表明，主要对销售收入、产品价格、产量、经营成本、建设投资等不确定因素进行敏感性分析。

3. 确定不确定性因素的变化范围

在选择确定分析因素基础上，还要进一步分析不确定性因素的可能变动范围。一般选择不确定因素变化的百分率为±5%、±10%、±15%、±20%等；对于不便用百分数表示的因素，例如建设工期，可采用延长一段时间表示，如延长一年。

4. 计算敏感性分析指标

为较准确反映项目评价指标对不确定因素的敏感程度，分析不确定性因素的变化使项目由可行变为不可行的临界数值，应计算敏感度系数和临界点指标。

(1)敏感度系数

敏感度系数系指项目评价指标变化的百分率与不确定因素变化的百分率之比。敏感度系数高，表示项目效益对该不确定因素敏感程度高。计算公式为：

$$S_{AF} = \frac{\Delta A/A}{\Delta F/F}$$

式中，S_{AF}为评价指标A对于不确定因素F的敏感系数；$\Delta F/F$为不确定因素F的变化率；$\Delta A/A$为不确定因素F发生ΔF变化时，评价指标A的相应变化率。

$S_{AF}>0$，表示评价指标与不确定因素同方向变化；$S_{AF}<0$，表示评价指标与不确定因素反方向变化。$|S_{AF}|$较大者敏感度系数高。

(2)临界点

临界点是指不确定性因素的变化使项目由可行变为不可行的临界数值，可采用不确定性因素相对基本方案的变化率或其对应的具体数值表示。当该不确定因素为费用科目时，即为其增加的百分率；当其为效益科目时为降低的百分率。临界点也可用该百分率对应的具体数值表示。当不确定因素的变化超过了临界点所表示的不确定因素的极限变化时，项目将由可行变为不可行。

临界点的高低与计算临界点的指标的初始值有关。若选取基准收益率为计算临界点的指标，对于同一个项目，随着设定基准收益率的提高，临界点就会变低：即临界点表示的不确定因素的极限变化变小；而在一定的基准收益率下，临界点越低，说明该因素对项目评价指标影响越大，项目对该因素就越敏感。

从根本上说，临界点计算是使用试插法。当然，也可用计算机软件的函数或图解法求得。由于项目评价指标的变化与不确定因素变化之间不是直线关系，当通过敏感性分析图求得临界点的近似值时，有时会有一定误差。

5.确定敏感性因素

各因素的变化都会引起效益指标的一定变化，但其影响程度却各不相同。有些因素小幅度的变化，就能引起经济评价指标发生较大幅度的波动；而另一类因素即使发生了较大幅度的变化，对经济效益评价指标的影响也不是很大。把前一类因素称为敏感性因素，后一类因素称为非敏感性因素。敏感性分析的目的就是要筛选敏感性因素和非敏感性因素。

6.提出敏感性分析的结论和建议

结合确定性分析与敏感性分析的结果，粗略预测项目可能的风险，对项目作进一步评价，并为下一步风险分析打下基础，同时还可以进一步寻找相应的控制风险的对策。如果进行敏感性分析的目的是对不同的投资项目进行比选，一般应选择敏感程度小，承受风险能力强，可靠性大的项目或方案。

10.3.3　单因素敏感性分析

单因素敏感性分析是分析单个因素的变动对项目经济效益指标的影响程度，即每次只有一个因素发生变化，而其他因素不变时所作的敏感性分析。

敏感性系数可运用相对测定法计算。即设定要分析的各因素均从确定性经济分析中所采用的数值开始变动，且各因素每次变动的幅度相同，通过比较在同一变动幅度下各因素对项目经济效益指标的影响大小，来判断各因素的敏感性。

临界值的测定可运用绝对测定法。即设各因素均向对项目不利的方向变动，并取其有可能出现对项目不利的数值，据此计算项目的经济效益指标，看其是否达到使项目无法接受的程度。若某因素可能出现的最不利的数值，能使项目变得不可接受，则表明该因素是项目的敏感性因素。项目能否接受的依据是各经济效果指标的临界值(如 $FNPV$ 或 $ENPV \geqslant 0$、$FIRR \geqslant i_c$、$EIRR \geqslant i_s$)。

绝对测定方法的另一个变通的方式是，先设定有关经济效益指标为临界值,然后求待分析因素的最大允许变化幅度,并与可能出现的变动幅度相比较,如果某因素可能出现的变动幅度超过最大允许变动幅度,则表明该因素是项目的敏感性因素。

例 3 某投资项目进行确定性分析的数据是根据对未来可能出现的情况预测估算的,见表 10-1,由于对未来影响项目投入产出的各种因素把握不大,估计项目的建设投资(不含建设期利息)、经营成本和产品价格均有可能在±20%的幅度内变动。假设折现率为 10%,试就上述三个不确定因素进行敏感性分析。

表 10-1 投资项目的现金流量表

项目 \ 年份	0	1	2~10	11
投资额(I)	15000			
销售收入(S)			22000	22000
经营成本(C)			15 200	15 200
销售税金及附加(T)			2 200	2 200
期末残值(L)				2000
净现金流量	−15000	0	4 600	6 600

解:

(1)敏感性系数的计算

选择 NPV 作为敏感性分析指标:

$$NPV_O = -15000 + 4600 \times \frac{1-(1+10\%)^{-10}}{10\%} \times (1+10\%)^{-1} + 2000 \times (1+10\%)^{-11} = 11394(\text{元})$$

分析投资额、经营成本和产品价格变化对净现值的影响:

①设投资的变化幅度为 x,则投资变化时的净现值的计算公式为:

$$NPV = -15000 \times (1+x) + 4600 \times \frac{1-(1+10\%)^{-10}}{10\%} \times (1+10\%)^{-1} + 2000 \times (1+10\%)^{-11}$$

②设经营成本的变化幅度为 y,则其变化时:

$$NPV = -15000 + [22000 - 15200 \times (1+y) - 2200] \times \frac{1-(1+10\%)^{-10}}{10\%} \times (1+10\%)^{-1} + 2000 \times (1+10\%)^{-11}$$

③设价格的变化幅度为 z，则：

$$NPV = -15000 + [(22000 - 2200) \times (1+z) - 15200] \times \frac{1-(1+10\%)^{-10}}{10\%} \times (1+10\%)^{-1} + 2000 \times (1+10\%)^{-11}$$

根据上述公式，分别计算各因素在不同变化幅度时的净现值数值，计算见表 10-2，在此基础上，可以计算得出敏感度系数，见表 10-3。

表 10-2　敏感性分析表　　　　（单位：万元）

变化率 / 变化因素	−20%	−15%	−10%	−5%	0	+5%	+10%	+15%	+20%
建设投资	14392	13644	12894	12144	11394	10644	9894	9144	8394
经营成本	28374	24129	19884	15639	11394	7149	2904	−1341	−5586
产品价格	−10725	−5195	335	5864	11394	16924	22453	27983	33513

表 10-3　敏感度系数和临界点分析表

序号	不确定因素	变化率（%）	净现值（NPV）（万元）	敏感度系数	临界点（%）
	基本方案		11394		
1	建设投资	+10%	9894	−1.32	+76.0
		−10%	12 894	+1.32	
2	经营成本	+10%	2904	−7.45	+13.4
		−10%	19 884	+7.45	
3	产品价格	+10%	22453	+9.71	
		−10%	335	−9.71	−10.3

根据表 10-2 可作出敏感分析图，见图 10-3。

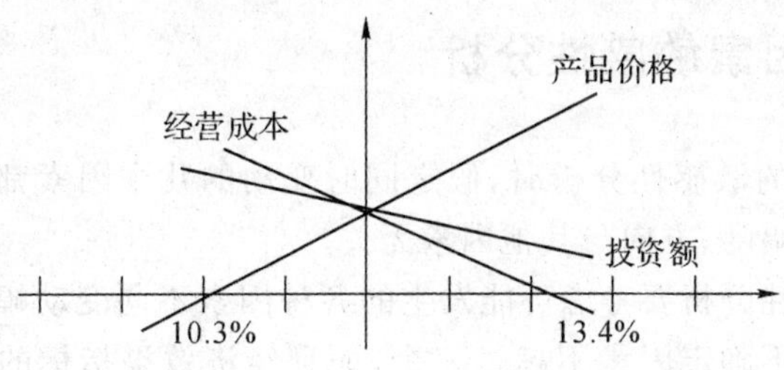

图 10-3　单因素敏感性分析图

(2)临界值的计算

利用前述计算净现值的公式,可计算出当 NPV 处于临界值时的各因素的最大允许变化幅度,即 $NPV=0$ 时,分别按上述公式计算出:

$$x = 76.0\%$$
$$y = 13.4\%$$
$$z = -10.3\%$$

即当投资额与产品价格不变时,年经营成本如果高于预测值的13.4%,或当投资与经营成本不变,价格低于预测价格的10.3%,方案就不可接受;如果经营成本和价格不变,投资额增加76.0%,才会使项目不可接受。

从表10-3可以看出,当其他因素均不发生变化时,产品价格每下降1%,净现值下降9.71%;当其他因素均不发生变化时,投资每增加1%,净现值将下降1.32%;在其他因素均不发生变化的情况下,经营成本每上升1%,净现值下降7.45%。因此在各个变量因素变化率相同的情况下,产品价格的变动对净现值的影响程度最大,产品价格是最敏感的因素,其次是经营成本,最不敏感的因素是建设投资。

综合敏感度系数和临界值分析,可看出,产品价格变动对 NPV 的影响最大,经营成本变动的影响次之,投资额变动影响最小。

由于价格和经营成本是影响项目经济效益指标的敏感因素,应对其可能变动的范围进行预测估算,若价格低于预测值10.3%以上或经营成本高于原预测值13.4%以上的可能性较大,则意味着项目的风险较大,如果实施,就要严格控制成本,注重产品质量,使其价格保持一定的竞争优势。

单因素的敏感性分析是在一定假定条件下进行的,即假定一个因素变化时,其他因素不变,而实际上往往会有多个因素同时变动,此时单因素敏感性分析就不能反映项目能够承担风险的情况,因此若有可能,有必要进行多因素的敏感性分析。

10.3.3 多因素敏感性分析

进行多因素的敏感性分析时,假定同时变动的几个因素都是相互独立的,一个因素的变动幅度、方向与其他因素无关。

多因素敏感性分析要考虑可能发生的各种因素不同变动幅度的多种组合,如果需要分析的不确定因素不超过三个,而且经济效果指标的计算比较简单,可以用解析法与作图法相结合进行分析。

例4 以例3的数据,假设投资额 x、经营成本 y 和产品价格 z 三个因素同时变化，进行多因素敏感性分析。

$$\begin{aligned}NPV &= -15000\times(1+x)+[(22000-2200)\times(1+z)-15200\times(1+y)] \\ &\quad \times\frac{1-(1+10\%)^{-10}}{10\%}\times(1+10\%)^{-1}+2000\times(1+10\%)^{-11} \\ &= 11394-15000x-84900y+110593z\end{aligned}$$

取不同 z 值代入上式，并令 $NPV=0$：

当 $z=20\%$ 时，$y=-0.1767x+0.3947$；

当 $z=10\%$ 时，$y=-0.1767x+0.2645$；

当 $z=-10\%$ 时，$y=-0.1767x+0.0039$；

当 $z=-20\%$ 时，$y=-0.1767x-0.1263$；

当 $z=0$ 时，$y=-0.1767x+0.1342$。

在坐标图上，是一组平行线，见图 10-4。

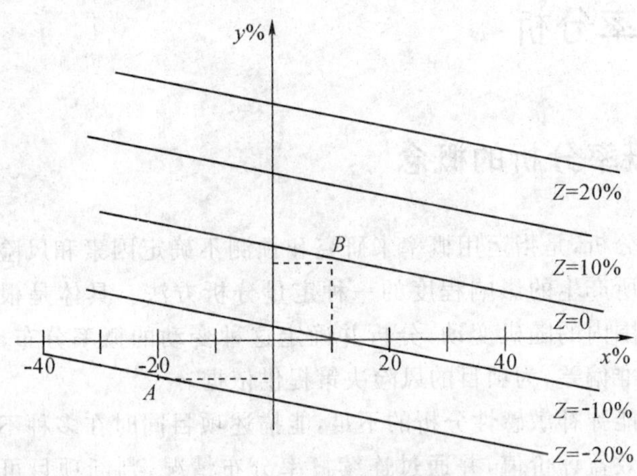

图 10-4　三因素敏感性分析图

由图 10-4 可知，产品价格上升，临界线往右上方移动；产品价格下降，临界线往左下方移动。当 $z=0$ 时，$y=-0.1767x+0.1342$，为双因素投资额和经营成本同时变动时的敏感性分析临界线，其下方为可行区，上方为非可行区。根据这三因素敏感性分析图，可以直观地了解投资额、经营成本和产品价格同时变动时对决策的影响。在本例中，若产品价格下降 20%，投资下降 20%，经营成本下降 10%，则投资额与经营成本变动的状态 A 点位于临界线 $z=-20\%$ 的左下方的可行区，项目可行，经济效果不错。若产品价格下降 10%，投资上升 5%，经营成本上升 10%，则投资与经营成本变动的状态点 B 位于临界线 $z=-10\%$ 的右上方的非可行区，项目不可行。

敏感性分析在一定程度上就各种不确定性因素的变动对项目经济指标的影响作了定量描述，这有助于决策者了解项目的风险，有助于确定在决策过程中及项目实施中需要重点研究与控制的因素。但是，敏感性分析没有考虑各种不确定性因素在未来发生一定幅度变动的概率。这可能会影响分析结论的实用性与准确性。在实际中，各种不确定性因素在未来发生变动的概率往往有差异。常常会出现这样的情况，通过敏感性分析找出的某个敏感性因素未来发生不利变动的概率很小，结果实际引起的风险并不大；若另一个不太敏感的因素未来发生不利变动的概率很大，结果所导致的风险反而比那个敏感性因素更大。这类问题是敏感性分析所无法解决的，为弥补这一不足，可借助于概率分析。

10.4 概率分析

10.4.1 概率分析的概念

所谓概率分析，是指运用概率来研究和预测不确定因素和风险因素对项目经济评估指标所产生的影响程度的一种定量分析方法。具体是根据不确定性因素在一定范围内的随机变动，分析并确定这种变动的概率分布，以便计算出其期望值及标准偏差，为项目的风险决策提供依据。

概率分析能弥补敏感性分析的不足，能描述项目同时在多种不确定性因素影响下的经济效益评价值，并通过连续概率分布情况，判断项目可能发生的损益或风险，以便在项目评估时作出科学的决策和应对措施。

通常对于大型的重点项目，在经济效益评估时，可根据项目特点和实际需要，有条件地进行概率分析。概率分析的重点是统计数据和经验推断的可靠性，以及计算方法的正确性。

概率分析方法通常采用期望值法、决策树法和效用函数与模拟分析法等。由于效用函数、模拟分析等方法在项目评估中应用不普遍，在客观上也缺少必要的统计资料数据，因此下面仅简要介绍常用的期望值法和决策树法。

10.4.2 期望值法

1. 期望值法的概念

项目评估中的概率是指各种基本变量(如投资、成本、价格等不同参数)出现的频率。在概率分析中,主要是应用主观先验概率,即在事件发生前,按照过去发生的经验数据进行以人为的预测和估计为基础的概率,它带有一定的主观随意性。此概率分析结果的可靠性,在很大程度上取决于对每个变量概率判断的正确性,因此,需结合专家的经验确定主观概率,慎重考虑,否则分析结果将发生偏差。在选择和判断项目评估中的经济效益指标数据时,如何正确选取其中有代表性的数值,就要根据各种数据可能出现的频率(先验概率),运用加权平均方法求取平均值,也就是计算期望值。

期望值法是假设各参数是服从某种概率分布的相互独立的随机变量,根据经验对各参数作出主观概率估计,以此为基础计算项目的经济效益,通过对经济效益期望值、累计概率、标准差及偏差系数的计算分析,定量地反映项目风险和不确定性程度。

2. 期望值法的步骤

由于概率分析的关键是计算概率发生的期望值的大小,所以掌握期望值的分析步骤就显得十分必要。其基本思路如下:

(1)确定一个或两个不确定因素或风险因素(如投资、收益)。

(2)估算每个不确定因素可能出现的概率。这种估算需要借助历史统计资料和评估人员的丰富经验,以先验概率为依据进行估计和推算。

(3)计算变量的期望值,其计算公式为:

$$E(x)=x_1p_1+x_2p_2+\cdots+x_np_n=\sum_{t=1}^{n}x_tp_t$$

式中, $E(x)$ 为变量 x 的期望值; x_t 为随机变量的取值; p_t 为变量 x_t 的概率。

由上式可见,期望值实际上就是各变量取值与其概率加权平均得到的。

(4)计算方差和标准差

方差用来衡量变量 x 的各值 x_i 与期望值的平均偏离程度。

方差 $$\sigma^2=\sum_{t=1}^{n}[x_t-E(x)]^2p_t$$

标准差 $$\sigma=\sqrt{\sum_{t=1}^{n}[x_t-E(x)]^2p_t}$$

例 5 某公司以 25000 元购置微机一台,假设使用寿命为 2 年。项目第一年净现金流的三种估计是 22000 元、18000 元和 14000 元,概率分别为 0.20、0.60 和 0.20;项目第二年净现金流的三种估计是 28000 元、22000 元和 16000 元,概率分别为 0.15、0.70 和 0.15,折现率为 10%。试问购置该微机的项目是否可行?

解:

(1)计算两年净现金流量的期望值和方差。见表 10-4、表 10-5。

表 10-4 净现金流量的期望值与方差的计算

状态	x_i	p_t	$E(x_1)$	$x_1-E(x_1)$	$[x_t-E(x_t)]^2$	$p_t[x_t-E(x_t)]^2$
好	22000	0.20	4400	4000	16000000	3200000
一般	18000	0.60	10800	0	0	0
差	14000	0.20	2800	−4000	16000000	3200000
合　计			18000	0	32000000	6400000

所以 $E(x_1)=18000$, $\sigma_1^2=6400000$, $\sigma_1=2530$

表 10-5 净现金流量的期望值与方差的计算

状态	x_2	p_t	$E(x_2)$	$x_2-E(x_2)$	$[x_2-E(x_2)]^2$	$p_t[x_2-E(x_2)]^2$
好	28000	0.15	4200	6000	36000000	5400000
一般	22000	0.70	15400	0	0	0
差	16000	0.15	2400	−6000	36000000	5400000
合　计			22000	0	72000000	10800000

所以 $E(x_2)=22000$, $\sigma_2^2=10800000$, $\sigma_2=3286$

(2)计算项目净现值的期望值与方差

$$E(NPV)=\frac{E(x_1)}{(1+i)}+\frac{E(x_2)}{(1+i)^2}-25000$$

$$=\frac{18000}{1+10\%}+\frac{22000}{(1+10\%)^2}-25000$$

$$=9543\text{ (元)}$$

$$\sigma^2(NPV)=\frac{\sigma_1^2}{(1+i)^2}+\frac{\sigma_2^2}{(1+i)^4}+\frac{2COV(x_1,x_2)}{(1+10\%)^3}$$

$$=\frac{6400000}{(1+10\%)^2}+\frac{10800000}{(1+10\%)^4}+\frac{2\times 19200000}{(1+10\%)^3}=41501200\text{(元)}$$

均方差 $\sigma = \sqrt{41501200} = 6442$（元）

所以，项目净现值的取值情况是 9534±6442，即波动范围在 3092 与 15976 之间，下限 3092 大于零，由此可以判断该购置微机的项目是可行的。

10.4.3 决策树分析法

1. 决策树的概念

决策树是直观运用概率分析的一种图解方法。此名称来自其分析问题的树状图形。通常，对某一决策点来说，其各个可行方案皆如树枝般表现在图上。决策树考察的方案都是相关的，也就是说每个方案都分成许多阶段，后面阶段的损益状况完全依赖于前一阶段的状况，就像树枝一样出于同一根部，又有许多分支。这种方法将方案的因果关系形象地表示出来，同时又可以将方案有关的概率、成本、收益等资料显示在图上，从而使决策的制定过程简单明了。

决策树法主要用于对各方案的状态、概率和收益的情况进行比选，为决策者选择最优方案提供依据。该方法特别适用于多阶段的决策分析。

2. 决策树的绘制

绘制决策树时，通常以方块（□）代表一个决策点，而以圆圈（○）表示机会点或可能情况点，决策点与机会点彼此交互出现，并以树枝状的直线连接。此外，当决策者面对决策点时（即到达□点），所考虑的交替方案必须是互斥的。

图 10-5 就是一个简单的决策树。

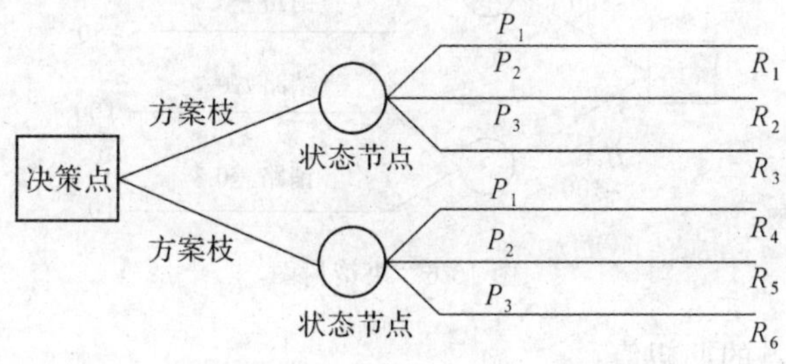

图 10-5　决策树图

决策树的具体绘制步骤如下：

第一步，先画一个方块表示决策点，再从方块后引出若干枝线（直线），代表待选的各方案，称为方案枝。方案枝的长短没有意义，在其旁边注明方案及方案的投资支出。后面的圆圈表示状态节点，节点（即在每个方案的末端都有一个机会点）后引出的若干枝代表将来的不同状态，即每枝代表一种自然状态，并把状态写在相应直线的上方(如销售情况好、中、差)。由于不同状态出现的概率已知,因此可注明各状态的概率 P_t。这些枝线称为状态枝或概率枝,在概率枝的最末端注明相应的收益值,即状态枝后面的数值 R,代表不同方案在不同状态下可获得的收益值。

如果是多阶段(或多级)决策,则决策树在此基础上还要逐级展开。

下面通过一个具体的例子来说明如何运用决策树进行方案的比较和选择。

例 6 某项目有两个预选方案 A 和 B,方案 A 需投资 500 万元,方案 B 需投资 300 万元,其寿命期均为 10 年。据估计,在此 10 年间产品销路好的可能性有 70%,销路差的可能性有 30%,设折现率为 10%。由于采用的设备及其他条件不同,所以 A、B 两方案的年收益也不同,其数据如表 10-6 所示。试对该项目各方案进行比选。

表 10-6 项目方案在不同状态下的年收益 (单位:万元)

自然状态	概 率	方案 A	方案 B
销路好	0.7	150	100
销路差	0.3	−50	10

解:据题意可知,此例有一个决策点,两个可选方案,每个方案都会面临两种自然状态,绘制决策树如图 10-6 所示。

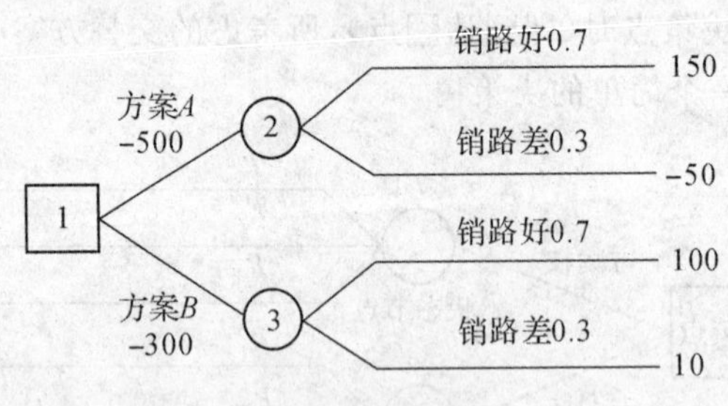

图 10-6 决策树图

计算各节点的期望值:

节点②的期望值 $= 150 \times \dfrac{1-(1+10\%)^{-10}}{10\%} \times 0.7 - 50 \times \dfrac{1-(1+10\%)^{-10}}{10\%} \times 0.3 = 553$ (万元)

节点③的期望值 $= 100 \times \dfrac{1-(1+10\%)^{-10}}{10\%} \times 0.7 + 10 \times \dfrac{1-(1+10\%)^{-10}}{10\%} \times 0.3 = 448.5$ (万元)

方案 A 的净现值收益 $= 553 - 500 = 53$ (万元)

方案B的净现值收益＝448.5－300＝148.5(万元)

由此可知,应选取方案B。

例7　根据市场状况预测,某项目有三个投资方案可供选择,初始投资为500万元、300万元、200万元的概率分别为0.5、0.3、0.2,根据估算,项目寿命期10年,在这10年内每年的净收益为100万元、80万元、50万元的概率分别是0.4、0.3和0.3。假设期末无残值,基准折现率为10％。试对该项目进行概率分析。

解:

(1) 分析各方案的年净收益(见表10-7)

表10-7　投资方案和各方案的年净收益

投资方案		年净收益	
投资额(万元)	概率	数据(万元)	概率
500	0.5	100	0.4
300	0.3	80	0.3
200	0.2	50	0.3

(2) 计算不同状态的 NPV

据题意可知,最可能出现的情况是投资500万元,年净收益100万元,此时的 NPV 为:

$$NPV = 100 \times \frac{1-(1+10\%)^{-10}}{10\%} - 500 = 114.46\text{(万元)}$$

同理,可计算出不同状态的 NPV。

(3)绘制决策树图,计算 NPV 的期望值(见图10-7)

(4)估计项目风险

将各种不同状态组合所产生的 NPV 按从小到大排列,并将它们发生的概率依次累计。见表10-8。

从表10-8中可知,NPV 小于零的概率为30％,大于零的概率为70％。

根据计算结果,该项目的净现值的期望值为105.42万元,净现值大于零的概率70％,项目的风险较低。但项目最终的取舍还与投资者的风险态度和风险承受能力有关。因此,该项目是否采纳,要看投资者是否愿意为取得105.42万元的 NPV 期望值而去冒30％亏损可能性的风险。

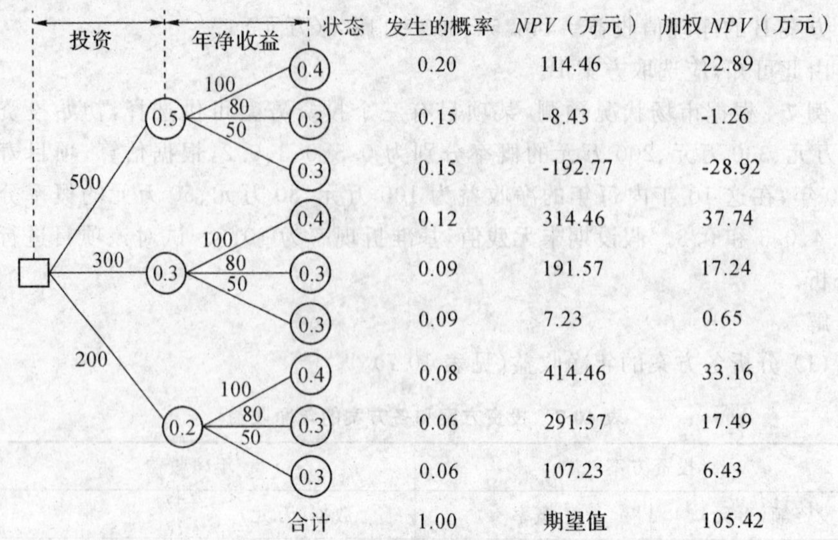

图 10-7　决策树图

表 10-8　项目各状态组合的 *NPV* 及累计概率表

NPV	发生的概率	累计概率
−192.77	0.15	0.15
−8.43	0.15	0.30
7.23	0.09	0.39
107.23	0.06	0.45
114.46	0.20	0.65
191.57	0.09	0.74
291.57	0.06	0.80
314.46	0.12	0.92
414.46	0.08	1.00

10.5　风险分析

风险分析是运用概率研究预测各种不确定因素和风险因素对项目经济效益指标影响的一种定量分析方法。即通过对项目有影响的风险变量调查分析，确定可能发生的状态及相应概率，计算项目评价指标的概率分布，进而确定项目偏离预期目标的程度和可能发生偏离的概率。风险分析能够定量确定项目从经济上可行转变为不可行的可能性，判定项目风险程度，为决策提供依据。

10.5.1　风险分析的内容

风险分析应首先从认识风险特征入手去识别风险因素，其次根据具体情况选择适当的方法估计风险，进行风险评价，研究有针对性的风险对策。

1.风险识别

风险识别是风险分析的基础，运用系统论的方法对项目进行全面考察综合分析，找出潜在的各种风险因素，并对各种风险进行比较、分类，确定各因素间的相关性与独立性，判断其发生的可能性及对项目的影响程度，按其重要性进行排队，并赋予权重。

风险识别包含两方面内容，一是识别哪些风险可能影响项目进展；二是记录具体风险的各方面特征。风险识别不是一次性行为，而应有规律的贯穿于整个项目实施过程中。

风险识别包括识别内在风险及外在风险。内在风险指项目工作组能加以控制和影响的风险，如人事任免和成本估计等。外在风险指超出项目工作组的控制力和影响力之外的风险，如市场转向或政府行为等。

风险识别应根据项目的特点选用适当的方法。常用的方法有问卷调查、专家调查法和情景分析等。具体操作中，一般通过问卷调查或专家调查法完成，建立项目风险因素调查表。

风险识别应注意以下问题：

(1)建设项目在不同阶段存在的主要风险不同。

(2)风险因素根据项目不同具有特殊性。

(3)对于项目的有关各方(不同的风险管理主体)可能会有不同的风险。

(4)风险的构成具有明显的递阶层次，风险识别应层层剖析，尽可能深入到最基本的风险单元，以明确风险的根本来源。

(5)正确判断风险因素间的相关性与独立性。

(6)识别风险应注意借鉴历史经验，要求分析者具有一定的经验。

2.风险估计

风险估计又称风险测定、测试、衡量和估算等。风险估计是在风险识别之后，通过定量分析的方法测度风险发生的可能性及对项目的影响程度。风险估计就是对识别出的风险进行测量，给定某一风险的概率。其主要目的在于评估和比较项目各种方案或行动路线的风险大小，从中选择威胁最少、机会最多的方案；加深对项目本身和环境的理解，寻求更多的可行方案，并加以反馈。

项目风险估计的首要任务是分析和估计风险事件发生的概率与概率分布，即风险事件发生可能性的大小，这是项目风险分析估计中最为重要的一项工作，而且往往也是最困难的一项工作。

一般而言，风险事件的概率分布应当根据历史资料来确定。当项目管理人员没有足够的资料来确定风险事件的概率分布时，可以利用理论概率分布来进行风险估计。

在项目评估过程中，要对项目的投入与产出进行从机会研究到投产运营全过程的预测。由于不可能获得足够时间与资金对某一事件发生的可能性作大量的试验，又因事件是将来发生的，也不可能做出准确的分析，很难计算出该事件发生的客观概率，但决策又需要对事件发生的概率做出估计，因此项目前期的风险估计最常用的方法是由专家或决策者对事件出现的可能性得出主观概率。

主观概率是指人们对某一风险因素发生可能性的主观判断，用介于0到1的数据来描述。这种主观估计基于人们所掌握的大量信息或长期经验的积累，是在一定条件下，对未来风险事件发生可能性大小的一种主观相信程度的度量，而不是随意“拍脑袋”。

主观概率与客观概率的主要区别是，主观概率无法用试验或统计的方法来检验其正确性。客观概率是根据大量的试验数据，用统计的方法计算某一风险因素发生的可能性，它是不以人的主观意志为转移的客观存在的概率，客观概率计算需要足够多的试验数据作支持。

通过风险估计，要确定风险事件的概率分布。概率分布用来描述损失原因导致各种损失发生可能性的分布情况，是显示各种风险事件发生概率的函数。概率分布函数给出的分布形式、期望值、方差、标准差等信息，可直接或间接用来判断项目的风险。常用的概率分布类型有离散概率分布和连续概率分布。当输入变量可能值为有限个数，这种随机变量称为离散随机变量，其概率称离散概率，它适用于变量取值个数不多的输入变量。当输入变量的取值充满一个区间，无法按一定次序一一列举出来时，这种随机变量称连续随机变量，其概率称连续概率，常用的连续概率分布有正态分布、对数正态分布、泊松分布、三角分布、二项分布等。各种状态的概率取值之和等于1。

确定概率分布时，需要注意充分利用已获得的各种信息进行估测和计算，在获得的信息不够充分的条件下则需要根据主观判断和近似的方法确定概率分布，具体采用何种分布应根据项目风险特点而定。确定风险事件的概率分布常用的方法有概率树、蒙特卡罗模拟及记忆模型(CIM)等分析法。

3.风险评价

风险评价是对项目经济风险进行综合分析，是依据风险对项目经济目标的影响程度进行项目风险分级排序的过程。它是在项目风险识别和估计的基础上，通过建立项目风险的系统评价模型，列出各种风险因素发生的概率及概率分布，确定可能导致的损失大小，从而找到该项目的关键风险，确定项目的整体风险水平，为如何处置这些风险提供科学依据。风险评价的判别标准可采用两种类型：

(1)以经济指标的累计概率、标准差为判别标准

财务(经济)内部收益率大于等于基准收益率(社会折现率)的累计概率值越大，风险越小；标准差越小，风险越小。或者，财务(经济)净现值大于等于零的累计概率值越大，风险越小；标准差越小，风险越小。

(2)以综合风险等级为判别标准

风险等级的划分既要考虑风险因素出现的可能性又要考虑风险出现后对项目的影响程度，有多种表述方法，一般应选择矩阵列表法划分风险等级。矩阵列表法简单直观，将风险因素出现的可能性及对项目的影响程度构造一个矩阵，表中每一单元对应一种风险的可能性及其影响程度。为适应人们以单一指标描述事物的习惯，将风险的可能性与影响程度综合起来，用某种级别表示，见表10-9。该表是以风险应对的方式来表示风险的综合等级。所示风险等级亦可采用数学推导和专家判断相结合确定。

表10-9　综合风险等级分类表

综合风险等级		风险影响的程度			
		严　重	较　大	适　度	低
风险的可能性	高	K	M	R	R
	较　高	M	M	R	R
	适　度	T	T	R	I
	低	T	T	R	I

综合风险等级分为 K、M、T、R、I 五个等级：

K(kill)表示项目风险很强，出现这类风险就要放弃项目；

M(modify plan)表示项目风险强，需要修正拟议中的方案，通过改变设计或采取补偿措施等；

T(trigger)表示风险较强，设定某些指标的临界值，指标一旦达到临界值，就要变更设计或对负面影响采取补偿措施；

R(review and reconsider)表示风险适度(较小)，适当采取措施后不影响项目；

I(ignore)表示风险弱，可忽略。

落在该表左上角的风险会产生严重后果；落在这个表左下角的风险，发生的可能性相对低。必须注意临界指标的变化，提前防范与管理；落在该表右上角的风险影响虽然相对适度，但是发生的可能性相对高，也会对项目产生影响，应注意防范；落在该表右下角的风险，损失不大，发生的概率小，可以忽略不计。

以上介绍风险等级的划分标准并不是唯一的，其他可供选择的划分标准有很多，如常见的风险等级划分为 1～9 级等。

4. 风险应对

在风险分析中找出的关键风险因素，对项目的成败具有重大影响，需要采取相应的应对措施，尽可能降低风险的不利影响，实现预期投资效益。

(1)确定风险应对的原则

项目风险来源于技术、市场、工程等各个方面，因此，应从规划设计上采取规避防范风险的措施，防患于未然。风险应对应注意以下几点：

①针对性。风险对策研究应有很强的针对性，应结合行业特点，针对特定项目主要的或关键的风险因素提出必要的措施，将其影响降低到最小程度。

②可行性。可行性研究阶段所进行的风险应对研究应立足于客观现实，提出的风险应对措施在财务、技术等方面是切实可行的。

③经济性。规避风险是要付出代价的，如果提出的风险应对措施所花费的费用远大于可能造成的风险损失，该对策将毫无意义。在风险应对研究中应将规避防范风险措施所付出的代价与该风险可能造成的损失进行权衡，旨在寻求以最少的费用获取最大的风险效益。

(2)决策阶段的风险应对措施

在决策阶段为降低风险，应制定多个备选方案，通过多方案的技术、经济比较，选择最优方案；对有关重大工程技术难题潜在风险因素提出必要研究与试验课题，准确地把握有关问题，消除模糊认识；对影响投资、质量、工期和效益等有关数据，如价格、汇率和利率等风险因素，在编制投资估算、制订建设计划和分析经济效益时,应留有充分的余地,谨慎决策,并在项目执行过程中实施有效监控。

(3)建设或运营期的风险应对措施

建设或运营期的风险可建议采取回避、转移、分担和自担措施。

①风险回避。风险回避是彻底规避风险的一种做法,即断绝风险的来源。风险回避一般适用于以下两种情况,一是某种风险可能造成相当大的损失;二是风险应对措施代价昂贵,得不偿失。

②风险分担。风险分担是针对风险较大,投资人无法独立承担,或是为了控制项目的风险源,而采取与其他企业合资或合作等方式,共同承担风险、共享收益的方法。

③风险转移。风险转移是将项目业主可能面临的风险转移给他人承担,以避免风险损失的一种方法。转移风险有两种方式,一是将风险源转移出去,如将已做完前期工作的项目转给他人投资,或将其中风险大的部分转给他人承包建设或经营;二是只把部分或全部风险损失转移出去,包括保险转移方式和非保险转移方式两种。

④风险自担。风险自担是将风险损失留给项目业主,自己独立承担风险。投资者已知有风险,但由于可能获利而需要冒险,此时又不愿意将获利的机会让给别人,必须保留和承担这种风险。

上述风险应对不是互斥的,在实践中常常组合使用,应结合项目的实际情况,研究并选用相应的风险对策。

10.5.2　常用风险分析方法

风险分析是由风险分析人员,通过对风险分析工具、技术以及风险表现类别的掌握,对风险存在和发生的时间、风险的影响和损失、风险可能性、风险级别以及风险的可控性加以分析。常用风险分析的方法较多,本节仅简要介绍几种常用方法的基本原理和基本操作步骤。具体应用可参见有关书籍。

1.专家调查法

专家调查法指通过发函、开会或其他形式向专家进行咨询,由专家对项目风险因素、风险发生的可能性及风险对项目的影响程度进行评定,将多位专家的经验集中起来形成分析结论。专家调查法简单、易操作,它凭借分析者的经验对项目各类风险因素及其风险程度做出定性估计。由于它比一般的经验识别法更具客观性,因此应用较为广泛。

采用专家调查法时,专家应熟悉该行业和所评估的风险因素,并能做到客观公正。为减少主观性，聘用的专家应有一定数量要求，一般应在10～20位。

具体操作上，将项目可能出现的各类风险因素、风险发生的可能性及风险对项目的影响程度采取表格形式一一列出，请每位专家凭借经验独立对各类风险因素的可能性和影响程度进行选择，最后将各位专家的意见归集起来，填写专家调查表。专家调查法是获得主观概率的基本方法。

2. *层次分析法*

层次分析法(the analytic hierarchy process)是美国著名运筹学家，匹兹堡大学教授T. L. Saaty于20世纪70年代中期提出的一种定性与定量相结合的决策分析方法，简称AHP方法。

层次分析法是一种多准则决策分析方法。这种方法是在对复杂的决策问题的本质、影响因素及其内在关系等进行深入分析的基础上，利用较少的定量信息使决策的思维过程数学化，从而为多目标、多准则或无结构特性的复杂决策问题提供简便的决策方法。尤其适合于对决策结果难于直接准确计量的场合。

层次分析法的特点是能将人们的思维过程数学化、系统化，以便于接受。应用这种方法时所需的定量信息较少，但要求决策者对决策问题的本质、包含的要素及其相互之间的逻辑关系掌握十分透彻。

在风险分析中它有两种用途：一是将风险因素逐层分解识别，直至最基本的风险因素，也称正向分解；二是两两比较同一层次风险因素的重要程度，列出该层风险因素的判断矩阵(判断矩阵可由专家调查法得出)，判断矩阵的特征根就是该层次各个风险因素的权重，利用权重与同层次风险因素概率分布的组合，求得上一层风险的概率分布，直至求出总目标的概率分布，也称反向合成。

运用层次分析法的步骤如下：

(1)通过对项目风险的深刻认识，确定该项目的总目标，实现目标的准则、策略和各种风险因素件等，广泛地收集信息。

(2)建立一个多层次的递阶结构，按目标的不同、实现功能的差异，将系统分为几个等级层次，如图10-8所示。应用AHP分析决策问题时，首先要把问题条理化、层次化，构造出一个有层次的结构模型。在这个模型上，复杂问题被分解为元素的组成部分。这些元素又按其属性及关系形成若干层次。上一层次的元素作为准则对下一层次有关元素起支配作用。这些层次可以分为三类：

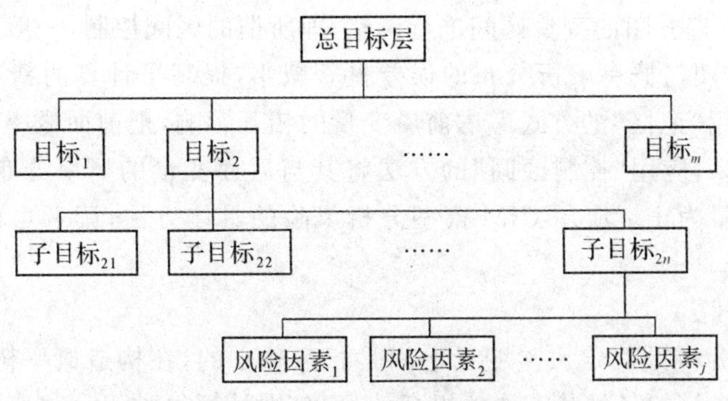

图 10-8　风险因素的递阶层次图

①最高层。这一层次中只有一个元素，一般它是分析问题的预定目标或理想结果，因此也称为目标层。

②中间层。这一层次中包含了为实现目标所涉及的中间环节，它可以由若干个层次组成，包括所需考虑的准则、子准则，因此也称为准则层。

③最底层。这一层次包括了为实现目标可供选择的各种措施、决策方案等，因此也称为措施层或方案层。

递阶层次结构中的层次数与问题的复杂程度及需要分析的详尽程度有关，一般的层次数不受限制。每一层次中各元素所支配的元素一般不要超过 9 个。这是因为支配的元素过多会给两两比较判断带来困难。

(3)确定以上递阶结构中相邻层次元素间相关程度。通过构造两两比较判断矩阵及矩阵运算的数学方法，确定对于上一层次的某个元素而言，本层次中与其相关元素的重要性排序——相对权值。

(4)计算各层元素对系统目标的合成权重，进行总排序，以确定递阶结构图中最底层各个元素在总目标中的重要程度。

(5)将各项的权重与子项的风险概率分布加权叠加，得出项目的经济风险概率分布。

3. CIM 法

CIM 模型(CIM，controlled interval and memory model)是控制区间和记忆模型，也称概率分布的叠加模型，或“记忆模型”。这种方法是 C 钱伯曼(C. Chapman)和 D. 库泊(D. Cooper)在 1983 年提出的。CIM 模型包括串联响应模型和并联响应模型，它们分别是以随机变量的概率分布形式进行串联、并联叠加的有效方法。

CIM 方法的主要特点是：用离散的直方图表示随机变量概率分布，用和代替概率函数的积分，并按串联或并联响应模型进行概率叠加。在概率叠加的时候，CIM可将直方图的变量区间进行调整，即所谓的区间控制，一般是缩小变量区间，使直方图与概率解析分布的误差显著减小，提高了计算的精度。CIM模型同时也可用“记忆”的方式考虑前后变量的相互影响，把前面概率分布叠加的结果记忆下来，应用“控制区间”的方法将其与后面变量的概率分布叠加，直到最后一个变量为止。应用CIM模型分析风险的具体方法，读者可以参考有关CIM的书籍。

4. 概率树

概率树分析是假定风险变量之间是相互独立的，在构造概率树的基础上，将每个风险变量的各种状态取值组合计算，分别计算每种组合状态下的评价指标值及相应的概率，得到评价指标的概率分布，并统计出评价指标低于或高于基准值的累计概率，计算评价指标的期望值、方差、标准差和离散系数。可以绘制以评价指标为横轴，累计概率为纵轴的累计概率曲线。运用概率树分析风险的步骤如下：

(1)通过敏感性分析，确定风险变量。

(2)判断风险变量可能发生的情况。

(3)确定每种情况可能发生的概率，每种情况发生的概率之和必须等于1。

(4)求出可能发生事件的净现值、加权净现值，然后计算净现值的期望值。

(5)用插入法求出净现值大于或等于零的累计概率。

5. 蒙特卡罗模拟法

蒙特卡罗模拟法(Monte-Carlo Simulation)又称随机模拟法或统计试验法，是一种依据统计理论，利用计算机来研究风险发生概率或风险损失的数值计算方法。由于该方法相对精确，在目前的工程项目风险分析中，得到应用广泛。该方法源于第二次世界大战期间，Von Neuman 和 Ulam 对裂变物质中子的随机扩散进行模拟的研究，并以世界闻名的赌城蒙特卡罗作为该项目研究的秘密代号而得名。

蒙特卡罗模拟技术，是用随机抽样的方法抽取一组满足输入变量的概率分布特征的数值，输入这组变量计算项目评价指标，通过多次抽样计算可获得评价指标的概率分布及累计概率分布、期望值、方差、标准差，计算项目可行或不可行的概率，从而估计项目投资所承担的风险。具体模拟过程如下：

(1)通过敏感性分析，确定风险变量。

(2)构造风险变量的概率分布模型。

(3)为各输入风险变量抽取随机数。

(4)将抽得的随机数转化为各输入变量的抽样值。

(5)将抽样值组成一组项目评价基础数据。

(6)根据基础数据计算出评价指标值。

(7)整理模拟结果所得评价指标的期望值、方差、标准差和它的概率分布及累计概率，绘制累计概率图，计算项目可行或不可行的概率。

10.6　银行贷款效益与风险防范评估

在对投资项目进行的不确定性分析和风险分析评估中，通常还涉及对银行贷款效益和项目贷款风险防范方面的评估。

10.6.1　银行贷款效益的评估

商业银行是一个自主经营、自负盈亏，且以营利为目的的经济实体，因此，必须讲究资金的使用效率与贷款效益。因此，对贷款项目，商业银行除了要进行项目自身的经济效益评估外，还应进行项目贷款效益评估。主要包括流动性评估和相关效益评估两个方面。

1. 关于流动性评估

对银行流动性评估，主要是分析借款人(或项目)在银行开立的基本结算账户或资金分流的情况，并计算存贷比率和银企资金相向流动的现值比率。主要包括：

(1)存贷比率

它是指企业在贷款银行的存款与其固定资产和流动资金贷款之和的比值。其计算公式为：

$$存贷比率=\frac{企业存款}{固定资产贷款+流动资金贷款}\times 100\%$$

在此公式中，企业存款是指借款企业正常生产年份在贷款银行的存款，应包括结算户存款和其他存款两部分。其中，结算户存款是指借款企业在正常生产年份的平均存款余额，通常按照销售收入的一定比例测算；其他存款应按企业正常生产年份的折旧和未分配利润两项的滞留额(企业计划以后年份使用的部分)估算。存贷的比率越大，说明银行以贷引存的效果越好。

(2)银企资金相向流动现值比率

它是反映银行综合动态效果的评估指标。其计算公式为：

$$银企资金相向流动现值比率=\frac{回流银行资金现值}{流出银行资金现值}\times 100\%$$

在此公式中，回流银行资金现值为项目计算期内实际固定资产和流动资金贷款的回收及企业存款、贷款利息回收的现值之和；而流出银行资金现值即是在项目计算期内固定资产和流动资金贷款及企业存款支用、存款利息支出的现值之和。如表 10-10 所示。

根据通常的经验分析，若该指标的比值大于 1，表明回流银行资金现值大于流出现值，流动性效果好；如果比值在 0.8～1 之间，说明流动性效果一般；如果比值小于 0.8，则说明流动性效果较差。

2. 关于相关效益的评估

由于银行通过对投资项目发放贷款，并从贷款中获得某些间接利益，因而可从定性方面对此进行分析评估，即所谓相关效益评估。该评估的主要内容包括：

(1)分析项目建成后使银行的结算业务增长的情况。

(2)通过项目贷款掌握行业动态和经济信息的情况。

(3)通过项目贷款增进与地方政府和主管部门关系的情况。

(4)通过项目贷款扩大银行其他业务和机构网点建设的情况。

(5)通过项目贷款提高银行的社会知名度和业务竞争能力的情况。

通过对银行进行流动性评估和相关效益评估，可以较好地体现金融资产流动性和营利性的要求。

表 10-10　银企资金相向流动现值计算表

序号	年份／项目	合计	建设期		投产期		达产期			
			1	2	3	4	5	6	…	n
1	回流银行资金									
1.1	固定资产贷款回收									
1.2	流动资金贷款回收									
1.3	企业存款									
1.4	贷款利息回收									
	回流资金现值($i=\%$)									
2	流出银行资金									
2.1	固定资产贷款									
2.2	流动资金贷款									
2.3	企业存款支用									
2.4	存款利息支出									
	流出资金现值($i=\%$)									

10.6.2 银行贷款风险防范的评估

通常，银行在对企业投资项目作出贷款决策准备发放贷款前，不仅要把企业的资信等级评估结果作为贷款的依据之一，而且还应该结合项目贷款的风险程度进行综合分析评估，以利于贷款的安全性、流动性和盈利性。因为银行的每项盈利性资产，都可能存在不同程度的债务人违约的风险，特别是项目贷款资产的信用风险更大。

所谓银行项目贷款的风险，是指由于债务人不能按照协议（或约定）的时间如期偿还银行对项目贷款的本金和利息而使银行的利益受到损失的可能性。正因为存在项目贷款风险，所以银行在进行贷款决策时，不仅应对项目进行不确定性分析和抗风险分析，而且还必须对投资项目贷款进行风险防范评估，这主要是通过对借款人提供保证、抵押、质押等贷款风险防范措施的可行性进行分析评估来进行。

具体说来，对银行项目风险防范的评估通常可以从贷款风险度、贷款的信用担保和抵押、质押的价值与权属和项目未来现金流量等方面进行。

1.贷款风险度的评估

银行从债权人的角度出发，综合考虑和分析项目贷款方式与贷款对象的选择对银行信贷资产风险程度的影响。一般的，贷款风险度等于贷款方式对信贷资产安全的影响系数（即贷款方式基础系数）与贷款对象对信贷资产安全的影响系数（即企业信用等级转换系数）的乘积。其计算公式为：

贷款风险度＝企业信用等级转换（变）系数×贷款方式基础系数

此式中的“企业信用等级转换（变）系数”和“贷款方式基础系数”通常由各家银行统一规定或评估单位自行评定，也可以参照信用评级机构的结果再考虑调整系数加以测定。贷款风险度的数值越小，说明银行项目贷款的风险性也越小。

2.信用担保的评估

银行对贷款的保证措施所作的评估。其任务主要是对保证人（即担保人）的主体资格和偿债能力进行分析评估。通常，信用担保企业的担保能力，主要由担保企业的性质、经营实力和经营状况等方面决定。为此，应该分别进行评估：

（1）评估保证人的主体资格

所谓保证人，是指第三方为债务人承担连带责任的保证主体，当债务人不愿或无力按期偿还借款本息时，应由第三方（担保人）按期偿还。因此，为了保证银行贷款资产的安全，在项目评估时，必须明确贷款的担保单位(保证人)，并出具正式的担保证明文件作为银行贷款决策的重要依据文件之一；同时，银行也应该对项目贷款保证(担保)主体的资格进行评估。

按照《担保法》的有关规定，银行应该审查项目贷款保证人是否经国家工商行政管理部门核准注册登记，持有“企业法人营业执照”和“税务登记证”，并且办理了年检手续，有无重大债权、债务纠纷等情况；审查保证人是否达到或相当于银行规定的AA级以上的企业信用。在对保证人的担保能力进行评估时，主要是对影响担保企业担保能力的各种因素进行定性分析，如有可能，还可以对保证人近三年来的借款按期偿还、利息按期支付及经济合同如期履行等情况进行综合评估，分析保证人的资信状况。

(2)评估保证人的偿债能力

在项目评估的过程中，不仅可以通过保证单位的历年财务会计报表进行保证主体的资产负债率、经营效益和信用程度的测算与评估，还可以通过计算与分析保证人的担保率指标来衡量其担保能力。其计算公式为：

$$担保率=\frac{保证人负债总额+累计保证金额}{保证人资产总额}\times 100\%$$

该指标表示，担保率越低，则证明保证人的担保能力越强；反之，担保能力越弱。通常要求担保率应达到100%。

此外，还应特别注意调查和分析保证人是否存在连环担保和为多家企业担保的问题。如果连环担保链中的一方发生问题，就会使担保链中断，造成银行贷款风险的增大；如果企业保证人为多方担保的金额大大超出其资产总额，则也会出现虚假担保风险，使银行贷款的安全度受到冲击。

3.抵押措施的评估

评估贷款的抵押措施，主要是对抵押人、抵押物、抵押物权属及质押措施进行分析评估。

(1)对抵押人进行评估

主要是审查提供抵押物的借款人或第三者(担保或保证人)是否是依法对抵押物享有所有权或经营管理权的法人、其他组织或个人。

(2)对抵押物进行评估

主要是对抵押物进行选择、鉴定和估价，并提出合理的抵押率。对抵押物的选择应符合《担保法》的规定要求，明确该抵押物是否属于可作为抵押的财产的范围，防止以不可作为抵押物的财产作抵押。

通常要求抵押物变现(兑现)能力强；变现市场大，能适销适用；易保管转让，不易变质，价格变动小或不易跌价。抵押物的使用期应长于项目贷款期，有关抵押的财产必须办理产权登记和相关保险手续等。

应遵照国家相关部门发布的资产评估办法，对抵押物的价值进行估算，或对有资产评估资格机构提供的抵押物价值的评估结论进行审查。抵押物价值的估算通常有两部分主要内容：第一，重新评估抵押财产的现值和净值；第二，估算财产转让后债权人可能获得的实际收入。财产现值可由债权、债务双方商定，按清算价格法评定，也可以请有资格进行资产评估的单位重新评定，并得到双方确认。当财产转让后必须依法缴纳有关税费，变现收入扣除有关税费后，方可作为债权人的实际收入。

抵押率指标可作为发放贷款决策的依据。其计算公式为：

$$抵押率=\frac{贷款本息总额}{抵押物评估价值}\times 100\%$$

若抵押率越低，说明抵押物抵押措施所带来的风险越小。

(3)对抵押物权属进行评估

对已经选定和估价的抵押物，还须验证其产权归属。审查和验证的主要内容包括抵押物的所有权；有价证券的真伪及其发行单位的资信程度；抵押人是否将已设定抵押的价值部分再作抵押；以共有财产为抵押物的，应有抵押人对该财产占有份额的证明及其他共有人同意以该财产设定抵押的证明。对属于有限责任公司、股份有限公司、合营合作企业或承包经营企业所有的抵押物，应有该公司(企业)董事会或发包人审议批准的文件。

(4)对质押措施进行评估

所谓质押，指的是债务人以其本人或第三者(担保人)的动产或权利作为质物而获得银行贷款的行为。通常质押包括动产质押和权利质押两种不同的质押。这里的动产质押指的是债务人或第三者将其动产移交给债权人占有，并将该动产作为债权担保，当债务人不履行债务时，债权人就有权依法将该动产折价或拍卖，变卖的价款可优先偿付债务；而权利质押则是以所有权以外的可让渡的财产权，作为质权标的的一种担保方式。

在我国，目前质押物的范围较有限，一般只包括以下几方面：

①汇票、支票、本票、债券、仓单、提单、存款单等有价票证；

②依法可转让的股份和股票；

③具有现金价值的保单，如养老保险、投资分红型保险、年金保险等人寿保险合同；

④依法可转让的商标权、专利权、著作权等。

除了法律另作规定扩大范围外，上述以外的其他物品均不能作为质押物。

银行对于质押措施的评估，主要是对出质人质押的动产或权利的真实性、完整性、合法性与有效性进行严格的审查评估。

4. 项目未来现金流的评估

由于项目投资资金需求量大，项目融资除抵押、担保等形式外，大多采用以项目未来的现金流量和项目资产作为融资的担保，且属于无追索权或有限追索权的融资。因此，需对项目未来的现金流量进行分析评价，以降低项目贷款的风险。

复习思考题

1. 简述不确定性分析与风险分析的关系。

2. 为什么要进行不确定性及风险分析?

3. 什么是盈亏平衡分析? 它有哪些局限性?

4. 为什么要进行敏感性分析? 如何进行敏感性分析?

5. 敏感性分析的局限性体现在哪些方面?

6. 什么是概率分析? 常用的概率分析方法有哪几种?

7. 风险分析包括哪些内容?

8. 常用的风险分析方法有哪些?

9. 银行效益评估包括哪些内容? 如何评估?

10. 如何防范银行贷款风险?

11. 某项目生产某一新产品，已知下列数据：产品售价 12.50 元/件，设备成本 50 万元，营运成本费 8 万元/年，运行维修费 25 元/小时，每 1000 件产品耗时 100 小时，计划生产年数为 8 年，具有吸引力的最低收益率 12%，8 年后设备残值率为 5%。试决定盈亏平衡时产品的年产量。

12. 某项目固定资产投资为 170000 元，年营业收入为 35000 元，年经营费用为 3000 元，该项目的寿命期为 10 年，回收固定资产余值为 20000 元，若基准收益率为 8%，试就投资和年销售收入两个因素对项目的净现值指标进行两因素的敏感性分析。

13. 某项目投资总额为 1200000 元，寿命期 6 年，年净现金流量为 300000 元，折现率为 10%，试对该项目的净现值和内部收益率进行敏感性分析。

14. 某项目初始投资为 500 万元的概率为 0.4，初始投资为 300 万元的概率为 0.6，寿命期 10 年，在这 10 年内每年的净收益为 200 万元、120 万元、80 万元的概率分别是 0.2、0.3 和 0.5。试计算该项投资的期望值并对其进行风险分析。假设期末无残值，折现率按 10%计算。

第11章

项目后评估

学习目标

1. 理解项目后评估的含义、特点、作用和评估原则；
2. 理解项目后评估与项目前评估的关系；
3. 理解项目后评估的程序和评估方法；
4. 理解项目后评估的内容。

11.1 项目后评估概述

11.1.1 项目后评估概念

1. 项目后评估的含义

从项目周期来看，任何一个投资项目都存在事前、事中和事后三个阶段。相应的，对项目各个不同阶段的评估也就可以分成事前评估(项目前评估)、事中评估(项目中间评估)和事后评估(项目后评估)三类。

项目后评估是相对于投资项目决策前的项目评估而言的。它是项目决策前评估的继续和发展。项目后评估是在项目建成投产后的某一阶段(一般在投产2年后)，依据实际发生的数据和资料，测算分析项目技术经济指标，通过与投资前评估报告等相关文件的对比分析，确定项目是否达到原设计和期望的目标，重新估算项目的经济和财务效益，并总结经验教训的一项综合性工作。

通过项目后评估，总结项目工作和项目预期目标的实现情况，分析项目成败的原因，从而为项目后续运营提出改进建议。项目后评估的目的包括两个方面，其一是对于项目最终的实际情况作出客观的评价；其二是对项目前评估及其相关决策的正确性作出评估。不管是哪一种情况，项目后评估的主要作用是总结项目的经验教训，修订项目决策准则和政策。

自20世纪70年代以来，项目后评估在国际上逐步得到重视和发展。有少数国家如菲律宾、墨西哥等已组织专门的项目后评估机构和单位。英国的石油公司也下设后评估部，负责项目的后评估工作。世界银行还成立了专业的业务评价局。项目后评估已经成为投资管理的重要组成部分。

2. 项目后评估的特点

与项目决策前评估相比，项目后评估具有如下特点：

(1)现实性

投资项目后评估分析研究的是项目实际情况，是在项目投产的一定时期内，根据项目的实际经营结果，或根据实际情况重新预测数据，总结项目决策前评估的经验教训，提出切实可行的对策措施。项目后评估的现实性决定了其评估结论的客观可靠性。

(2)全面性

项目后评估不仅要分析项目的投资过程，还要分析其生产经营过程；不仅要分析项目的经济效益，还要分析其社会效益、环境效益；另外，还需分析项目经营管理水平和项目发展的后劲和潜力，具有全面性的特点。

(3)反馈性

项目后评估的目的是对项目投资建设、运营情况进行总结和回顾，为项目决策者(包括投资者、贷款银行等)和有关部门反馈信息，有利于提高投资项目决策和管理水平，为以后的宏观决策、微观决策和项目建设提供依据和借鉴。

(4)合作性

项目后评估涉及面广、难度大。因此，需要各方面组织和有关人员的通力合作，齐心协力才能做好后评估工作。在分析项目运营现状的基础上，及时发现问题、研究问题，以探索企业未来的发展方向和发展趋势。

11.1.2 项目后评估与前评估的区别

1. 评估主体不同

项目前评估主要由投资主体(企业、部门或银行)及其主管部门组织实施；而后评估则是以投资运行的监督管理机构或后评估权威机构或上一层的决策机构为主，会同计划、财政、审计、银行、设计、质量、司法等有关部门进行，按照项目单位自我评估、行业主管部门评估和国家评估三个层次组织实施，确保后评估的公正性和客观性。

2.评估的侧重点不同

项目前评估主要是以定量指标为主,侧重于项目的财务效益、国民经济效益分析与评估,评估结果直接作为项目投资决策的依据;项目后评估则要结合行政和法律、经济和社会、建设和生产、决策和实施等各方面的内容进行综合评估。它是以现有事实为依据,以提高经济效益为目的,对项目实施结果进行鉴定,并间接作用于未来项目的投资决策。

3.评估的内容不同

投资项目的前评估主要是对项目建设的必要性、可行性、合理性及技术方案和生产建设条件等进行评估,对未来的经济效益和社会效益进行科学预测;项目后评估除了对上述内容进行再评估外,还要对项目决策的准确程度和实施效率进行评估,对项目的实际运行状况进行深入细致的分析。

4.评估的依据不同

投资项目的前评估主要在历史资料、经验性资料的基础上,依据国家和有关部门颁发的政策、规定、方法和参数等文件对项目未来的情况进行预测、估算;项目后评估则主要依据建成投产后项目实施的现实资料,并把历史资料与现实资料进行对比分析,其准确程度较高,说服力较强。

5.评估的阶段不同

投资项目的前评估是在项目决策前的前期阶段进行,是项目前期工作的重要内容之一,为项目投资决策、贷款决策提供依据;项目后评估则是在项目建成投产后一段时间内,对项目全过程的总体情况进行的评估。

总之,投资项目的后评估是依据国家政策、法律法规和制度规定,对投资项目的决策水平、管理水平和实施结果进行的严格检验和评估。在与前评估比较分析的基础上,总结经验教训,发现存在的问题并提出对策措施,促使项目更快更好地发挥效益。

11.1.3 项目后评估的作用

投资项目的后评估对于提高项目决策的科学化水平和项目管理能力、监督项目的正常生产经营、降低投资项目的风险等方面发挥着非常重要的作用。具体地说,投资项目后评估的作用主要表现在以下几个方面:

1. 有利于提高项目管理水平

投资项目管理是一项十分复杂的综合性的工作。它涉及主管部门、贷款银行、物资供应部门、勘察设计部门、施工单位、项目和有关地方行政管理部门等单位。项目能否顺利完成并取得预期的投资经济效果,不仅取决于项目自身因素，而且还取决于这些部门能否相互协调、密切合作、保质保量地完成各项任务。投资项目后评估通过对已建成项目的分析研究和论证，较全面地总结项目管理各个环节的经验教训，指导未来项目的管理活动。不仅如此，通过投资项目后评估，提出切实可行的改进措施和建议，促使项目更好地发挥应有的经济效益。同时，对一些因决策失误，或投产后经营管理不善，或环境变化造成生产、技术或经济状况处于困境的项目，也可通过后评估为其找出生存和发展的途径。

2.有利于提高项目决策的科学化水平

项目前评估直接关系到项目投资决策、银行贷款决策的成败，前评估中所作的估算、预测是否准确，需要项目后评估来检验。通过建立完善的项目后评估制度和科学的方法体系，一方面可以增强前评估人员的责任感，促使评估人员努力做好项目前评估工作，提高项目评估的准确性；另一方面可以通过项目后评估的反馈信息，及时纠正项目决策中存在的问题，从而提高项目决策的科学化水平。

3.有利于国家制定产业政策和技术经济参数

通过投资项目的后评估，能够发现宏观投资管理中存在的某些问题，从而使国家可以及时地修正某些不适合经济发展的技术经济政策，修订某些已经过时的指标参数。同时，国家还可以根据项目后评估所反馈的信息，合理确定投资规模和投资方向，协调各产业、各部门之间及其内部的各种比例关系。因此，项目后评估为国家制定产业政策和技术经济参数提供重要依据，对建设项目的投资管理工作起着强化和完善作用。

4.有利于贷款银行及时调整贷款政策

通过项目后评估，能及时发现项目建设资金使用过程中存在的问题，分析研究贷款项目成功或者失败的原因，从而为贷款银行调整信贷政策提供依据，确保贷款按期回收。

5.有利于项目运营状态的正常化

项目后评估是在运营阶段进行的，因而可以分析和研究项目投产初期和达产时期的实际情况，比较实际情况与预测状况的偏离程度，探索产生偏差的原因，提出切实可行的措施，提高项目的经济效益和社会效益。建设项目竣工投产后，通过项目后评估，针对项目实际效果所反映出来的从项目的决策、设计、建设到生产经营各个阶段存在的问题，提出相应的改进措施和建议，使项目尽快实现预期目标，更好地发挥效益。对于决策失误或者环境改变致使生产、技术或者经济等方面陷入严重困境的项目，通过后评估可以为其找到生存和发展的途径，并为主管部门重新制订或优选方案提供决策的依据。

11.1.4 项目后评估的基本原则

为达到项目后评估的预期目的，必须遵循以下基本原则：

1. 客观性原则

项目后评估工作必须从实际出发，尊重客观事实，依据项目建成后的实际面貌、成果和已达到的各项指标，实事求是地衡量和评估项目的得失和优劣。在分析论证时，要坚持客观公正的科学态度，辩证地、全面地看问题，既不脱离当时当地的客观环境和条件，评估当时的工作，又要站在发展变化的高度评估项目的成功和失误，分析原因，总结经验教训。

2. 独立性原则

独立性是保证后评估合法性和公正性的前提。为此，项目后评估工作应由投资者和受益者以外的第三者(即所谓有资质的独立咨询机构或专家)来执行，避免项目决策者和管理者自己评估自己。同时，项目后评估工作机构也必须从各级管理部门中独立出来，由专门的评估机构执行。独立性原则应贯穿于后评估工作的全过程，从后评估计划的制订、任务的委托到后评估小组人员的配置以及后评估报告的处理等，都必须坚持独立性，保持客观公正。

3. 科学性原则

项目后评估工作必须坚持评估方法、工作程序、组织管理以及评估结论的科学性。一是评估所依据的资料数据必须真实可靠，应以项目实施监测的实际资料为依据，建立全面系统的资料信息库，以保证资料的真实可靠；二是针对存在问题提出的改进建议要切实可行；三是评估的结论和总结的经验教训要经得起实践的检验。

4. 实用性原则

为使项目后评估成果能对决策发挥作用，项目后评估报告应紧密结合实际问题，有针对性地作出分析。为此，项目后评估报告应简单明了，重点突出。项目后评估结论应具有一定的使用价值。

5. 专业性原则

项目后评估的专业性是指评估者的专业素质和经验水平，采用方法的精确性和评估过程的透明度，以及所采用资料信息的可靠性和真实性。专业性的一个重要标志是要同时反映出评估项目的成功之处及存在的问题。为此要求项目后评估工作必须由精通各方面专业知识和经验丰富的专业评估人员担任，还应有项目的建设人员、管理人员、投资者和受益者参与。评估人员的专业化，主要是指从事项目后评估工作的队伍，应懂得项目建设各阶段和全过程的工作程序和工作内容,并经过后评估的专业培训。此外,还有所谓透明性和反馈性的原则要求。

11.2 项目后评估程序和方法

项目后评估是一项技术性较强而又复杂的工作。因此,必须采取科学的工作程序,才能达到评估的预期目的。

11.2.1 项目后评估的一般程序

按照我国的项目决策体制、项目管理权限及项目审批程序的规定,国家发改委对大中型项目,提出了进行项目后评估的三阶段程序。

1. 第一阶段,建设单位进行自我评估

由项目业主单位或负责国家重点建设项目后评估工作的单位,开展项目后评估的工作,负责编报“项目后评估报告”,并按照业务(和行政)隶属关系报送行业或地方主管部门,同时上报国家发改委备案。

在此阶段,应包括以下五个具体的工作步骤:

(1)明确目标

即提出问题,明确后评估的任务。通常提出需要进行项目后评估的单位可以是国家或地方的计划部门、银行金融机构、各主管部门,也可以是企业(或项目)本身。

(2)组织落实

即建立后评估小组,进行筹划准备。项目后评估工作可以委托工程咨询公司等经过资格审查的有资质的单位承担;也可以由项目业主自己组织实施。而承办单位在接受任务后即可组织后评估小组进行筹备工作,制定出项目后评估的实施计划,其中包括项目后评估人员的配备、组织机构、时间进度、内容范围、预算安排和评估方法等内容。

(3)开展工作

即进行深入调查和收集资料。按照后评估规定的任务要求,深入调研,收集实际的基础资料,项目后评估资料一般应包括项目的立项、决策和建设实施资料,项目建成后的效益资料及其他有关资料。具体包括:

①建设前期资料

主要包括:可行性研究报告、项目前评估报告、设计任务书、批准文件等决策资料;初步设计、施工图设计、工程概算、预算、决算报告等;施工合同、主要设备、原材料订货合同及建设生产条件有关的协议和文件;项目背景资料、市场分析资料等。

②竣工及生产期资料

主要包括:竣工验收报告;人员配置、机构设置、领导班子等情况;历年生产、财务计划及完成情况、财务报表、统计报表等资料;对项目进行重大技术改造资料等。

③其他资料

主要包括:有关生产同样产品的主要企业或同类企业的信息资料;国内、省内该项产品的长期发展规划和发展方向、发展重点和限制对象等资料;优惠政策及国家有关经济政策资料;贷款项目档案资料等。

(4)进行分析评价

即要对实际资料数据的完整性和准确性进行核实和审查,并按照核实后的资料数据进行对比分析研究和论证;采用一些定量和定性分析相结合的科学方法,合理评估项目的实际成果;找出存在的问题,总结经验教训;提出今后的改进措施和建议。

(5)形成文件

即编制项目后评估报告。将分析研究的结果汇总,编制出项目后评估报告,提交委托单位和上级有关部门。

2. 第二阶段,行业或地方主管部门对"项目后评估报告"进行初步审查

由主管部门对项目后评估报告和项目建设实际情况进行深入考察,结合行业或地方建设项目反映出来的共性问题以及特点和经验,站在国家的立场,从行业或地方的角度,提出对项目后评估报告的初步审查意见。主管部门不仅应对具体项目的后评估工作进行评估,还要为改进行业部门或地方有关工作进行经验总结,最后由主管部门完成"项目后评估审查报告"报送国家发改委,并抄送有关部门和单位。

3. 第三阶段,对"项目后评估报告"复审

由国家发改委组织聘请有关方面专家对主管部门的"项目后评估审查报告"和项目单位自我评估的"项目后评估报告"进行复核审查。此时的复审,要求站在国家整体利益的立场上,从宏观与微观相结合的角度提出"项目后评估复审报告",并报国家发改委和有关单位、部门备案。

在由行业主管部门或地方安排的后评估项目,其审查报告报国家发改委备

案后，国家发改委将组织有关方面专家进行抽查复审。以上三阶段的后评估工作程序，既有利于保证项目后评估工作的广泛性、全面性和公开性，也有利于实现评估结论的公正性、科学性和可靠性。

11.2.2 项目后评估的方法

在项目后评估中，遵循宏观分析和微观分析相结合，定量分析和定性分析相结合的原则，通过对比分析和综合分析，总结经验和教训，提出问题和建议。通常，采用对比分析法、逻辑框架法、成功度分析法等方法进行。

1. 对比分析法

对比分析法是项目后评估常用的基本方法，它是指将项目建成前的评估资料、数据与投产后的实际情况进行比较分析，从中找出差距，分析原因，提出改进措施和建议，进而总结经验教训。在项目后评估中，通常可以分为前后对比法与有无对比法。

(1)前后对比法

该方法通常是将项目实施前与项目建成后的实际情况加以对比，测定该项目的效益和影响。在项目后评估中，是将项目前期阶段，即项目可行性研究与前评估阶段所预测的建设成果、规划目标和投入、产出、效益和影响，与项目建成投产后的实际情况相比较，从中找出存在的差别及原因。这种对比是进行项目后评估的基础。

(2)有无对比法

该方法是在项目地区内，将投资项目的建设及投产后的实际效果和影响，与如果没有这个项目时可能发生的情况进行对比分析。由于项目所在地区的影响不只是项目本身所带来的作用，而且还有项目以外的许多其他因素的作用，因此，此种对比的重点应该放在分清在这种影响中项目的作用和项目以外的作用，评估项目的增量效益和社会机会成本。有无对比法也是进行项目后评估的主要方法。

2.逻辑框架法

逻辑框架法是项目后评估进行综合分析时常用的方法，目前已成为国外进行后评估所采用的主要方法。逻辑框架法可用来分析和评估项目的目标层次之间的因果关系，它把后评估与项目周期联系起来，可适用于不同层次的管理需要。

例如某高速公路项目是世界银行贷款项目——“中国公路项目”中的一个分项目，整个贷款项目的目的是希望通过对交通部及其地方部门的支持，帮助中国国家和地方交通发展规划的实施，以适应和促进工农业的需求和发展；同时引进项目管理的科学方法，提高未来项目建设的质量，改善公路项目的投资效益，开展公路规划的研究，提高专业人员的素质和能力。该项目分层次的目标和任务情况见图 11-1 项目目标树和表 11-1 项目的逻辑框架表。

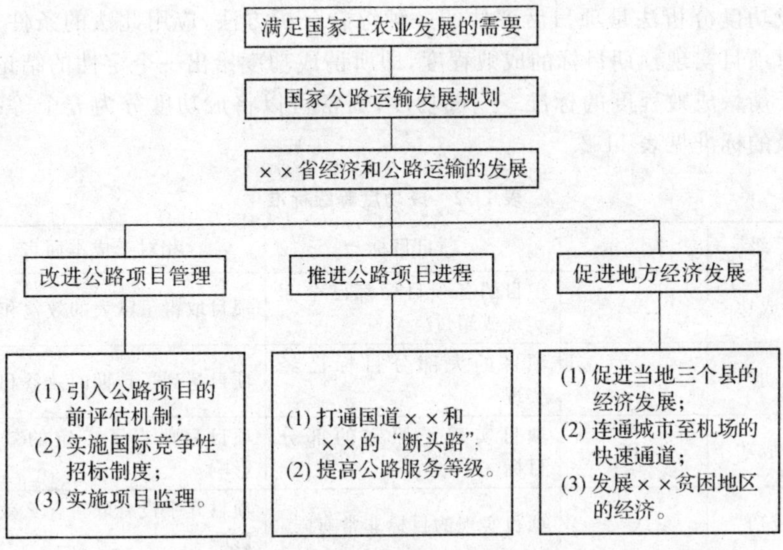

图 11-1 某高速公路项目的目标树

表 11-1 某高速公路项目的逻辑框架表

各层次目标	验证指标	方法与资料来源	外部重要条件
影响——形成国家公路网、促进经济发展	国务院××年的要求，交通部公路发展规划	国务院文件，国家统计资料	国家宏观经济发展方针和政策
作用——打通国道断头路，即××北通路，提高公路项目管理水平，促进地区经济发展	××国道与××国道的连通，形成项目评价、招标和检测等管理机制，3 个县及×地区工农业经济指标的增长	项目完工报告和审核报告(试行)，项目自评报告；××省统计资料；现场调查	合理的计划；合理的公路收费；地方的支持；较小的汇率风险
产出——建设该公路项目，引入项目管理机制，培训专业人员	公路于××年×月正式投入运营，工期延误 10 个月；交通量平均年增长 25％	项目监测和竣工报告；统计资料；现场调查	国际招标的经验、当地社区的支持、天气条件
投入——资金、技术和设备、专业人员、维护保养、材料供应	总投资××亿元；土地；建筑材料数量；××年×月开工	项目实施计划，报告；统计资料	项目决策和准备搬迁等

3. 成功度分析法

使用成功度分析法，需要明确成功度及其标准和对成功度的测定。

(1)成功度的标准

成功度分析法是项目后评估的一种综合分析方法，应用此法的条件是，要首先对项目实现预期目标的成败程度，即所谓成功度给出一个定性的结论。作为用于衡量成败程度的标准——成功度，通常可以将成功度分为五个等级，各个等级的标准见表 11-2。

表 11-2 成功度等级标准

等　级	表　示	项目目标	相对于成本而言
完全成功	AA	项目的各项目标都已全面实现或超过	项目取得了巨大的效益和影响
成功	A	项目的大部分目标已经实现	项目达到了预期的效益和影响
部分成功	B	项目实现了原定的部分目标	项目只取得了一定的效益和影响
不成功	C	项目实现的目标非常有限	项目几乎没有取得什么效益和影响
失败	D	项目的目标是不现实的，根本无法实现	项目不得不终止

(2)成功度的测定

评估项目的成功度是项目后评估中应用成功度分析法时一项十分重要的工作，它是项目评估专家组对项目后评估结论的集体定性。一个大中型项目通常要对十几个重要的和次重要的综合评估因素指标进行定性分析，才能断定各项指标的等级，见表 11-3。综合评估指标主要包括：对宏观经济、扩大或增加的生产能力、扶贫和教育的影响；对卫生和健康的影响；对妇女和儿童的影响；对环境的影响；对社会的影响；对技术进步的影响；对机构组织和管理水平的影响以及经济效益指标等。对于每个具体的项目，上述各项指标的重要程度各不相同。因此，可以通过项目成功度评估的程序：即确定评议专家，然后选定综合评估指标并确定其权重，专家个人打分，专家集体评议，进行数据处理，从而确定各项指标的重要程度，最后得出成功度评估的等级。

(3)成功度测定的步骤和方法

在评定具体项目的成功度时，并不一定要测定表 11-3 中所有的指标。因此，评估人员只需要根据具体项目的类型和特点，确定表中指标与项目相关的程度，把它们分为“重要”、“次重要”和“不重要”三类，在表中第三栏里(相关重要性)注明。对"不重要"的指标就不用测定了。一般项目实际需要测定的指标约有 7～10 个。

在测定各项指标时,采用打分制,也就是按照上述评定等级标准的(2)～(5)四级分别用 A、B、C、D 表示。通过指标重要性分析和单项成功度结论的综合,可得到整个项目的成功度指标,也用 A、B、C、D 表示,填在表的最底下一行(总成功度)的成功度栏内。

在实际进行具体测定各项指标的操作时,项目评估组的成员每人填好一张表后,对各项指标的取舍和等级应进行内部讨论,或经必要的数据处理,形成评估组的成功度表,再把结论写入评估报告中。

表 11-3 项目成功度评估表

序 号	项目执行指标	相关重要性	成功度
1	宏观经济影响		
2	扩大或增加生产能力		
3	良好的管理		
4	对扶贫的影响		
5	教育		
6	卫生和健康		
7	对妇女和儿童的影响		
8	环境影响		
9	社会影响		
10	对机构组织的影响		
11	技术的成功		
12	进度管理		
13	预算内费用管理		
14	项目依托条件		
15	成本一效用		
16	财务内部收益率		
17	经济内部收益率		
18	财务持续性		
19	机构的持续性		
20	项目总的持续性		
21	项目的总成功度		

11.3 项目后评估内容

项目后评估的基本内容是从可比性原则出发，注重分析项目决策的评估依据的变化，从结果中揭示原因。依据国家产业政策和有关法律、法规和制度，对投资项目的决策结果和项目实施过程中的是非功过进行评估，通过评估总结成功的经验和失败的教训，重点应放在生产经营和企业效益上。参考国际上项目后评估的有益经验，结合我国的实际情况，项目后评估通常包括过程评估、效益评估、持续性评估和影响评估等四个方面。

11.3.1 过程评估

进行过程评估时，通常要对照项目立项时所确定的目标和任务，分析和评估项目执行过程的实际情况，从中找出发生变化的原因，总结经验教训。过程评估的主要内容包括前期工作评估、建设实施评估、生产运行评估和管理水平评估。

1.前期工作评估

前期工作评估指的是对立项条件、勘察设计、准备工作和决策程序等的评估。主要是评估立项条件和决策依据是否正确，决策程序是否符合规定；勘测工作对设计与施工的满足程度，设计方案的优化情况，技术上的先进性和可行性，经济上的合理性等。

2.建设实施评估

建设实施评估指的是对设备采购、工程建设、竣工验收和生产准备等项工作的评估。包括对施工准备、招标投标、工程进度、工程质量、工程造价、工程监理以及各种合同执行情况及生产运行准备情况等的评估。

3.生产运行评估

生产运行评估指的是对项目正式投产后的运行情况进行的评估。主要包括对项目设计能力和实际能力的验证，对工程技术经济指标的分析，对项目的生产管理和生产条件的分析，对项目经营效益的分析等。重点是对生产和销售情况，原材料、燃料供应情况，资源综合利用情况，生产能力的利用情况等进行评估。

4.管理水平评估

管理水平评估指的是对项目实施全过程中各阶段管理者的工作水平作出评估。主要分析和评估是否能有效地管理项目的各项工作，是否与政策机构和其他组织建立了必要的联系，人才和资源是否使用得当，是否有较强的责任感等。从中总结出项目管理方面的经验教训，并对如何提高管理水平提出改进措施和建议。通过过程评估，还应查明项目成功及失败的原因。

11.3.2 效益评估

效益评估主要包括项目的财务效益后评估和国民经济效益后评估。效益评估的目的是通过对财务指标和经济指标的计算来检验原来的测算结果是否符合实际，并找出发生变化的主要原因。

1.财务效益的后评估

项目财务效益的后评估是根据国家现行的财税制度和国家主管部门认可的评估方法，重新分析预测已建成项目的费用和效益，考虑项目的实际盈利能力、偿债能力及生存能力等财务状况。财务效益后评估的主要指标有：财务内部收益率、财务净现值、投资利润率、资本金净利润率、投资回收期、借款偿还期等。

2.国民经济效益后评估

国民经济效益后评估是从国家整体角度出发，考虑已建成项目投产后的效益和费用，用影子价格、影子汇率、影子工资、土地影子费用和社会折现率等计算分析项目给国民经济带来的实际净效益，评估已建成项目在经济上的合理性。项目后评估的主要指标有：经济内部收益率、经济净现值、经济外汇净现值、经济节汇成本、经济换汇成本等。

3.效益指标的对比分析

项目后评估与前评估效益对比的指标主要有：项目建设工期、单位生产能力投资、达到设计生产能力年限、投资回收期、借款偿还期、净现值、内部收益率等。

(1)实际建设工期

实际建设工期是指投资项目从开工之日起到竣工验收交付使用或投入生产所实际经历的时间。它是反映项目实际建设速度的指标。其相对变化指标为：

$$实际建设工期变化率=\frac{实际建设工期-设计建设工期}{设计建设工期}\times 100\%$$

如果该指标大于零，则表明实际建设工期大于设计建设工期，反之，则小于设计建设工期。建设工期发生变化（缩短或延长），可能会由此带来经济效益的提前（推迟）实现，进而影响项目投资效益的静态和动态分析指标。

（2）实际单位生产能力投资

实际单位生产能力投资是项目实际投资额与竣工项目实际形成的生产能力的比值。比值越小，表明投资效果越好；反之，投资效果就越差。

实际单位生产能力投资＝竣工验收项目实际投资总额/竣工验收项目实际形成的生产能力

实际单位生产能力投资变化率＝（实际单位生产能力投资－设计单位生产能力投资）×100%/设计单位生产能力投资

若实际单位生产能力投资变化率大于零，表明实际单位生产能力投资大于设计单位生产能力投资，实际总投资超过概预算；如小于零，则表明实际单位生产能力投资小于设计单位生产能力投资，实际总投资比概预算节省。

（3）实际达产年限

实际达产年限是指从投产之日起到实际产量达到设计生产能力为止所需经历的时间。它是衡量和考核投产项目实际投资效益的一项重要指标。

如果在项目后评估时点该项目仍未达到设计生产能力，则应分步计算：①计算项目投产后各年实际达到的生产能力水平；②计算项目投产后生产能力的年均增长率；③根据测定的生产能力年均增长率，计算投产项目可以达到设计生产能力的年限。

$$设计生产能力＝第一年实际生产能力\times(1+年均生产能力增长率)^{n-1}$$

式中，n 为实际达产年限。

$$实际达产年限变化率=\frac{实际达产年限-设计达产年限}{实际达产年限}\times 100\%$$

实际达产年限变化率是反映实际达产年限与设计规定的达产年限偏离程度的一项指标。如果该变化率小于零，表明实际达产年限小于设计达产年限，项目效益比预计的还理想；反之，则表明实际达产年限大于设计达产年限，项目效益没有如期实现。

（4）实际投资回收期

实际投资回收期是用项目实际产生的年度净收益或根据实际情况重新预测的项目年度净收益来抵偿实际投资总额所需要的时间。它有动态和静态投资回收期之分。实际静态投资回收期是以各年项目的实际净收益来回收实际投资总额所需的时间。

$$实际投资回收期变化率=\frac{实际投资回收期-预测投资回收期}{预测投资回收期}\times 100\%$$

上述指标是衡量实际投资回收期与预测投资回收期或部门(行业)基准投资回收期偏离程度的指标,其变化率应该是小于零,而且越小表明项目效益比预计的越好。

(5)净现值和内部收益率

净现值和内部收益率是考虑资金时间价值的两个反映项目投资全过程的投资经济效益指标。其计算公式与前评估时所采用的计算公式一样,只是所采用的净现金流量、折现率、计算期等有所不同。

$$净现值变化率=\frac{实际净现值-预测净现值}{预测净现值}\times 100\%$$

$$内部收益率变化率=\frac{实际内部收益率-预测内部收益率}{预测内部收益率}\times 100\%$$

如果上述两项变化率均大于零,表明项目的实际净现值、实际内部收益率都大于预测值;反之,则小于预测值。同样,也可以测算实际投资利润率及有关经济效益指标的变化率。

11.3.3 持续性评估

在微观投资领域内,投资者越来越重视投资项目的持续性,即项目的可持续性。对项目的持续性进行分析和评估正成为项目后评估的一项重要内容。所谓项目的持续性,通常是指项目在完成之后,项目的既定目标是否还可以持续;项目是否可以顺利地实施,项目业主是否愿意并依靠自己的能力持续实现既定的目标等。总之,项目的持续性评估就是要从政府的方针政策,管理组织和社区群众的参与,财务、技术、社会文化、环境和生态,以及外部因素等各个方面来评估和分析项目在物质、经济和社会等方面的持续性,并指出保持项目持续性的条件和要求。主要是对项目是否能持续发挥投资效益、项目的发展潜力和进行内涵型改造的前景等进行分析评估,作出判断,提出项目持续发挥效益需具备的内部、外部条件和应该采取的措施以及需要注意的问题等。

11.3.4 影响评估

所谓项目后评估中的影响评估,通常是指在项目投产5~8年后的完全发展阶段,分析项目在技术、经济、社会和文化环境方面对其周围地区所产生的影响和作用。为此，项目的影响评估应站在国家的宏观立场上，重点分析项目对整个社会发展的影响。影响评估的内容主要涉及经济、技术、环境和社会四个方面。

1. 项目经济影响的评估

主要是分析和评估项目对所在地区、行业、部门和国家的宏观经济影响，如对国民经济结构的影响，对提高宏观经济效益以及对国民经济长远发展的影响；并对项目所用国内资源的价格进行测算，为判断项目利用资源的合理程度提供依据。同时，也要分析项目对地区、行业、部门和国家的经济发展所产生的重要作用和长远影响。

2. 项目对科学技术进步影响的评估

主要是分析和评价项目对国家、部门和地方的技术进步所起的推动作用，以及项目本身选用技术的先进性和适用性；分析和评估项目所采用的工艺技术或引进的技术装备的先进性并将其与国内外同类技术装备进行对比；分析和评估项目对本部门、本地区技术进步的作用。

3. 项目环境影响的评估

主要是对照在前评估时批准的“环境影响报告书”，重新审查项目对环境产生的实际影响，审查项目环境管理的决策、规定、规范和参数的可靠性及实际效果。通常，环境影响评估的内容主要应该包括项目的污染源控制、区域的环境质量、自然资源的利用、区域的生态平衡和环境管理能力等五个方面。

4. 项目社会影响的评估

主要是从社会发展的角度来分析和评估项目对社会发展目标所作的贡献和产生的有形与无形的影响。评估的内容主要涉及五个方面：①对社会文化、教育、卫生的影响；②对社会就业、扶贫、公平分配的影响；③对社区生产与生活、社区与群众的参与、社区组织机构与经济发展的影响；④对居民生活条件和生活质量的影响；⑤对妇女、民族团结、风俗习惯和宗教信仰等影响。社会影响评估通常应采取定量分析与定性分析相结合的方法，以定性分析为主。在评估分析的基础上，最后对项目的社会影响作出综合评估。鉴于有些项目的影响具有滞后性(即可能要在较长时间内才能显现出来的)，对此可在较晚一些时候单独对其进行影响评估。

此外，在投资项目经过以上四方面内容的后评估后，还应结合分析造成项目成功和失误的经验教训，突出重点进行有针对性的具体深入的剖析，全面总结成功的经验和分析存在的主要问题，以便为未来同类新建项目的决策提供有益的建议。

对于不同性质的投资项目，要按照各部门、机构、单位进行项目后评估的不同目的，对具体项目后评估的内容各有侧重地进行安排。例如，对于基础设施项目、农林水利项目、社会事业项目和人力资源开发项目等一类项目的后评估，其内容就应侧重于宏观的国民经济效益和地区或部门的经济效益，以及潜在的经济效益和社会影响等方面。

复习思考题

1. 什么是项目后评估？它有什么特点？
2. 为什么要进行项目后评估？
3. 项目后评估应遵循哪些基本原则？
4. 如何理解项目后评估与项目前评估的关系。
5. 如何进行项目后评估？
6. 项目后评估的方法有哪些？
7. 简述项目后评估的内容。

第12章

项目评估报告

学习目标

1.理解投资项目、贷款项目评估报告的内容；
2.了解项目评估报告的格式和撰写要求；
3.理解可行性研究报告编制大纲；
4.理解项目评估报告编制大纲；
5.理解项目后评估报告编制大纲。

12.1 项目评估报告概况

12.1.1 项目评估报告的内容

项目评估报告是投资者、国家或地方综合部门与项目主管部门对项目进行投资决策的重要依据，也是贷款机构与银行参与投资决策和贷款决策的重要依据，是对项目实行监督管理的基础性资料。由于建设项目的类型多种多样，建设项目性质、规模和行业各不相同，使得评估报告内容和重点也各有侧重，不尽相同。

1.投资项目评估报告内容

通常情况下，项目评估报告都应包括以下主要内容：

(1)总论与项目概况。

(2)建设必要性评估。

(3)建设及生产条件评估。

(4)技术评估。

(5)投资估算及资金筹措评估。

(6)基础财务数据预测与财务效益评估。

(7)国民经济效益评估。

(8)不确定性分析。

(9)问题与建议。

(10)总评估。

2.贷款项目评估报告内容

按照1995年12月29日中国建设银行颁发的《固定资产贷款项目评估办法》的规定,贷款项目评估报告应涵盖以下几个方面:

(1)借款人资信评估

(2)项目概况

包括项目建设必要性、进展过程、工艺技术、建设和生产条件、环境保护等的综合论证分析。

(3)项目产品市场供求评估

(4)投资估算与资金来源评估

(5)财务评估

包括财务基础数据测算、财务效益评估与不确定性分析等。

(6)银行效益与风险防范评估

包括流动性和相关效益评估,以及对借款人提供的保证、抵押、质押等贷款风险防范措施的可行性进行分析评估。

(7)评估结论和建议

阐述贷款项目当前存在的问题,提出建议或解决措施,作出最终评估结论。

(8)附件

评估基本报表、辅助报表及报告附件等。

3.附件、附表和附图的内容

项目评估报告除了以上文字部分之外,还必须具有以下有关的附表、附图及附件。

(1)附表:项目财务数据预测表;项目财务、经济效益分析表;企业财务状况预测表。

(2)附图:项目(工厂)平面布置图;项目产品生产工艺流程图;项目建设实施进度计划。

(3)附件:项目建议书审批文件副本;项目可行性研究报告审批文件副本;贷款担保函副本。此外附件中还应包括:借款人、投资者和保证人近三年的资产负债表、利润表和现金流量表,项目建议书、可行性研究报告、初步设计、概算调整等批复文件,项目公司章程、合同及批复文件,以及各项建设与生产条件、环境和资金落实文件和担保、承诺等。

12.1.2 项目评估报告的格式

项目评估报告一般格式包括封面、扉页、正文和附件、附图及附表等部分,具体内容有相应的规范性要求和贷款银行的特殊要求。

1.封面

项目评估报告的封面应写上"××项目评估报告"的字样,写明评估单位的全称及报告完成时间。

2.扉一

分别说明评估小组人员名单及分工。

3.扉二

目录。

4.正文

5.附件、附图及附表

包括各类评估依据、参考资料及文件、评估基本报表和辅助报表等。

12.1.3 项目评估报告的撰写要求

项目评估报告是为政府有关部门、贷款金融机构和社会公众或企业投资者提供投资决策依据的论述性文件。因此,要求评估者站在第三者的角度,以公正、客观的立场,依靠各种数据资料,对项目进行具体介绍和评估。报告撰写的文字要求是:语言简练准确,结构紧凑严谨,论据充分可靠,结论客观明确。要求重点突出、观点明确,提出的建议要有针对性,即根据项目的具体特点,对投资者和决策部门极为关心的问题进行重点论述,作出明确的结论,切忌重复、遗漏和千篇一律。项目评估人员必须按照国家规定的《建设项目经济评价方法与参数》(第三版)及其他有关规定对项目进行严格、认真的评估,并以实事求是的科学态度,按照统一的要求与格式编写评估报告。

在对可行性研究报告全面审查的基础上,项目评估人员要根据调查和审查结果编写建设项目评估报告。编写时注意以下几点:

1.语言要简练准确

根据项目的规模不同,文字一般控制在10000~15000字,最长不超20000字。

2.材料要真实有据

3.结构要科学严谨

4.分析要定量、定性结合,并应以定量分析为主

5.评价要客观实际

要客观地、实事求是地进行评价叙述,严禁只讲利,不讲弊,或优点成堆,而缺点却一带而过。

12.2 可行性研究报告编制大纲

下面以一般工业性项目为例,说明编制可行性研究报告大纲的具体内容,可作为实际应用时的参考。

第一章 总论

1.1 项目背景

包括项目名称;承办单位概况(新建项目指筹建单位情况,技术改造项目指原企业情况,合资项目指合资各方情况);可行性研究报告编制依据;项目提出的理由与过程等。

1.2 项目概况

包括拟建地点;建设规模与目标;主要建设条件;项目投入总资金及效益情况;主要技术经济指标等。

1.3 问题与建议

第二章 市场预测

2.1 产品市场供应预测

包括国内外市场供应现状;国内外市场供应预测等。

2.2 产品市场需求预测

包括国内外市场需求现状;国内外市场需求预测等。

2.3 产品目标市场分析

包括目标市场确定;市场占有份额分析等。

2.4 价格现状与预测

包括产品国内市场销售价格;产品国际市场销售价格等。

2.5 市场竞争力分析

包括主要竞争对手情况;产品市场竞争力优势、劣势;营销策略等。

2.6 市场风险

第三章 资源条件评价(指资源开发项目)

3.1 资源可利用量

包括矿产地质储量，可采储量，水利水能资源蕴藏量，森林蓄积量等。

3.2　资源品质情况

包括矿产品位、物理性能、化学成分，煤炭热值、灰分、硫分等。

3.3　资源赋存条件

包括矿体结构、埋藏深度、岩体性质，含油气地质构造等。

3.4　资源开发价值

包括资源开发利用的技术经济指标等。

第四章　建设规模与产品方案

4.1　建设规模

包括建设规模方案比选；推荐方案及其理由等。

4.2　产品方案

包括产品方案构成；产品方案比选；推荐方案及其理由等。

第五章　场址选择

5.1　场址所在位置现状

包括地点与地理位置；场址土地权属类别及占地面积；土地利用现状；技术改造项目现有场地利用情况等。

5.2　场址建设条件

包括地形、地貌、地震情况；工程地质与水文地质；气候条件；城镇规划及社会环境条件；交通运输条件；公用设施社会依托条件(水、电、汽、生活福利)；防洪、防潮、排涝设施条件；环境保护条件；法律支持条件；征地、拆迁、移民安置条件；施工条件等。

5.3　场址条件比选

包括建设条件比选；建设投资比选；运营费用比选；推荐场址方案；场址地理位置图等。

第六章　技术方案、设备方案和工程方案

6.1　技术方案

包括生产方法(如原料路线)；工艺流程；工艺技术来源(需引进国外技术的，应说明理由)；推荐方案的主要工艺(生产装置)流程图、物料平衡图，物料消耗定额表等。

6.2　主要设备方案

包括主要设备选型；主要设备来源(进口设备应提出供应方式)；推荐方案的主要设备清单等。

6.3　工程方案

包括主要建筑物、构筑物的建筑特征、结构及面积方案；矿建工程方案；特殊基础工程方案;建筑安装工程量及“三材”用量估算;技术改造项目原有建筑物、构筑物利用情况;主要建筑物、构筑物工程一览表等。

第七章 原材料、燃料供应

7.1 主要原材料供应

包括主要原材料品种、质量与年需要量;主要辅助材料品种、质量与年需要量;原材料、辅助材料来源与运输方式等。

7.2 燃料供应

包括燃料品种、质量与年需要量;燃料供应来源与运输方式等。

7.3 主要原材料、燃料价格

包括价格现状;主要原材料、燃料价格预测等。

7.4 编制主要原材料、燃料年需要量表

第八章 总图、运输与公用辅助工程

8.1 总图布置

包括平面布置(列出项目主要单项工程的名称、生产能力、占地面积、外形尺寸、流程顺序和布置方案);竖向布置(场区地形条件、竖向布置方案、场地标高及土石方工程量);技术改造项目原有建筑物、构筑物利用情况;总平面布置图(技术改造项目应标明新建和原有以及拆除的建筑物、构筑物的位置);总平面布置主要指标表等。

8.2 场内外运输

包括场外运输量及运输方式;场内运输量及运输方式;场内运输设施及设备。

8.3 公用辅助工程

包括给排水工程(给水工程,用水负荷、水质要求、给水方案;排水工程,排水总量、排水水质、排放方式和泵站管网设施);供电工程(供电负荷、供电回路及电压等级的确定、电源选择、场内供电输变电方式及设备设施);通信设施(通信方式、通信线路及设施);供热设施;空分、空压及制冷设施;维修设施;仓储设施等。

第九章 节能、节水措施

9.1 节能措施

包括节能方案;能耗指标分析等。

9.2 节水措施

包括节水方案;水耗指标分析等。

第十章 环境影响评价

10.1 场址环境条件

10.2 项目建设和生产对环境的影响

包括项目原材料、产成品对环境的影响；项目生产过程产生的污染物对环境的影响等。

10.3 环境保护措施方案

10.4 环境保护投资

10.5 环境影响评价

第十一章 劳动安全卫生与消防

11.1 危害因素和危害程度

包括有毒有害物品的危害；危险性作业的危害等。

11.2 安全措施方案

包括采用安全生产和无危害的工艺和设备；对危害部位和危险作业的保护措施；危险场所的防护措施；职业病防护和卫生保健措施等。

11.3 消防设施

包括火灾隐患分析；防火等级；消防设施等。

第十二章 组织机构与人力资源配置

12.1 组织机构

包括项目法人组建方案；管理机构组织方案和体系图；机构适应性分析等。

12.2 人力资源配置

包括生产作业班次；劳动定员数量及技能素质要求；职工工资福利；劳动生产率水平分析；员工来源及招聘方案；员工培训计划等。

第十三章 项目实施进度

13.1 建设工期

13.2 项目实施进度安排

13.3 项目实施进度表(横线图)

第十四章 投资估算

14.1 投资估算依据

14.2 建设投资估算

包括建筑工程费；设备及工器具购置费；安装工程费；工程建设其他费用；基本预备费；涨价预备费；建设期利息等。

14.3 流动资金估算

14.4 投资估算表

包括项目投入总资金估算汇总表；单项工程投资估算表；分年投资计划表；流动资金估算表等。

第十五章 融资方案

15.1 资本金筹措

包括新设法人项目资本金筹措;既有法人项目资本金筹措等。

15.2 债务资金筹措

15.3 融资方案分析

第十六章 财务评价

16.1 新设法人项目财务评价

包括财务评价基础数据与参数选取(财务价格、计算期与生产负荷、财务基准收益率设定、其他计算参数);销售收入估算(编制销售收入估算表);成本费用估算(编制总成本费用估算表和分项成本估算表);财务评价报表(财务现金流量表、利润表、资金来源与运用表、借款偿还计划表);财务评价指标(盈利能力分析:项目财务内部收益率、资本金收益率、投资各方收益率、财务净现值、投资回收期、投资利润率;偿债能力分析:借款偿还期、利息备付率、偿债备付率)等。

16.2 既有法人项目财务评价

包括财务评价范围确定;财务评价基础数据与参数选取("有项目"数据、"无项目"数据、增量数据、其他计算参数);销售收入估算(编制销售收入估算表)、成本费用估算(编制总成本费用估算表和分项成本估算表)、财务评价报表(增量财务现金流量表、"有项目"利润表、"有项目"资金来源与运用表、借款偿还计划表);财务评价指标(盈利能力分析:项目财务内部收益率、资本金收益率、投资各方收益率、财务净现值、投资回收期、投资利润率;偿债能力分析:借款偿还期、利息备付率、偿债备付率)等。

16.3 不确定性分析

包括盈亏平衡分析(绘制盈亏平衡分析图);敏感性分析(编制敏感性分析表、绘制敏感性分析图)等。

16.4 财务评价结论

第十七章 国民经济评价

17.1 影子价格及通用参数选取

17.2 效益费用范围调整

包括转移支付处理;间接效益和间接费用计算等。

17.3 效益费用数值调整

包括投资调整;流动资金调整;销售收入调整;经营费用调整等。

17.4 国民经济效益费用流量表

包括项目国民经济效益费用流量表;国内投资国民经济效益费用流量表等。

17.5 国民经济评价指标

包括经济内部收益率;经济净现值等。

17.6 国民经济评价结论

第十八章 社会效益评价

18.1 项目对社会的影响分析

18.2 项目与所在地相互适应性分析

包括利益群体对项目的态度及参与程度;各级组织对项目的态度及支持程度;地区文化状况对项目的适应程度等。

18.3 社会风险分析

18.4 社会评价结论

第十九章 风险分析

19.1 项目主要风险因素识别

19.2 风险程度分析

19.3 防范和降低风险对策

第二十章 研究结论与建议

20.1 推荐方案的总体描述

20.2 推荐方案的优缺点描述

包括优点;存在问题;主要争论与分歧意见等。

20.3 主要对比方案

包括方案描述;未被采纳的理由等。

20.4 结论与建议

附图:

1.场址位置图

2.工艺流程图

3.总平面布置图

附表:

基本报表1.项目的现金流量表(项目的全部投资现金流量表及按投资来源分别编制的现金流量表)

基本报表2.利润表

基本报表3.资产负债表

基本报表4.资金来源及运用表

基本报表5.外汇平衡表(按财务评估、国民经济评估分别编制)

基本报表6.国民经济效益费用流量表(按全部投资、国内投资分别编制)

辅助报表1.固定资产投资估算表

辅助报表2.无形资产投资估算表
辅助报表3.流动资金估算表
辅助报表4.投资总额及资金筹措表
辅助报表5.借款还本付息表
辅助报表6.产品销售收入和销售税金估算表
辅助报表7.总成本费用估算表
辅助报表8.固定资产折旧估算表
辅助报表9.无形资产摊销估算表
附件：
1.研究工作依据文件
(1)项目建议书
(2)初步可行性研究报告
(3)各类批文及协议
(4)调查报告及资料汇编
(5)试验报告及其他
2.厂址选择报告及土地主管部门的批复
3.资源勘探报告书
4.主要原材料、燃料及动力供应的意向性协议
5.项目资本金的承诺证明及银行等金融机构对项目贷款的意向书
6.新技术开发的技术鉴定报告
7.环境影响报告书(表)
8.需单独进行可行性研究的单项或配套工程的可行性研究报告
9.对国民经济有重要影响的产品市场调查报告
10.引进技术项目的考察报告、设备协议
11.利用外资项目的各类协议文件
12.其他

12.3　项目评估报告编制大纲

下面以一般工业性项目为例，说明编制项目评估报告大纲的具体内容，可作为实际应用时的参考。

第一章 项目概况
1.1　项目基本情况
1.2　编制依据
1.3　计算期
1.4　目标市场及产品价格
1.5　产销计划
第二章　项目必要性评估
第三章　市场预测与项目规模的评估
3.1　市场供求现状
3.2　市场发展趋势的预测
3.3　产品竞争能力
3.4　项目建设规模和建设方案
第四章　项目建设条件评估
4.1　宏观运行环境
4.2　自然环境
4.3　工程地质、水文地质条件
4.4　建厂条件和厂址方案
第五章　项目生产条件评估
5.1　资源条件
5.2　原材料、燃料和动力供应条件
5.3　资金供应条件
5.4　交通运输和通信条件
5.5　外部协作配套条件和同步建设
5.6　企业组织、劳动定员和人员培训
5.7　劳动安全、卫生与消防评估
第六章　技术评估
6.1　工艺技术方案
6.2　设备选型方案
6.3　工程设计方案
第七章　环境影响评估
第八章　项目实施进度评估
第九章　投资估算及资金筹措评估
9.1　项目总投资
9.2　资金筹措

第十章　财务评估

10.1　基础财务数据测算与分析

10.2　财务效益评估

第十一章　国民经济效益评估

第十二章　不确定性分析

12.1　盈亏平衡分析

12.2　敏感性分析

12.3　概率分析

第十三章　评估结论与建议

13.1　存在或遗留的重大问题

13.2　潜在的风险

13.3　建议

包括解决问题的途径和方法；建议国家（或地区）有关部门采取的应急措施和方法；对下一步工作的建议。

按照中国建设银行对固定资产贷款项目所确定的评估内容，贷款项目评估大纲的内容主要包括以下几个方面：

第一章　借款人资信评估

1.1　借款人基本情况

1.2　借款人的法定代表人和领导班子整体素质

1.3　借款人生产经营情况

1.4　借款人资产负债及清偿能力

1.5　借款人信用和发展前景

第二章　项目概况

2.1　项目建设必要性

2.2　项目进展过程

2.3　项目建设和生产条件

2.4　项目工艺技术设备

2.5　项目环境影响

第三章　项目产品市场状况和建设规模评估

3.1　产品市场供求现状的调查

3.2　产品供求发展趋势的预测

3.3　项目产品竞争能力的分析

3.4　项目建设规模和建设方案的经济合理性

第四章　投资估算与资金来源评估

4.1　项目总投资估算

4.2　资金来源

主要是对项目所有者权益和负债的可靠性进行分析。

第五章　财务评估

5.1　基础财务数据测算与分析

5.2　项目财务效益

第六章　国民经济评估

6.1　项目效益与费用的划分

6.2　项目国民经济效益

第七章　项目不确定性分析

7.1　盈亏平衡分析

7.2　敏感性分析

7.3　概率分析

第八章　银行效益与风险防范评估

8.1　银行效益

包括流动性和相关效益评估。

8.2　风险防范

主要是对借款人提供的保证、抵押、质押等贷款风险防范措施的评估。

第九章　评估结论和建议

阐述贷款项目当前存在的问题，提出建议或解决措施，作出最终评估结论。

12.4　项目后评估报告编制大纲

通常情况下，项目后评估报告应按照国家发改委、建设部规定的条例和格式要求进行编写。下面以一般工业性项目为例，说明编制项目后评估报告大纲的具体内容，可作为实际应用时的参考。

第一章　总论

1.1　项目后评估的目的

1.2　后评估工作的组织管理

1.3　后评估报告编制单位

1.4　后评估工作的起始和完成时间

1.5　评估资料来源和依据

1.6　后评估方法

1.7　建设项目实施总体概况

第二章　项目前期工作的后评估

2.1　项目筹备工作

包括筹备单位的名称、组织机构、筹备计划及筹备工作效率等的分析和评估。

2.2　项目决策工作

包括项目可行性研究单位的名称、资格;项目可行性研究报告的编制依据,可行性研究的起始和完成时间;项目决策单位、决策程序、决策效率和决策质量等的分析评估。

2.3　项目委托设计与施工

包括设计单位的名称及资格审查;委托设计的方式与设计费用;勘测设计与施工的相互衔接协调和满足程度;设计方案的优化情况;技术上的先进性和经济上的合理性;设计标准与质量;委托施工的方式;施工队伍资格审查的情况及施工合同等的分析评估。

2.4　建设物资、资金等落实情况

第三章　项目实施后评估

3.1　项目开工

3.2　施工准备

包括设备采购、投标招标的评估。

3.3　项目变更

对项目范围变更、设计变更、变更的原因及其影响的评估。

3.4　施工管理

包括施工组织方式;实际施工进度;施工项目成本;工程质量及其控制;施工技术与方案等的评估。

3.5　项目建设资金供应情况

3.6　项目建设工期

对实际建设工期、工期提前和延续原因的评估。

3.7　项目建设成本

对项目实际建设成本、实际成本超支与节约的原因进行评估。

3.8　项目施工验收与试生产

3.9　工程监理以及各种合同执行情况

3.10　项目实际生产能力与单位生产能力的投资

第四章　项目生产运行情况评估

4.1　项目达产情况

4.2　项目投入所需的原材料、燃料供应情况、资源综合利用情况

4.3　项目产出物的种类与数量、产品销售情况等

4.4　项目生产能力利用情况

4.5　企业的性质与职权、主管机关情况

4.6　企业经营管理

对机构设置、管理网络、管理人员配备、管理规章制度、组织管理效率等进行的分析评估。

4.7　劳动组织与人员培训

对管理人员的工作水平，有效管理能力，人才资源利用等的评估。

第五章　项目效益后评估

5.1　项目财务效益后评估

包括项目财务状况及预测；项目实际财务指标评估；主要财务指标对比分析；对财务状况的前景与措施的评估。

5.2　项目国民经济后评估

包括项目国民经济效益状况与预测；项目国民经济实际效益指标与计算；评估指标的对比分析；对国民经济效益的前景及其措施的评估。

5.3　社会效益后评估

包括项目对改善生产力布局，本地区社会经济发展，环保的生态平衡，交通设施和城市建设；本行业的技术进步，资源配置和综合利用等的分析评估；评估指标的对比分析，对项目社会效益的前景及其措施的评估。

第六章　后评估的综合结论

在对以上各项内容进行总概括后得出的基本结论。包括项目准备、决策、实施和运行各阶段的主要经验教训；对可行性研究及评估决策水平的综合评估；项目发展前景；提高项目未来经济效益的主要对策和措施。

复习思考题

1. 一般投资项目评估报告应包括哪些主要内容？

2. 贷款项目评估报告应包括哪些主要内容？

3. 如何编制可行性研究报告？

4. 如何编制项目评估报告？

5. 如何编制项目后评估报告？

第13章

可行性研究报告案例

纸质模塑一次性快餐盒及其系列制品

可行性研究报告

工程号:K—99147

××省工业设计研究院

年　　月　　日

目　录①

① 注:本章及下一章案例目录中的"章"为行文需要,与本书的章不为同一级别,特此说明。

第4章　工艺技术与设备

4.1　设计依据
4.2　设计范围
4.3　生产工艺流程
4.4　设备选择
4.5　原辅材料
4.6　工作制度和劳动定员
4.7　车间布置

第5章　工程技术方案

5.1　总图运输
5.2　土建工程
5.3　给水排水
5.4　供电设计

第6章　环境保护与安全

6.1　设计依据
6.2　环境保护
6.3　绿化
6.4　安全生产

第7章　生产组织与劳动定员

7.1　企业组织
7.2　工作制度
7.3　劳动定员
7.4　人员培训

第8章　项目实施进度计划

第9章　节约能源

9.1　设计依据
9.2　节能措施

第 10 章　投资估算

10.1　投资估算

10.2　编制依据

10.3　编制说明

10.4　固定资产投资构成分析

10.5　铺底流动资金

10.6　资金筹措

第 11 章　经济评价

11.1　评价依据

11.2　基础数据

11.3　产品销售

11.4　成本估算

11.5　财务评价

第 12 章　项目不确定性分析

12.1　盈亏平衡分析

12.2　敏感性分析

12.3　项目综合评价

附　表

附　图(略)

第1章　总　　论

1.1　项目名称及承办单位

项目名称:纸质模塑一次性快餐盒及其系列制品

项目承办单位:××有限公司

项目拟建地点:××市经济开发区

可行性研究报告编制单位:××省工业设计研究院

1.2　研究工作的依据和范围

1.2.1　研究依据

(1)××市经济建设规划院和××有限公司编制的项目建议书。

(2)××省计划与经济委员会计经投[1999]1794号《关于××有限公司纸质模塑一次性快餐盒及其系列制品项目建议书的批复》。

(3)中华人民共和国科学技术部国科发[1999]171号《关于下达1999年度国家科技计划的通知》。

(4)资金承诺书。

(5)甲方提供的地形图。

(6)轻工业部QBJS5—92《轻工业建设项目可行性研究报告编制内容深度规定》。

1.2.2 研究范围

1.研究工作的指导思想

(1)响应国家全面治理白色污染号召,根据“依靠技术改造,促进技术进步”的精神,按上级各部门批文精神,结合实际编制可行性研究报告,注重产品质量,提高产品的市场竞争能力,以取得最大的经济效益和社会效益。

(2)生产设备立足国内,选用国家环境保护总局实用技术推广项目,总平面布置等方面充分尊重业主,并符合当地规划部门要求。

(3)采取积极有效的环境保护措施,做好消防安全和生产安全措施,节约能源,努力建设成为现代化的生产企业。

2.可行性研究范围

通过对本项目的项目背景、必要性和经济上的合理性及产品市场分析,论述本项目的可行性,主要内容有:产品市场预测,生产规模确定,生产工艺流程,设备选型和涉及的公用工程、环境保护、消防、节能、劳动定员等进行分析,并进行投资估算和经济效益分析。

1.3 企业概况和项目背景

1.3.1 企业概况

××有限公司是按国家规定批准的有限责任公司,具有独立法人资格,注册资金 300 万元,法人代表×××,可从事塑料制品、棉针织品、服装加工、五金交电、化工原料和食品等经营活动。投资人从事企业管理已多年,有其他产业,具有丰富的企业管理、生产经营方面的经验,完全有能力承担本项目的建设。

1.3.2 项目背景

塑料餐具的问世,给我们生产、生活带来了诸多便利,并以其实用、轻便、成本低的优点,迅速占领快餐食品、工业包装等市场。然而,由于塑料制品的不可降解性,给我们的环境带来了危害极大的“白色污染”。人类赖以生存的自然环境日益恶化。1998 年葛洲坝水电厂因水面漂浮的泡沫塑料堆积,而被迫停电的事故，引起了举国上下的重视。国务院总理温家宝发布了"加大治理力度，根治白色污染"的号召。国务院办公厅发布紧急通知：加强对塑料包装废弃物的管理，迅速改变目前重点交通干线、长江流域及旅游景点"白色污染"泛滥的局面，保护自然环境。而后，国家经贸委6号令明确规定在2000年前淘汰所有一次性发泡塑料餐具。上海市技术监督局也发布了一次性降解餐具强制性地方标准。要求全市所有生产、经销一次性餐具的制造商、经销商必须严格执行该标准。南京市政府关于一次性不可降解塑料餐具管理办法初步拟定，也将在最近实施，对违禁者将采取严厉的处罚措施，中央文明办等11个部门和团体在1999年3月17日也召开了专题会议，把消灭"白色污染"作为倡导文明城市主要工作之一。国家正在拟定的《环境法》是对环保产业的大力扶植，必定加大企业对产生环境污染的处罚力度。

铁道部明确规定从1999年9月份起在全路各车站禁止使用发泡塑料餐具。1999年1月杭州市第八届人代会通过议案："禁止使用和销售发泡塑料快餐盒等制品，并明确对违规者的处罚条例，纳入法制范围。"北京、上海、武汉等许多大城市相继采用措施，限制使用EPS发泡包装产品，现在力度越来越大，治理"白色污染"已为众人瞩目，势在必行。

国家经贸委，国家轻工业局等有关部门经磋商明确规定，2000年元月至3月，直辖市和重点省会城市率先禁用EPS(聚苯乙烯)；3月至6月，推广到全国各省会城市和重点旅游区及经济发达城市。6月至11月底，完成国内绿色餐具的替换。

当今国际社会对环保日益重视，1991年欧共体的包装与环保法规规定："在运输包装和销售包装中避免使用聚苯乙烯(EPS)塑料，改用纸制模塑制品代替。"我国是"蒙特尔协定"和"维也纳宣言"的签约国。"宣言和协定书"中规定我国将要在2005年达到规定的目标。对此，我国于1996年4月1日颁布了固定废弃物环境保护法，法规中规定了三化原则：即对固体废弃物提倡资源化、减量化、无害化。而采用纸质模塑制品，代替EPS发泡制品，正是体现了"三化"原则。我国生态环境已严重受到使用EPS发泡塑料包装，尤其快餐饭盒等所造成的"白色污染"，为了与国际包装要求接轨，国家环保总局明确指出要大力发展纸质模塑工业，推广纸模制品的应用。

纸质模塑快餐用品的生产设备拟向杭州包装食品机械厂订购。该厂自1994年经××省计经委立项批准，研制开发纸浆模塑成套设备。本着高起点、高技术含量的立足点，经过科研人员及技术工人的不断努力，设备的技术性能和技术指标达到和超过国外同类设备的水平。

ZCJ—Ⅱ型纸浆模塑成套设备以符合食品包装卫生要求的草浆为主要原

料，经过制浆、真空抄网、热压成型等一系列工艺后制成杯、碗、盘、盒等一次性纸浆餐具，由于使用了科学、合理的配方，使其制品在理化指标上达到或超过了EPS发泡塑料餐具的性能，既可完全降解，又可回收再利用，符合绿色品的特性，是其他制品不可比的。

该生产设备已获得国家专利局授予实用新型专利，专利号：ZL96230833.1。国家经贸委在1997认定为国家级新产品。浙江省1999年优秀科技产品。1999年国家重点环境保护实用技术推广项目。说明纸质模塑生产技术已成熟。

国家科学技术部已将该项目列入1999年国家级科技成果推广项目，中国农业银行根据科技部的推荐，将该项目列入了1999年科技开发贷款项目，国家开发银行也准备在全国设立四个点进行推广（武汉、广西、东北、浙江），给予贷款支持。

国家质量技术监督局1999年11月19日发布了《一次性可降解餐饮具通用技术条件》和《一次性可降解餐饮具降解性能试验方法》，为纸质模塑生产提供了技术标准。

1.4 可行性研究概况及成果

1.4.1 建设规模和产品标准

根据市场预测情况和企业实际，建设规模为年产纸质模塑快餐用品30000万只，其中：纸质面碗：18000万只；纸质饭盒：12000万只。

生产的产品主要指标应符合如下要求：

阻油	装90℃热油	保温2H	不渗漏
阻水	装90℃水	保温2H	不渗漏
抗压	负重3kPa	变化＜5％	
对折		15次以上	
自然降解	自然条件下50～60d完全降解		

1.4.2 生产工艺及设备

生产工艺流程如下：

原材料→制浆→成型→干燥→消毒→检验→包装→入库→出厂

生产设备选用杭州包装食品机械厂生产的ZCJ－Ⅱ型纸浆模塑成套设备，拟建10条生产线。

1.4.3　原材料消耗

原材料年消耗量见表1。

表1　原材料年消耗量表

序　号	名　称	单　位	数　量
1	苇浆	吨	6000
2	木浆	吨	1500
3	助剂	吨	280
4	包装材料	吨	80

所需原材料无特殊性，国内货源供应充足，能保证供应。运输采用火车、汽车运输，贮存量按1个月考虑，贮存仓库内。

1.4.4　厂址及土建

厂址位于我国东南沿海地区××市经济开发区，距104国道线约1千米，距××港70多千米，距××机场60千米，交通便利。

本项目共需征地2.17平方千米，其中代征道路1.75亩，厂区内布置生产车间、原料仓库、成品仓库、办公楼和水、电配套设施，建筑物生产类别为丙类，建筑耐火等级为二级，建筑总面积16663平方米，建筑密度39.6%，绿地率30.6%，容积率0.81。

1.4.5　给排水

本项目日用水量为361.2吨，水源为市政自来水管网，厂内设250吨贮水池一座和相配套的泵房。

生产中产生的白水经污水处理站处理后100%循环使用，生活废水经地埋式污水处理装置处理后达标排入市政下水管网，排水量25.9吨/天。

1.4.6 供 电

供电电源引自35kV变电所10kV出线，架空引至本厂后埋地引入高压配电所，本期工程设备装机总容量4100kW，拟在负荷1714kVA，设置BS9型1000kVA变压器2台。

由于当地供电条件不够理想，为保证正常生产，设600kW柴油发电机组两台。

1.4.7 环境保护

本项目生产中的废水为白水，但可以重复利用，经处理后100%回用，无排放，不会对环境造成影响，生活废水经地埋式污水处理装置处理后达标排入市政排水管网。

本项目生产中不产生有害废气，对环境无影响。

固体废弃物量也较小，主要为废品和包装材料等，可加以回收或定期由当地环卫部门处理。

为了美化环境，主要道路两侧和办公楼前设置绿化，绿地率为30.6%。

1.4.8 消防与安全

建筑物防火间距按规范要求设置，给水管网在厂区形成环状，室外设消防栓，车间内建筑的灭火器按《建筑灭火器配置规范》设置，室内消防水量为10升/秒，室外消防水量为30升/秒。

在主要出入口和重要场所设应急指示灯。

生产工艺设备均有完善的安全措施，职工上岗前应经过培训，合格后上岗。

1.5 工作制度与劳动定员

全年工作日330天，一线工人采用四班三运转，技术、管理人员常日班生产，每班工作时间8小时。

本项目共需各类人员385人，其中男219人，女166人。

1.6 主要技术经济指标

表2 主要技术经济指标

序　号	指标名称	单　位	数　量	备　注
1	项目规模	亿只/年	3	
2	产品方案			
	快餐面碗	亿只/年	1.8	
	快餐饭盒	亿只/年	1.2	
3	主要原料消耗			
	浆　板	吨/年	7500	
	其　他	吨/年	360	
4	公用工程			
	用水量	万吨/年	12	
	用电量	万度/年	900	新增1000kVA变压器二台
5	新增土地	公顷	2.17	
6	新增建筑面积	平方米	16663	
7	职工人数	人	385	
8	年工作日	天	330	四班三运转
9	总投资	万元	6799	
9.1	固定资产投资	万元	5797	
9.2	流动资金	万元/年	1002	
10	销售收入	万元/年	12240	
11	销售税金	万元/年	1255	
12	利润总额	万元/年	4549	
13	主要技术指标			
13.1	财务内部收益率	%	51.7	
13.2	财务净现值	万元	10436	
13.3	投资回收期	年	3.08	含一年建设期

1.7 研究结论

本项目投资方向正确，符合国家各项政策，对环境保护的贡献较大，也是国家要扶持的行业，能消除危害环境的白色污染问题，其市场潜力巨大，前景是乐观的，能产生良好的社会效益。

工艺设备的生产技术成熟，为国家科技推广项目，产品质量有保证，市场竞争力强，为企业以后的发展奠定了基础。

经济效益显著，本项目技术含量高，工程总投资 6799 万元，年销售收入 12240 万元，年利润 4549 万元，税金 1255 万元，投资回收期 3.08 年。

从以上分析可知，该项目的建设能产生良好的社会效益和经济效益，建议有关部门给予大力支持，尽早发挥效益。

第2章　市场需求与建设规模

2.1　市场需求

纸浆制品包括杯、碗、盘、盒等餐具以及各类食品包装和工业包装。以天然植物纤维为原料，以传统的、无害的机械加工工艺和可食用卫生配方为基础制成可回收、易降解的绿色产品。纸浆制品市场如下：

1. 餐饮、服务

中国是人口大国，餐饮业十分发达，从豪华宾馆、高档酒楼到家常菜馆以及大排档、集市小吃、旅行快餐店，其市场容量近百亿只左右。

2. 食品包装

随着食品加工业的发展，城市中肉类、鱼类、面点类，以及瓜果、蔬菜净菜等消费市场巨大。特别是方便面产业，目前全国共有方便面生产线上千条，仅碗面就需30亿只以上，加之各种方便米、方便粥、方便菜的开发和使用，市场规模也呈递增趋势。

3. 农业方面

目前已开发出纸塑苗钵替代塑料钵，可以将钵体直接移栽到大田内，免去育苗移栽时的脱钵伤根现象，提高育苗成活率，缩短缓苗期，钵体腐烂变成肥料，增加土壤有机质，大大提高育苗栽培的增产效果。养蚕用方格簇，可以提高蚕茧的等级和蚕丝的质量，纸浆方格塑具有使用方便、使用寿命较长特点，受到蚕农的欢迎。纸塑花盆别具一格，既美化了环境，又免去城市收藏空盆无空间的困难。某些国内专家和有识之士，眼光更远，提出把移植盆形状加大，把树苗(种)先插入盆内移栽于沙漠中，能保水分、防风沙、提高成活率。如果这个试验能获得成功，愿望能实现，为沙漠变绿洲将是一大贡献，可谓功在当代，利在千秋。

4. 医疗方面

除了药品的包装外，纸浆模塑制品可以作出贡献的方面就更多了，如医院里一次性医疗器皿，如一次性痰盂、一次性尿盆，一次性手术盆；有的骨折如手臂骨折可以用纸塑模型固定，增加皮肤透气性，恢复更快。

5. 工业包装方面

目前我国许多电子产品，家用电器、机电产品大量使用 EPS 发泡塑料作为缓冲衬垫材料，尽管 EPS 优点很多，但存在着体积大、回收困难，再生费用高、焚烧处理会污染环境等弊端。近年来，许多国际公约和新法令都禁止或少使用 EPS，许多国际著名的电子厂商已在产品包装缓冲材料上用纸模产品替代。

另外，在儿童玩具、教学用具、旅游品方面，纸塑也有用武之地，如儿童用脸谱，小学生劳作材料，旅游一次性遮阳帽等。由于纸浆模塑制品有它独特的优点，在某些方面的应用后可以收到意想不到的效果。因此，随着人们环境保护意识不断增强，纸浆模塑技术不断发展和使用领域的思路拓宽，它会在不久的将来像现在的 EPS 发泡塑料一样存在于人们生活的每个空间。

目前，快餐业急需纸质模塑一次性餐具，替代发泡塑料和 PE 淋模纸板餐盒。众所周知，在被称作"白色污染"的食品包装中，一次性发泡塑料制成的快餐具占绝大多数，几乎处处可见。

以杭州市和浙江省为例，杭州是一个旅游城市，流动人口大，各企事业、机关、学校、商场、餐饮服务业等单位，普遍使用午间快餐。经过对 EPS 发泡餐具用量的调查表明，日平均消耗量在 10 万只以上，年需要量近四亿只之多。其他市场和铁路 EPS 发泡餐具的年需量约在 6 亿只以上，再加上浙江省的 10 个地市需求量约 9 亿只，全省年需量约为 19 亿只餐具，其他食品包装和电子工业包装用品均不在其内。

北京地区年需求量为 12 亿只。

据国家轻工业局资料，目前全国市场上各类一次性餐具年销售量近 100 亿只，快餐食品方便面碗的用量为 30 亿只左右，其中发泡塑料占 20%，纸类占 10%，其他约 10%。

国际市场也正兴起以纸质模塑制品替代 PEC 制品，减少、杜绝对环境的污染，发达国家的使用范围更大，据资料分析，世界各地年需要量在 1 万亿只以上，在保证国内供应的前提下，完全可以争取出口，供应国际市场，其前景是非常乐观的。

2.2 市场竞争

目前，国内纸浆模塑生产厂家共有一百多家；主要分布在经济较发达地区，部分生产企业名录，见表 3。

表3 国内纸浆模塑生产厂家

序　号	单位名称	单位地址
1	北京绿岛纸制品有限公司	北京市石景山西黄村7017
2	北京方舟纸制餐具厂	北京市德外西三旗东西北郊
3	北京市超特包装机械厂	北京市通州区通惠北路惠桥
4	北京华通包装材料有限公司	北京市西城区阜成门外22号
5	北京京安纸浆模塑制品厂	北京市通州区次渠镇次渠大街
6	北京绿华包装制品厂	北京市通州区壬马村北
7	北京格瑞纸制品有限公司	北京市宣武区马连道东街14号
8	北京协力旁普纸浆模塑制品厂	北京市丰台区丽泽桥东管头
9	北京中铁昌泰纸制品有限公司	北京市昌平城区镇西关三角地
10	上海绿益包装制品厂	上海浦东新区洋泾唐家弄42号
11	上海洁宇绿色包装制品厂	上海市闸殷路165号
12	上海绿宙包装股份有限公司	上海市隆昌路641号
13	上海嘉宝实业集团包装材料公司	上海嘉定南翔古猗园路350号
14	上海大和企业发展有限公司	上海市老沪闵路125号
15	上海公交食品包装有限公司	上海市天山路147弄3号
16	上海A环绿色食品容器有限公司	上海市松花江路36号
17	天津市外贸包装兴隆实业公司	天津市河东区陧林庄道92号
18	重庆祥瑞集团物华纸浆模塑公司	重庆市南纪门凤凰台6号
19	重庆耀华集团绿色环保餐具厂	重庆市石桥铺石新路45号
20	河北省邯郸市益康纸业有限公司	河北邯郸市铁西北大街149号
21	河北省保定三鑫纸浆模有限公司	河北省容城县城西
22	河北新华实业公司纸塑制品厂	河北省满城县留守坟村
23	廊坊开发区北方纸浆模制品公司	河北省廊坊市开发区金源道
24	廊坊开发区北方绿色包装公司	河北廊坊市瑞丰道前进机器厂内
25	河北省香河宇晖纸业有限公司	河北省香河县
26	河北沧州恒利绿色快餐包装公司	河北省东光县北环路5号
27	河北省邢台顺华纸制品有限公司	河北省邢台市西围城路45号
28	秦皇岛洁利康纸餐具制品公司	河北省秦皇岛市抚宁县杜庄

续表

序　号	单位名称	单位地址
29	山西大同中包公司绿色包装厂	山西省大同县倍加造镇
30	山西文水三有餐具有限公司	山西省文水县章多村
31	内蒙古赤峰市包装装潢厂	内蒙古赤峰市三道街东段 179
32	大连绿洲食品包装有限公司	辽宁大连市西岗区仲夏路 159 号
33	大连富景纸塑包装制品有限公司	大连市旅顺区经济开放区
34	辽宁省丹东中铁绿舟包装厂	丹东市振安区黄海大街 14 号
35	辽宁风城纸浆制品有限公司	辽宁省风城市风山路 798 号
36	吉林省长春天金餐具纸厂	吉林省长春市兰家镇
37	吉林市吉福纸模制品有限公司	吉林省吉林市林荫路 9 号
38	肇东正阳实业有限公司纸塑厂	黑龙江肇东市正阳大街 11 号
39	黑龙江省牡丹江圣格纸制品厂	牡丹江市光华大街机车路 55 号
40	江苏宜兴怡华纸制品有限公司	江苏宜兴万石镇万兴路 127 号
41	苏州水吉林纸模包装有限公司	江苏省苏州市新区竹园路 71 号
42	水鼎集团苏州永鼎纸模包装厂	江苏省苏州吴江市芦墟镇
43	江苏苏州华生纸制餐具厂	苏州市长青镇 312 道 11 号桥南
44	浙江省衢州欣绿餐具有限公司	衢州市蝴蝶路衢州大酒店五楼
45	浙江杭州绿色包装有限公司	浙江省杭州市机场路双凉亭
46	浙江杭州路益包装制品有限公司	杭州市机场路三里亭工农路
47	杭州联华纸业包装设备有限公司	杭州市秋涛路 190 号木材总厂内
48	浙江黄岩联发纸制品有限公司	浙江省台州市黄岩区新前镇
49	温州绿色包装机械制造有限公司	温州市人民中路湖滨东二楼
50	安徽尚联纸制品有限公司	安徽省阜阳市清河西路
51	福建省莆田莆糖纸餐具有限公司	福建省莆田市城厢区下林

以上企业中，生产规模大部分在年产几千万只。目前，全国总的生产能力为年产 30 亿只，由于国家政策扶持，2000 年上半年，生产能力会扩大至年产 50 亿只，而市场需求为 100 亿只，缺口仍然较大，市场上供不应求。

任何产品必须参与市场竞争，本项目具有如下优势：

1.政策扶持

我国是“蒙特尔协定”和“维也纳宣言”的签约国，协定和宣言中规定，我国在 2005 年实现“在运输包装和销售包装中避免使用聚苯乙烯(EPS)塑料，改用纸质模塑制品代替”。基于国际公约的规定和我国生态环境已受到严重污染的情况，国家环保总局和科技部明确指出要大力发展纸质模塑工业和推广纸质模塑制品的应用，各地政府也制定了相应政策，禁止使用EPS塑料。因此，纸质模塑快餐用品必将替代现有EPS，其市场潜力十分巨大。

科技部、国家开发银行对该项目实行贷款优惠。

2.技术优势

本项目选用ZCJ—Ⅱ型纸浆模塑成套设备，经过科研人员的多年努力，其技术指标达到和超过国外同类设备的水平，荣获浙江省1999年优秀科技产品标号，国家环保总局推荐的环境保护实用技术推广产品。其制成品质量稳定，成品率高，能耗低。如果产品品种更新，只要更换模具，就能生产出各种不同的快餐用具，技术上的优势明显。

3.竞争对手少

目前，我国大部分省、市生产纸质模塑快餐用具的厂家规模较小，而市场巨大。而且，这个市场才刚刚起步，急需产品满足市场供应。由于我国资源多，劳动力多，该产品进入国际市场也非难事。

2.3　建设规模

根据市场分析预测，国内市场对纸质模塑快餐用具的最终年需求量为100亿只，本项目拟建规模为每年3亿只，占国内市场份额的3%，结合浙江省和企业实际，这样的规模是合理的，主要产品为面碗和快餐盒。其产品方案见表4。

表4　项目产品方案

序　号	品　种	单　位	数　量	百分比
1	快餐面碗	万只/年	18000	60%
2	快餐饭盒	万只/年	12000	40%
	合　计	万只/年	30000	100%

2.4　销售意向

××有限公司已与市黎明实业有限公司达成书面意向书，月供货量达5000万个。同时有好几家厂有口头上意向，待产品产出后即可实行供货，产品销售渠道良好。

第3章 建设条件与厂址

3.1 厂址概况

××有限公司“纸质模塑一次性快餐盒及其系列制品”项目位于××经济开发区，距104国道线及高速公路约1公里，距××港70多公里，距××机场60公里，水陆交通非常便利。

本项目用地北临30米宽的已建道路，东临25米宽的已建道路，南临16米宽的规划路，西面为农田，用地周围交通运输十分方便。

3.2 气象条件

全年气候温暖湿润，属亚热带海洋性气候，全年雨量充沛，四季分明，全年主导风向夏季为东南风，冬季为西北风，年平均气温18℃～20℃，极端最高气温为39.8℃，极端最低气温为－4.5℃。月平均降水量在1800毫米～2000毫米，多集中在5—6月雷雨期和7—9月台风期。年无霜期在300天以上，年平均相对湿度85％，年平均风速2.4米/秒，受热带风暴、经热带风暴和台风影响年平均为3个月，出现月份为5—10月，其中7—9月出现频率较高。

3.3 水 文

洪水位基本稳定在3.5～4.0米(黄海高程)。

3.4 地 震

按全国地震带划分，属于东南沿海地震东北段，系少震，弱震区，远场地震波及影响是本地区的主要震害特征之一，其基本烈度为六度。

3.5 工程地质

本项目未进行地质勘探，暂时参考附近兴建新区时的有关工程地质勘测报告，拟建场地地质情况较为简单，在勘探深度范围内，表部为杂填土，粘土，其下为粘土、粉质粘土、砂卵砾石夹粘性土，粘土、粉质粘土。

3.6 区外配套设施

本项目地块建筑红线外的给排水、排污、通信、道路均由××经济开发区负责统一规划、统一建设。

第4章　工艺技术与设备

4.1　设计依据

(1)××省计划与经济委员会《关于××有限公司纸质模塑一次性快餐盒及其系列制品项目建议书的批复》。

(2)××市经济建设规划院《××有限公司纸质模塑一次性快餐盒及其系列制品项目建议书》。

(3)甲方提供其他设计资料。

4.2　设计范围

1.生产规模

生产规模为年产30000万只纸质模塑一次性快餐用具。其中:快餐面碗18000万只;快餐饭盒12000万只。

2.产品标准

按GB18006.1－1999《一次性可降解餐具通用技术标准》;GB18006.2－1999《一次性可降解餐饮具降解性能测试方法》。

主要指标如下:

(1)阻油　装90℃热油　保温2小时不渗漏

(2)阻水　装90℃热水　保温2小时不渗漏

(3)抗压　3kPa　变化率＜5％

(4)对折　15次以上

(5)降解　在自然条件下50～60天完全降解

(6)外观与卫生　符合GB9683－1988《复合食品包装卫生标准》

3.设计范围

按生产规模选择生产工艺流程,确定生产设备,并进行设备平面布置,对涉及的原材料消耗,劳动定员等作出安排。

4.3 生产工艺流程

纸质模塑快餐盒的生产是近几年发展起来的一种新技术，它把浆板经过打浆、配浆后采用模压成型机一次成型。可根据需要制成各种形状、大小的制品。

工艺流程略。

4.4 设备选择

4.4.1 设备比较

目前，我国国内生产各种纸浆模塑快餐盒设备的厂家达几十家，但其设备的技术性能、质量指标，适用范围各不相同，部分设备生产厂家见表5。

表5 设备生产厂家

序号	单位名称	单位地址
1	北京市超特包装机械厂	北京市通州惠北路通惠桥
2	北京市百特机械制造有限公司	北京市经济技术开发区鹿圈
3	北京科鸿阳经济技术发展公司	
4	上海贤华纸浆模机械有限公司	上海泰贸南桥环城西路36号
5	上海东桤新型包装设备有限公司	上海市闵行区东川路1289号
6	沧州运东通达包装设备服务中心	河北省沧州市红卫街29号
7	大连佳友包装产品制造有限公司	大连市金州区站前民和五里台
8	江苏省江阴市青阳轻工机械厂	江苏江阴市青阳北环西路
9	江苏无锡市新绿机械厂	江苏省无锡市胡棣人民西路
10	江苏宜兴惠达轻工机械有限公司	宜兴市宜城镇荆溪北路67号
11	江苏宜兴新绿纸餐具成套设备厂	江苏省宜兴市酒滨北路332号
12	南通市如皋塑料机械厂	江苏省如皋市环西路12号
13	浙江省探矿机械厂	浙江省龙游县龙兰路150号
14	浙江杭州包装食品机械厂	浙江省杭州市笕桥路21号
15	温州绿色包装机械制造有限公司	温州市人民中路湖滨东二楼

续表

序　号	单位名称	单位地址
16	龙游威业丝网机械制造有限公司	浙江省龙游健康路 13－2 号
17	金华市高原机械模具有限公司	浙江省金华市后城里街茶厂内
18	福建省福清闽龙机械有限公司	福建省福清市凤凰路 36 号
19	温州广银集团公司	浙江省平阳县

从国内使用情况看，进口设备很少，这是因为各国的饮食习惯不同，我国油的用量较多，对防油性能要求高，国外设备并不适合，从技术上看，我国的设备性能、自动化程度，设备价格等方面均不比国外设备差。

下面对具有代表性的日本设备，杭州包装食品机械厂、北京科鸿阳经济技术发展公司及温州广银集团的设备作一比较，见表 6。

表 6　设备比较

型号厂家 性能	ZCJ－Ⅱ杭州	K99 北京	A－3 日本	GYZQ 温州
工　艺	量杯计量 热压成型 自然搅拌	纸板粉碎 量杯计量 热压成型	量杯计量 热压成型 机械搅拌	植物粉碎 模压成型
生产能力 （一条生产线）	3000 万只/年	1000 万只/年	2000 万只/年	2000 万只/年
控制技术	PLC＋人机界面 自动连续	PLC 半自动 连续	PLC 自动连续	PLC 自动连续
环境影响	无影响	车间内产生粉尘	无影响	车间内产生粉尘
参考价格	300 万元	150 万元	不详	280 万元

从表 6 中可以看出，杭州包装食品机械厂的设备，生产能力大、技术先进、性级优良、价格合理，比较适合本项目，本项目形成年产 3 亿只的规模。选用 10 条生产线（见表 7）。

表7 ZCJ—Ⅱ型纸浆模塑年产3000万只餐具成套设备主要部件清单

工艺系统	设备名称	型 号	规 格	数 量
制浆系统	水力碎浆机	ZDS－2	$2m^3$	1
	单圆盘磨	ZDP8－2	Φ350mm	1
	无堵塞浆泵	TWZB100－80－200 TWZB80－65－200	Q＝$50m^3/h$ Q＝$250m^3/h$	2
	浆池推进器	HQ2301	Φ500mm	3
	搅拌桶		Φ400mm	
动力系统	压缩空气除油器	LG10－8	$10m^3/min$	2
	空压机	V－6/8－1	$6m^3/min$	1
	真空泵	SK－30 SK－12	$30m^3/min$ $12m^3/min$	1
	空气冷却器	LH10－8	$10m^3/min$	1
	冷却泵	YW50－20－15	Q＝$20m^3/h$	2
	回水泵	YW80－40－15	Q＝$40m^3/h$	
	真空罐	ZZ306	$6m^3$	1
	储气罐	C－1.5	$1.5m^3$	1
成型系统	成型机	ZCJ—Ⅱ	6.85×1.7×3m	6组
	抄网模			48套
	热压成型模			48套
控制系统	制浆系统动力屏	控制制浆系统		1
	动力系统动力屏	控制真空、空压、水泵等系统		1
	成型系统动力屏	控制成型主机供电系统		1
	成型机PLC电控柜	控制成型主机电、气、温度、程序自动控制系统		6
辅助系统	自动切边机	ZQJ	＞50只/min	2
	紫外线消毒机	SZL60	5.6m/min	2

4.4.2 设备选择理由

杭州包装食品机械厂 1994 年经浙江省计划与经济委员会立项,从事纸质模塑成套设备的研制开发。经过广大科研人员和技术工人的努力,并和高等院校联合,在 1996 年研制成功了成套设备,其设备的技术性能和各项指标达到和超过了国外同类产品的水平,在国内处于领先地位。1997 年被国家专利局授予实用新型专利,专利号:ZL96230833.1,几年来,该设备获得多项荣誉。

1997 年国家经贸委认定为国家级新产品;1998 年国家科学技术委员会将该项目列入国家级科技成果推广项目;1999 年浙江省科学技术委员会将该产品推荐为浙江省优秀科技产品;国家环境保护局将该设备列入 1999 年国家重点保护实用技术推广项目。以上说明该设备是值得选用的,也是合理的。

该生产设备有如下优点:

1.独特的设计

综合国内外造纸厂家的技术和经验及对纸浆模塑工艺要求的分析,大胆创新,采用升降吸附热压往复转移的工艺技术,提高了设备的稳定性,确保了成型效果和制品质量。

2.合理的结构

充分考虑到用户对生产多品种的要求和厂房条件,设备可排列组合,既可以大批量生产同一产品,也可以同时生产数个产品,并可根据产量规模灵活确定设备数量。

3.全自动运作

设备从浆料喂入到制品取出,全在自动化运作过程中完成,操作人员的手不接触制品,从而保证了食品包装容器的卫生要求,同时大大地降低了工人的劳动强度和成本。

4.控制的先进性

设备控制首创纸浆模塑生产 PLC+人机界面的最新控制技术,在主控屏上触摸屏显示中文菜单,操作人员一目了然,方便易学,设备装有故障互锁、自动报警停机等功能,从而保证设备的安全正常,彻底解决了自动化设备运行中的后顾之忧。

5.元器件的可靠

纸浆模塑产品大批量、不间歇生产运行频率很高,为了保证设备的正常运行,设备中的主要电、气元器件,采用德国费斯托、法国施耐德、日本三菱和欧姆龙等世界名牌产品,以及国内台资企业生产的国内名牌产品,尽管制造成本大大提高,但可以避免因元器件不过关造成的故障,从而提高设备的可靠性。

6.计量的正确

设备采用先进、合理的定量注浆抄纸形式,克服了抄纸过程中废品率高、制品重量误差大等问题。确保了抄网成品率,使制品重量符合标准要求,特别是具有调节制品重量方便的优点,不受人为因素及真空量大小变化的影响。

7.能源清洁、安全、可靠

社会经济的发展必然大量使用清洁能源,特别是在食品卫生行业。国务院关于压减电价拉动内需的措施,国家计委要求把电价压下来的指示已在层层落实。同时从两方面对能耗进行改造以降低单位产品能耗。一是与有关科研院合作,采用先进的发热元件;二是提高单位时间产量,从而降低单位产品能耗。从用户使用的实践证明,设备制品单位能耗明显下降,甚至低于使用蒸汽加热和油加热的制品能耗。

4.5 原辅材料

1.原辅材料用量

根据生产规模和产品方案,每年原辅材料的消耗量如表8所示。

表8 每年原辅材料的消耗量

序 号	名 称	单 位	数 量
1	苇浆	吨	6000
2	木浆	吨	1500
3	助剂	吨	280
4	包装材料	吨	80
5	水	万吨	12
6	电	万度	900

2.原辅材料来源

所需原辅材料无特殊性,新疆、长江流域大量出产芦苇,可谓取之不尽,江苏镇江纸浆厂、内蒙古亚山咀造纸厂均生产苇浆。木浆国内也能采购到,可采用进口木浆(俄罗斯、加拿大),助剂在浙江、天津、上海等地都有生产,水、电供应当地有保障,原材料来源充足。

3.原材料贮存

原材料贮存在成品仓库,贮存量按一个月生产量设置。

4.6 工作制度和劳动定员

1.工作制度

生产工人采用四班三运转工作制，管理人员常日班，全年工作日 330 天，每班工作时间 8 小时。

2.劳动定员

全厂需各类人员 385 人，其中男 219 人，女 166 人，具体见第 7 章生产组织与劳动定员。

4.7 车间布置

车间内设备按工艺流程进行布置，生产车间为二层建筑，底层布置五条生产线，二层布置五条生产线，垂直运输用货梯，具体见工艺设备平面布置图(略)。

第5章　工程技术方案

5.1　总图运输

5.1.1　厂区概况

厂区建于××经济开发区内，北临30米宽的已建道路，东临25米宽的已建道路，南临16米宽的规划路，距104国道线及高速公路约1公里，距××港70多公里，距××机场60公里。交通条件十分优越。

5.1.2　总图布置原则

1. 节约用地

认真贯彻国家的有关方针、政策、法令、法规，在满足生产要求的前提下，力求降低工程造价，节约建设用地。减少土方工程量，同时为生产及货物运输创造有利条件。

2. 功能明确

总平面布置力求做到功能分区明确，工程管线顺捷，人货分流，充分满足区镇规划建设和消防安全要求，并为方便施工创造条件。

3. 布置合理

根据项目工艺和生产要求及厂区环境自然条件综合进行总平面布置，力求布置紧凑合理。

4. 环境美观

力求全厂绿化配置得当，为美化厂容、厂貌并使之具有良好的生产和生态环境创造条件。

5.1.3 总平面布置(详见附图)

结合地形及周围环境等,厂区主入口设在厂区东侧 25 米宽的已建道路上,生产车间布置在厂区东南角,原料仓库、成品仓库布置在其北面,接近生产车间布置,以减少生产过程中的迂回运输,运输路线也通畅短捷。变配电所及发电机房、污水处理站、消防加压泵站等,布置在生产车间的西侧,靠近负荷中心,缩短管线,减少管道交叉,节省用地,节省投资。

办公楼、食堂布置在厂区东北部,接近厂区主入口,独立成区,闹静分开,又便于与外界的联系。

厂前区设有大广场,并配有花坛、喷泉、草坪等,既作为主入口对景,又可用做车辆回转场地。厂区南侧设有次入口,避免主入口人流、物流相拥。自行车棚位于原料仓库西侧,便于上、下班职工停放。

5.1.4 竖向布置和厂区道路

厂址用地为耕地,地形、地貌较为简单,地势起伏不大。为了满足生产、运输要求,同时考虑充分利用和合理改造地表,使场地设计标高尽量与自然地形相适应,力求场地土方总量小,竖向设计采用平坡式。

考虑到厂区对外交通运输和消防要求,并与各建筑通道和管线布置协调,厂内道路采用平行于主要建筑物,并正交环线建筑布置。

道路采用城市型。混凝土路面,路面宽度按主、次干道分别为 7 米、4 米。厂前区设计成广场形式,作回转车辆用。

5.1.5 绿化

为美化厂容、厂貌和改善厂区小气候,在厂前区,主、次干道、建筑、围墙边和厂区空余地段配置雕塑、草坪、喷水池,力求为全厂职工创造一个舒适宁静、四季常绿的生产、生活环境。

5.1.6 运输

本项目全年运输总量

运入　　　　7800 吨

原材料 7000吨
其他 800吨
运出 7800吨
成品 7200吨
废品 600吨

厂外运输以汽车为主,并辅以适量铁路和水路运输。

厂内运输主要是日常生产、生活过程中的原材料与成品搬运,运距短、批次多。

本项目配置运输车辆两辆,电瓶车两辆。

5.1.7 主要技术经济指标

厂区征地面积 21684.2平方米
其中:
代征道路 1175.9平方米
厂区用地面积 20508.3平方米
建筑物占地面积 8113平方米
总建(构)筑物面积 16663平方米
绿地面积 6275.5平方米
建筑密度 39.6%
容积率 0.81
绿地率 30.6%

5.2 土建工程

生产车间生产类别为丙类,建筑耐火等级为二级。二层钢筋砼框架结构,车间长×宽为80米×54米,柱网一般为9米×6米,附房部分为8米×6米,层高均为5.5米,建筑面积为8499平方米。因本车间建筑面积已超过规范规定的防火分区最大允许占地面积4000平方米,故本设计把附房与车间之间用甲级防火门隔开,楼梯间均为封闭楼梯间。车间内设两处楼梯,一台2吨货梯,一、二层车间西侧设置附房,其余均为生产车间,本车间能满足消防和安全疏散规范要求。

原料仓库、成品仓库储存物品为丙类,建筑耐火等级为二级。二层钢筋砼框架结构,长×宽为45米×28米,柱网一般为5米×7米,层高均为4.0米,建筑面积为2520平方米。仓库内设楼梯两处,2吨货梯一台,楼梯均设封闭楼梯间,以满足安全疏散和防火规范要求。

办公楼、食堂为四层钢筋砼框架结构,长×宽为32米×18米,柱网一般为4米×9米,层高底层为4.2米,其余均为3.9米,建筑面积为2324平方米。建筑耐火等级为二级。

变配电所及发电机房为单层砖混结构,建筑面积为336平方米,层高为5.0米。

消防加压泵站及污水处理站为单层砖混结构,建筑面积分别为108平方米、216平方米。层高均为4.0米。

门卫为单层砖混结构,建筑面积为40平方米,层高为3.6米。

自行车棚为单层轻钢敞棚结构,建筑面积为100平方米,层高为2.5～2.7米。

表9　建(构)筑物一览表

序　号	建(构)筑物名称	建筑面积(平方米)	占地面积(平方米)	层数	结构类型	备　注
1	生产车间	8499	4212	2	钢筋砼框架	
2	原料仓库	2520	1260	2	钢筋砼框架	
3	成品仓库	2520	1260	2	钢筋砼框架	
4	办公楼、食堂	2324	581	4	钢筋砼框架	
5	变配电所及发电机房	336	336	1	砖混	
6	消防加压泵站	108	108	1	砖混	包括构筑物
7	污水处理站	216	216	1	砖混	包括构筑物
8	门卫	40	40	1	砖混	
9	自行车棚	100	100	1	轻钢敞棚	构筑物
	共计	16663	8113			

5.3 给水排水

5.3.1 设计依据

(1)××有限公司纸质模塑一次性快餐盒及其系列制品项目建议书。

(2)建筑专业提供的车间平、剖面图、总平面图。

(3)工艺专业提供的条件。

(4)业主提供的有关给排水资料。

(5)国家现行的建筑给排水设计规范和建筑设计防火规范。

5.3.2 概 述

本项目基地位于××经济开发区,上游桥墩水库建有两个水厂(年供水能力为200万立方米)可供本区的用水。

5.3.3 给水设计

1.用水量、水质及水压

本项目用水量361.2吨/天,其中生产工艺用水量为330吨/天,生活用水量为31.2吨/天,详见表10。

表10 全厂生产、生活用水量表

序 号	用水种类	用水部门	用水量			备注
			最大(m^3/h)	平均(m^3/h)	全天(m^3/d)	
1	生活用水	车间、办公	1.41	0.56	13.5	
2		食堂	0.6	0.24	5.78	
3	生产用水	工艺	18.8	12.5	300	
4		洗车冲洗		0.07	1.6	
5		绿化		0.31	7.5	
6	小计				328.4	

续表

序　号	用水种类	用水部门	用水量			备注
			最大(m^3/h)	平均(m^3/h)	全天(m^3/d)	
7	不可预见费用				32.8	
	合计				361.2	
	消防给水		144			
	室内		36			
	室外		108			

2.给水方案

本项目给水采用消防、生产、生活用水合用制供水系统，以市政自来水作水源，从市政给水管网干管引至本项目基地，考虑到给水水压的不稳定性，为确保消防安全和生产的可靠性，基地内设消防加压泵站一座，泵站包括一只250吨贮水池(其中200吨为消防用水)和泵房组成，泵房内设一台65DL－3生产、生产备用泵及两台消防泵和两台自喷泵(详见消防章节)。

给水管沿主车间四周的主车道路呈环状铺设，各生产单体装设水表，以资计量核算。

3.消防给水方案

本项目属丙类工业企业，建筑物耐火等级为二级，根据GBJ16－87《建筑设计防火规范》规定，室内消防水量为10升/秒，室外消防水量为30升/秒。

本项目消防采用临时高压制，基地内设容积为250吨的消防水池(消防部分为200吨)，两台150DL－3消防水泵和两台100DL－3自喷水泵。

(1)室外消防

室外给水管主车间四周呈环状铺设，以间距不大于120米布置SS150型室外消火栓。

(2)室内消防

在车间、仓库等单体内以间距不大于30米设置SN65型室内消火栓。

仓库面积超过1000平方米的以中等危险等级设置封闭式自动喷淋灭火器系统。

(3)急救消防

在车间、仓库等单体按密度120平方米/组，设置干粉灭火器。

5.3.4 排水设计

本项目排水量：工艺（白水）排水量 500 吨/天，生产、生活排水量为 25.9 吨/天，详见表 11。

1. 雨水量

按××地区暴雨强度公式计算：

$$q=\frac{910\times(1+0.61LgP)}{t^{0.49}}\text{（升/秒·公顷）}$$

其中，设计重现期 P 取 1 年，地面集水时间 $t=5$ 分钟。

2. 排水方案

排水采用分法制排水体制。雨水和洁净废水在基地内经雨水排水管网汇总后就近接入市政雨水道，粪便污水经化粪池处理，食堂含油废水经隔油池处理后，与少量生产废水（车间冲洗废水）一起接至基地内的生活污水处理装置（一体化地埋式污水处理装置）经处理达标后接入市政下水道网（见表 11）。

生活污水处理规模为 50 吨/天。

白水回收处理详见环保章节。

表 11　全厂生产、生活排水量表

序　号	排水种类	排水部门	用水量			备　注
			最大(m^3/h)	平均(m^3/h)	全天(m^3/d)	
1	生活污水	车间、办公	1.0	0.4	9.6	
2	生活废水	车间、办公	0.4	0.16	3.6	
3	生产废水			0.07	1.6	
4	生活废水	食堂	0.6	0.24	5.78	
5	生产废水	车间、冲洗		0.21	5.0	
	小计					
	合计				25.9	

5.4 供电设计

5.4.1 负荷等级

本项目所有用电负荷均为一般性生产用电，负荷等级为三级。

(1)供电电源

本项目外部电源引自 35kV 变电所 10kV 出线，单电源引入。引入方式为架空引至本厂区后埋地引入本工程高压配电所。

(2)供电系统

本项目 10kV 高压供电系统采用单母线不分段运行方式：其 10kV 出线采用单回路放射式供电方式。0.4kV 低压则采用单母线分段运行方式。

(3)配、变电所

本项目设独立式 10/0.4kV 变配电所一座，供生产及生活用电。因当地供电条件不理想，为保证生产正常进行，设 600KW 柴油发电机组两台。

本期工程设备装机容量为 4100kW/秒，有功计算负荷 1650kW，无功计算负荷 720kVAR，视在负荷 1714kVA，静电电容器总容量 256kVAR，本工程设置 BS9 变压器 2 台，变压器总容量为 2000kVA。

(4)计量

10kV 进线设专用计量柜。0.4kV 低压出线回路均装设计量电表。

(5)无功补偿

无功补偿均设置在变配电所集中进行，补偿后变压器高压侧功率因数 0.95 以上。

(6)设备选择

10kV 高配所内高压开关柜采用 XGN2－10 型配用 ZN28A 真空断路器，操动机构 DC－CT19；配电变压器采用 BS9 型密闭式变压器；低压配电装置选用 GGD 型配电柜。

(7)厂区户外供电线路

本项目户外 10kV 供电线路采用 YJV22－10kV 铠装电力电缆直接埋地敷设；0.4kV 供电线路采用 VV－1kV 电力电缆沿电缆沟敷设。

5.4.2　动力与照明配电

(1)电源与配电系统

电源均由变配电所引来,电压380/220伏。动力配电系统一般均采用树干式配电。照明配电系统一般均采用树干式配电。

(2)配电设备

本项目中各生产车间、仓库等均正常环境,选用配电设备为普通型。

(3)电缆、导线的选择与敷设

车间内配电干线选用VV－1kV铜芯电力电缆沿桥架敷设;配电支线选用BV－500V铜芯线穿金属管暗敷。

(4)接地系统

本工程低压配电系统接地型式为TN—S型与TT制相结合方式。利用建筑物基础构成综合接地体,接地电阻不大于1欧姆。

5.4.3　电气消防

车间内设置火灾自动报警系统。车间各出入口与通道设置疏散指示灯具与应急照明灯具。

5.4.4　建筑物防雷

本项目属三类防雷建筑。防雷接地体与低压配电接地系统共用。在建筑高度大于15米的建筑物屋顶设避雷带,沿建筑物四周设避雷引下线。防雷系统均利用建筑物结构钢筋组成。

5.4.5　通　信

本厂区内设30对电话交接箱一只,由市话网引来20对市话电缆一路,厂区内通信电缆均埋地敷设。

第6章 环境保护与安全

6.1 设计依据

(1)执行《建设项目环境保护条例》中规定的“三同时”原则。

(2)GB3095－1996《环境空气质量标准》。

(3)GB1697－1996《大气污染物综合排放标准》。

(4)GB3096－96《城市区域环境噪声标准》。

(5)GB12348－96《工业企业厂界噪声标准》。

(6)GB8978－1996《污水综合排放标准》。

(7)GB3838－88《地面水环境质量标准》。

(8)GB13271－91《锅炉大气污染物排入标准》。

6.2 环境保护

6.2.1 废 水

本项目生产过程中每条线产生50立方米/天白水,没有其他污染性废水产生(仅有少量车间冲洗废水),10条生产线共产生500吨/天白水。

基地内排水设计采用分流制排水体制,雨水和洁净废水在基地内雨水排水管网汇总后就近接入市政雨水道,粪便污水经化粪池处理,食堂含油废水经隔油池处理,与少量生产废水(车间冲洗废水)一起排至基地内生活污水处理装置(一体化地埋式污水处理装置),经处理达标后接入市政下水道。

1. 白水回收规模与水质

白水回收设计规模 500 立方米/天；废水水质（白水）COD＝450－500mg/L，BOD5＝80－150mg/L，SS＝500mg/L。

2. 白水回收工艺流程

（略）

6.2.2　污水处理

1. 污水处理规模

本项目生产、生活废水 25.9 吨/天，考虑到扩建余地，污水处理规模定为 50 立方米/天。

2. 污水水质

COD＝200－500mg/L，BOD5＝150－250mg/L，SS＝200－400mg/L

3. 污水处理后排放标准

COD＜100mg/L，BOD＜30mg/L，SS＜70mg/L

4. 污水处理工艺流程

采用定型产品，一体化地埋式生活污水处理装置。其流程略。

5. 处理效果

经处理后，污水出水水质为 CODcr＜100mg/L，BOD5＜20mg/L，SS＜70mg/L。

6.2.3　废气、噪声

生产过程中，一般设备不产生废气和较高的噪声，空压机产生噪声，空压机房内设隔音、吸音板，不会对环境造成污染。

6.2.4　废　渣

生产中产生的废渣主要是包装废弃物，量很少，可以回收利用，不会对周围环境造成影响。

6.3　绿　化

为使职工有一个良好的生产环境，厂区内主要道路两侧设绿化带。根据建筑总图布置，建筑物之间留有一定间距进行绿化，既可美化环境，又能满足消防和疏散要求。本项目绿化率达30.6%。

6.4 安全生产

项目所采用的设备及其安全措施较为完善。职工上岗前应做好安全生产教育，使职工掌握设备的安全操作规程和必要的安全生产知识。熟悉了解生产工艺，掌握各种特点及事故易发点，以避免直到杜绝事故发生。

电气设备选用封闭式低压配电设备提高运行和操作安全，采用三相五线制供电方式，保证设备运行和人身安全，主要出入口和重要场所应设紧急指示灯。

第7章　生产组织与劳动定员

7.1　企业组织

本项目建成后,应加强管理,管理出效益,要充分吸收国内外先进管理方法,充分发挥管理职能。这样有利于企业的发展,促使产品质量不断提高,增强企业的竞争能力。

7.2　工作制度

全年工作日330天,生产工人采用四班三运转,管理人员常日班,每班工作时间8小时。

7.3　劳动定员

本项目劳动定员385人,其中男219人,女166人,详见表12。上述人员中技术人员可从人才交流中心招聘,工人从劳务市场招工。

表12　项目劳动定员

工种名称	常日班		早　班		中　班		夜　班		休　息		小　计		总　计
	男	女	男	女	男	女	男	女	男	女	男	女	
生产线操作工			45	35	45	35	45	35	45	35	180	140	320
辅助工			2	1	2	1	2	1	2	1	8	4	12
包　装			2	2	2	2	2	2	2	2	8	8	16
仓　库			2	1	2	1					4	2	6
后　勤	4	2											6
运　输	2	1											3

续表

工种名称	常日班		早 班		中 班		夜 班		休 息		小 计		总 计
	男	女	男	女	男	女	男	女	男	女	男	女	
销售人员	5	4											9
管理人员	5	3											8
技术人员	3	2											5
合 计	19	12	51	39	51	39	49	38	49	38	219	166	385

7.4 人员培训

人员要经过严格培训才能上岗，并且要求掌握一定的专业知识，项目成立后，应派出技术骨干到国内有关厂家学习，掌握设备的操作技能。关键的生产工序必须认真领会，具体可从以下几个方面入手：

(1)由公司组织人员举办培训班，聘请有关专家讲课，掌握基本操作技能。

(2)聘请国内外专家，讲授企业管理方面的知识，提高企业管理水平，增加市场竞争能力。

(3)与有关厂家进行充分的技术交流。

(4)请国内有关大专院校培养人才。

第8章　项目实施进度计划

项目实施进度计划见表13。

表13　项目实施进度计划

序　号	工作内容	1999年	2000年										
		12	1	2	3	4	5	6	7	8	9	10	11
1	可行性报告兼实施方案编制审批												
2	初步设计、审批												
3	施工图设计												
4	厂房施工												
5	人员培训												
6	设备安装												
7	试生产												
8	投产												

第9章 节约能源

9.1 设计依据

根据国家颁布的《节约能源暂行条例》进行设计。

9.2 节能措施

1. 设备节能

本项目所选用的设备，采用国内技术先进、自动化程度高、精密度高、运行平稳、效率高，有利于节能，具有国内领先的技术，国家推荐的节能产品。

2. 节约用电

供电设计选用低耗节能型电力变压器及采用无功功率自动补偿装置，以减少无功功率损耗。

车间照明选用节能型灯具。变电所每条低压回路装置设计量表，便于经济核算管理及节能。

3. 节约用水

生产中产生的白水，经处理后全部加以循环使用，节约用水。

第10章　投资估算

10.1　投资估算

本项目为××有限公司纸质模塑一次性快餐盒及其系列制品项目可行性研究,固定资产投资估算为5797万元,铺底流动资金300万元。项目建设投资估算为6097万元。

10.2　编制依据

(1)中国轻工业局《轻工业工程设计概预算编制办法》。

(2)各专业设计人员提供的数据。

10.3　编制说明

(1)生产工艺设备以现行市场价估算。

(2)建筑工程根据相关指标资料和参照当地实际情况进行计算,项目新增建(构)筑面积16663平方米。

(3)公用工程设备及材料的价格均以市场价或信息价估算。

(4)其他费用参照中国纺织工业局及省有关规定编制。

(5)建设期利息暂按年利率6.03%计算。

10.4　固定资产投资构成分析

	投资额(万元)	占投资比例(%)
建筑工程	1117.93	19.28
设备费	2995.08	51.67
安装工程	366.96	6.33

其他费用　1317.03　22.72

合　计　5797　100

10.5 铺底流动资金

铺底流动资金按流动资金的30%计取，为300万元；项目投资为固定资产投资加铺底流动资金，合计6097万元。

10.6 资金筹措

项目资金筹措：企业自筹2097万元，科技部出资1000万元，银行贷款3000万元（见表14、表15）。

表14　投资估算表

序　号	工程和费用名称	概算价值（万元）					占总值（%）	技术经济指标		
		建筑工程	设　备	安装工程	其他费用	总　值		单　位	数　量	单位价值（元）
1	第一部分工程费用									
1.1	生产车间									
1.1.1	土　建	560.93				560.93		m^2	8499	660
1.1.2	工　艺		2693.52	124.7		2818.22				
1.1.3	给排水			21.25		21.25				
1.1.4	电气、照明		5.16	55.24		60.4				
1.1.5	货　梯		2	0.3		2.3				
	小　计	560.93	2700.68	201.49		3463.1				
1.2	原料仓库									
1.2.1	土　建	126				126		m^2	2520	500
1.2.2	水、电安装			12.6		12.6				
1.2.3	货　梯		2	0.3		2.3				
	小　计	126	2	12.9		140.9				
1.3	成品仓库									
1.3.1	土建	126				126		m^2	2520	500
1.3.2	水、电安装			12.6		12.6				
1.3.3	货　梯		2	0.3		2.3				

续表

序 号	工程和费用名称	概算价值(万元)					占总值(%)	技术经济指标		
		建筑工程	设 备	安装工程	其他费用	总 值		单 位	数 量	单位价值(元)
	小 计	126	2	12.9		140.9				
1.4	变配电及发电机房									
1.4.1	土建	26.88				26.88		m^2	336	800
1.4.2	变配电		110	13.5		123.5				
1.4.3	发电机		150	22.5		172.5				
	小 计	26.88	260	36		322.88				
1.5	消防加压泵站	6	2.4	0.2		8.6				
1.6	污水处理站	30	25	5		60				
1.7	综合办公楼									
1.7.1	土 建	127.82				127.82		m^2	2324	550
1.7.2	给排水			8.13		8.13				
1.7.3	电气、照明			15.34		15.34				
	小 计	127.82		23.47		151.29				
1.8	厂区通信		3	6		9				
1.9	总 图									
1.91.	给排水管网			45		45				
1.9.2	电气照明线路			24		24				
1.9.3	三废处理				50	50				
1.9.4	围墙、大门	18				18				
1.9.5	道路、广场	70				70				
1.9.6	传达室	2.8				2.8		m^2	40	700
1.9.7	自行车棚	3.5				3.5		m^2	100	350
1.9.8	绿 化	20				20				
	小 计	114.3		69	50	233.3				
	第一部分费用合计	1117.93	2995.08	366.96	50	4529.97				
2	第二部分其他费用									
2.1	土地征用费				455	455		亩	32.5	140000
2.2	建设单位管理费 2.2%				99.66	99.66				

续表

序号	工程和费用名称	概算价值(万元)					占总值(%)	技术经济指标		
		建筑工程	设备	安装工程	其他费用	总值		单位	数量	单位价值(元)
2.3	生产准备费				25	25				
2.4	勘察设计费				50	50				
	小计				629.66	629.66				
	第一、二部分费用合计	1117.93	2995.08	366.96	679.66	5159.63				
3	不可预见费用				516.37	516.37				
4	建设期贷款利息				121	121				
	合计	1117.93	2995.08	366.96	1317.03	5797				
5	铺底流动资金				300	300				
6	总计	1117.93	2995.08	366.96	1617.03	6097				

表 15 设备及安装工程概算表

序号	设备及安装工程名称	型号规格	单位	数量	单价(万元)	合计(万元)
	国产设备					
1	纸浆模塑成套设备	ZCJ－Ⅱ	条	10	248	2480
2	电瓶车		辆	2	7	14
	小计					2494
	运杂费	6%				149.64
	备品备件	1%				24.94
	安装费	5%				124.7
	工器具	1%				24.94
	合计					2818.22

第11章 经济评价

11.1 评价依据

(1)×计经[1999]1794号文《××有限公司纸质模塑一次性快餐盒及其系列制品项目建议书批文》。

(2)国家计委《建设项目经济评价方法与参数》(第二版)。

(3)国家轻工业局有关政策、法规。

(4)各专业设计人员提供的各类数据。

11.2 基础数据

1.生产规模

年产快餐面碗　　18000万只

年产快餐饭盒　　12000万只

2.实施进度

本项目拟一年建成,第二年为投产期,生产负荷达到设计能力的80%,第三年起达到设计能力的100%,生产期为10年,计算期为11年。

3.总投资估算及其来源

(1)固定资产投资

本项目新增固定资产投资为5797万元。项目所需资金向科技部申请1000万元,向银行贷款3000万元,年利率暂按6.03%测算,其余资金由企业自筹解决。

(2)流动资金估算

根据企业实际情况,按分项详细估算法进行估算。该项目所需流动资金1002万元。除铺底流动资金以外,其余流动资金企业自筹。

总投资=固定资产+流动资金=5797+1002=6799(万元)

11.3 产品销售

本项目为年产一次性快餐盒，销售价格根据市场和企业实际销售情况确定，见表16。

表16 销售价格、销售量估算

序　号	产品名称	数量(万只)	单价(元/只)	合计(万元)
1	快餐面碗	18000	0.48	8640
2	快餐饭盒	12000	0.30	3600
	合　计			12240

11.4 成本估算

1.原材料

本项目主要原材料为苇浆、木浆、助剂，年需求量和金额的估算见表17。

表17 原材料估算

序　号	材料名称	数量(吨)	单价(万元/吨)	合计(万元)
1	苇　浆	6000	0.34	2040
2	木　浆	1500	0.42	630
3	助　剂	280	2.8	784
4	包装材料			350
	合　计			3804

2.燃料动力

本项目主要燃料动力为电、水，年需求量和金额的估算见表18。

表18 燃料动力估算

序号	名　称	数量(吨)	单价(万元/吨)	合计(万元)
1	电	900万度/年	0.70元/度	630
2	水	120000吨	1.5元/吨	18
	合　计			648

3.工资及福利费

项目所需定员385人,人均工资及福利费按每人每年1.2万元计取,全年为462万元(其中福利费按工资总额的14%计取)。

4.折旧费

本项目投资形成固定资产原值5107万元。按平均年限法计算折旧,折旧年限为10年,年折旧费为485万元,残值率约为5%。

5.摊销费

本项目无形及递延资产合计为690万元,按5年摊销,年摊销费为138万元。

6.维修费

维修费按折旧额的35%计取,年维修费为170万元。

7.其他费用

其他费用中考虑销售费用、制造费用、管理费用、产品开发等。根据项目的运作情况,其他费用按正常年销售收入的6.6%计取。每年约为808万元。

8.总成本

本项目正常年份的总成本费用为6436万元,其中固定成本为1984万元,可变成本为4452万元,经营成本为5892万元。

11.5 财务评价

1.年销售税金及附加估算

年销售税金及附加按国家规定估算。增值税率为17%,城市维护建设税为增值税的7%,教育费附加为增值税的4%计取,正常年销售税金及附加为1255万元。

2.利润总额及分配

利润总额及分配详见利润表(见附表5)。利润总额正常年为4549万元,所得税按利润总额的33%计取为1501万元,盈余公积金和公益金分别按税后利润的10%和5%提取,余下全部为未分配利润,正常年为2591万元。

3.财务盈利能力分析

(1)根据财务内部流量表(全部投资)计算以下财务评价指标

所得税后财务内部收益率(FIRR)为51.7%,财务净现值($i=14\%$时)为10436万元;所得税前财务内部收益率为71.37%,财务净现值($i=14\%$时)为16754万元;财务内部收益率大于行业基准收益率,盈利能力满足行业最低要求;财务净现值均大于零。因此,本项目在财务上是可以接受的。

所得税后的投资回收期为 3.08 年(含一年建设期),所得税前的投资回收期 2.59 年,均小于行业基准投资回收期 10 年,该项目投资能够按时收回。

(2)根据利润表和总投资计算如下指标

$$投资利润率=\frac{年利润总额}{总投资}\times100\%=\frac{4549}{6799}\times100\%=66.91\%$$

$$投资利税率=\frac{年利税总额}{总投资}\times100\%=\frac{4549+1255}{6799}\times100\%=85.37\%$$

本项目投资利润率和投资利税率均大于行业平均投资利润率和平均利税率,表明单位投资对国家积累的贡献水平超过了本行业的平均水平。

4.清偿能力分析

清偿能力分析是通过对"借款还本付息计算表"、"资金来源与运用表"、"资产负债表"的计算,考察项目计算期内各年的财务状况及偿债能力,并计算了资产负债率、流动比率、速动比率和固定资产借款偿还期。

偿还借款期的资金来源,本项目在还款期间将取未分配利润、折旧费、摊销费全部用于还款。固定资产投资借款偿还期(从借款开始年算起)为 2.57 年,能满足贷款机构的要求,项目具有良好的偿债能力。

第12章　项目不确定性分析

12.1　盈亏平衡分析

盈亏平衡分析是计算以生产能力利用率表示的盈亏平衡点(BEP),其估算公式为:

$$BEP=\frac{\text{年固定总成本}}{\text{年销售收入}-\text{年可变成本}-\text{年销售税金}}\times 100\%$$

$$=\frac{1984}{12240-4452-1255}\times 100\%$$

$$=30.37\%$$

计算结果表明,该项目只要达到设计能力的30.37%,项目就已保本,因此该项目实施后风险较小。

12.6　敏感性分析

对该项目所作的所得税前全部投资的敏感性分析,通过对固定资产投资、经营成本和销售收入分别作了提高和降低的单因素变化,这些因素的变化都对财务内部收益率有一定的影响。具体见敏感性分析表19。

表19　敏感性分析表

销售收入变化	经营成本变化	固定资产投资变化	所得税前(*FIRR*)	所得税前投资回收期(*Pt*)
−10.0%	0.00%	0.00%	56.67%	2.94年
0.00%	+10.0%	0.00%	64.18%	2.75年
0.00%	0.00%	+10.00%	64.64%	2.72年
0.00%	0.00%	0.00%	71.37%	2.59年

从表19可以看出,各因素的变化对财务内部收益率及投资回收期的影响

程度不一，其中销售收入的变化最为敏感，经营成本次之。从上述财务评价看，财务内部收益率及投资回收期均满足行业要求，又具有较强的偿债能力，从敏感性分析看，项目也有一定的抗风险能力。因此，此项目从财务上而言是可行的。

12.3 项目综合评价

该项目投产后，年新增销售收入 12240 万元，税后利润 3048 万元，投产后 3.08 年可收回全部投资。

附　表

附表1　流动资金估算表

(单位:万元)

序号	年份 / 项目	最低周转天数	周转次数	投产期	达到设计能力生产期								
				2	3	4	5	6	7	8	9	10	11
1	流动资产			1132	1344	1344	1344	1344	1344	1344	1344	1344	1344
1.1	应收账款	30	12	417	491	491	491	491	491	491	491	491	491
1.2	存货	30/15	12/24	662	800	800	800	800	800	800	800	800	800
1.3	现金	15	24	53	53	53	53	53	53	53	53	53	53
2	流动负债			274	342	342	342	342	342	342	342	342	342
2.1	应付账款	28	13	274	342	2,42	342	342	342	342	342	342	342
3	流动资金			858	1002	1002	1002	1002	1002	1002	1002	1002	1002
4	流动资金本年增加额			858	144								

附表2　投资使用计划及资金筹措表

(单位:万元)

序号	年份 / 项目	合计	建设期	投产期	达到设计能力生产期								
			1	2	3	4	5	6	7	8	9	10	11
1	总投资	6799	5797	858	144								
1.1	固定资产投资	5676	5676										
1.2	建设期利息	121	121										
1.3	流动资金	1002		858	144								
2	资金筹措	6799	5797	858	144								
2.1	自由资金	2799	1797	858	144								
	其中:用于流动资金	1002		858	144								
2.1.1	资本金	2799	1797	858	144								
2.1.2	资本溢价												
2.2	借款	4000	4000										
2.2.1	长期借款	4000	4000										
2.2.2	流动资金借款												
2.3	其他借款												

附表 3 销售收入和销售税金及附加估算

序号	项目	销售单价(元)	生产负荷80%				生产负荷100%			
			销售量(吨)	金额			销售量(吨)	金额		
				外销	内销	小计		外销	内销	小计
				万元	万元	万元		万元	万元	万元
1	产品销售收入					9792				12240
	快餐面碗	0.48	14400		6912	6912	18000		8640	8640
	快餐饭盒	0.30	9600		2880	2880	12000		3600	3600
2	销售税金及附加					1004				1255
2.1	增值税	17%				905				1131
	销项税					1423				1778
	进项税					518				647
2.2	城市维护建设税	7%				63				79
2.3	教育费附加	4%				36				45

附表 4 总成本费用估算表 (单位:万元)

序号	年份/项目	合计	投产期	达到设计能力生产期								
			2	3	4	5	6	7	8	9	10	11
	生产负荷%		80%	100%	100%	100%	100%	100%	100%	100%	100%	100%
1	外购原材料	37279	3043	3804	3804	3804	3804	3804	3804	3804	3804	3804
2	外购燃料动力	6350	518	648	648	648	648	648	648	648	648	648
3	工资及福利费	4620	462	462	462	462	462	462	462	462	462	462
4	修理费	1700	170	170	170	170	170	170	170	170	170	170
5	折旧费	4850	485	485	485	485	485	485	485	485	485	485
6	摊销费	690	138	138	138	138	138					
7	财务费用	928	292	164	59	59	59	59	59	59	59	59
7.1	其中:流动支出	346	241	105	0	0	0	0	0	0	0	0
8	其他费用	8080	808	808	808	808	808	808	808	808	808	808
9	总成本费用	64497	5916	6679	6574	6574	6574	6436	6436	6436	6436	6436
9.1	其中:固定成本	20868	2355	2227	2122	2122	2122	1984	1984	1984	1984	1984
9.2	可变成本	43629	3561	4452	4452	4452	4452	4452	4452	4452	4452	4452
10	经营成本	58029	5001	5892	5892	5892	5892	5892	5892	5892	5892	5892

附表5　利润表　　(单位:万元)

序号	项目＼年份	合计	投产期	达到设计能力生产期								
			2	3	4	5	6	7	8	9	10	11
	生产负荷%		80%	100%	100%	100%	100%	100%	100%	100%	100%	100%
1	产品销售收入	119952	9792	12240	12240	12240	12240	12240	12240	12240	12240	12240
2	销售税金及附加	12299	1004	1255	1255	1255	1255	1255	1255	1255	1255	1255
3	总成本费用	64497	5916	6679	6574	6574	6574	6436	6436	6436	6436	6436
4	利润总额	43156	2872	4306	4411	4411	4411	4549	4549	4549	4549	4549
5	所得税(33%)	14242	948	1421	1456	1456	1456	1501	1501	1501	1501	1501
6	税后利润	28914	1924	2885	2955	2955	2955	3048	3048	3048	3048	3048
7	特种基金											
8	可供分配利润	28914	1924	2885	2955	2955	2955	3048	3048	3048	3048	3048
8.1	盈余公积金(15%)	4336	289	433	443	443	443	457	457	457	457	457
8.2	应付利润											
9	未分配利润	24578	1635	2452	2512	2512	2512	2591	2591	2591	2591	2591
	累计未分配利润		1635	4087	6599	9111	11623	14214	16805	19396	21987	24578

附表6　借款还本利息计算表　　(单位:万元)

序号	项目＼年份	利率(%)	建设期	投产期	达到设计能力生产期								
			1	2	3	4	5	6	7	8	9	10	11
1	人民币借款	6.03		4000	1742								
1.1	年初借款本息累计			4000	1742								
1.1.1	本金			4000	1742								
1.1.2	建设期利息												
1.2	本年借款		4000										
1.3	本年应计利息		121	241	105								
1.4	本年偿还本金			2258	1742								

续表

序号	年份 项目	利率(%)	建设期 1	投产期 2	达到设计能力生产期 3	4	5	6	7	8	9	10	11
1.5	本年支付利息		121	241	105								
2	偿还借款本金的来源												
2.1	利润			1635	2452								
2.2	折旧费			485	485								
2.3	摊销费			138	138								
2.4	偿还本金来源合计			2258	3075								
2.4.1	偿还人民币本金			2258	1742								
2.4.2	偿还本金余额			0	1333								
借款偿还期(从借款开始年计起)					2.57 年								

附表 7 现金流量表(全部投资) (单位:万元)

序号	年份 项目	合计	建设期 1	投产期 2	达到设计能力生产期 3	4	5	6	7	8	9	10	11
	生产负荷%			80%	100%	100%	100%	100%	100%	100%	100%	100%	100%
1	现金流入	121211		9792	12240	12240	12240	12240	12240	12240	12240	12240	13499
1.1	产品销售收入	119952		9792	12240	12240	12240	12240	12240	12240	12240	12240	12240
1.2	回收到定资产余值	257											257
1.3	回收流动资金	1002											1002
2	现金流出	91369	5797	7811	8712	8603	8603	8603	8648	8648	8648	8648	8648
2.1	固定资产投资	5797	5797										
2.2	流动资金	1002		858	144								
2.3	经营成本	58029		5001	5892	5892	5892	5892	5892	5892	5892	5892	5892

续表

序号	年份/项目	合计	建设期	投产期	达到设计能力生产期								
			1	2	3	4	5	6	7	8	9	10	11
2.4	销售税金及附加	12299		1004	1255	1255	1255	1255	1255	1255	1255	1255	1255
2.5	所得税	14242		948	1421	1456	1456	1456	1501	1501	1501	1501	1501
3	净现金流量	29842	−5797	1981	3528	3637	3637	3637	3592	3592	3592	3592	4851
4	累计净现金流量		−5797	−3816	−288	3349	6986	10623	14215	17807	21399	24991	29842
5	所得税前净现金流量	44084	−5797	2929	4949	5093	5093	5093	5093	5093	5093	5093	6352
6	所得税前累计净现金流量		−5797	−2868	2081	7174	12267	17360	22453	27546	32639	37732	44084

计算指标:	所得税后	所得税前
财务内部收益率(*FIRR*):	51.7%	71.37%
财务净现值(*FNPV*)(i=14%)	10436	16754
投资回收期(从建设期算起)	3.08年	2.59年

附表8 资金来源及运用表 (单位:万元)

序号	年份/项目	合计	建设期	投产期	达到设计能力生产期								
			1	2	3	4	5	6	7	8	9	10	11
	生产负荷%			80%	100%	100%	100%	100%	100%	100%	100%	100%	100%
1	资金来源	56754	5797	4353	5073	5034	5034	5034	5034	5034	5034	5034	6293
1.1	利润总额	43156		2872	4306	4411	4411	4411	4549	4549	4549	4549	4549
1.2	折旧费	4850		485	485	485	485	485	485	485	485	485	485
1.3	摊销费	690		138	138	138	138	138	0	0	0	0	0
1.4	长期借款	4000	4000										
1.5	流动资金借款												
1.6	自由资金	2799	1797	858	144								
1.7	回收固定资产余值	257											257
1.8	回收流动资金	1002											1002

续表

序号	年份 / 项目	合计	建设期	投产期		达到设计能力生产期							
			1	2	3	4	5	6	7	8	9	10	11
2	资金运作	25041	5797	4064	3307	1456	1456	1456	1501	1501	1501	1501	1501
2.1	固定资产投资	5676	5676										
2.2	建设期利息	121	121										
2.3	流动资金	1002		858	144								
2.4	所得税	14242		948	1421	1456	1456	1456	1501	1501	1501	1501	1501
2.5	应付利润												
2.6	长期借款本金偿还	4000		2258	1742								
2.7	流动资金借款偿还												0
3	盈余资金	31713		289	1766	3578	3578	3578	3533	3533	3533	3533	4792
	累计盈余资金			289	2055	5633	9211	12789	16322	19855	23388	26921	31713

附表 9　资产负债表　　（单位:万元）

序号	年份 / 项目	建设期	投产期		达到设计能力生产期							
		1	2	3	4	5	6	7	8	9	10	11
1	资产	5797	6595	7950	10905	13860	16815	19863	22911	25959	29007	33314
1.1	流动资产总额		1421	3399	6977	10555	14133	17666	21199	24732	28265	33057
1.1.1	应收账款		417	491	491	491	491	491	491	491	491	491
1.1.2	存货		662	800	800	800	800	800	800	800	800	800
1.1.3	现金		53	53	53	53	53	53	53	53	53	53
1.1.4	累计盈余资金		289	2055	5633	9211	12789	16322	19855	23388	26921	31713
1.2	在建工程	5797										
1.3	固定资产净值		4622	4137	3652	3167	2682	2197	1712	1227	742	257
14	无形及递延资产净值		552	414	276	138	0	0	0	0	0	0

续表

序号	项目＼年份	建设期	投产期	达到设计能力生产期								
		1	2	3	4	5	6	7	8	9	10	11
2	负债及所有者权益	5797	6595	7950	10905	13860	16815	19863	22911	25959	29007	33314
2.1	流动负债总额		274	342	342	342	342	342	342	342	342	342
2.1.1	应付账款		274	342	342	342	342	342	342	342	342	342
2.1.2	流动资金借款											
2.2	长期借款	4000	1742									
	负债小计	4000	2016	342	342	342	342	342	342	342	342	342
2.3	所有者权益	1797	4579	7608	10563	13518	16473	19521	22569	25617	28665	32972
2.3.1	资本金	1797	2655	2799	2799	2799	2799	2799	2799	2799	2799	2799
2.3.2	累计盈余公积		289	722	1165	1608	2051	2508	2965	3422	3879	4336
2.3.3	累积未分配利润		1635	4087	6599	9111	11623	14214	16805	19396	21987	25837
计算指标	资产负债率（%）	69	30.6	4.3	3.1	2.5	2	1.7	1.5	1.3	1.2	1
	流动比率（%）		518.6	993.9	2040.1	3086.3	4132.5	5165.5	6198.5	7231.6	8264.6	9665.8
	速动比率（%）		277	759.9	1806.1	2852.3	3898.5	4931.6	5964.6	6997.7	8030.7	9431.9

第14章 贷款项目评估报告案例

评估报告编号：
借款人组织机构代码：

中国农业银行××分行××支行

某房地产开发项目贷款

评估报告

评估机构：
评估机构公章：
评估报告完成日期：　　年　　月　　日

目　　录

5.5 盈利能力分析
5.6 清偿能力分析

第6章 不确定性分析

6.1 盈亏平衡分析
6.2 敏感性分析
6.3 临界点分析

第7章 贷款风险评价

7.1 申请贷款的种类、金额、期限
7.2 抵押物及其估价
7.3 抵押贷款风险的评估
7.4 贷款偿还能力的评估

第8章 评估结论和建议

8.1 注册资本
8.2 施工管理
8.3 项目优势
8.4 财务效益
8.5 评估结论

附 表(略)

附 件(略)

第1章　借款人评价

1.1　借款人的基本情况

1. 借款人名称、法定地址、经济类型

借款人名称:××市房地产开发有限公司

注册地点:××市××区××路××号

成立时间:2006年10月经××市对外经济贸易委员会同意并报请××市计划委员会批准建立的(见《×计基字[2006年]第××号》文),2007年11月××市人民政府向该公司颁发了《外商投资企业批准证书》(外经贸×[2007]××号),2008年4月国家工商总局向该公司颁发了《企业法人营业执照》(企合经总副字第××号)。

营业执照注册号码:××××××

贷款卡号码:××××××

基本账户行及账号:××银行××市分行××支行,账号:××××××

法定代表人:×××

法人代码证号:××××

注册资本:1000万美元

实收资本:1000万美元

经济类型:中外合资经营企业

2. 合资各方

××总公司(简称:甲方),是根据中国法律成立并在中国××市注册登记的公司,法定地址为××市××街××号,法定代表人×××,中国籍。

美国××公司(简称:乙方),是根据美国法律成立的公司,法定地址是美国马萨诸塞州波士顿市,法定代表人×××,美国籍。

××市××工程有限公司(简称:丙方),是根据中国法律成立并在中国××市注册登记的公司,法定地址为××市××区××路××号,法定代表人×××,中国籍。

3. 经营范围和期限

经营范围:在规划范围内对A项目的公寓及配套商业设备进行开发、建设、出租、出售及物业管理,并提供相关的咨询服务。

经营期限:50年

1.2 资本结构

1. 项目总投资

项目总投资为5236万美元(合43456万元人民币)。

2. 注册资本

注册资本为1000万美元,其中:甲方认缴100万美元,占注册资本10%;乙方认缴890万美元,占注册资本89%;丙方认缴10万美元,占注册资本1%。

3. 出资方式

甲方、丙方以认缴额折合人民币现金出资;乙方以890万美元现金出资。截至2008年3月,公司注册资本计折合人民币8300万元已全部到位。

4. 项目贷款

项目贷款为15000万元。除资本金和15000万元贷款外,项目的其余投资由股东按工程进度的需要逐步贷款。

1.3 管理团队

××市房地产开发有限公司的董事会由中美合资三方人员组成。其董事会成员均有大学以上学历和管理能力,领导群体素质较高,在××市房地产开发有限公司的工作中,三方合作很好。

××市房地产开发有限公司设有办公室、工程部、财务部和销售部。财务部的财务制度健全;财务部经理为乙方委派,具有大学以上文化水平,且有较高业务水平和管理能力。销售部的人员均为最近公开招聘的研究生和大学生;同时聘请香港某测量师在××市地区经理部担任市场总监。

1.4 资信评估

××市房地产开发有限公司是我国政府批准的中美合资企业。中方股东为××总公司、××市××工程有限公司;美方股东是美国××公司。合资三方实力雄厚,管理团队整体素质较高。A项目是在建项目,也是××市房地产开发有限公司目前唯一从事的项目。自2007年以来,该项目已投入7910万元,财务状况较好。由于该项目目前尚在施工,未能销售,故无收入。

第2章 项目概况分析

2.1 项目基本情况

1.项目背景

A项目前身系××市××单位建设的综合业务楼，并已于2006年破土动工。由于建设资金不足，经××市计划委员会批准，该项目与2006年10月转给××市B房地产开发有限公司继续开发建设与经营。2007年11月，经××市计划委员会批准，该项目原综合业务楼建设内容变更为公寓，项目名称变更为××花园。2008年1月6日经××市地名办公室核准，取得“A公寓”《建筑名称核准证》。2008年4月，经首都规划委员会办公室认定，A项目为住宅项目。

2.项目内容

A项目位于××市××区，项目总占地面积为5126平方米，总建筑面积56600平方米，其中：地上18～26层，共45776平方米；地下4层，共10824平方米。地下4层为汽车停车库，有车位237个；首层及2层为供住户使用的商务、办公、餐饮、健身娱乐及变配电、保安、消防等用房；地面3层以上为住宅，共有9种户型，合计238套，属中高档住宅。该项目的住宅采取预售与现房出售，销售对象主要是外国驻华机构、外资企业和国内企业等单位和个人。

A项目开发、建设总投资为43456万元(除特别说明外，货币单位指人民币，下同)。××市房地产开发有限公司自筹资金14941万元(包括注册资本8300万元和股东贷款6641万元)，占项目总投资的34%。2007年以来已投入7910万元。目前该项目土建工程已进入标准施工阶段。

A项目的设计单位是××市××设计研究院，施工单位是××市××建筑工程公司，工程监理单位是××市×××监理公司。

为销售A项目的住宅，××市房地产开发有限公司已成立销售部，培训了销售人员，确定了销售策略和计划，并聘请×××先生担任市场总监。

2.2 项目工程建设

1.主体工程

(1)工程概况

拟建高层住宅楼——A由××市××设计研究院设计,经××市有关部门各级审定,并于2008年4月20日××规划委员会办公室认定。现已完成主体结构工程地下4层和地上2层的施工,计划2008年底主体工程封顶,2009年11月全部工程竣工投入使用。

工程总用地面积:5126平方米。

建筑面积:56600平方米(地上:45776平方米,地下:10824平方米)。

建筑层数:地上18层,23层,26层,地下4层。

绿化面积:810平方米,占总用地面积的16%。

容积率:3.0。

建筑密度:39%。

停车数:237辆,室外30辆。

该建筑3层以上为住宅,设有四房二厅、三房二厅、二房二厅等9种户型,共有238套住房,其中主力户型为二居室,共152套。

首层及2层为供住户使用的商务、办公、餐饮、健身、娱乐及变配电、保安、消防等用房。地下4层除设备及人防用房外,均为汽车停车库及自行车库房。

建筑外形根据城市规划部门要求,结合该地区环境特点,设计成北低南高台阶形,体形规整,气派典雅。

(2)工程特点

①地理环境优越。该工程周围已建成多座作为城市标志型的高层建筑:如长城饭店、京城大厦、燕莎中心、中日交流中心等,它们已构成了××市现代化城市的新面貌,是目前××市的黄金地带,是高级商务、商业区。该项目所处地区空气质量为××市仅有的两个二级标准地区,加之靠近东三环,交通十分便利,建成后对项目销售业务十分有利。

②区域内的人文环境较好。A项目建于××市第三使馆区和国际学校的对面。毗邻中日交流中心、凯宾斯基饭店,大部分为外国使馆和国内外宾客工作及生活的地区,人文环境较好,项目建成后最适合提供国内外驻××市机构人员居住。

③工程设计用地节约,平面布置紧凑,公用设施完善,户型齐全,户内外功能分区合理,客厅规整,视野开阔,空间分隔灵活,可满足住户不同的要求。建

筑外形典雅，具有欧陆色彩，项目建成后适合外销。

④该工程场地呈南北长、东西短，建筑主要朝向为东西向，设计上为了最大限度地提高用地效益和建筑面积的要求，对住户的朝向功能未能完美解决。因此，居室单朝向房间多，双朝向房间少，居室室内环境若不采取措施改善，会对销售产生一定影响。

⑤该工程内的厨房及卫生间均通过天井通风、采光。由于一部分天井的面积过小(3.7米×2.4米)和过高(89米)，难以满足卫生要求，并对消防不利。尽管设计已采取了相应措施，但今后在使用上必须加强专业管理。

综上所述，A项目所处的地段及投资环境是良好的，如销售价格合理，销售前景看好。

2.公用工程

(1)给排水系统

①该工程项目西侧，现有市政给水管线DN400通过。经市自来水给水规划审批，同意待竣工后，从上述DN400管线上引入两条直径100毫米以上水管，供给该工程建成后所需的生活及用水。

最高生活用水量	306立方米/天
室内消防用水量	30升/秒
室外消防用水量	20升/秒
自动喷洒灭火用水量	26升/秒

②红线内设有生活污水及雨水排水管线，并分流排入工程建筑物北侧亮马桥路和西侧麦子店西路的市政雨、污水管网内。生活污水平均排水量为245立方米/天。

(2)供电系统

该工程采用两路10kV电源供电。经市供电局2008年7月21日批准，由工程东侧光明公寓引出埋地电缆入户。该工程建筑物一层设有刀闸室及变配电室。变配电室内设有两台10kVA干式变压器，正常时可同时运转，并互为备用。

工程总设备容量	4619.6kW
其中：	
动力设备	698.6kW
照明设备	3921.0kW
总计算容量	2368.7kW
需要系数	0.51

该工程主要用电为三级负荷用电：消防用电设备属一级负荷；普通电梯、生

活水泵、公用照明及通风为二级负荷;住宅为三级负荷。

(3)热力系统

该工程所需采暖和生活热水均由市政热力管网提供。

全年供热范围为:冬季供给室内采暖、生活用热水及维持游泳池水温;夏季仅供生活用热水。

(4)天然气系统

该工程项目所需生活用燃气由市天然气公司供给。在该工程建筑物附近亮马桥路一侧,现有直径 400 毫米中压市政天然气管线通过。该工程拟引入管线,经调压箱降为低压天然气入户,供使用。

(5)弱电系统

①电讯:市政电信干线已设置在该工程楼前。为方便大楼管理部门需要,项目设有一个 500 门电话系统。大楼住宅部分均用市话,在各层预留电话配线箱,待住户入住后,可根据需要报装。

②工程设有共用电视系统、可视对讲电话系统、火灾自动报警系统、保安监视系统及停车场管理系统。

综上所述,本工程项目的水、电、气、热力、通信等公用工程基础条件基本落实,技术设施齐全、合理、能满足项目发展的需要。

第3章　产品市场评估

A项目地处××区燕莎商城附近的繁华商业区，北临开发中心的第三使馆区，周围外资企业和国内商家云集，物业地理位置优越，这些都是住宅销售的有利条件。因此，开发商将本项目定位为中高档专项住宅，销售对象定位为外国驻华机构、外资企业、港澳客商、东南亚客商和部分国内企业家，在综合考虑住宅的开发成本和客户的购买力后，开发商将住宅的起价定为1750美元/平方米。若按此价格计算，项目收益率可高达46%。

3.1　市场供求状况

1. 中高档住宅的供给

近年来，××市中高档住宅发展迅速，仅外销房总供给量就高达100万平方米，目前仍有30余万平方米。若加上内销房部分中高档住宅的待销和在建面积，近期中高档住宅的总供给量可能超过130万平方米。尽管如此，由于有上述的高额回报，不少房地产开发商仍在寻找商机。因此，短期内中高档住宅的供应仍会保持上升趋势。

2. 中高档住宅的需求

本项目主要销售对象是外交人士和海外客商。海外客商在××市购置地产的目的有二：投资增值和工作住房。投资增值量取决于资源的稀缺程度。目前市场中高档住宅供给量充足，购入地产增值空间不大，回报率比前两年有所下降，买家观望者增多。尽管××市是中国外商入住最多的城市，但××市也是国际权威机构评定的全世界生活费用最高的三个城市之一，其中包括住宅价格。因此，为降低经营费用，外商增加雇用本地高级管理人员，缩减驻××市高级管理人员，减少了外销房的一部分客源。从功能和质量上来讲，外销房和内销房出入不大，每平方米价格却差2000～3000元，见表1。这一价差也会抢走一些外销房的中外方客户。但是，也应看到随着住房制度的改革，国内各个阶层人士购买私房的意识增强，一部分成功的企业家和高级职员会在房屋市场低迷的时候买入适用的高档住宅，这样便会增加一部分客户。因此，预计未来中高档住宅的需求会与目前大体持平。

据 2008 年××市居民贷款购房发展统计，预售的 10 万平方米普通住宅平均售价为 4300 元/平方米，预售的 3.4 万平方米中高档住宅平均售价为 7700 元/平方米，预售的 0.5 万平方米别墅平均售价为 10000 元/平方米。表 1 为正在出售类似于 A 项目的中高档住宅售价统计资料。

表 1　中高档住宅售价资料

住宅名称	位　置	内外销	销售方式	价格(元/平方米)
美惠大厦	二环路港澳中心南侧	外销	预售	12035
国际友谊花园	三元桥	外销	预售	12035
世方豪情	京城大厦	外销	预售	11000
罗马花园	中日友谊医院西	外销	现房	13280
阳光广场	亚运村	外销	现房	11000
宾都花园	长城饭店东	外销	现房	12500
锦绣园	工体北路	内销	预售	8588
世纪光华公寓	国茂中心北	内销	预售	9988

3.2 项目产品竞争力分析

××市××区是××市规划的商务办公区，A 项目正处于该区范围的中心地带，被外商机构、外资企业包围，又与××市新开辟的第三使馆区隔路相望，交通便利，服务设施齐全，因此，该项目相对于××市其他中高档住宅产品而言，具有明显的竞争优势。

3.3 项目销售能力评估

开发商销售部门主持人×××先生是业内资深专家，有多年在美国、香港、广州和××市售房经验，熟悉房地产市场，为本项目制定了切实可行的销售战略，兼有训练有素的营销队伍，预计在未来市场销售上会有良好的业绩。

但是，综合考虑该项目自身的优势(如地理位置、专项住宅和优良的物业管理)，中高档住宅的供给量和可预见的需求量，对未来房地产市场复苏的期望，参考目前同类住宅的市场成交价，同时依照项目评估的稳妥原则，建议在本项目评估中楼盘销售价格以每平方米 1450 美元(或 12035 元人民币)为宜。

第4章 投资估算和资金筹措评估

4.1 评估依据

(1)××市××设计院编制的《A项目初步设计概算》。

(2)《A项目可行性研究报告》。

(3)××市房地产开发有限公司《贷款申请报告》。

(4)项目实施进度与实际投资使用情况。

(5)未完工程所需投资的预测。

4.2 投资估算

该项目投资总额为43456万元,全部用于开发产品投资,开发产品成本中不含财务费用部分为41367万元,其中:土地开发费用16570万元;前期工程费用532万元;基础设施及配套工程1379万元;建筑安装工程费用19490万元;预备费用1351万元。详见表2。

表2 项目总投资估算表 (单位:万元)

序号	项目	开发产品	估算说明
1	开发建设投资	43456	
1.1	土地费用	16570	
1.2	前期工程费	532	
1.3	基础设施建设费	1379	
1.4	建筑安装工程费	19490	
1.5	公共配套设施建设费		
1.6	开发间接费		

续表

序　号	项　目	开发产品	估算说明
1.7	管理费用		
1.8	销售费用		
1.9	开发期税费	368	
1.10	其他费用	206	
1.11	不可预见费用	1351	
1.12	财务费用	2089	
2	经营费用		
3	项目总投资	43456	
3.1	开发产品成本		
3.2	固定资产投资	43456	
3.3	经营资金		

4.3　资金使用计划

该项目自2007年开始建设，计划2010年完工。资金使用计划4年，2007年已投资7910万元，2008年投资20955万元，2009年投资9792万元，2010年投资4214万元。

4.4　资金筹措

资金来源有注册资本金8300万元，股东贷款6641万元，拟向农业银行申请住房建设贷款15000万元，以上约29000万元，其余部分可用商品房预售收入款解决，因此，资金来源可以说是落实的。详见表3。

表3　投资使用计划与资金筹措表　（单位:万元）

序号	项　目	合计	1	2	3	4	5	6
1	总投资	43456	7910	20955	9792	4214	585	
1.1	自营资产投资							
1.2	自营资产投资借款建设期利息							
1.3	自营资产投资方向调节税							
1.4	经营资金	43456	7910	20955	9792	4214	585	
1.5	开发产品投资	41367	7910	20675	9130	3450	203	
	其中:不含财务费用	2089		280	662	764	382	
	财务费用							
2	资金筹措	43456	7910	20955	9792	4214	585	
2.1	资本金	8300	4980	3320				
2.2	预售收入	13515		2924	5792	4214	585	
2.3	预租收入	6641						
2.4	其他(股东贷款)	15000	2930	3711				
2.5	借款	15000		11000	4000			
2.5.1	固定资产投资长期借款	15000		11000	4000			
	自营资产人民币借款							
	房地产投资人民币借款	15000		11000	4000			
	自营资产投资外币借款							
	房地产投资外币借款							
2.5.2	自营资产投资建设期利息借款							
2.5.3	经营资金人民币借款							

第5章 财务效益评估

5.1 评估依据

(1)建设部发布的《房地产开发项目经济评价方法》,中国计划出版社,2000年。

(2)国家发改委、建设部发布的《建设项目经济评价方法与参数》(第三版),中国计划出版社,2006年。

(3)《中国农业银行中长期贷款项目评估方法》。

(4)××市房地产开发有限公司的《贷款申请报告》。

(5)国家现行的财税制度和有关法律。

5.2 主要数据的确定

评估的基本数据经与借贷方共同研究确定如下:

1. 可销售面积

商品房面积56600平方米,其中住宅42100平方米;服务用房4195平方米;汽车车位10305平方米(237个)。

2. 贷款

向银行借款15000万元,借贷利率5%,项目第二年借款11000万元,第3年借款4000万元。全部借款在第4、5年等本还款。

3. 商品房的销售价格

住宅:第1年12035元/平方米,第2年12865元/平方米,第3年13695元/平方米。

服务用房:16600元/平方米

汽车车位:250000元/个。

4. 销售计划

住宅及汽车车库车位进行预售,计划3年内售完,第2年销售15%,第3年销售50%,第4年销售35%;服务用房则于第4年销售。预售房分期付款,合同签订当年交50%,余款第2年交30%,第3年交20%。

5.项目计算期

根据房地产开发项目的特点,以商品房全部售完为限,计算期定为6年,从第2年起继续施工,3年内完工。

6.税费率

营业税税率为5%;城市维护建设税税率7%,教育费附加费率3%;土地增值税为30%～60%的四级超率累进税率;企业所得税税率为33%;管理费用按建筑工程费用的3%提取,销售费用按建筑工程费的5%提取;不可预见费为1351万元;职工奖励及福利基金、储备基建和企业发展基金均按5%计提,余下可供分配的利润在借款未偿还前暂不分配,预留在企业,直至项目计算期末再分配;基准收益率设定为15%。

5.3 收入及成本估算

1.收入估算

商品房预计收入共为67749万元,详见表4。

表4 售房收入与经营税金及附加估算表 (单位:万元)

序号	项目	合计	1	2	3	4	5	6
1	售房收入	67748		4244	17568	25319	14774	5843
1.1	销售面积(平方米)	56600		7861	26203	22537		
1.2	平均售价(元/平方米)			10799	11466	12964		
1.3	销售比例(%)	100		14	46	40		
2	营业税金及附加	3726		233	966	1393	813	321
2.1	营业税	3387		212	878	1266	739	292
2.2	城市维护建设税	237		15	61	89	52	20
2.3	教育附加税	101		6	26	38	22	9
3	土地增值税	6048		406	1597	2239	1300	506
4	商品房销售净收入	57955		3605	15005	21668	12661	5016

2.成本费用估算

商品房开发成本预计为43456万元,其中管理费用及销售费用分别为582

万元及 970 万元，财务费用为 2089 万元，详见表 5。

表 5　利润表　　　　(单位:万元)

序号	项　　目	合计	1	2	3	4	5	6
1	营业营收入	67748		4244	17568	25319	14774	5843
1.1	商品房销售收入	67748		4244	17568	25319	14774	5843
1.2	房地产租金收入							
1.3	自营收入							
2	营业成本	43456		2924	11503	16074	9333	3622
	商品房经营成本	43456		2924	11503	16074	9333	3622
3	出租房经营费用							
4	自营部分经营费用							
5	自营部分折旧、摊销							
6	自营部分财务费用							
7	营业税金及附加	3726		233	966	1393	813	321
8	土地增值税	6048		406	1597	2239	1300	506
9	利润总额	14519		681	3503	5613	3328	1394
10	弥补以前年度亏损							
11	应缴纳所得税	14519		681	3503	5613	3328	1394
12	税后利润	9728		456	2347	3761	2230	934
	职工奖励及福利基金	487		23	117	188	112	47
	储备基金	778		36	188	301	178	75
	企业发展基金	973		46	235	376	223	93
13	所得税	4791		225	1156	1852	1098	460
14	加:年初未形成分配利润				351	2158	2527	2122
15	可供投资者分配的利润			351	2158	5054	4244	2841
16	应付利润	7490				2527	2122	2841
	A 方	749				253	212	284
	B 方	6667			2249	1889	2529	
	C 方	74				25	21	28
17	年末未分配利润			351	2158	2527	2122	

5.4 利润与税金

该项目营业税金为3726万元，土地增值税为6048万元，利润总额为14519万元，所得税为4791万元，减三项基金后，可供分配的利润为7490万元。

5.5 盈利能力分析

全部投资内部收益率：所得税前为21.1%，净现值为2868万元；资本金内部收益率为37.1%；投资各方的内部收益率都是15.7%；均大大高于银行利率及基准折现率。因此，在财务上是可行的。投资回报期为4.1年，见表6和表7。

表6 财务现金流量表(全部本金) (单位：万元)

序号	项 目	合计	1	2	3	4	5	6
1	现金流入	67748		4244	17568	25319	14774	5843
1.1	售房收入							
1.2	租房收入							
1.3	自营收入							
1.4	其他收入	67749		4244	17568	25319	14774	5843
1.5	回收固定资产余值							
1.6	回收经营资金							
1.7	净转售收入							
2	现金流出	55933	7910	21539	12849	8934	3414	1287
2.1	固定资产投资							
2.2	开发产品投资	41368		20675	9130	3450	203	
2.3	经营资金							
2.4	自营部分营业费用		7910					
2.5	出租房营业费用							
2.6	营业税及附加	3726		233	966	1393	813	321
2.7	土地增值税	6048		406	1597	2239	1300	506

续表

序号	项　目	合计	1	2	3	4	5	6
2.8	所得税	4791		225	1156	1852	1098	460
3	净现金流量	11816	－7910	－17295	4720	16385	11360	4556
	累计净现金流量		－7910	－25205	－20485	－4100	7260	11816
4	所得税前净现金流量	16607	－7910	－17070	5875	18238	12458	5016
	累计所得税前净现金流量		－7910	－24980	－19105	－867	11592	16608

计算指标：	所得税前	所得税后
内部收益率(*FIRR*)	21.08％	15.29％
财务净现值(*FNPV*)	2868	134
投资回收期	4.07	4.36
基准收益率(i_c)	15.00％	15.00％

表7　财务现金流量表(资本金)　(单位:万元)

序号	项　目	合计	1	2	3	4	5	6
1	现金流入	74389	4244	24209	31960	14774	5843	
1.1	售房收入	67748	4244	17568	25319	14774	5843	
1.2	租房收入							
1.3	自营收入							
1.4	其他(回收股东贷款)	6641			6641			
1.5	回收固定资产余值							
1.6	回收经营资金							
1.7	净转售收入							
2	现金流出	58507	7910	10842	9628	17386	11407	1334
2.1	资本金	8300	4980	3320				
2.2	预售收入用于开发产品投资	13515		2924	5792	4214	585	
2.3	自营部分经营费用							
2.4	出租房经营费用							
2.5	营业税金及附加	3726		233	966	1393	813	321
2.6	土地增值税	6048		406	1597	2239	1300	506

续表

序号	项 目	合计	1	2	3	4	5	6
2.7	所得税	4791		225	1156	1852	1098	460
2.8	长期借款本金偿还	15000				7500	7500	
2.9	流动资金借款偿还							
2.10	短期借款本金偿还							
2.11	其他(股东贷款)	6641	2930	3711				
2.12	职工奖励及福利基金	487		23	117	188	112	47
3	净现金流量	15881	−7910	−6598	14581	7933	3366	4509
4	累计净现金流量		−7910	−14508	73	8007	11373	15882

计算指标:
内部收益率($FIRR$) 37.1%
财务净现值($FNPV$) 5879
基准收益率(i_c) 15.00%

5.6 清偿能力分析

申请抵押贷款15000万元,约定从第4年起两年内偿还,其资金来源主要为可利用预售收入。经测算,预售收入除少量用于项目投资外,其余款项用来还款是足够的,详见表8、表9。项目资产负债率是比较低的,仅在第2年达到67%,其余年份均在37%~58%之间,见表8。

表8 长期借款还本付息估算表 (单位:万元)

序号	项 目	合计	1	2	3	4	5	6
1	长期还款本息累计							
1.1	年初借款本息累计				11000	15000	7500	
	本 金				11000	15000	7500	
	建设期利息							
1.2	本年借款			11000	4000			
1.3	本年应计利息	15000		280	662	764		
1.4	本年还本付息	2089		280	662	8264	382	

续表

序号	项　目	合计	1	2	3	4	5	6
	还　本					7500	7882	
	付　息	15000		280	662	764	7500	
1.5	年末借款本息累计	2089		11000	15000	7500	382	
2	房地产投资人民币借款							
2.1	年初借款本息累计				11000	15000	7500	
	本　金				11000	15000	7500	
	建设期利息							
2.2	本年借款			11000	4000			
2.3	本年应计利息	15000		280	662	764	382	
2.4	本年还本付息	2089		280	662	8264	7882	
	还　本					7500	7500	
	付　息	15000		280	662	764	382	
2.5	年末借款本息累计	2089		11000	15000	7500		
3	还本资金来源			456	8514	24504	27981	4556
3.1	上年余额				456	8514	17004	
3.2	摊　销							
3.3	折　旧							
3.4	利　润					369		
3.5	可利用售房收入			456	8057	15621	10978	4556
3.6	其　他							
4	偿还等额还款本金					7500	7500	
5	偿还长期贷款一本金能力			456	8514	17004	20481	4556
6	长期借款偿还期		5					

注：有效利率 5.09%。

表9 资金来源与运用表 （单位:万元）

序号	项　目	合计	1	2	3	4	5	6
1	资金来源	97689	7910	22275	21568	25319	14774	5843
1.1	商品房销售收入	67749		4244				
1.2	房地产租金收入							
1.3	自营收入				17568			
1.4	自营资产长期借款					25319		
1.5	自营资产经营资金借款						14774	5843
1.6	房地产投资借款	15000		11000				
1.7	短期借款				4000			
1.5	资本金	8300	4980	3320				
1.6	其　他	6641	2930	3711				
1.7	回收固定资产余值							
1.8	回收经营资金							
1.9	净转售收入							
2	资金运用	87639	7910	21842	20269	19913	13530	4175
2.1	自营固定资产投资（含方向税）							
2.2	自营固定资产建设期利息							
2.3	房地产投资(含财务费用)	43456		20995	9792	4214	585	
2.4	经营资金							
2.5	自营部分经营费用							
2.6	自营部分财务费用							
2.7	出租方经营费用							
2.8	营业税金及附加	3726		233	966	1393	813	321
2.9	土地增值税	6048	7910	406	1597	2239	1300	506
2.10	所得税	4791		225	1156	1852	1098	460
2.11	应付利润	7490				2527	2122	2841
2.12	自营资产长期借款本金偿还							

续表

序号	项　目	合计	1	2	3	4	5	6
2.13	自营资产经营资金借款偿还							
2.14	房地产长期借款本金偿还	15000				7500	7500	
2.15	偿还其他应付款(股东贷款)	6641			6641			
2.16	短期借款本金偿还							
2.17	职工奖励及福利基金	487		23	117	188	112	47
3	盈余资金	10050		433	1299	5406	1244	1668
4	累计盈余资金			433	1732	7138	8383	10051

表 10　资产负债表　　　　(单位:万元)

序号	项　目	合计	1	2	3	4	5	6
1	资　产	7910	26374	25963	19509	12005	10051	
1.1	流动资产总额	7910	25914	24230	12370	3622		
1.1.1	应收账款							
1.1.2	存　货	7910	25914	24230	12370	3622		
	其中:在建开发产品		25914	24230	12370	3622		
1.1.3	现　金							
1.1.4	累计盈余资金							
1.2	在建工程		433	1732	7138	8383	10051	
1.3	固定资产净值							
1.4	无形及递延资产净值							
2	负债及所有者权益	7910	26374	25963	19509	12005	10051	
2.1	流动负债总额	2930	6641					
2.1.1	应付账款	2930	6641					
2.1.2	短期借款							
2.2	借　款		1100	15000	7500			
2.2.1	经营资金借款							
2.2.2	固定资产投资借款							
2.2.3	开发产品投资借款		11000	15000	7500			

续表

序号	项　目	合计	1	2	3	4	5	6
	负债小计	2930	17641	15000	7500			
2.3	所有者权益	4980	8733	10963	12009	12005		
2.3.1	资本金	4980	8300	8300	8300	8300	10051	
2.3.2	资本公积金						8300	
2.3.3	储备基金		36	224	525	704		
2.3.4	企业发展基金		46	280	656	879	778	
2.3.5	累计未分配利润		351	2158	2527	2122	973	
比率指标	资产负债率(%)			58	38			
	流动比率(%)	270	397					
	速动比率(%)							

第6章　不确定性分析

6.1　盈亏平衡分析

（略）

6.2　敏感性分析

影响项目收益的主要敏感因素为开发产品投资、售房价格和售房款回笼进度等三项。见表11和图1。

表11　敏感性分析表

序　号	项　目	变动幅度(%)	全部投资(所得税前)		
			内部收益率(%)	净现值(万元)	投资回收期(年)
	基本方案		21.1	2868	4.1
1	开发产品投资	＋10	28.7	－191	4.4
		－10	28.7	5926	3.8
2	售房价格	＋10	28.7	6563	3.8
		－10	13.2	－826	4.5
3	预售款回笼进度	＋10	22.8	3440	3.9
		－10	17.2	991	4.4

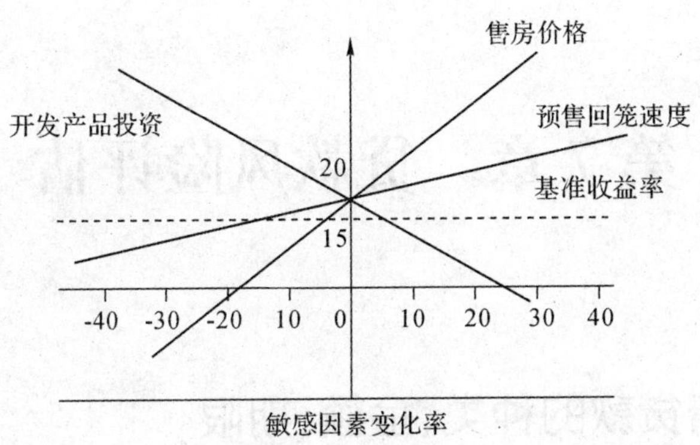

图 1 敏感性分析图(全投资、所得税前)

从表 11 和图 1 中可以看出,开发产品投资和售房价格是两大敏感因素,若它们分别向不利方向变动 10%,内部收益率会分别下降 14.6%和 13.2%,投资回收期也将分别增加至 4.4 和 4.5 年。相比之下,预售款回笼进度对项目影响不太大。据此看来,项目有一定的抗风险能力。

6.3 临界点分析

为考察对开发产品效益有影响的因素变化的极限承受能力,对开发产品投资、售房价格、土地费用和售房面积等因素作临界点分析,若期望的可接受内部收益率为 15%,则开发投资的临界点为 47530 万元,增长 4074 万元;售房价格的临界点为 11041 元,降低 929 元;土地费用的临界点为 22138 万元,增长 5568 万元;售房面积的临界点为 50548 平方米,下降 6052 平方米。从临界点分析可知,见表 12,项目对土地费用变动的承受能力最强。

表 12 临界点分析表

指标名称	基本方案结果	临界点计算	
内部收益率(%)	21.1	期望值	15.00
开发投资(万元)	43456	最高值	47530
售房价格(元/平方米)	11970	最低值	11041
土地费用(万元)	16570	最高值	22138
售房面积(平方米)	56600	最低值	50548

第7章 贷款风险评估

7.1 申请贷款的种类、金额、期限

项目主办单位根据工程进度用款情况拟向中国农业银行××分行××支行以抵押方式申请贷款15000万元，宽限期为2年，2年等本还款。

7.2 抵押物及其估价

抵押物为主办单位的国有土地使用权，该抵押物由主办单位委托××市××房地产咨询评估有限公司评估，估价内容为总建筑面积56600平方米，建设用地面积5126平方米。根据评估公司的房地产估价报告，房地产估价结果为34438.57万元。

房地产估价报告将价格定义为：委托物业市场价值包含地块的熟地地价和部分工程费用、部分设备费用。熟地价是委托评估地块达到七通一平，公寓用地70年土地使用权的市场价格。同时，含开发所支付的前期工程费（部分）、设备款（部分）及其他费用。

7.3 抵押贷款风险的评估

房地产评价报告是2008年2月27日签发的，当时该项目正处在施工期，当年3—8月又投入建设资金约5000万元。该估价依据的市场价为2500美元/平方米，目前看来似偏高。上述两相抵，抵押物原评估价值仍应有所调低。

按房地产评估报告的估价值，按抵押率占50％及70％计，可贷款的本息额为17219万元至24000万元。该项目贷款15000万元，加利息共17400万元。如此按抵押率计算抵押物价值是可以接受的。

7.4　贷款偿还能力的评估

根据本报告财务效益评估，本项目的借款可以在约定的两年内归还，评估进一步分析了如销售渠道影响，即使3年内销售率只达到90%，也不影响贷款的偿还。因此，贷款偿还能力是比较强的。

第8章 评估结论和建议

8.1 注册资本

××市房地产开发有限公司是经××市人民政府批准的、具有企业法人资格的中外合资企业。其经营范围就是A项目的开发、建设、出租、出售与物业管理。该公司注册资本为8300万元,已全部到位。

8.2 施工管理

××市房地产开发有限公司的管理机构,特别是财务、销售等部门,机构简练,制度健全,工作严谨。A项目设计外形典雅,住宅户型多,内部设施合理,施工质量一流。

8.3 项目优势

××市××区是××市规划的商务办公区,A项目正处于该区范围的中心地带,为外商机构、外资企业包围,又与××市新开辟的第三使馆区隔路相望,交通便利,服务设施齐全,因此,相对于××市其他中高档住宅而言,具有较优越的地理环境。

A项目是一项在建工程,已投入资金7910万元,预计2008年年底结构封顶,2009年进行设备安装与内装修,于11月即可入住。目前是该项目工程使用资金较集中的时间,如能获得贷款支持,将有利于工程进展和投资效益的发挥。

8.4 财务效益

经预算分析,A项目的财务效益好,抗风险能力较强。只要销售价格合理,营销得力,可以按计划完成销售任务,回收资金。因此,该项目偿还贷款是有保证的。详见表13。

表13　主要经济指标

序　号	名　称	单　位	数　据	备　注
	设计规模			
1	房地产开发产品建筑面积	平方米	56600	
2	商品房销售	平方米	56600	
	其中:住宅	平方米	42100	
	服务用房	平方米	4195	
	汽车库车位	平方米	10305	
	经济数据			
1	总投资	万元	43456	
2	开发产品投资	万元	43456	
	其中:财务费用	万元	2089	
3	资金筹措	万元	43456	
	其中:资本金	万元	8300	
	借　款	万元	15000	
4	经营收入	万元	13550	年平均
5	营业税金及附加	万元	745	年平均
6	总成本费用	万元	8691	年平均
7	利润总额	万元	2904	年平均
8	所得税	万元	958	年平均
9	税后利润	万元	1946	年平均
10	土地增值税	万元	1210	年平均
	财务评价指标			
1	商品房投资利润率	%	55.9	
2	商品房资本金净利润率	%	117.2	
3	全部投资内部收益率（所得税前）	%	21.1	

续表

序号	名　称	单　位	数据	备注
4	全部投资回收期（所得税前）	年	4.1	
5	全部投资内部收益率（所得税后）	%	15.7	
6	全部投资回收期（所得税后）	年	4.4	
7	资本金内部收益率	%	37.1	
8	长期借款偿还期（房地产总投资）	年	4.0	贷款期限

8.5　评估结论

该贷款为抵押贷款，抵押率符合国家规定的范围。该项贷款安全度较高，是可行的。建议在房地产市场特别是中高档住宅市场竞争激烈的形势下，加强营销工作，以合理的价格和优良的服务去赢得用户。

附录1

政府、银行及投资方采用的评价指标体系

随着社会主义市场经济的逐步发展和完善，企业的投资主体迅速多元化，不同的投资主体会从不同的层面和着眼点，有选择地使用不同的指标，从自己独特的视角有重点地对企业绩效作出评价，并依此作出投资、信贷等决策，这就使得企业经营效益指标呈现出多层次、多角度的特点。

下面针对政府、银行和投资者三个投资主体，进行评价体系分析。

1.1 政府部门评价指标体系分析

政府经济管理部门虽然是整个国民经济的宏观管理者，但是作为国民经济细胞的企业，其经济效益是国民经济宏观效益的基础。所以，政府必然关心企业的经济效益。然而，政府作为宏观经济管理者，对于一个未来将实施投资项目的企业，除了需要考察企业经营效益的主要财务比率之外，它还需要审视和考察的重点指标是企业社会贡献和责任指标，以及企业管理与竞争力指标。政府部门所关注的主要指标，列于表1中。

表1　政府部门关于企业经营效益评价指标体系

企业经营效益比率		企业社会贡献比率		企业管理与竞争力指标		企业资信状况	
△	净资产收益率	△	社会贡献率	△	管理层基本素质	△	商　誉
△	主营业务收入利润率	△	社会积累率	△	在岗员工素质状况	△	授信资产本金偿还记录
△	经济增加值	△	职工所得率	△	技术装备更新水平		授信资产利息偿还记录
△	总资产周转率	△	政府所得率	△	基础管理比较水平		合同履约率
△	流动资产周转率		债权人所得率	△	企业经营发展战略		
△	资产负债率		股东所得率		长期发展能力预测		
△	流动比率		企业所得率	△	发展创新能力		

续表

企业经营效益比率		企业社会贡献比率		企业管理与竞争力指标		企业资信状况	
△	销售增长率				发展规划与实施条件		
△	总资产增长率				产品市场前景		
△	资本积累率			△	产品市场占有能力		
					行业或区域影响力		
				△	综合社会贡献		

注：△表示该类指标中的重点(下同)。

1.2 银行针对不同行业的评价指标体系分析

负债经营是现代企业的重要经营方式，也是经营者为提高资本利润率的首选杠杆。企业若选择负债经营，其最主要的债务资金来源就是银行。这样就形成了企业与银行之间的债权债务关系，其实质就是企业负有到期还本付息的义务。

对于一个投资项目，银行最关心的不是项目的最终经营成果，而是项目的偿付能力。从理论上讲，项目的全部资产都是其债务的物质保证。但银行要求的是项目现金偿还能力。所以项目资产的变现能力就成为制约偿债能力的重要因素。其次，项目资信状况和未来的发展能力也是归还债务的重要保证，故也是银行必须重视的指标。

此外，由于不同行业的企业的生产经营具有不同的特征，使用相同的指标体系无法涵盖各个不同行业的企业的全部绩效。因此，银行针对不同行业的企业一般均采用有差别的评估指标体系，见表2。

表 2 银行针对不同行业采用的评价指标体系

指标类型	指标名称	行业分类		
		工业企业	商贸企业	房地产开发企业
盈利能力	已占用资本回报率	△		
	净资产收益率	△	△	△
	成本费用利润率	△	△	
	销售利润率		△	△
运营能力	销售收入现金比率		△	
	应收账款周转率	△	△	
	存货周转率	△	△	
	流动资金周转率		△	
	产品滞销率			△
	自有资金到位率			△
	资质等级			△
	开发产品优良品率			△
	管理水平	△	△	
偿债能力	资产负债率	△	△	△
	齿轮比率	△	△	△
	流动比率	△	△	△
	现金比率	△	△	△
	总负债 EBITDA 比率	△		
	自由现金利息保障倍数		△	
发展能力	固定资产增值率	△		
	销售增长率	△	△	△
	利润增长率	△	△	△
	三年平均利润增值率	△	△	△
	管理层素质	△	△	△
	市场前景	△	△	△
	发展规划与实施条件	△	△	△

续表

指标类型	指标名称	行业分类		
		工业企业	商贸企业	房地产开发企业
资信状况	授信资产本金偿还记录	△	△	△
	授信资产利息偿还记录	△	△	△
	合同履约率			△
	商誉	△	△	△

1.3 投资方评价指标体系分析

作为企业法人财产的终极所有者，投资者虽然不直接参与实施项目企业的经营活动，但其投资的直接目的是获取投资收益。即便是一个非常好的项目，投资者仍然十分关注未来直接实施项目的企业，是否有能力将项目实施和经营好，使其投入的资金达到预期的增值水平。

实际上投资者将从多方面考察企业实施项目的能力，认真评价并作出选择。现将投资方评价企业经营效益指标体系列于表 3 中。

表 3 投资方企业经营效益评价指标体系

企业盈利能力比率		企业运营能力比率		偿债能力比率		企业发展与管理指标	
△	经济增加值		总资产周转率	△	资产负债率	△	销售增长率
△	主营业务收入利润率	△	流动资产周转率	△	流动比率		总资产增长率
△	净资产收益率	△	应收账款周转率		速动比率	△	资本积累率
△	成本费用利润率	△	存货周转率		已获利息倍数		主营业务增长率
△	已占用资本回报率		销售收入现金比率	△	总负债 EBITDA 比率		管理层基本素质
	每股未分配利润				现金流动负债比率		在岗员工素质状况
	每股资本公积金						技术装备更新水平
	每股现金含量						市场前景
							商誉

附录2

建设项目财务评价指标体系总览

为了更清晰地展示建设项目财务评价指标体系，列出如下一览表，见表1、表2。表中：☆表示对于政府、银行和投资方来说，相对重要的基本指标；其余没有☆者，是对于上述各方的辅助指标和次要指标。

表1　建设项目财务评价指标一览表

分类	编号	指标名称	指标对各方的重要程度			备注
			政府	银行	投资方	
一、项目盈利能力评价指标	1	投资回收期	☆	☆	☆	息税前（全部投资）盈利能力分析指标
	2	息税前净现值	☆		☆	
	3	息税前净年值				
	4	息税前费用现值				
	5	息税前费用年值				
	6	息税前净现值率				
	7	息税前内部收益率	☆		☆	
	8	修正内部收益率				
	9	外部收益率				
	10	息税后净现值	☆	☆	☆	息税后（权益资金）盈利能力分析指标
	11	息税后内部收益率		☆	☆	

续表

分　类	编号	指标名称	指标对各方的重要程度			备　注
			政府	银行	投资方	
二、效益比率评价指标	12	经济增加值				其他类型
	13	年计算费用				
	14	年平均投资利润率				
	15	销售利润率	☆			收益(成本)利润率型
	16	销售净利润率		☆	☆	
	17	成本费用利润率				
	18	收益成本比				
	19	净收益投资比				
	20	投资收益率				投入资源报酬率型
	21	投资利润率				
	22	投资利税率				
	23	已占用资本回报率			☆	
	24	总资产报酬率				
	25	权益资金收益率				
	26	净资产收益率	☆	☆	☆	
三、项目偿债能力评价指标	27	借款偿还期	☆	☆	☆	资金来源对债务保障程度比率
	28	已获利息倍数		☆		
	29	偿债备付率	☆	☆	☆	
	30	债务承受率				
	31	资源收益覆盖率				
	32	贷款利税率				
	33	资产负债率	☆	☆	☆	资本结构对债务保障程度比率
	34	负债权益比率				
	35	齿轮比率		☆		
	36	长期资金(负债)对固定资产比率				
	37	流动比率		☆	☆	
	38	速动比率		☆		
	39	现金比率				

续表

分　类	编号	指标名称	指标对各方的重要程度			备　注
			政府	银行	投资方	
四、投资方盈利能力评价指标	40	投资方投资回收期			☆	通过制作投资方现金流量表计算
	41	投资方净现值			☆	
	42	投资方内部收益率			☆	
	43	投资方投资股利率				
	44	现金流量可分配利润比				
五、项目生存发展能力评价指标	45	资金来源满足率	☆	☆	☆	
	46	项目利润平均增长率				
	47	权益资金平均增长率				
六、项目经营风险评价指标	48	营运杠杆系数				
七、非盈利项目评价指标	49	效果成本比				

表 2　政府、银行及其他投资方采用指标体系一览表

	基本指标	辅助指标
政　府	1.净现值 2.投资回收期 3.内部收益率 4.销售(净)利润率 5.净资产收益率 6.借款偿还期 7.偿债备付率 8.资产负债率 9.资金来源满足率	1.经济增加值 2.收益成本比 3.投资利税率 4.已占用资本回报率 5.总资产报酬率 6.负债权益比率 7.营运杠杆系数
银　行	1.净现值 2.内部收益率 3.投资回收期 4.销售(净)利润率 5.净资产收益率 6.借款偿还期 7.已获利息倍数 8.偿债备付率 9.资产负债率 10.齿轮比率 11.流动比率 12.速动比率 13.资金来源满足率	1.投资利润率 2.已占用资本回报率 3.债务承受率 4.贷款利税率 5.负债权益比率 6.长期资金对固定资产比率 7.现金比率 8.营运杠杆系数

续表

	基本指标	辅助指标
投资人	1.净现值 2.内部收益率 3.投资回收期 4.销售(净)利润率 5.已占用资本回报率 6.净资产收益率 7.借款偿还期 8.偿债覆盖率 9.资产负债率 10.流动比率 11.资金来源满足率	1.经济增加值 2.年平均投资利润率 3.成本费用利润率 4.收益成本比 5.投资利润率 6.债务承受率 7.长期资金对固定资产比率 8.现金流量可分配利润比 9.权益资金平均增长率

主要参考文献

1. 国家发改委,建设部发布.建设项目经济评价方法与参数(第三版).北京:中国计划出版社,2006.
2. 建设部标准定额所.建设项目经济评价参数研究.北京:中国计划出版社,2004.
3. 周慧珍.投资项目评估(第三版).大连:东北财经大学出版社,2005.
4. 杨华峰.项目评估.北京:科学出版社,2008.
5. 王勇,方志达.项目可行性研究与评估.北京:中国建筑工业出版社,2004.
6. 简德三.投资项目评估.上海:上海财经大学出版社,1999.
7. 吴大军,王国立.项目评估.大连:东北财经大学出版社,2002.
8. 张宇.项目评估实务.北京:中国金融出版社,2004.
9. 苏益.投资项目评估.北京:清华大学出版社,2007.
10. 戚安邦.项目论证与评估.北京:机械工业出版社,2004.
11. 陈溥才.财务评价实务与疑难问题分析.北京:中国计划出版社,2007.
12. 戴大双.项目融资.北京:机械工业出版社,2005.
13. 蒋先玲.项目融资(第二版).北京:中国金融出版社,2004.
14. 朱会冲,张燎.基础设施项目投融资理论与实务.上海:复旦大学出版社,2002.
15. 傅家骥,仝允桓.工业技术经济学(第三版).北京:清华大学出版社,1996.
16. 中国国际工程咨询公司.投资项目经济咨询评估指南.北京:中国经济出版社,2000.